新文京開發出版股份有限公司

NEW
WCDP

新世紀·新視野·新文京 — 精選教科書·考試用書·專業參考書

New Wun Ching Developmental Publishing Co., Ltd.

New Age · New Choice · The Best Selected Educational Publications — NEW WCDP

第十版

經濟學

歐陽繼德　李思亮　編著　　歐陽繼德　連志峰　楊德源　修訂

ECONOMICS

掃描　書中QR碼
下載試題

TENTH EDITION

第十版 序
PREFACE

本書自1997年7月出版以來，廣受各校採用為教科書，並得到廣泛的迴響，筆者深感榮幸，藉此次改版的機會特此誌謝。筆者將持續秉持初衷，期待給予莘莘學子更深刻的認識與實用價值。

一、撰寫目的

提供初學者及專科或技術學院、科技大學的學生，一個生活化、實用性、簡單易懂的經濟學教科書。

二、本書特色

1. 以說故事的方式來闡述經濟理論

本書採用淺顯易懂的實例，尤其是盡可能採用初學者或學生所能接觸生活上的例子與台灣發展經驗，使經濟理論說起來能生活化與務實化，來引起學習興趣，避免初學者或學生在研讀經濟學時所產生的「無用」或「不切實際」的感覺。

2. 每章之後附有各類考試試題，以收理論與試題驗證的效果

讀經濟學像練武功，要內外兼修，也就是說要「內功」與「外功」同修，不可偏廢。所謂「內功」就是經濟理論，「外功」就是解題技巧，練功是要先修內功再修外功，也就是要由內而外，否則沒有內功基礎，打出來的拳路猶如花拳繡腿一般，沒有威力，最後造成「練拳不練功，到老一場空」的不幸境地。本書每章之後附有「歷屆試題」（包括各類考試選擇題與問答題），目的在提供學生一個修練外功的機會，希望藉此打通「任督」兩脈，使功力大增，以致天下無敵。

三、內容安排

　　本書第一章到第十四章屬於「個體經濟學」，其中第一章為經濟學的基本概念的介紹；第二章至第四章為市場供需理論；第五章為消費者追求最大效用的消費行為理論；第六章至第八章為生產、成本與收益的廠商理論；第九章至第十二章為完全競爭、獨占、寡占與獨占競爭四個產品市場，廠商追求最大利潤的行為理論；第十三章為要素市場；第十四章為市場失靈與政府干預。

　　第十五章至第二十四章屬於「總體經濟學」，其中第十五章介紹國民所得的概念；第十六章至第十九章屬於凱因斯理論的範疇；第二十章以後為一些重要總體經濟理論相關的課題，包括第二十章貨幣銀行與金融市場、第二十一章通貨膨脹理論；第二十二章與第二十三章為開放經濟體系，探討國際貿易與國際金融；第二十四章為長期分析，探討有關經濟成長、景氣循環與經濟發展。

四、提供歷屆試題QR CODE下載暨教學配件介紹

　　本書此次改版在內容上除收集最近與最完整的經濟學相關資料與數據，使本書內容更為齊備完整外，特別收集90年至108年技術校院入學測驗試題及各類研究所入學測驗經濟學試題，製作成歷屆試題QR CODE隨書下載，目的在提供學生自我練習的機會，驗證學習效果，以便在考試中獲取最佳成績。此外，並提供教學投影光碟，方便教師授課之用。

　　本次改版主要更新表格數據，並將「歷屆試題」大幅更新，使讀者掌握最新資訊。承蒙新文京開發出版股份有限公司大力支持，使本書在設計、編排及印刷上都十分精美，更易於閱讀，特此誌謝。

　　新版的修訂，雖力求完美，但疏漏之處仍恐難免，尚祈諸教授先進，不吝指教。

目　錄
CONTENTS

01 CHAPTER 01
經濟學概論

第一節　研究經濟學的基本概念 2
一、經濟學的學習目的與意義 2
二、經濟學的研究對象、內容與範圍 2

第二節　市場經濟與競爭 4
一、自私自利的行為假設 4
二、市場經濟與價格機能 4

第三節　解決經濟問題的方法 6
一、價格機能與競爭 6
二、價格機能與政府政策 7

　參考文獻 9
　歷屆試題 10

13 CHAPTER 02
需求與供給

第一節　需　求 14
一、需求的意義 14
二、需求法則 17
三、需求量變動與需求變動 19

第二節　供　給 22
一、供給的意義 22
二、供給法則 (Law of Supply) 24
三、供給量變動與供給變動 24

第三節　消費行為與生產行為的差異 26

　歷屆試題 27

31 CHAPTER 03
彈性分析

第一節　價格彈性 (Price Elasticity) 32
一、價格彈性的意義 32
二、價格彈性的衡量 33
三、價格彈性與需求曲線斜率 35
四、價格彈性與消費者支出 38
五、價格彈性的決定因素 41

第二節　交叉彈性 (Cross Elasticity) 42
一、交叉彈性的意義與衡量 42
二、交叉彈性的類型 42

第三節　所得彈性 (Income Elasticity) 43
一、所得彈性的意義與衡量 43
二、所得彈性的類型 43
三、恩格爾法則 (Engel's Law) 44

第四節　供給彈性（供給的價格彈性） 44
一、供給彈性的意義與衡量 44
二、供給彈性的類型 45
三、決定供給彈性大小的因素 46

　　歷屆試題 47

51 CHAPTER 04
市場均衡分析

第一節　市場的均衡 52
一、市場均衡的意義 52
二、市場不均衡的調整 52

第二節　價格的變動 54
一、需求不變，供給改變 54
二、供給不變，需求改變 54
三、供給、需求同時改變 55

四、特殊供給、需求曲線的變化 55

第三節　消費者盈餘、生產者盈餘與經濟盈餘 ... 59
一、消費者盈餘 59
二、生產者盈餘 60
三、經濟盈餘 61

第四節　政府對市場價格機能的干預與管制 62
一、價格高限 (Price Ceiling) 62
二、價格低限 (Price Floor) 64
三、平準制度 65
四、課　稅 66

歷屆試題 68

73 CHAPTER 05
消費者選擇行為的分析

第一節　消費者選擇的預算限制 74
一、消費者的選擇能力：預算線 74
二、消費者選擇能力的改變：預算線的變動 76

第二節　消費者選擇的偏好：效用 78
一、總效用與邊際效用 78
二、邊際效用遞減法則 80

第三節　消費者選擇的行為分析 81
一、邊際效用分析法 81
二、無異曲線分析法 85

歷屆試題 99

103 CHAPTER 06
廠商生產理論：投入與產出分析

第一節　決策期間 104
第二節　短期生產技術關係之描述 105

一、生產函數 105

二、短期生產技術關係之描述 106

三、邊際報酬遞減法則 109

四、生產的三個階段 110

第三節　長期生產技術關係之描述 111

一、長期生產函數 111

二、等產量曲線分析 111

三、要素價格或產量變動對要素需求影響 118

第四節　生產可能曲線分析 120

一、機會成本 120

二、生產可能曲線 121

三、等收益線 125

四、最適生產組合點 127

五、生產可能曲線與供給線 128

歷屆試題 129

135 CHAPTER 07
廠商生產的另一面：成本分析

第一節　短期成本 136

一、短期總成本 137

二、短期平均成本 139

三、短期邊際成本 141

四、短期各種成本的關係 141

五、生產函數與成本函數的對偶性 (Duality) 143

第二節　長期成本 144

一、長期成本結構 144

二、長期成本和短期成本的關係 146

三、規模報酬 150

四、規模經濟與不經濟 152

五、外部經濟與外部不經濟 153

歷屆試題 156

161 CHAPTER 08
市場結構、廠商收益與利潤

第一節　市場結構分類 162
一、市場分類的基礎：廠商對市場價格的影響力 162
二、廠商對市場價格影響力的因素 162
三、市場類型 163
四、市場特性 165

第二節　市場類型與廠商的收益 166
一、完全競爭市場 166
二、不完全競爭市場 167

第三節　利潤函數 169
一、利潤函數 169
二、邊際利潤分析法 169
三、單位利潤分析法 170

　歷屆試題 171

173 CHAPTER 09
產品市場(一)：完全競爭市場結構分析

第一節　無法決定產品價格的完全競爭市場廠商的
　　　　收益結構 174

第二節　廠商生產的短期均衡分析 176
一、廠商的生產決策 176
二、廠商短期經營並不保證一定會賺到錢 177
三、廠商提供產品意願分析：短期供給曲線 178
四、廠商所面對外部的影響衝擊 180

第三節　廠商生產的長期均衡調整分析 182
一、長期均衡的達成 182
二、完全競爭市場的經濟效率 183
三、產業的長期供給曲線 184

　歷屆試題 186

189 CHAPTER 10
產品市場(二)：獨占市場結構分析

第一節　獨占市場形成的原因 190

第二節　獨占廠商的短期分析 191
一、獨占廠商的短期生產抉擇 191
二、獨占能力，並不必然代表超額利潤 192
三、獨占廠商無法導出短期供給曲線 193

第三節　獨占廠商的長期分析 194

第四節　獨占廠商的生產效率 194

第五節　政府的反獨占政策 196

第六節　獨占廠商的行為分析 201
一、Ｘ無效率(X-Inefficient) 201
二、鑽營活動(Rent-Seeking Activities) 201
三、差別取價 202
四、加碼訂價原則 203

第七節　獨占廠商獨占能力的測度 204
一、勒納指數(Lerner Index) 204
二、市場集中度 204
三、其他常用獨占能力測試的指標 205

　　歷屆試題 206

211 CHAPTER 11
產品市場(三)：寡占市場結構分析

第一節　寡占廠商的行為分析 212

第二節　價格穩定的拗折需求理論 213
一、拗折需求曲線 214
二、寡占廠商的產量及價格的抉擇 215
三、成本變動對價格的影響 216

四、需求變動對價格的影響 216

第三節　價格領導 217

一、較低成本廠商模型 (Lower Cost Model) .. 217

二、強力廠商模型 (Dominant Firm Model) 218

第四節　勾結與欺騙 220

第五節　遊戲理論 221

一、納許均衡 222

二、實例分析 223

参考文獻 224

歷屆試題 225

227 | CHAPTER 12
產品市場(四)：獨占性競爭市場結構分析

第一節　獨占性競爭廠商的短期生產抉擇 228

第二節　獨占性競爭廠商的長期生產抉擇 230

第三節　獨占性競爭廠商的生產效率 232

第四節　非價格競爭－廣告 233

歷屆試題 236

239 | CHAPTER 13
要素市場

**第一節　個別廠商生產要素雇用決策：收益面與
成本面分析** 240

第二節　整體生產要素市場的均衡 241

第三節　工資理論 242

一、邊際生產力理論 242

二、勞動供需均衡理論 242

第四節　利息理論 243

第五節　地租理論 244

第六節　利潤理論 245

📑 參考文獻 246

📋 歷屆試題 247

251 CHAPTER 14
市場失靈與政府干預

第一節　市場失靈形成的原因 252

一、外部性 252

二、公共財 254

三、自然獨占 256

四、市場訊息不完全 256

第二節　政府介入經濟運作的必要條件 258

📋 歷屆試題 260

263 CHAPTER 15
總體經濟活動的衡量

第一節　經濟榮枯的指標:「國內」生產毛額與「國民」

　　　　生產毛額 264

一、國內生產毛額的意義 264

二、國內所得與國民所得 266

第二節　衡量總產出的其他指標 269

一、國民生產毛額 (Gross National Product;GNP)

　　.. 269

二、國民生產淨額 (Net National Product;NNP) 269

三、國民所得 (National Income;NI) 270

四、國民所得與國民可支配所得 270

第三節　國內生產毛額衡量與經濟循環 271

一、經濟循環 271

二、國內生產毛額的衡量方法 275

第四節　名目 GDP、實質 GDP 與 GDP 平減指數

.................................279

一、名目 GDP 與實質 GDP 280

二、國內生產毛額平減指數 281

第五節　國民所得與人民福利 281

第六節　所得分配：經濟成果的分享 283

一、羅侖氏曲線 283

二、吉尼係數 285

第七節　我國競爭力與國民所得新指標 286

參考文獻 287

歷屆試題 288

293 CHAPTER 16
凱因斯有效需求所得決定理論

第一節　民間消費與儲蓄 295

一、消費函數與儲蓄函數 296

二、消費傾向與儲蓄傾向 298

三、影響消費與儲蓄的其他因素 300

四、消費理論 302

第二節　投　資 304

一、投資與利率 306

二、影響投資需求之因素 307

三、投資理論 308

第三節　政府收支 309

第四節　出口淨額 311

一、出口之決定因素 311

二、進口之決定因素 313

第五節　凱因斯模型 313

一、總需求等於總產出 314

二、總注入等於總漏厄 316

三、兩種分析均衡所得方法之關係 317

💰 參考文獻 317

📓 歷屆試題 318

323 **CHAPTER 17**
凱因斯經濟理論其他相關議題

第一節　有效需求改變所產生效果的衡量：乘數效果

　　　　................................**324**

一、乘數的意義 324

二、乘數的種類 326

第二節　膨脹缺口與緊縮缺口 330

一、膨脹缺口 330

二、緊縮缺口 330

第三節　節儉的矛盾 331

第四節　貨幣市場 332

一、貨幣需求 333

二、貨幣供給 336

三、均衡利率決定 337

四、貨幣供給變動對利率影響 337

第五節　勞動市場 340

📓 歷屆試題 341

343 **CHAPTER 18**
凱因斯學派經濟理論：IS-LM模型

第一節　商品市場均衡的 IS 曲線 344

第二節　貨幣市場均衡的 LM 曲線 346

第三節　商品市場與貨幣市場均衡：利率和所得水準的

　　　　決定 349

第四節　比較靜態分析：均衡利率與所得的變動 350

第五節　貨幣政策與財政政策 355

一、貨幣政策 355

二、財政政策 357

第六節　排擠效果 359

一、部分（不完全）的排擠效果(Incomplete
Crowding-Out Effect) 359

二、完全的排擠效果(Complete Crowding-Out
Effect) 359

三、超額排擠效果(Over Crowding-Out Effect) 360

四、完全無排擠效果 361

歷屆試題 362

367 CHAPTER 19
凱因斯學派經濟理論：總合供需 AD-AS模型

第一節　總合需求線 368

一、總合需求線的意義 368

二、總合需求線為負斜率的原因 369

第二節　總合供給線 370

一、總合供給線的意義 370

二、總合供給曲線類型 371

第三節　總合供需的均衡分析 374

一、均衡物價水準和實質所得決定 374

二、均衡實質所得和物價水準改變 374

參考文獻 380

歷屆試題 381

385 | CHAPTER 20
貨幣需求、貨幣供給與金融市場

第一節　貨幣需求理論 386

第二節　貨幣供給 389
一、貨幣供給量的衡量 389
二、商業銀行信用創造的功能 390
三、準備貨幣與貨幣供給量 393

第三節　金融市場與利率 394
一、金融體系架構 394
二、金融市場與利率 397

第四節　中央銀行貨幣政策工具 401
一、重貼現率政策 401
二、存款準備率政策 402
三、公開市場操作政策 403
　　歷屆試題 405

411 | CHAPTER 21
通貨膨脹、失業與菲力普曲線

第一節　通貨膨脹：人民生活不安的來源之一 . 412
一、通貨膨脹的意義與衡量 412
二、通貨膨脹的罪魁禍首 414
三、通貨膨脹的影響 416

第二節　失業：人民生活不安的來源之二 419
一、失業的意義與種類 420
二、失業理論 421

第三節　菲力普曲線：通貨膨脹與失業的關係 . 421
一、具有抵換關係的短期菲力普曲線 422
二、不具抵換關係的長期菲力普曲線 423
三、正斜率的菲力普曲線 424
　　參考文獻 424
　　歷屆試題 425

431 CHAPTER 22
國際貿易理論與政策

第一節 我國經濟發展的引擎：對外貿易 432

第二節 國際貿易發生的原因與方向：古典貿易
理論 435

第三節 現代比較利益理論：要素稟賦理論 438

第四節 貿易條件與貿易利益 440
一、貿易條件 440
二、國內相對價格與國際貿易條件 440
三、貿易條件與福利分配 441

第五節 貿易之均衡 443

第六節 貿易政策 444
一、自由貿易政策 444
二、保護貿易政策 445

歷屆試題 447

451 CHAPTER 23
國際金融：理論、制度與政策

第一節 國家對外關係的記錄：國際收支 452
一、經常帳：國際收支的靈魂 453
二、資本帳、金融帳：國際資金的移動 456
三、誤差與遺漏淨額 457
四、中央銀行準備資產之變動 457

第二節 外匯市場 458
一、外 匯 458
二、匯 率 459
三、外匯市場 462
四、匯率制度 469

第三節　國際收支失衡的調整 470

一、調整匯率 470

二、改變相對價格 471

三、改變相對所得 471

四、改變相對利率 471

五、政府管制 471

參考文獻 472

歷屆試題 473

477 CHAPTER 24
經濟成長、景氣循環與經濟發展

第一節　經濟成長 478

一、經濟成長的意義與衡量方法 481

二、經濟成長理論 482

第二節　景氣循環 486

一、景氣循環理論 487

二、景氣對策信號 489

第三節　經濟發展 492

一、經濟發展理論 493

二、政府的經濟發展策略 498

歷屆試題 500

503 歷屆試題選擇題參考答案

免費下載歷屆試題

https://reurl.cc/A1al38

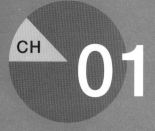

CH 01

經濟學概論

第一節　研究經濟學的基本概念

第二節　市場經濟與競爭

第三節　解決經濟問題的方法

參考文獻

歷屆試題

ECONOMIC$

生活在這世界上，會經歷許多事情，面臨許多問題，我們總希望對我們生活的環境有所瞭解，並且能找出自身未來要走的方向。經濟學是一個提供我們觀察經濟體系運作的一門學科，並從中讓我們學習到正確選擇的方法，有助於我們對人生做出正確的判斷與抉擇。

第一節　研究經濟學的基本概念

一、經濟學的學習目的與意義

　　經濟學 (economics) 是一門社會科學，關心的是人，以及人在追求幸福的選擇行為。學習經濟學可以利用經濟理論所提供的邏輯架構與分析工具，來幫助我們對現實生活與經濟運作方式的瞭解，進而能作出合理的選擇決策。

　　經濟學有其觀察事務的邏輯與方法，能夠提供觀察事務的另一種角度，譬如對家庭組織的觀察，社會學家可能會關心家庭對社會穩定的功能；歷史學家可能關心家庭組織長期的演進過程；經濟學家則可能由家庭消費、投入、產出的角度來分析結婚、離婚與養兒育女等問題。

　　人的生活有「精神」與「物質」二個層面，經濟學則偏重於物質層面的分析。由於自然資源是有限的，但是人的慾望卻是無窮的，如何將這些稀少性資源作最合理的分配，以達到人類最大的滿足程度，這就是**經濟學**。換言之，經濟學即是選擇的科學，是教導我們如何選擇的一門社會科學。人的一生不斷在作選擇：讀書還是睡覺？誠實還是撒謊？升學還是就業？結婚還是作單身貴族？經濟學能夠提供一套分析的方法與邏輯架構，來幫助我們思考與研究這些選擇的問題。

二、經濟學的研究對象、內容與範圍

　　我們要研究一座森林的生態，可以採取兩種方式：1.選定森林的一棵樹來觀察其由幼苗到成株的成長過程，及其與大自然的關係，這種方式是針對森林中個別樹木進行的研究。2.坐飛機至空中鳥瞰整座森林的面積、樹木的種類與分布，這種方式是針對整座森林的表象進行研究。經濟學的研究則是「見樹又見林」，兩者皆採行，包括：**個體經濟學** (Microeconomic) 與**總體經濟學** (Macroeconomic)。個體經濟學的研究對象是**經濟個體之家庭** (household) 與**廠商** (firm)。而家庭消費支出與廠商生

產利潤受產品價格或生產要素價格影響深切，因此個體經濟學研究的核心問題是**價格** (price)，故又稱**價格理論** (price theory)(表1.1)。

　　總體經濟學則是針對國家或社會的所得、就業、物價水準、利率、匯率等總體經濟表現進行研究，其中所得水準的高低最能反應經濟活動的興衰，其他變數又與所得變動關係密切，故總體經濟學研究的核心問題是**所得** (income)，故又稱**所得理論** (income theory)。

▼ 表1.1　經濟學的研究對象、內容與範圍

項　目	個體經濟學	總體經濟學
1. 研究對象	個別家庭、廠商或產業	經濟全體：國家或社會
2. 研究內容	研究的核心問題是價格、故又稱價格理論	研究的核心問題所得，故又稱所得理論
3. 研究範圍	家庭消費行為與廠商生產行為，以及產品或生產要素的價格與數量的決定	以所得、就業、物價水準、利率、匯率等總體經濟表現

　　我們在作個體或總體分析時，不可以主觀的認為「對個體有利的，對總體就有利」或「對總體有利的，對個體就有利」，這會產生合成的謬誤 (fallacy of composition)。例如班上同學如果為了自己方便亂丟垃圾，將造成全班上課環境整潔惡化；如果為了維持班上環境整潔，而處罰亂丟垃圾的同學，則對全體班上好，但有些人就要遭殃。在經濟上這樣的例子不勝枚舉，例如個人都想減少消費支出，節儉致富，這對個人是件好事，但是短期廠商生產出來的產品賣不出去，因而減產，對整體反而不利。

　　另外，不論我們在作個體或總體分析時，要盡可能保持「客觀」，避免個人「主觀」因素介入，而模糊了事實的焦點。我們在研究經濟現象的事實時，只剖述事理的因果關係，而不作任何是非好壞的價值判斷，這是「求真」的精神，稱為「**實證經濟學**」(Positive economic)。若是依主觀價值標準，評斷經濟問題的好壞，以及應該採取的解決辦法，這是「求善」的精神，則稱為「**規範經濟學**」(Normative economic)。在分析經濟問題時，應多注重在「實證經濟學」求真求因果，而不須加入太多的主觀價值判斷，因為對經濟問題與解決方法的看法，會因人而異，你的看法他人未必同意，例如一個極力追求「物質享受」的人與另一個追求「心靈寧靜」的人，那種人比較好？這是主觀價值判斷的問題會因人而異，不同人有不同看法。如果不去論那種人比較好？只說明為何人會有如此不同的選擇，以及其選擇會面臨的問題與結果，則比較容易接近現象的真實面。

第二節 市場經濟與競爭

一、自私自利的行為假設

　　經濟學是以自私自利作假設來解釋人類行為的科學，所謂「人不為己，天誅地滅」，自私自利是動物的天生本性，也是最重要的生存因素。

　　經濟學鼻祖亞當‧史密斯(Adam Smith)於1776年所發表的「國富論」(The Wealth of Nations,1776;或譯《原富》)之副標題「探究國民財富之性質與原因」(An Inguiry into the the Nature and Causes of the Wealth of Nations)，其中最重要的論調，就是指出人以自私自利為出發點所能對社會的貢獻，要比意圖改善社會的人貢獻大。所謂「自掃門前雪，莫管他人瓦上霜」，若是每個人肯將自己家門前的雪掃乾淨，則整條大街也就乾淨了，也就是說當個人在追求私利時，社會公益也達到最大，亦即「私利」與「公益」得以調合。

　　自私自利在經濟學上可稱為消費者追求滿足程度「極大化」(Maximization)，及支出「極小化」(Miximization)；生產者追求利潤「極大化」，及成本「極小化」。自私圖利鼓勵了每個人透過比較利益原則，盡量用最低成本去專業化生產，然後大家在交易市場交易，結果大家都得利。

　　可以想像如果經濟學假設人人都是「博愛的」，家庭消費的目的在追求鄰居的最大快樂，廠商生產的目的在免費送人使用，這樣博愛的假設所建立的經濟理論所得出的結果，一定會與事實相去甚遠，無法解釋真實的經濟現象。而自私自利的行為是經濟學對人的行為一種基礎性的假設。

二、市場經濟與價格機能

　　市場(market)是提供買賣雙方交易產品的場所，市場中買賣的商品種類繁多，例如電腦、公車服務、蔬菜、勞動等。以下我們利用一個簡單的模型（圖1.1），將複雜的實際市場結構簡化，不考慮政府部門與國際貿易，來說明市場的形成及其運作方式，大致上市場可分成產品市場與生產要素市場，產品市場買賣能夠滿足消費者的產品，例如電腦、衣服、銀行服務等，而生產要素市場則買賣生產產品所需的勞動、土地、資本、電力、石油等。

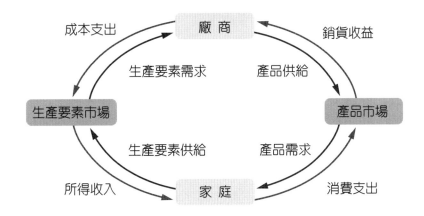

▲ 圖1.1　市場經濟的構成：一個簡單經濟社會的縮影

　　市場中的買者我們稱為產品的消費者或生產要素的需求者，賣者稱為產品或生產要素的供給者。市場中買賣雙方主要構成主體為家庭與廠商，家庭是產品的消費者，家庭為了能夠維持運作必須消費柴、米、油、鹽、電視、電冰箱與洗衣機等，同時為了能夠維持家庭的消費支出，家庭中的成員必須至生產要素市場找到一份工作，賺取所得來支持家庭的開支。因此家庭在市場中扮演兩個角色，即產品的消費者與生產要素的供給者。

　　另外廠商則為了賺錢，生產產品並在市場銷售獲取收益，同時為了生產產品，必須支出成本至要素市場雇用生產要素。因此廠商在市場中扮演兩個角色，即產品的供給者與生產要素的需求者。

　　職是之故，在產品市場中家庭消費所構成的產品需求，與廠商生產的產品供給，雙方交易的場所即為產品市場，供需雙方並透過交易活動形成產品價格。而生產要素市場中由家庭成員為賺取所得所提供的生產要素供給，與廠商雇用生產要素的需求，雙方在生產要素市場交易並形成生產要素的價格。

　　在圖1.1中內圈是產品與生產要素流動的方向，外圈則是貨幣流轉的方向，其方向與產品、生產要素流動的方向相反，原因是供需雙方在市場中交易，必須以貨幣作為交易媒介，家庭購買產品必須以貨幣來支付（即消費支出），而家庭的消費支出即為廠商的銷貨收益。廠商雇用生產要素必須以貨幣來支付（即成本支出），而廠商的成本支出即為家庭的所得收入。故市場經濟又可稱為貨幣經濟，貨幣扮演一個重要角色。

　　市場價格形成以後，價格的上漲或下跌，則可反應出市場供需雙方的意願，並將此訊息傳遞給供需雙方，供需雙方在據此訊息調整其行為，這種以價格變動導引資源運作的方式稱為**價格機能**(price mechanism)。例如學生對英文電子辭典的需要增強，造成電子辭典價格上漲，電子辭典生產廠商在有利可圖下，就會多雇用人、多買機器設備、多租廠房辦公室來生產電子辭典，因此電子辭典價格上漲誘導了資源流入生產電子辭典。反之學生對英文電子辭典的需要減少，造成電子辭典價格下跌，電子辭典生產廠商在無利可圖下，結束營業就會遣散員工、賣掉機器設備、退租廠房辦公室，因此電子辭典價格下跌誘導了資源流出。

　　每種產品與生產要素都有價格，而市場上有成千上萬數不清的各種價格，而價格機能每天就是如此巧妙的指引著資源的運作，是一隻「看不見的手」，指揮著市場經濟順利的運作，宛若樂團指揮的手，指揮著樂團奏出和諧的樂章，但是價格機能所指揮的市場經濟較樂團更龐大、複雜，但是它還是可以操作的有條不紊，豈不令人驚異。

第三節　解決經濟問題的方法

一、價格機能與競爭

　　在任何經濟制度下，人與人都會形成生存競爭，而脫離不了適者生存，不適者淘汰的原則。但重要的是不同經濟制度下，衡量「適」與「不適」的準則卻有不同。

　　每個人由於天賦條件、後天本領各有不同，因此他們便喜歡以不同的準則來衡量競爭成敗。身體健壯的人，可能喜歡以武力為原則，誰的拳頭大誰贏；年老的人，則喜歡以年資為原則，倚老賣老；更有些人喜歡以容貌、圓滑的交際手腕，或金錢為準則。

　　什麼是競爭的好準則？什麼是壞的準則？這是一個主觀、倫理的問題。具有聰明才智的人，可能以為應該以智力高低作準則，同樣有些人可能認為政治、交際手腕或甚至武力，都是理想的原則，這些原則好壞問題是倫理上的問題，不易達成一致的結論。但是經濟分析卻可說明，在千百個準則中，只有價格競爭是最有益社會，最能夠引導經濟繁榮，原因是價格競爭不會產生浪費。

舉個例子來說，政府管制麵包價格，人民要買麵包就必須在街上排隊輪候，時間是得到食物的準則，有多餘時間的人，便成為「適者」，沒有時間的人，便會被淘汰出局。更甚者排隊所耗掉的時間是社會資源極大的浪費。此種排隊輪候「先到先得」的準則會造成浪費。另外有些人認為應該敬老，但是若是以年歲論成敗，許多年輕人便無法發展所長，只好不耐煩的等待年老，或浪費資源去扮老虛報年歲。[註1]

假若以市場價格為競爭準則，則想要得到麵包者，他沒有動用武力的需要，亦不能透過先到先得，或靠較高的身材、較大的年歲、漂亮的臉孔，或靠搞政治、交際手腕等辦法；他得到麵包唯一的辦法是出錢，而價高者得麵包。以出高價者得麵包，表面上看似不合理，但是買到麵包的人，他的錢也是他在其他方面對社會作出貢獻所賺回來的。故以市場價格作衡量成敗、支配資源的準則是一個較無不良後遺症的方法。

資本主義的骨幹是私有制度，而使用他人私有資源，要經過市場交易，而形成的價格是較沒有經濟浪費的競爭準則，如果私有制度被取消，其他競爭準則就會出現，雖然適者生存，不適者淘汰的準則沒變，但換了競爭準則，便會引起各種浪費。

二、價格機能與政府政策

解決像失業、缺糧、貧窮等經濟問題，可以採取的辦法有兩種：1.價格機能、2.政府政策。價格機能可以引導資源配置，解決經濟社會要「生產什麼？」、「生產多少？」、「如何生產？」、「分配給誰？」的問題。大致上經濟問題可由經濟手段（價格機能）來解決，但是價格機能並非一顆萬靈丹，能夠解決所有的經濟問題。

價格機能就無法解決以下的經濟問題：

1. **貧富不均**：如果放任市場運作，可能得到貧富不均的結果，有錢人富可敵國，貧者無立錐之地。

2. **公共財供給不足**：如果私人出錢建條道路，大家都可以使用，又無法收費，就沒有私人願意提供道路，道路就會短缺，其他同類性質的公園、橋樑的情況亦是如此。

3. **外部性**：廠商在生產過程中可能產生空氣、水汙染，在市場運作下汙染廠商不會主動將其造成的損害，設算成其生產成本，反正錢我自賺之，他人死活是別人的事。因此使得汙染性產品生產過多，造成環境汙染，例如養豬事業。

註1　本小節乃參考文獻中張五常各年著作寫成。

4. **自然獨占**：有些廠商有自然形成獨占的趨勢，像電力公司、自來水公司、電信公司等，規模越大越具競爭力，最後只存在一家規模最大的獨占廠商，使消費者沒有其他購買選擇對象，對消費者不利。

5. **反淘汰**：電腦光碟市場，合法光碟廠商辛苦研發出來的產品，碰上「大補帖」這種殺手級的盜版光碟，常使合法光碟廠商落的血本無歸，造成不合法業者逼得合法業者難以生存的「劣幣驅逐良幣」。[註2]

　　當價格機能無法解決經濟問題時，就必須靠政府「一隻看的見的手」，以政府政策來解決經濟問題。政府可以累進所得稅來達到所得分配平均的目的；政府可以人民納稅的錢來提供公共財；政府可以對汙染廠商課稅來解決汙染問題；政府可將獨占事業國營或對獨占事業進行管制以保障消費者權益；政府以公權力取締不法業者，來保障合法業者的權益。

　　一個經濟體系會採價格機能或政府政策來解決經濟問題，取決於其所採取的經濟制度，一般經濟制度大致可分成三種：

1. **資本主義**：自由市場經濟制度。在此制度下採私有制度，要使用私有資源，必須要付費，其所形成的自由市場，以價格競爭為準則，採取價格機能來解決經濟問題。

2. **共產主義**：計畫經濟。在此制度下採公有制度，資源由國家分配使用，一切以國家規劃為準，是採取政府政策來解決經濟問題。

3. **混合式經濟制度**：一方面強調市場機能，但又強化政府在市場運作的力量，是同時採價格機能與取政府政策來解決經濟問題。

註2　請參閱第十二章，第一節價格失靈形成原因的相關敘述。

參考文獻 Reference

張五常，《賣桔者言》，遠流出版事業，1989年5月1日。

張五常，《中國的前途》，遠流出版事業，1989年5月1日。

張五常，《再論中國》，遠流出版事業，1989年5月1日。

歷屆試題 Exercise

一、選擇題

( ) 1. 下列何者較不屬於個體經濟學討論的範圍？ (A) 廠商生產財貨的數量 (B) 消費者消費財貨的數量 (C) 課徵消費稅對利率的影響 (D) 廠商使用要素的數量。 （96 二技）

( ) 2. 下列敘述何者為非？ (A) 亞當史密斯的「看不見的手」係指市場的力量 (B) 經濟學可以提供一套分析工具，以廣泛的用來分析各種社會現象 (C) 經濟問題通常和「資源的稀少性」有關 (D) 可以把經濟學描述成研究如何使企業獲利 (E) 經濟問題無所不在。 （96 台北大學）

( ) 3. 在經濟學的研究範圍中，以價格為分析重點，亦稱價格理論 (Price theory) 的是： (A) 總體經濟學 (B) 規範經濟學 (C) 個體經濟學 (D) 生態經濟學。 （97 四技二專）

( ) 4. 經濟學所謂的「一隻看不見的手」是指： (A) 利潤 (B) 地租 (C) 價格機能 (D) 生產因素。 （97 四技二專）

( ) 5. 若 A 廠商擬投資設廠，其正在評估要生產速食麵或冷凍水餃。請問此為下列何種經濟問題？ (A) 何時生產 (B) 為誰生產 (C) 如何生產 (D) 生產什麼。 （98 四技二專）

( ) 6. 在某個社會，大眾願意接受以金屬鑄幣或紙幣等作為交易媒介，以從事商業活動，此時表示商業的發展在哪個階段？ (A) 物物交易時期 (B) 貨幣交易時期 (C) 信用交易時期 (D) 無現金交易時期。 （98 四技二專）

( ) 7. 下列何者正確？ (A) 價格機能能解決所有經濟問題 (B) 自由經濟體系中，市場上看不見的手是指價格機能 (C) 資源豐富就沒有稀少性的問題 (D) 價格機能可使市場調整至均衡，最早是由凱因斯所提出。 （99 四技二專）

( ) 8. 發生市場失靈的狀況會使經濟社會變得無效率，而下列哪一個是造成市場失靈的主要原因？ (A) 機會成本高 (B) 替代效果的存在 (C) 資源有限 (D) 資訊不對稱。 （99 四技二專）

( ) 9. 自由經濟體系以下列何者來使市場均衡？ (A) 干預管制 (B) 價格機能 (C) 政府介入 (D) 數量分配。 **(98 四技二專)**

( ) 10. 連續放長假期間，高速公路往往嚴重塞車，此現象以經濟問題視之，最合理的解釋為下列哪一項？ (A) 資源的稀少性 (B) 邊際效用遞增 (C) 高速公路是私有財 (D) 人的慾望有限。 **(99 四技二專)**

( ) 11. 討論經濟現象「應如何」之主觀判斷，屬於下列哪一種經濟問題探討的領域？ (A) 實證經濟學 (B) 理論經濟學 (C) 規範經濟學 (D) 總體經濟學。 **(100 二技)**

( ) 12. 下列有關經濟學的基本概念，何者是不正確的？ (A) 經濟行為是選擇的行為 (B) 稀少與貧窮是不同的兩回事 (C) 經濟學強調實事性 (Positive)，而盡量避免規範性 (Normative) (D) 物品的數量一定要很多，才是自由財 (Free Goods)。 **(91 二技)**

( ) 13. 「知識經濟」是一種以知識為基礎的經濟型態。「知識經濟學」依實證經驗發展而成，旨在探討如何累積知識以讓經濟持續成長，而知識可意指是一種觀念、科學方法、或特定技術等。以下何種經濟成長理論與「知識經濟學」的理論形成之相關度最低？ (A) 馬爾薩斯 (Malthus) 的人口與經濟成長理論 (B) 梭羅 (Solow) 的新古典成長理論 (C) 羅莫 (Romer)、盧卡斯 (Lucas) 等的內生成長理論 (D) 熊彼得 (Schumpeter) 的創新成長理論。 **(93 四技二專)**

( ) 14. 亞當史密斯所謂的「看不見的手」，指的是： (A) 政府的干預 (B) 價格機制 (C) 天災的影響 (D) 外國勢力的干預。 **(93 二技)**

( ) 15. 下列對於經濟學的相關定義，何者有誤？ (A) 經濟學是一門研究選擇的學問 (B) 經濟學的基本假設是資源有限，但慾望無窮 (C)「吸菸是不好的，所以我們要對吸菸課稅」，這屬於實證經濟學的研究範圍 (D) 研究廠商追求利潤最大的行為屬於個體經濟學的範圍。 **(93 二技)**

ECONOMICS
經濟學

CH 02

需求與供給

第一節　需　求

第二節　供　給

第三節　消費行為與生產行為的差異

歷屆試題

ECONOMIC$

經濟學學界流行一句話：「如果能教會一隻鸚鵡學會說供給與需求，牠也能成為一個經濟學家」。雖然這不是百分之百的實情，但也多少反應出供給與需求的重要性。我們都生活在市場經濟體系之中，市場經濟的運作方式影響我們的一生，因此對市場經濟的認識，有助於我們對所生活的實際社會多增加一份瞭解。

市場內存在產品的消費者與供給者兩方面，例如，在校園中福利社販賣的開喜烏龍茶，福利社就是開喜烏龍茶的供給者之一，而學校的部分學生就會是開喜烏龍茶的消費者。在市場中存在許多的產品，例如奶嘴、尿布、望遠鏡、電腦等。我們對市場中消費者的購買行為，以及供給者的生產行為，有著高度的興趣。

本章主要在說明市場中消費者與供給者買賣雙方的行為，以及影響其行為的各種原因，並比較兩者的差異性，以作為市場交易的前導說明。本章將先探討市場中消費者對產品的需求，之後再對供給者對產品的供給加以分析，最後再提出消費者購買行為與供給者生產行為的差異性。

第一節　需　求

一、需求的意義

消費者的「**需求**」是在說明消費者在面對不同產品價格下，消費者所購買產品數量間的對應關係。更清楚的說，需求的定義是：「其他條件不變，在特定期間，消費者在不同產品**價格**(Price)下，消費者願意且有能力購買產品**數量**(Quantity)間的對應關係」。例如表2.1班上「黃飛鴻」同學（綽號叫阿智）他在一個月間，在開喜烏龍茶每罐20元時，他會買5罐，而每罐10元時，他會買10罐，所以他對開喜烏龍茶的需求是以不同價格對應的不同購買數量來表示。在特定價格下，消費者願意且有能力購買數量稱為**需求量**(quantity demanded)，例如當開喜烏龍茶每罐20元，黃飛鴻的需求量是5罐。

▼ 表2.1　黃飛鴻對開喜烏龍茶的需求表

價格 (P)	需求量 (Q)
20 元	5 罐
10 元	10 罐

有關需求的定義還必須注意的有下列幾點：

1. 其他條件不變

影響黃飛鴻購買開喜烏龍茶的因素除了價格以外，還有很多其他因素，例如：父母給的零用錢（所得）多寡、其他飲料（舒跑、碳酸飲料）價格、預期開喜烏龍茶價格的改變、購買人數、消費者心情等因素，都會影響其對開喜烏龍茶的購買數量。但是，由於我們只要表示價格與數量的關係，因此假設其他因素（條件）皆不變，視為固定，先不去討論它，而只專心在產品價格與數量上。一般我們假設其他條件不變的因素有：a.消費者所得不變，b.其他相關產品價格不變，c.消費者的偏好不變，d.購買者的人數不變，e.預期消費者所得不變，f.預期產品本身的價格不變。

2. 在特定期間

需要它是一種流量(Flow)的觀念，是反應一段期間的消費數量，而此期間沒有硬性的規定，可以是一星期、一個月或一年。

3. 消費者願意且有能力

黃飛鴻除了在主觀上有購買意願以外，客觀上則要有足夠的錢來購買，否則只是一無效的需求。

根據以上分析可以知道，影響黃飛鴻購買開喜烏龍茶的因素有很多，而這種關係可用需求函數(demand function)關係來表示：

$$Q = f(P；其他因素) \qquad (1)$$

在假設其他條件不變後，就可寫成：

$$Q = f(P) \qquad (2)$$

或

$$P = f(Q) \qquad (3)$$

同時亦可用圖形來加以表示，稱**需求曲線**(Demand curve)。一般在作圖時橫軸表示數量(Q)，且離原點越遠表示數量越大。而縱軸表示價格(P)，且離原點越遠表示價格越高。因此，表2.1與方程式(2)或(3)式可作成黃飛鴻的開喜烏龍茶需求曲線圖2.1。

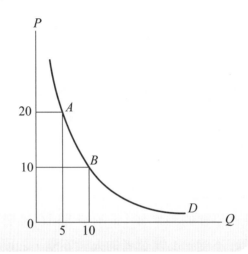

▲ 圖 2.1　黃飛鴻的需求曲線

黃飛鴻對開喜烏龍茶的需要僅是市場中的一個個別的需求(individual demand)，若是將所有的個別需求者，在不同固定價格下，所購買的數量「水平加總」起來，即得**市場的需求**(market demand)。

假設市場只有「黃飛鴻」與「韋小寶」（綽號屁仙）兩個消費者，黃飛鴻喜歡喝「開喜」烏龍茶，而韋小寶喜歡喝「統一」烏龍茶，其各別需求為D_0與D_1則烏龍茶市場需求為$D=D_0+D_1$。

▼ 表2.2　黃飛鴻與韋小寶對烏龍茶的需求表

價格	黃飛鴻需求量 $q1$	韋小寶需求量 $q2$	市場需求量 Q
20 元	5 罐	3 罐	8 罐
10 元	10 罐	5 罐	15 罐

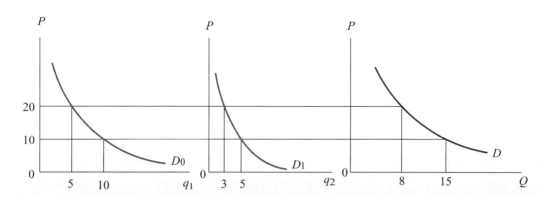

▲ 圖 2.2　個別需求與市場需求

二、需求法則

　　在前面的例子我們可以發現黃飛鴻在購買開喜烏龍茶時，當價格越高（20元）時，買的越少（5罐），價格越低時（10元），買的越多（10罐），這種行為普遍存在於消費者的行為之中。而這種產品價格與需求量呈現反向變動的關係，稱為**需求法則**。

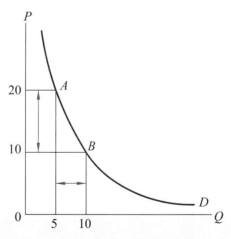

▲ 圖2.3　需求法則

　　為什麼需求法則會成立？原因是因為產品價格變動後，會透過**所得效果**(income effect)與**替代效果**(substitution effect)，來影響消費者的購買行為。我們以烏龍茶價格下跌的情況，來說明需求法則：

1. 所得效果

假設黃飛鴻有所得100元，當開喜烏龍茶價格為20元時，他有能力購買5罐，但是當價格下跌至10元，他就有能力購買10罐。因為價格下跌後，固定100元的所得購買力會增加，而造成購買數量的增加，此即所得效果。

2. 替代效果

當開喜烏龍茶價格下跌時，開喜烏龍茶相對於其他飲料變的較便宜，而黃飛鴻會減少其他飲料的購買，轉而增加開喜烏龍茶的購買數量，此即替代效果。

但是，並不是消費者對所有產品的消費行為都合乎需求法則，有些產品價格與需求量卻呈現正向變動，即價格越高買的越多，價格越低買的越少。而以下兩種產品則會違反需求法則：

1. 炫耀品 (conspicuous goods) (又稱 Veblen goods)

韋伯倫 (Thorstein Veblen) 在其所著的**有閒階級論** (The Theory of Leisure Class, 1899) 提到有一些產品是能夠炫耀消費者的身分與地位，例如名牌汽車、香水、服飾、手錶等，購買這種產品越貴越好，才可表示自己的身分、地位與別人不同，此時價格會與需求量呈正相關，此類產品即稱為炫耀品，又稱**韋伯倫產品** (Veblen goods) 或**奢侈品**。在台灣有人吃一客牛排要八千元、買一隻錶要二千萬元、一件內衣一萬多元、一年消費XO酒13億美元（值13架F16戰機）等，這類產品的消費已超越了生活的必需，而是為了顯示本身的闊氣、身分或地位。

2. 季芬品 (Giffen goods)

由十九世紀英國經濟學家季芬 (Robert Giffen) 所提出，他發現當麵包價格上漲，低所得工人反而消費更多的麵包，而違反一般的需求法則。但是，這種現象發生有以下條件：a.所得低階層。b.為劣等的生活必需品。c.該商品支出占總支出的大部分。例如早期台灣的地瓜，價格上漲時，人民更窮的無力去買米、麵，只好把錢轉而多購買地瓜，使地瓜需要量增加；反之，地瓜價格下跌時，人民則有較多的購買能力，反而捨棄劣等的地瓜，轉而購買較多的米、麵、蔬菜等，使地瓜需要量反而減少。

三、需求量變動與需求變動

　　「開喜」烏龍茶與「統一」烏龍茶在市場上是競爭對手，當「開喜」烏龍茶今年銷售大好，統一企業生產部門就會去研判競爭對手銷售大好的原因，所得結論可能是由於開喜烏龍茶採取降價促銷，或國民所得增加所造成的，對統一企業而言這兩種不同原因，所須採取的應對的競爭策略會有不同。如果原因是由於國民所得增加所造成的，則統一烏龍茶亦將一體受惠，可能不須作出反應；但是如果是由於開喜烏龍茶採取降價促銷，則統一烏龍茶可能也該採取降價競爭策略，以避免市場中客戶流失。因此分辨本身產品價格改變所造成的需求量改變或其他條件因素的改變所造成的需求改變是有其必要的。

　　前面我們提到影響消費者購買數量，除了產品價格以外還有其他各種因素，我們可用需求函數來表示：

$$Q_X = f(P_X；其他因素)$$

$$= f(P_X；M，P_Y，T，N，M^e，P_X^e) \tag{4}$$

式中

　　Q_X：X 產品需求量

　　P_X：X 產品價格

　　M　：所得

　　P_Y：相關 Y 產品價格

　　T　：消費者的偏好

　　N　：消費人數

　　M^e：消費者對所得的預期

　　P_X^e：消費者對 X 產品的價格預期

　　由於作需求曲線時，我們只取價格與數量兩個變數作圖，因此價格改變與其他因素改變，對購買數量的移動，會有兩種不同的圖形，以下我們來分辨此兩種不同狀況。

　　當「產品本身價格」(P_X)改變，只會引起需求量(Q_X)在同一條需求曲線上移動，這稱為「**需求量**」變動(changes in the quantity demanded)。例如當烏龍茶產品價格由20元下降至10元，需求量由5罐增加至10罐，在同一條需求曲線上由A點變動至B點。

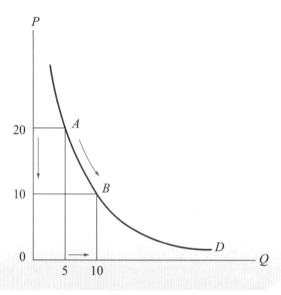

▲ 圖2.4　需求量變動

　　當「其他條件因素」改變，引起需求量(Q_X)，在不同條需求曲線上移動稱為「**需求**」變動(changes in demand)。需求變動有兩種情況：

1. 當需求曲線由D_0右移至D_1，表示在相同價格P_0下，需求量由A點變動至B點，點在不同條需求曲線上向右移動，稱為**需求增加**。

2. 當需求曲線由D_0左移至D_2，表示在相同價格P_0下，需求量由A點變動至C點，點在不同條需求曲線上向左移動，稱為**需求減少**。

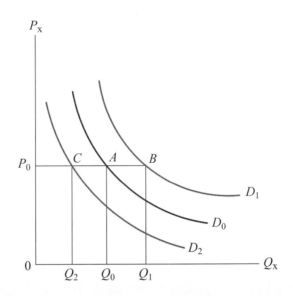

▲ 圖2.5　需求變動

　　影響需求改變的原因是其他因素發生改變，而影響需求增加的原因臚列於表2.3（需求減少的原因反向推論則可得，故省略）：

▼ 表2.3　需求增加的原因

其他條件變動	產品類型	變動方向	實例
所得變動 (M)	正常產品 劣等產品	增加 減少	所得增加對烏龍茶需求增加 所得減少對地瓜需求增加 所得增加劣等物品的需求線左移
相關Y產品價格 (P_Y)	替代品	上漲	可口可樂價格上漲，可口可樂「需求量」減少，對烏龍茶「需求」增加
	互補品降低	降低	麵包價格下降，麵包「需求量」增加，配麵包的烏龍茶「需求」增加
消費者偏好 (T)		增加	消費者對烏龍茶偏好增加，需求增加
消費人數 (N)		增加	對烏龍茶消費人數增加，需求增加
消費者對所得的預期 (M^e)		增加	消費者預期所得增加，對烏龍茶需求增加
消費者對X產品的價格預期 (P_X^e)		上漲	消費者預期烏龍茶價格將上漲，對烏龍茶需求增加

第二節 供 給

產品市場除了購買產品的消費者以外，尚有提供產品的供給者。而產品供給面的分析步驟，則完全與需求面相同。

一、供給的意義

生產者的「供給」(supply)是在說明生產者在面對不同產品價格下，生產者所提供產品數量間的對應關係。更清楚的說，供給的定義是：「其他條件不變，在特定期間，生產者在不同產品**價格**(Price)下，生產者願意且有能力提供產品**數量**(Quantity)間的對應關係」。在特定價格下，生產者願意且有能力供給數量稱為供給量(quantity supplied)。例如表2.4所表示的開喜烏龍茶生產者的供給表(supply schedule)。

▼ 表2.4　開喜烏龍茶生產者的供給表

價格 (P)	供給量 (Q)
20元	9 罐
10元	4 罐

供給的定義中其他條件不變是指：1.生產技術不變，2.原料及生產要素價格不變，3.其他相關產品價格不變，4.生產者預期產品本身的價格不變，5.生產者的人數不變，6.政府租稅不變。

根據以上分析可以知道，影響開喜烏龍茶的供給因素可用供給函數(Supply function)來表示：

$$Q = f(P ; 其他因素) \qquad (5)$$

在假設其他條件不變後，就可寫成：

$$Q = f(P) = -1 + 0.5P \qquad (6)$$

上式亦可用圖形來加以表示，稱**供給曲線**(supply curve)：

開喜烏龍茶的生產者僅是烏龍茶市場中的一個**個別的供給者**(individual

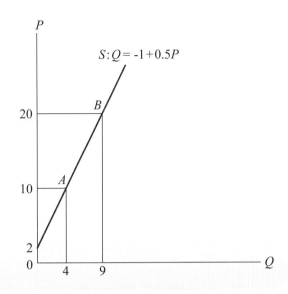

▲ 圖2.6　開喜烏龍茶的供給曲線

supply)，若是將所有的個別供給者，在不同固定價格下，所供給的數量「水平加總」起來，即得**市場的供給** (market supply)。

　　假設烏龍茶市場只有「開喜」與「統一」企業兩個供給者，而其個別供給為 S_0 與 S_1 則市場供給為 $S=S_0+S_1$。

▼ 表2.5　「開喜」與「統一」烏龍茶的供給表

價格	「開喜」供給量 q_1	「統一」供給量 q_2	市場需求量 Q
20 元	9 罐	16 罐	25 罐
10 元	4 罐	11 罐	15 罐

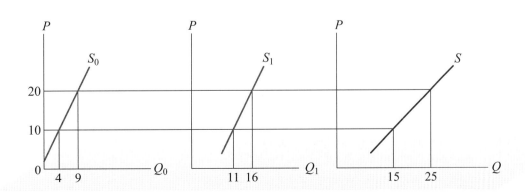

▲ 圖2.7　個別供給與市場供給

二、供給法則 (Law of Supply)

供給者對產品價格變動的反應與消費者不同，消費者是產品越便宜買的越多，生產者則是產品越貴，越願意多提供產品。而產品價格與供給量呈現正向變動的關係，稱為**供給法則**。

為什麼供給法則會成立？原因是：

1. 當產量增加，生產要素的雇用增加，會使其生產成本增加，因此，回收成本的價格要上漲。

2. 當產品價格上漲，生產者收益的增加，將會誘使生產者增加生產要素投入，來生產此一產品，而使產量增加。

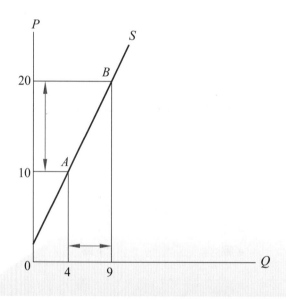

▲ 圖2.8　供給法則

三、供給量變動與供給變動

當產品本身價格 (P_X) 改變，引起供給量 (Q_X)，在同一條供給曲線上移動稱為「**供給量變動**」(Changes in the quantity Supplied)。

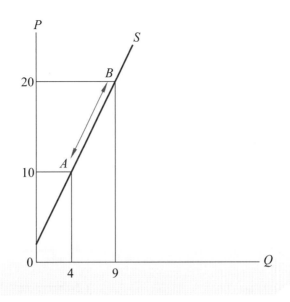

▲ 圖2.9　供給量變動

　　當「其他條件因素」改變，引起供給量(Q_X)，在不同條供給曲線上移動稱為「供給變動」(Changes in Supply)。供給變動有兩種情況：

1. 當供給曲線由S_0右移至S_1，稱為「**供給增加**」。
2. 當供給曲線由S_0左移至S_2，稱為「**供給減少**」。

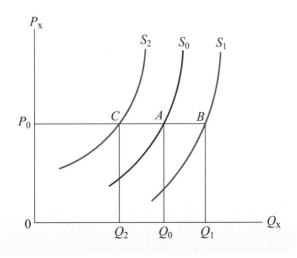

▲ 圖2.10　供給變動

影響供給改變的原因是其他條件發生變動，而影響供給增加的原因臚列於表2.6（供給減少的原因反向推論則可得，故省略）。

▼ 表2.6　供給增加的原因

其他條件變動	產品類型	變動方向	實例
生產技術		進步	台灣生產茶飲料的技術增進
原料及生產要素價格		降價	勞動價格下降
其他相關Y產品價格	替代品	下跌	可口可樂價格下跌，可口可樂「供給量」減少，生產要素轉而生產烏龍茶，使烏龍茶「供給」增加
	互補品	上漲	麵包價格上漲，使麵包「供給量」增加，配麵包的烏龍茶「供給」增加
生產者預期產品本身的價格		下跌	烏龍茶生產者預期產品本身的價格將下跌，其會趁現在產品價格尚貴時，多生產來賣，而使供給增加
生產者的人數		增加	烏龍茶生產廠商增加，供給增加
政府租稅		降低	政府降低對烏龍茶所課的貨物稅，將使生產者成本降低，供給增加

第三節　消費行為與生產行為的差異

由供需法則，我們可以發現消費者與生產者對價格的反應不同，消費者是：價格越便宜對他越有利，買的越多；價格越貴對他越有不利，買的越少。但是生產者卻剛好相反：價格越貴對他越有利，生產的越多；價格越便宜對他越不利，生產的越少。

消費者希望價格越便宜越好，生產者希望價格越貴越好，因此買賣雙方必須經過交易，來達成雙方共同能接受的價格，我們常看到母親在市場為一棵蔥幾塊錢，與菜販拉開嗓門在討價還價，這就是反應出雙方對價格期望的差異，而在透過一種交易或喊價的方式，來摸索雙方都能夠高興和滿意的價格，如此買賣交易才會達成。

歷屆試題 Exercise

一、選擇題

( ) 1. 下列何者僅會使匚某財貨的市場需求量變動,而非改變該財貨的市場需求? (A) 消費者的所得增加 (B) 消費者對該財貨的嗜好增加 (C) 廠商提高該財貨之售價 (D) 該財貨之互補財價格上升。 （96 二技）

( ) 2. 下列敘述何者為正確? (A) 可口可樂的需求曲線較陡,而食鹽的需求曲線較平緩 (B) 大學聯考增加錄取名額後,補習班重考生的需求減少;均衡價格下降 (C) 台灣限制日本汽車進口數量,則台灣汽車市場均衡價格與數量皆下降 (D) 政府實施稻米保證價格收購政策,當稻米豐收,則需求曲線右移 (E) 政府提高香菸的健康捐,則香菸的供給曲線左移,需求曲線右移。 （96 台北大學）

( ) 3. 若財貨 x 的需求函數 $Qx = 17 - 2Px$,而供給函數 $Qx = -1 + Px$,Qx 表數量,Px 表價格,則下列何者正確? (A) 均衡價格為 7 (B) 均衡價格為 5 (C) 均衡數量為 6 (D) 均衡數量為 5。 （97 四技二專）

( ) 4. 小美對財貨 x 的需求如下表所示,如果財貨 x 的市價每單位為 20 元時,則小美在市場購買 3 單位財貨 x 時,其消費者盈餘為: (A) 0 元 (B) 15 元 (C) 20 元 (D) 25 元。

價格 (元)	30	25	20	15
需求量 (斤)	1	2	3	4

（97 四技二專）

( ) 5. 某消費者僅飲用咖啡和紅茶兩種飲料,且對咖啡或紅茶沒有差別,表示咖啡和紅茶對消費者而言是 (A) 劣等財 (Inferior Goods) (B) 替代品 (Substitute Goods) (C) 互補品 (Complement Goods) (D) 季芬財 (Giffen Goods)。 （95 四技二專）

( ) 6. 下列哪一項是使得某一財貨需求量變動的因素? (A) 該財貨本身的價格 (B) 相關財貨的價格 (C) 消費者的所得 (D) 消費者的偏好。（100 四技二專）

( ) 7. 需求理論上所稱的其他條件不變，是指消費者的： (A) 所得不變 (B) 偏好不變 (C) 其他相關產品的價格不變 (D) 以上皆是。 （97 身心障礙甄試）

( ) 8. 下列哪種情況會造成供給過剩？ (A) 供給大於需求 (B) 市場價格高於均衡價格 (C) 供給量小於需求量 (D) 市場價格低於均衡價格。 （97 身心障礙甄試）

( ) 9. 政府開放蘋果進口，會使國內的蘋果市場： (A) 價格上升，交易量增加 (B) 價格下跌，交易量減少 (C) 價格上升，交易量減少 (D) 價格下跌，交易量增加。 （97 身心障礙甄試）

( ) 10. 何者非互補性商品？ (A) 相機與底片 (B) 電腦與光碟 (C)A 牌與 B 牌洗衣精 (D) 釘書機與釘書針。 （99 二技）

( ) 11. 炫耀性物品 (Conspicuous Goods) 是需求法則的一個例外，其原始提出者是 (A) 韋伯倫 (Thorstein Veblen) (B) 季芬 (Robert Giffen) (C) 貝克 (Gary Becker) (D) 柏雷托 (Vilfredo Pareto)。 （91 二技）

( ) 12. 下列何者是互補品的例子？ (A) 可樂與汽水 (B) 相機與底片 (C) 公車與計程車 (D) 白鴿洗衣精與一匙靈洗衣精。 （91 二技）

( ) 13. 假設 X 的需求量 (Q_x^D) 取決於其價格 (Px)、消費者所得 (I) 及 Y 的價格 (Py)，其關係式為 $Q_x^D=100-3Px-0.01I+0.5Py$，則： (A)X 是正常物品 (B)Y 是劣等物品 (C)X 與 Y 是替代物品 (D) 當 I=\$4500，P=\$70 時，X 違反需求定律。 （91 二技）

( ) 14. 某些事件會影響其對應之特定市場的均衡點。下列敘述，何者是正確的？ (A) 開放蘋果進口，蘋果市場的均衡價格下降，數量減少 (B) 電子技術進步與消費者所得提高，個人電腦市場的均衡價格下降，數量增加 (C) 颱風損壞農作物，蘋果市場的均衡價格提高，數量減少 (D) 金風山發現大量黃金儲藏，明年可開採，今年黃金市場的均價格下跌，數量增加。 （91 二技）

( ) 15. 下列哪種情況會造成供給過剩？ (A) 供給大於需求 (B) 市場價格高於均衡價格 (C) 供給量小於需求量 (D) 市場價格低於均衡價格。 （97 身心障礙甄試）

( )16. 其他狀況不變下，若所得增加導致某商品需求量減少，則此商品為： (A) 奢侈品 (B) 正常物品 (C) 劣等物品 (D) 必需品。 （99 二技）

（　）17. 下列何者違反經濟學「價格與需求量呈反方向變動的需求法則」？　(A) 台北市的房價飆漲，民眾買房的意願大增　(B) 汽油價格飆漲，民眾改騎腳踏車的意願大增　(C) 颱風來襲，葉菜類蔬菜價格飆漲，民眾吃根莖類蔬菜的意願大增　(D) 兒童的教養費用飆漲，民眾生小孩的意願大減。　　（100 四技二專）

（　）18. 在下列哪一種情形下，市場價格由需求決定？（假設繪製供需曲線時，以縱軸為價格，橫軸為數量）　(A) 垂直的需求曲線、正斜率的供給曲線　(B) 垂直的需求曲線、負斜率的供給曲線　(C) 水平的供給曲線、正斜率的需求曲線　(D) 垂直的供給曲線、負斜率的需求曲線。　　（100 二技）

（　）19. 經濟學中最常提及，在其他條件不變的情況下，下列何者非指「其他條件不變」？　(A) 需求產品價格不變　(B) 其他相關財貨價格不變　(C) 消費者所得不變　(D) 消費者偏好不變。　　（101 四技二專）

（　）20. 下列哪一項是導致供給曲線往右移動的原因？　(A) 生產技術進步　(B) 政府稅金提高　(C) 財貨的耐用程度越大　(D) 原物料價格提高。　（100 四技二專）

（　）21. 當禽流感發生時，會造成禽類產品市場發生下列何種情況？　(A) 需求減少，供給增加　(B) 需求增加，供給增加　(C) 需求減少，供給減少　(D) 需求增加，供給減少。　　（101 四技二專）

（　）22. 於供需法則下，下列何者會造成價格與數量之同步上升？　(A) 需求下降但供給增加　(B) 需求與供給同時下降　(C) 供給不變但需求增加　(D) 需求不變但供給增加。　　（101 四技二專）

（　）23. 假設某市場只有 10 個種植鳳梨的農夫，每個農夫的供給函數均為 $Q=10+P$，其中 Q 為產量，P 為價格。請問該市場的鳳梨供給函數為：(A)$Q=10+P$　(B)$10Q=10+P$　(C)$Q=100+10P$　(D)$Q=10+10P$　　（103 四技二專）

（　）24. 在 DVD 的銷售市場中，下面哪一項是其需求函數之內生變數？　(A) 錄影帶的價格　(B)DVD 銷售的價格　(C) 電視機的價格　(D) 一場電影的票價。　　（94 二技）

（　）25. 市場上僅有三個人，其個人之需求函數皆相同且均為 $P = 20-3Q$，則市場之總需求函數為（其中 P 為價格，Q 為需求量）：　(A) $P = 10-Q$　(B) $P = 10-2Q$　(C) $P = 20-Q$　(D) $P = 20-3Q$。　　（94 二技）

( ) 26. 某暢銷書印刷成本不斷上升，在其他條件不變下，市場上會有什麼現象發生？
(A) 暢銷書的數量一定增加　(B) 暢銷書的價格上漲　(C) 暢銷書的價格下降
(D) 暢銷書的數量維持不變。　　　　　　　　　　　　　　　（94 四技二專）

( ) 27. 佳怡換新工作，且薪水比原來薪水高，原先薪水她買了 3 公斤肉及 12 顆蘋果；
在其他條件不變下，新的薪水她買了 2 公斤肉及 15 顆蘋果，下列敘述何者正
確？　(A) 肉是正常財，蘋果是劣等財　(B) 肉是劣等財，蘋果是正常財　(C)
肉及蘋果均是正常財　(D) 肉及蘋果均是劣等財。　　　　　　（94 四技二專）

二、問答題

1. 下列哪幾項會使目前的豬肉需求增加：
   a. 禁止牛肉進口
   b. 所得增加
   c. 飼料漲價
   d. 雞肉生產過剩
   e. 政府宣布即將開放豬肉出口
   f. 豬肉價格下降
   g. 環保署嚴格取締養豬場對環境的汙染
   h. 醫學界發現豬肝有致癌現象

2. 利用供給與需求曲線圖形，就下列各事件的發生，說明其屬於供給變動，供給量
   變動，需求變動或需求量變動。
   (1) 肥料價格上漲，引起小麥價格上漲。
   (2) 小麥價格上漲，引起小麥生產量增加。
   (3) 汙染稻米導致小麥價格上漲。
   (4) 政府降低汽車進口關稅，引起國產汽車價格下降。
   (5) 政府取消外國汽車進口限制，引起國產汽車價格下降。

3. 此次美國次貸風暴造成全球經濟陷入困境，台灣是以貿易導向的經濟體制當然不
   能置身風暴之外，因此導致台灣近幾個月的出口大幅衰退。前些時候新台幣對美
   元大幅貶值，試以「彈性」(Elasticity)的觀念，說明新台幣對美元貶值對振興台
   灣經濟的效果如何？　　　　　　　　　　　　　　　　　　（98 文化國貿）

彈性分析

第一節　價格彈性

第二節　交叉彈性

第三節　所得彈性

第四節　供給彈性（供給的價格彈性）

歷屆試題

ECONOMICS

彈性(Elasticity)是經濟學裡重要的分析工具之一。透過彈性的分析我們可以對產品特性、消費行為有進一步瞭解,並可對經濟政策效果提供一個良好的分析方法。本章將對彈性的意義、衡量方法、影響彈性大小因素以及彈性的應用分析,進行說明、討論。本章將討論需求面的三種彈性:價格彈性、所得彈性與交叉彈性,以及供給面的供給彈性。

第一節 　價格彈性(Price Elasticity)

一、價格彈性的意義

價格彈性是衡量產品需求價格變動所引起產品需求數量變動的敏感性指標。並不是所有產品的價格變動所引起產品數量變動的幅度都是一樣的,這就好像一個班裡,同學們之間各別個性都有差異一樣,譬如說有人愛臭屁;有人以睡覺為人生的目的;有人愛耍大牌等等,產品也有它的「個性」,不同的產品價格變動所引起產品數量變動的幅度不同。甚至不同的消費者,對相同產品,也會有不同的價格與數量的反應。

我們以一個實際例子來說明以上價格與數量的反應差別的現象,例如有一種產品叫「友誼」,獲得友誼的代價如:陪對方吃飯、看電影、忍耐其耍小脾氣等等,皆視為友誼價格的一部分,而對你的友誼需求有甲(D_0)與乙(D_1)二人,若原來兩人對你的友誼需求價格為P_0,需求量為Q_0,當你遭逢困境或心情不好發脾氣時,友誼價格則由P_0上升至P_1,甲對你的友誼需求量由A點小幅下降至B點,而乙則大幅下降至C點。反之,當你處於順境,事事順利,友誼價格則由P_0下降至P_2,甲對你的友誼需求量由A點小幅增加至G點,而乙則大幅增加至H點。顯然甲對你的友誼需求量不論你是處於順境或逆境,都很穩定,很「死忠」,可以作「好朋友」;反之,乙則只能與你「共享樂」而不能「共患難」,是「壞朋友」。

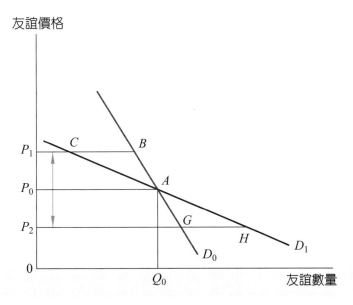

▲ 圖3.1 好朋友與壞朋友

二、價格彈性的衡量

彈性的衡量有兩個方法：

1. **點彈性**(Point elasticity)：點彈性是以變動前價格與數量為基準，視價格與數量變動極微小所算出需求曲線上「一點」的彈性，公式如下：

$$E_d = \frac{需求量變動百分比}{需求價格變動百分比}$$

$$= \frac{\dfrac{需求量的增減量}{原需求要量}}{\dfrac{需求價格的增減量}{原需求價格}}$$

$$= \frac{\Delta Q\%}{\Delta P\%}$$

$$= \frac{\dfrac{Q_1 - Q_0}{Q_0}}{\dfrac{P_1 - P_0}{P_0}} = \frac{\dfrac{\Delta Q}{Q_0}}{\dfrac{\Delta P}{P_0}} = \frac{\Delta Q}{\Delta P} \frac{P_0}{Q_0}$$

$$= \frac{1}{\dfrac{\Delta P}{\Delta Q}} \frac{P_0}{Q_0} = \frac{1}{需求曲線斜率} \cdot 點位置 \qquad (1)$$

2. **弧彈性**：弧彈性是以變動前後價格與數量平均數為基準，所算出「一段」需求曲線上的彈性，公式如下：

$$E_d = \frac{Q_1 - Q_0}{\frac{Q_1 + Q_0}{2}} \Big/ \frac{P_1 - P_0}{\frac{P_1 + P_0}{2}} = \frac{\Delta Q}{\Delta P} \frac{P_1 + P_0}{Q_1 + Q_0} \tag{2}$$

接下來我們用對電影票需求的例子來計算彈性：

▼ 表3.1　電影票的需求表

電影票的價格 (P)	電影票的需求量 (Q)
100 元	5 張
80 元	10 張

(1) 點彈性

a. 當價格由 100 元跌到 80 元

$$E_d = \frac{\Delta Q}{\Delta P} \frac{P_0}{Q_0} = \frac{10\text{-}5}{80\text{-}100} \cdot \frac{100}{5} = -5$$

表示當電影票價格下跌 1%，需求量將增加 5%。

b. 當價格由 80 元漲到 100 元

$$E_d = \frac{\Delta Q}{\Delta P} \frac{P_0}{Q_0} = \frac{5\text{-}10}{80\text{-}100} \cdot \frac{80}{10} = -2$$

表示當電影票價格上漲 1%，需求量將減少 2%。

(2) 弧彈性

不論價格由 100 元跌到 80 元或 80 元漲到 100 元結果都是：

$$E_d = \frac{\Delta Q}{\Delta P} \frac{P_0 + P_1}{Q_0 + Q_1} = \frac{10\text{-}5}{80\text{-}100} \cdot \frac{100 + 80}{10 + 5} = -3$$

　一些與需求彈性計算的有關問題：

a. 由於需求法則的存在需求彈性值為負值。

b. 任兩物品的彈性值比較要取絕對值。

c. 由於點彈性在價格上漲與下跌算出的彈性值不同，缺乏一致性，而弧彈性可糾正此一缺點，所以一般彈性計算採弧彈性。但是，由於點彈性公式簡單，一般在說明時則採點彈性。

三、價格彈性與需求曲線斜率

　根據點彈性公式，我們可以知道價格彈性與需求曲線斜率的關係，可以表示如下：

$$E_d = \frac{點位置}{需求曲線斜率} \tag{3}$$

　由上式可知：

1. 價格彈性同時受到需求曲線斜率與點的位置的影響。

2. 當需求曲線的斜率固定，則價格彈性與點的位置高低成正比，亦即當點的位置越高，價格彈性越大；點的位置越低，價格彈性越小。

3. 當點的位置固定，則價格彈性與需求曲線的斜率大小成反比，亦即當需求曲線的斜率越大，價格彈性越小；需求曲線的斜率越小，價格彈性越大。

　依照上述我們可分成兩類情況：（一）需求曲線的斜率固定，（二）點的位置固定。來作圖說明價格彈性與需求曲線斜率的關係。

（一）需求曲線的斜率固定，點的位置越高，價格彈性越大

　　除了由(3)式可以得出以上數學關係以外，亦能以幾何圖形來表示，由圖3.2(a)之A點彈性可表示成：

$$E_d = \frac{\Delta Q}{\Delta P} \frac{P_0}{Q_0}$$

$$= \frac{1}{需求曲線斜率} \frac{P_0}{Q_0}$$

$$= \frac{1}{\dfrac{\overline{CA}}{\overline{CM}}} \frac{\overline{OB}}{\overline{OC}}$$

$$= \frac{\overline{CM}}{\overline{OB}} \frac{\overline{OB}}{\overline{OC}}$$

$$= \frac{\overline{CM}}{\overline{OB}} \frac{\overline{AM}}{\overline{AN}} = \frac{\overline{OB}}{\overline{OB}} \tag{4}$$

　　由於

$$E_d = \frac{\overline{AM}}{\overline{AN}} \frac{需求曲線上點到橫軸線段長}{需求曲線上點到縱軸線段長} \tag{5}$$

　　根據(5)式可得出圖3.2(b)中不同區段的五類價格彈性：

1. 由於M點到橫軸線段長為零，使M點價格彈性為零。稱為**完全缺乏彈性**。

2. 介於中點至M點間的點到橫軸線段長小於點到縱軸線段長，故價格彈性小於1。稱為**缺乏彈性**。

3. 中點由於到橫軸線段長等於點到縱軸線段長，故價格彈性等於1。稱為**標準彈性**或**單一彈性**。

4. 介於中點至N點間的點到橫軸線段長大於點到縱軸線段長，故價格彈性大於1。稱為**富有彈性**。

5. 由於N點到縱軸線段長為零，使N點價格彈性為無窮大。稱為**完全富有彈性**。

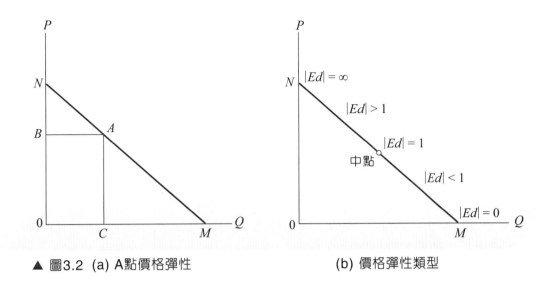

▲ 圖3.2　(a) A點價格彈性　　　　　　　(b) 價格彈性類型

（二）點的位置固定，當需求曲線的斜率越大，價格彈性越小

由於

$$E_d = \frac{\overline{\text{點位置}}}{\text{需求曲線斜率}}$$　　　　　　　　　　　　(6)

將圖3.3中A點的位置在各需求曲線皆相同（位置固定），但是斜率不相同，將斜率代入(6)式亦可得五類價格彈性。

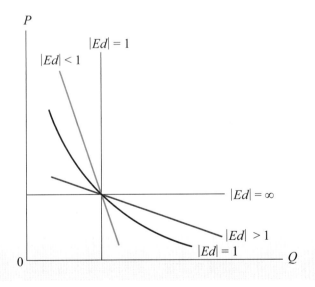

▲ 圖3.3　需求曲線斜率與價格彈性

四、價格彈性與消費者支出

價格彈性的大小，會使價格變動對消費者支出的增減有所差異，這在政策上有重要的含意。譬如說提高高速公路的收費，是否能夠增加國庫收入？這與使用高速公路者，對高速公路提供的服務量的價格彈性有很大的關係。以下以五種類型價格彈性與消費者支出的關係加以說明：

1. 富有價格彈性($|E_d|>1$)

當產品價格彈性大於 1，當價格由 P_0 下跌至 P_1，消費者支出（亦即生產者的收入）則會由□P_0AQ_00（即 $P_0 \times Q_0$）增加至□P_1BQ_10（$P_1 \times Q_1$）。反之當價格由 P_1 上漲至 P_0，消費者支出則會減少。

所以我們去市場買東西時，常聽到攤販老板說他的產品價格：「已是這條街最便宜的，大家交易作個朋友」。其實他的產品若是價格彈性大於 1，他降價求售，雖然在價格上有所損失，但是，消費者需求量的大幅增加，卻足以彌補價格上的損失，且尤有過之，而使生產者收入（消費者支出）增加，此即「**薄利多銷**」。

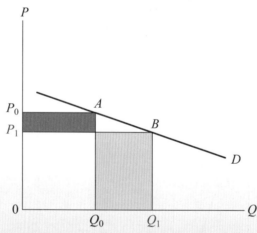

▲ 圖3.4　富有價格彈性與「薄利多銷」

2. 乏價格彈性($|E_d|<1$)

當產品價格彈性小於 1，當價格由 P_0 下跌至 P_1，消費者支出（亦即生產者的收入）則會減少。反之當價格由 P_1 上漲至 P_0，消費者支出則會增加。稻穀是民生必需品缺乏價格彈性，當稻穀價格下跌，稻農的收入會減少，對稻農不利，此即「**穀賤傷農**」。反之，當稻穀價格上漲，稻農的收入會增加，對消費者不利，此即「**穀貴傷民**」。

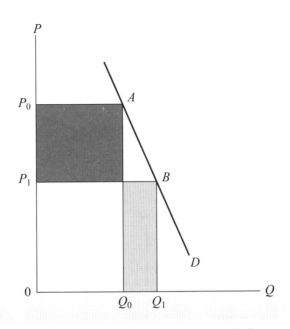

▲ 圖3.5　缺乏價格彈性與「穀賤傷農」

3. **標準彈性** (|E_d|=1)

　　當產品價格彈性等於 1，不論產品價格由 P_0 下跌至 P_1，或由 P_1 上漲至 P_0，消費者支出（生產者收入）皆一樣。

　　譬如某君每月固定支出 100 元買花，送女朋友，則不論價格為何，支出都是100元（即 PQ=100），而需求曲線為雙曲線的型態。

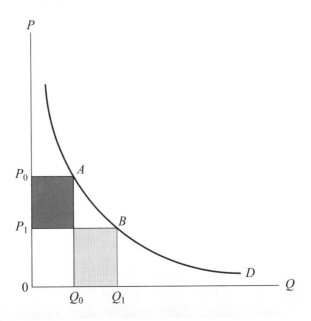

▲ 圖3.6　標準彈性與消費者固定支出

4. **完全缺乏彈性**($|E_d|=0$)

　　當產品價格彈性等於0，根據點彈性公式，可知是分子$\triangle Q/Q=0$，表示不論價格為何，消費者需求量皆固定在Q_0，不會改變，而需求曲線呈垂直線。當價格由P_0下跌至P_1，消費者支出會減少。反之當價格由P_1上漲至P_0，消費者支出則會增加。

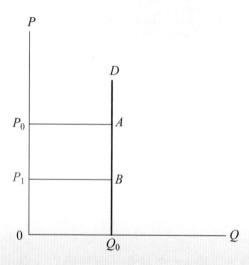

▲ 圖3.7　完全缺乏彈性與消費者支出

　　譬如一個骨折的病人對外科手術服務的需求，病人不可能買手術刀自己動手術，他需要外科醫生的一個固定量的手術服務。所以醫院提高收費，病人只好多增加支出。而醫院收費的提高我們可以廣義的解釋成包括：排隊、填單據、等待、費用等，所須花費的冗長的時間與巨額費用。

5. **完全富有彈性**($|E_d|=\infty$)

　　當產品價格彈性等於∞，當價格為P_0高過P_1，需求量為零，消費者支出為零（即$P \times Q=0$）。價格由P_0下跌至P_1，消費者支出則會增加至$P_1 \times Q_1$，而其需求曲線為P_0P_1D線段。

　　譬如台灣的電腦廠商在世界市場銷售產品，當電腦價格高過世界市場價格P_1，消費者就會去購買其他國家廠商的電腦，則台灣電腦廠商的需求量為零，廠商收入為零。同時在P_1價格下，消費者會購買所有台灣廠商的電腦產品，廠商在P_1就可把產品賣完，就不至於、也不用定價低於P_1。

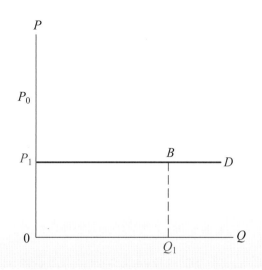

▲ 圖3.8　完全富有彈性與消費者支出

五、價格彈性的決定因素

　　為什麼產品的價格彈性會不同？基本上價格彈性大小是反應消費者對產品是否有選擇的空間，若選擇空間大則產品價格彈性大，反之，選擇空間小則產品價格彈性小。而影響產品價格彈性的因素有：

1. **產品的性質**：奢侈品彈性大，例如：名牌香水。必需品彈性小，例如：鹽。

2. **代替品的多寡**：代替品多的產品彈性大，例如：飲料。代替品少的產品彈性小，例如：水電。

3. **產品消費支出占所得的比重**：比重高的產品彈性大，例如：汽車。比重低的產品彈性小，例如：衛生紙。

4. **產品的耐用程度**：非耐久財產品彈性大，例如：食物。耐久財的產品彈性小，例如：家具。

5. **國民所得高低或生活水準**：國民所得高的地區產品彈性大，例如：台北市的泡麵。國民所得低的地區產品彈性小，例如：台東市的泡麵。

6. **習慣及社會風氣**：不受習慣或時尚流行影響的產品彈性大。受習慣或時尚流行影響的產品彈性小，例如：燒「香」拜拜、流行服飾。

7. **產品用途多寡**：產品用途多的產品彈性大。產品用途少的產品彈性少，例如：胰島素治糖尿病。

8. **消費者作決策的時間**：消費者作決策的時間長，可充分反應其需求故產品彈性大。消費者作決策的時間短產品彈性小。

第二節 交叉彈性(Cross Elasticity)

如果我們要知道兩種產品之間的關係，以及兩者之間的互相影響程度，則可以交叉彈性來衡量。

一、交叉彈性的意義與衡量

交叉彈性是指某一產品（如Y）價格變動引起另一產品(X)需求量變動的彈性。其公式為：

$$E_{XY} = \frac{X需求量變動率}{Y價格變動率} = \frac{\Delta Q_X / Q_X}{\Delta P_Y / P_Y} \tag{7}$$

二、交叉彈性的類型

交叉彈性可以分成三種：

1. **$E_{XY} > 0$，則X與Y為替代品(substitutes)**

   例如當可口可樂漲價，消費者會減少可口可樂的購買，而增加價格不變的相對便宜的百事可樂需求量；反之，當可口可降價，消費者會增加可口可樂的購買，而減少可口可樂的需求量。

2. **$E_{XY} = 0$，則X與Y為獨立品(independent goods)**

   例如當鑽石價格發生變動，並不會對馬桶需求量產生任何的影響。

3. **$E_{XY} < 0$，則X與Y為互補品(complements)**

   例如當電腦漲價，消費者會減少電腦的購買，同時也因此減少磁碟片的需求量；反之，當電腦降價，消費者會增加電腦的購買，同時也因此增加磁碟片的需求量。

第三節 所得彈性 (Income Elasticity)

　　所得彈性大小可以作為消費者所得變動對各種產品需求量變動大小的衡量與預測，例如消費者所得提高對所得彈性大的產品較有利，而對所得彈性小或為負值的產品較不利。同時公司可據此衡量消費者所得改變時，對公司產品需求量的影響，以及影響的程度。

一、所得彈性的意義與衡量

　　所得彈性是衡量消費者所得(I)變動引起某一產品(X)需求量變動的彈性。其公式為：

$$E_{XI} = \frac{X需求量變動率}{所得(I)變動率} = \frac{\Delta Q_X / Q_X}{\Delta I / I} \tag{8}$$

二、所得彈性的類型

　　所得彈性分成三大類：

1. $E_{XI}>0$，表示X產品為正常物品(normal goods)

　　　當所得增加，X產品需求量增加，反之、當所得減少，X產品需求量減少。此類產品又分為兩種：

(a)當$E_{XI}>1$，表示X產品為**奢侈品**(luxury goods)。

(b)當$0<E_{XI}<1$，表示X產品為**必需品**(necessities)。

2. $E_{XI}=0$，表示X產品為所得的**獨立品**(independent goods)

　　　所得發生變動，並不會對X產品需求量產生任何的影響。例如棺材。

3. $E_{XI}<0$，表示X產品為**劣等物品**(inferior goods)

　　　當所得增加，X產品需求量減少，反之，當所得減少，X產品需求量反而增加。例如地瓜、泡麵。

三、恩格爾法則(Engel's Law)

根據**恩格爾**(Ernst Engel)的研究，所得對家庭各項消費支出影響不同，當家庭所得增加時：

1. 糧食支出總金額占所得比重會減少，即糧食所得彈性彈性小於1。
2. 家庭一般費用（如衣服）占所得比重維持固定，即所得彈性彈性等於1。
3. 教育、休閒旅遊等支出總金額占所得比重會提高，即所得彈性彈性大於1。

🪙 第四節 供給彈性（供給的價格彈性）

需求面對彈性的分析方法在供給面都能適用。

一、供給彈性的意義與衡量

供給彈性是衡量產品供給價格變動所引起產品供給數量變動的敏感性指標。其衡量公式為：

$$E_S = \frac{供給量變動百分比}{供給價格變動百分比}$$

$$= \frac{\Delta Q}{\Delta P}\frac{P_0}{Q_0}$$

$$= \frac{點位置}{供給曲線斜率}$$

或

$$E_S = \frac{\Delta Q}{\Delta P}\frac{P_1+P_0}{Q_0+Q_1} \tag{9}$$

二、供給彈性的類型

我們亦能以幾何圖形來表示供給彈性：

$$E_S = \frac{\text{供給曲線上點到橫軸線段長}}{\text{供給曲線上點到縱軸線段長}} \tag{10}$$

利用以上公式亦可得出圖3.9中五類供給彈性：

1. $E_S=0$，當產品供給期間為極短期，產品數量變動為零，則其供給曲線呈垂直，供給彈性為零。例如土地供給。

2. $E_S>1$，產品數量變動幅度大於供給價格變動幅度，則產品供給彈性大於1。此時供給曲線先交縱軸。

3. $E_S<1$，產品數量變動幅度小於供給價格變動幅度，則產品供給彈性小於1。此時供給曲線先交橫軸。

4. $E_S=1$，產品數量變動幅度等於供給價格變動幅度，則產品供給彈性等於1。此時供給曲線通過原點。

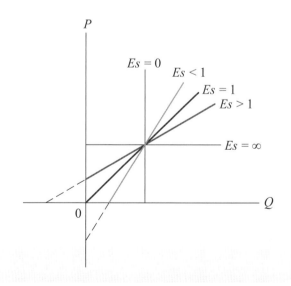

▲ 圖3.9 供給彈性的類型

三、決定供給彈性大小的因素

　　基本上能夠讓生產活動能夠靈活調整的因素，都能使供給彈性變大。茲將影響供給彈性大小的因素分述如下：

1. **生產要素改變用途的難易程度**：例如生產要素容易改變的輕工業產品，較生產要素不容易改變的重工業產品的供給彈性大。

2. **自然力支配大小**：例如受自然力支配大的農業產品，較不受自然力支配工業產品的供給彈性小。

3. **生產成本增加額的大小**：增加生產，成本增加大的產品，較成本增加小的產品供給彈性小。

4. **產品是否容易儲藏**：容易儲藏的產品供給彈性大，不容易儲藏的產品供給彈性小。

5. **完成產品時間的長短**：時間長的產品供給彈性小，時間短的產品供給彈性大。

6. **生產者考慮的時間長短**：考慮時間長的產品供給彈性大，時間短的產品供給彈性小。

歷屆試題 Exercise

一、選擇題

( ) 1. 下列何者為奢侈品 (Luxury Goods) 的定義？　(A) 供給的價格彈性大於 1　(B) 需求的價格彈性大於 1　(C) 需求的所得彈性大於 1　(D) 需求的替代彈性大於 1。　（96 二技）

( ) 2. 當市場的供給曲線斜率為 0 時，即表示：　(A) 此市場的供給彈性為單位彈性　(B) 此市場的供給是缺乏彈性的　(C) 此市場的供給是完全無彈性的　(D) 此市場的供給是完全有彈性的。　（96 二技）

( ) 3. 若計程車費率提高後，造成計程車司機收入增加，此表示消費者對計程車服務之需求的價格彈性是：　(A) 大於 1　(B) 小於 1　(C) 等於 1　(D) 無限大。　（97 四技二專）

( ) 4. 一般而言，下列何者最可能為經濟學中所稱的劣等財 (Inferior Goods)？　(A) 鑽石　(B) 牛奶　(C) 速食麵　(D) 化妝品。　（101 四技二專）

( ) 5. 百貨公司對某商品打折促銷以圖增加收入，必定認為該商品在消費者心中的需求彈性為：　(A) 大於 1　(B) 等於 1　(C) 介於 1 與 0 之間　(D) 等於 0。　（97 身心障礙甄試）

( ) 6. 「穀貴傷民」反映出農產品的價格彈性：　(A) 大於 1　(B) 等於 1　(C) 小於 1　(D) 等於 0。　（97 身心障礙甄試）

( ) 7. 若課本的價格上漲 10 %，而需求量減少 2 %，則課本的需求價格彈性為：　(A) 0.2　(B) 2.0　(C) 5.0　(D) 10。　（98 四技二專）

( ) 8. 下列有關價格機能意義的敘述，何者不正確？　(A) 價格引導管制　(B) 價格引導生產　(C) 價格引導分配　(D) 價格引導消費。　（100 四技二專）

( ) 9. 對一條斜率為 −0.5 的直線型需求線而言，此需求線中間點的彈性為何？（假設繪製供需曲線時，以縱軸為價格，橫軸為數量）　(A) 0.5　(B) 1　(C) 1.5　(D) 2。　（100 二技）

( ) 10. 若某商品之需求彈性為 0.5，則： (A) 價格下降時總支出增加 (B) 價格下降時總支出不變 (C) 價格上升時總支出增加 (D) 價格上升時總支出減少。
（100 二技）

( ) 11. 試問水餃市場的需求彈性在何種情況下，水餃廠商才可以透過漲價的手段增加業者的總收入？ (A) 需求彈性小於 1 (B) 需求彈性大於 1 (C) 需求彈性無窮大 (D) 需求彈性等於 1。
（98 身心障礙甄試）

( ) 12. 已知 X 之需求函數 $Q_X = 200 - 2 P_X - 5 P_Y + 40 I$，則以下何者為真？（$Q_X$ 為 X 之數量、P_X 為 X 之價格、P_Y 為 Y 之價格、I 為所得） (A)X 是劣等財 (B) X 與 Y 為互補品 (C)X 與 Y 為替代品 (D)I 增加會使 Q_X 減少。（100 二技）

( ) 13. 已知 X 之需求函數為 $Q_X = 300 - 0.2 P_X - 0.1 P_Y + 0.5 I$，已知 $P_X = 100$，$P_Y = 50$，$I = 80$，若 Y 的價格增加 100 %，則依弧彈性計算之交叉彈性為何？（Q_X 為 X 之數量，P_X 為 X 之價格，P_Y 為 Y 之價格，I 為所得） (A) – 0.024 (B) – 0.1 (C) – 0.3 (D) – 5。
（100 二技）

( ) 14. 近來由於全球氣候異常，造成主要糧食生產國糧食歉收，許多農家因為收入減少，買不起白米，只能多購買一些較便宜的地瓜或馬鈴薯充饑，這一類消費量與所得呈反方向變動的財貨稱為？ (A) 正常財 (B) 中性財 (C) 劣等財 (D) 天候財。
（100 四技二專）

( ) 15. 當產品 A 的價格由 7 元漲為 9 元時，總支出由 175 元降為 135，表示： (A) 需求彈性小於 1 (B) 需求彈性等於 1 (C) 需求彈性大於 1 (D) 需求彈性無法判斷。
（91 二技）

( ) 16. 需求彈性的決定因素中，不包括下列何者？ (A) 替代品多寡與替代品強弱 (B) 該物消費支出占所得比例 (C) 生產成本隨數量而變動的敏感 (D) 時間長短。
（91 二技）

( ) 17. 下列有關影響要素需求彈性的敘述，何者正確？ (A) 產品需求彈性越大，要素需求彈性越大 (B) 要素間替代性越小，要素需求彈性越大性 (C) 要素支出占成本比例越低，要素需求彈性越大 (D) 時間越短，要素需求彈性越大。
（91 二技）

( ) 18. 假如 X 物品係 Y 物品的替代品，則 X 物品相對於 Y 物品的交叉價格彈性是： (A) 負的 (B) 正的 (C) 零 (D) 無法得知。 （90 二技）

( ) 19. 若某甲對物品 X 之需求函數為 X=20-2P，假如 X 之價格為 3 時，請問某甲對 X 之需求價格彈性是　(A)6/14　(B)2/20　(C)2　(D)14/6。　　　　(90 二技)

( ) 20. 下列有關需求與供給彈性的敘述，何者錯誤？　(A) 季芬財貨 (Giffen Goods) 的需求所得彈性值小於 0　(B) 炫耀性財貨 (Conspicuous Goods) 的需求所得彈性值大於 0　(C) 一財貨的消費支出占所得的比例越小，其需求價格彈性（絕對值）越小　(D) 一財貨的生產成本隨產量變化的程度越大，其供給彈性（絕對值）越小。　　　　(93 四技二專)

( ) 21. 如圖的 A、B、C 三條直線相交於一點，在此交點，其需求價格彈性的絕對值之大小次序，下列何者正確？　(A)A>B>C　(B)A<B<C　(C)A=B=C　(D) A>B=C。

(93 四技二專)

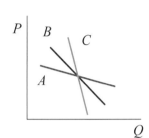

( ) 22. 國際狂牛病蔓延；市場上未發生狂牛病的某國牛肉，其價格由每公斤 200 元漲為 250 元；交易量也由每月 20 公噸增加為 25 公噸。依上述說明可以計算某國牛肉的何種彈性？　(A) 供給彈性　(B) 需求彈性　(C) 交叉彈性 (D) 所得彈性。　　　　(93 二技)

( ) 23. 假設某型電漿電視為正常財，消費者對其需求的弧彈性之絕對值大於 1，當價格由每台 20 萬元降為 15 萬元時，需求量會如何變動？　(A) 增加，幅度大於 28%　(B) 增加，幅度小於 14%　(C) 減少，幅度小於 14%　(D) 減少，幅度大於 28%。　　　　(93 二技)

( ) 24. 今年初台灣天氣嚴寒，草莓產量減少四分之一，造成草莓價格上升二分之一。請問市場上對草莓的需求彈性為何？　(A)$-\frac{1}{2}$　(B)$-\frac{1}{4}$　(C) 0　(D)1。

(93 二技)

( ) 25. 張媽媽每次都花 200 元買牛肉，請問她對牛肉的需求彈性為何？　(A)$-\infty$　(B) -1　(C)$-\frac{1}{2}$　(D) 0。　　　　(93 二技)

( ) 26. 若 X 財貨的需求函數為負斜率，且其需求彈性之絕對值為 a，同時 X 財貨之銷售收入的價格彈性為 b，則 a 與 b 的關係為：　(A)a+b=1　(B)a−b=1　(C) a×b=1　(D)a÷b=1。　　　　(94 二技)

( ) 27. 對於小丁而言，已知產品 X 的需求所得彈性為 0.85，產品 Y 的需求所得彈性為 -0.15，X 與 Y 之需求交叉彈性為 0。以下哪一個敘述對於小丁而言是正確的？ (A)X 與 Y 皆為正常財　(B)X 為劣等財，Y 為正常財　(C)X 與 Y 兩者為互補品　(D)X 與 Y 兩者為獨立品 (102 四技二專)

( ) 28. 佳薇入學測驗考後將到牛肉麵店打工，老闆依過去經驗得知牛肉麵的需求價格彈性（絕對值）大於 1，為讓老闆能獲得最大收益，佳薇應建議老闆採用哪一種訂價方式？　(A) 降低價格　(B) 提高價格　(C) 維持原價　(D) 不確定。 (94 四技二專)

二、問答題

阿吉每天都固定買五斤橘子，阿雅則是每天都花 $100 買橘子，他們兩人各自的需求價格彈性為何？ (96 中正企管)

CH 04

市場均衡分析

第一節　市場的均衡

第二節　價格的變動

第三節　消費者盈餘、生產者盈餘與經濟盈餘

第四節　政府對市場價格機能的干預與管制

歷屆試題

ECONOMICS

市場經濟就是利用市場的「價格機能」，來解決諸如：生產什麼？為誰生產？生產多少？用什麼方法生產？等基本的一些經濟問題。價格在市場經濟運作中是非常重要的，因此本章將針對如何決定產品的價格以及價格為何會產生變動等相關問題進行探討。

第一節　市場的均衡

一、市場均衡的意義

當需求等於供給時即達成了**市場均衡** (market equilibrium)，此時所決定的價格與數量即為**均衡價格** (equilibrium price) 與**均衡數量** (equilibrium quantity)。譬如說**和成牌 (HCG)** 荷花系列的馬桶市場（表4.1），市場供需相等時在 E 點，此時均衡價格為 1 萬元，均衡數量為 70 個，換言之，馬桶一個為 1 萬元時，需求量與供給量相等，皆為 70 個。

▼ 表4.1　和成牌荷花系列馬桶供需

價格（千元）	需求量（個）	供給量（個）
15	55	90
10	70	70
5	85	50

二、市場不均衡的調整

市場不均衡 (market disequilibrium) 表示在特定價格下，需求量與供給量不相等，或是在特定數量下，需求價格與供給價格不相等。譬如圖4.1市場價格非為均衡價格而為 5 千元，此時需求量 85 個大於供給量 50 個，此時稱為**超額需求** (excess demand) 或**短缺** (shortage)，這表示馬桶此時「供不應求」，有人想買馬桶買不到馬桶，倉徨之餘，他為了獲得馬桶，就只有提高價格一途，這將造成馬桶價格由 5 千元向 1 萬元調整，直到調高到 1 萬元為止。

同理，當價格升而為 1.5 萬元，此時需求量 55 個小於供給量 90 個，此時稱為**超額供給** (excess supply) 或**盈餘** (surplus)，這表示馬桶此時「供過於求」，廠商想賣馬桶卻無法全部賣出，馬桶滯銷，倉庫裡堆積一大堆馬桶，頭痛之餘，為了能夠賣出馬桶，就只有降低價格一途，價格即由 1.5 萬元向 1 萬元調整，直到調到 1 萬元為止。

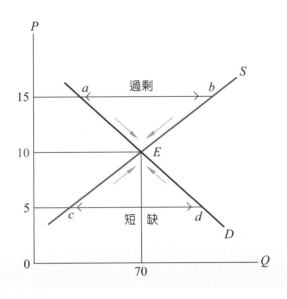

▲ 圖4.1　和成牌荷花系列馬桶市場均衡

市場均衡的存在，有幾點重要含意：

1. 均衡價格是由買賣雙方共同決定的。

2. 「供不應求」時價格上漲；「供過於求」時價格下跌。

3. 由於市場均衡的存在，我們才可對市場價格的變動方向作出預測。譬如我們可對颱風來臨前蔬菜價格的變動方向作預測。

4. 市場由失衡向均衡調整是需要時間的。譬如政黨間衝突低，社會安定是均衡，而政黨間衝突高，社會不安定是失衡，而失衡所產生的抗爭、遊行與失序，必須再回到均衡才會停止，但是，調整至均衡的時間要多久？亦即人民還要忍受混亂多久的時間？

第二節　價格的變動

　　供需增減變動組合，可分成四組：1.需求不變，供給改變，2.供給不變，需求改變，3.供給、需求同時改變，4.特殊供給、需求曲線的變化。本節將針對其中的一種狀況進行分析，其餘情況則於最後總整理中臚列出結果。

一、需求不變，供給改變

　　美國電腦廠商**英代爾**(Intel)，在中央處理器市場穩坐全球霸主的地位，至民國80年以來，英代爾不斷投入資金興建晶圓廠，從美國、日本、馬來西亞、到愛爾蘭，英代爾不斷的擴張其半導體事業版圖。英代爾在世界各地擴充產能有以下幾點經濟含意：

1. 藉由國際分工使生產成本下降，供給曲線由 S_0 右移 S_1，晶片價格由 P_0 下降為 P_1，產量由 Q_0 增加為 Q_1。
2. 使成本無法下降的廠商排除在市場競爭之外。
3. 英代爾重視的是市場占有率的日本式作風，以大量生產先行占有大部分市場，而與美國重視盈餘及股利的作法迥異。

二、供給不變，需求改變

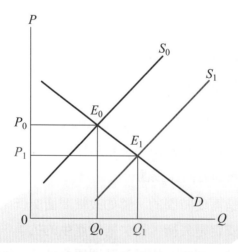

▲ 圖4.2　英代爾高科技產業的競爭策略

　　民國75~79年股票市場股價狂飆，房屋市場的房價也跟著飆漲起來，而房屋市場的上漲主要原因有：

1. 國民所得增加，所造成對住屋的需求增加。
2. 社會結構的改變，由大家庭轉變為小家庭，所造成對住屋的需求增加。
3. 投機性的房屋需求增加，此部分需求增加主要是投資性的需求，而非一般國民的住宅需求。

　　以上原因造成房屋需求由 D_0 增加至 D_1，房屋價格由 P_0 大幅上漲為 P_1，產量由 Q_0 增加為 Q_1。

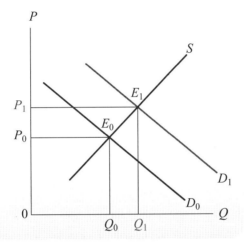

▲ 圖4.3　房屋價格的上漲

三、供給、需求同時改變

　　台灣每年颱風季節來臨，颱風到時都會造成蔬菜價格的波動，主要原因是：(1)颱風來臨時，蔬菜會受到風害，使供給減少由 S_0 左移 S_1。(2)家庭主婦預期蔬菜價格會上漲，而增加蔬菜的需求增加由 D_0 右移 D_1。結果造成蔬菜價格由 P_0 上漲為 P_1，產量由 Q_0 減少為 Q_1。[註1]

四、特殊供給、需求曲線的變化

1. 供給曲線為垂直線（供給彈性為零），需求曲線改變

註1　此例僅為各種情況中的一種而已，請參閱表4.2中的各種情況的結果。

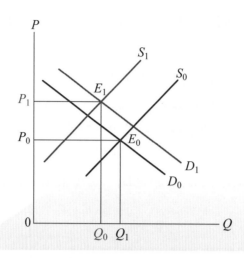

▲ 圖4.4　颱風來臨蔬菜價格的上漲

土地的供給短期是無法增加的，供給曲線為 S，當對土地需求增加由 D_0 右移 D_1，將造成土地價格由 P_0 上漲為 P_1，土地供給量仍為 Q_0 不變。反之，需求減少由 D_0 左移 D_2，將造成土地價格由 P_0 下降為 P_2，土地供給量仍不變為 Q_0。

2. 需求曲線為垂直線（需求彈性為零），供給曲線改變

假設政府每年需要固定的兵員來支援國防，但是，政府可以採取「徵兵制

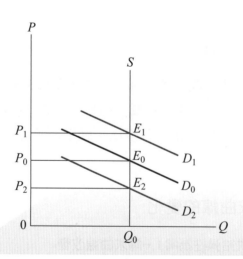

▲ 圖4.5　供給固定的土地，價格的上漲

（義務性兵役）」或「募兵制（自願性兵役）」兩種兵役制度，但是哪一種制度所費的成本（人事費用）較低？

假設兵員需求 D 固定在 M_0。且令 S_0 為國民當兵意願較強的兵員供給曲線。由 S_0 與 D 的交點 E_0，決定募兵制下的薪資率 W_0 與兵員數 M_0，此時政府兵員人事支出為 □ $0W_0E_0M_0$。

若隨著經濟發展國民所得提高、人口結構及生育率改變，兵員供給減少，供給曲線左移至 S_1，薪資上升為 W_1，而兵員數不變，政府人事支出增加為 □ $0W_1E_1M_0$。

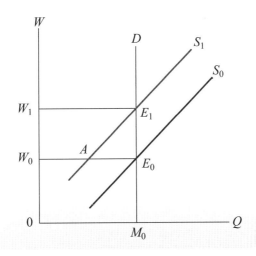

▲ 圖4.6 「徵兵制」與「募兵制」的比較

若政府基於財政考量，將薪資率維持在原募兵制的 W_0，則兵員自願供給量只有 W_0A，而產生 AE_0 兵員短缺，政府即實施徵兵，故採徵兵制政府人事支出為 □ $0W_0E_0M_0$ 較募兵制的 □ $0W_1E_1M_0$ 為少，政府可節省 □ $W_0W_1E_1E_0$ 的支出，此一部分為被徵召者應賺而未得者，可視為**徵兵稅**(draftee tax)。

以上四種狀況僅是所有狀況的一部分來闡述均衡分析的實際應用，以下則把各種情況臚列於表4.2。

▼ 表4.2　供需變化結果總整理

類型	變動		結　果	
一、需求不變，供給改變	1. 供給增加		$P \downarrow$	$Q \uparrow$
	2. 供給減少		$P \uparrow$	$Q \downarrow$
二、供給不變，需求改變	1. 需求增加		$P \uparrow$	$Q \uparrow$
	2. 需求減少		$P \downarrow$	$Q \downarrow$
三、供給、需求同時改變	1. 供給增加，需要增加	供給增加幅＞需要增加幅度	$P \downarrow$	$Q \uparrow$
		供給增加幅＜需要增加幅度	$P \uparrow$	$Q \uparrow$
		供給增加幅＝需要增加幅度	P 不變	$Q \uparrow$
	2. 供給減少，需要減少	供給減少幅度＞需要減少幅度	$P \uparrow$	$Q \downarrow$
		供給減少幅度＜需要減少幅度	$P \downarrow$	$Q \downarrow$
		供給減少幅度＝需要減少幅度	P 不變	$Q \downarrow$
	3. 供給增加，需要減少	供給增加幅度＞需要減少幅度	$P \downarrow$	$Q \uparrow$
		供給增加幅度＜需要減少幅度	$P \downarrow$	$Q \downarrow$
		供給增加幅度＝需要減少幅度	$P \downarrow$	Q 不變
	4. 供給減少，需要增加	供給減少幅度＞需要增加幅度	$P \uparrow$	$Q \downarrow$
		供給減少幅度＜需要增加幅度	$P \uparrow$	$Q \uparrow$
		供給減少幅度＝需要增加幅度	$P \uparrow$	Q 不變
四、特殊供給、需求曲線的變化	1. 供給曲線為垂直線，需求增加 2. 供給曲線為垂直線，需求減少		$P \uparrow$ $P \downarrow$	Q 不變 Q 不變
	1. 供給曲線為水平線，需求增加 2. 供給曲線為水平線，需求減少		P 不變 P 不變	$Q \uparrow$ $Q \downarrow$
	1. 供給曲線為垂直線，供給增加 2. 供給曲線為垂直線，供給減少		$P \downarrow$ $P \uparrow$	$Q \uparrow$ $Q \downarrow$
	1. 供給曲線為水平線，供給增加 2. 供給曲線為水平線，供給減少		$P \uparrow$ $P \downarrow$	$Q \downarrow$ $Q \uparrow$

第三節　消費者盈餘、生產者盈餘與經濟盈餘

經濟理論上提出**盈餘**(surplus)的觀念，主要在提供我們對市場經濟運作的另一種視角，我們可由經由各別**消費者盈餘**(Comsumer surplus)**生產者盈餘**(Producer surplus)的增減，來看消費者與生產者的福利增減，或由兩者之和的**經濟盈餘**(Economic surplus)的增減來看社會福利的增減。我們所關心的許多課題，例如政府政策的施行、市場結構的轉變都會對經濟盈餘產生影響，並且改變社會的福利。以下針對消費者盈餘、生產者盈餘與經濟盈餘的觀念來加以說明。

一、消費者盈餘

消費者盈餘是指消費者在購買某產品時，其所願意支付金額與實際支付金額的差額。

消費者盈餘＝消費者願意支付金額－消費者實際支付金額

消費者在消費時，實際上並沒有獲得此一金額，只是存在消費者心裡的主觀感受，覺的自己買的東西「物超所值」的一種滿足。以學生購買運動鞋為例（表4.3），學生買第一雙運動鞋願意支付2,000元，第二雙運動鞋願意支付1,500元，第三雙球鞋願意支付1,000元，但是，當運動鞋市場價格一雙為1,000元，其購買了三雙，實際支付3,000元，而其願意支付的金額卻為4,500元，兩者差額即為消費者盈餘1,500元，學生實際上並沒有獲得此一金額，只是存在消費者心裡的主觀的滿足。

▼ 表4.3　學生對運動鞋的需求表

價格	需求量
2000 元	1 雙
1500 元	2 雙
1000 元	3 雙

消費者盈餘亦可由需求曲線來表示（圖4.7），當市場價格為 P_0，消費者購買 Q_0 數量，實際支付的金額則為 $\square P_0 B Q_0 0$，但是，購買 Q_0 數量願意支付的金額則由需求曲線來計算，為 $\square A B Q_0 0$，兩者差額 $\triangle A B P_0$ 則為消費者盈餘。我們以衡量消費者盈餘大小，來反應消費者參與市場交易所獲得的好處，因此消費者盈餘即構成社會福利中反應消費者福利的部分。

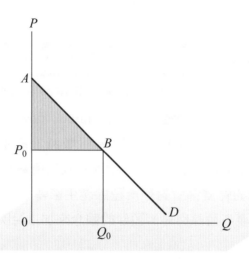

▲ 圖4.7　消費者盈餘

二、生產者盈餘

　　生產者盈餘是指生產者在生產某產品時，其所實際收入金額與願意收入金額的差額。生產者盈餘可反應生產者參與市場交易所獲得的好處，其構成社會福利中生產者福利的部分。

生產者盈餘＝生產者實際收入金額－生產者願意收入金額

　　生產者在市場銷售產品時，其所獲得的金額會比其想要的還多，這市場回饋的部分與消費者盈餘不同的是生產者可實際上獲得此一金額。

　　生產者盈餘亦可由供給曲線來表示（圖4.8），當市場價格為 P_0，生產者生產 Q_0 數量，實際收入的金額則為□P_0BQ_00，但是，生產 Q_0 數量願意收入的金額則由供給曲線來計算，為□ABQ_00，兩者差額△P_0BA 則為生產者盈餘。

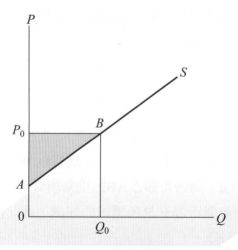

▲ 圖4.8　生產者盈餘

三、經濟盈餘

經濟盈餘是指消費者盈餘與生產者盈餘之和。社會整體而言是由消費者與生產者所組成，因此，經濟盈餘的多寡可以顯示社會福利的高低。

經濟盈餘 = 消費者盈餘 + 生產者盈餘

經濟盈餘亦可由圖形來表示（圖4.9），當市場價格為 P_0，交易量為 Q_0，消費者盈餘為 $\triangle ABP_0$，生產者盈餘為 $\triangle P_0BC$，經濟盈餘則為兩者之和 $\triangle ABC$。

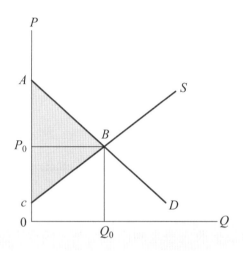

▲ 圖4.9 經濟盈餘

當市場供需發生變化，消費者盈餘、生產者盈餘與經濟盈餘都會發生變化，例如圖4.10當運動鞋需求增加由 D_0 右移 D_1，消費者盈餘由 $\triangle ABP_0$ 增加為 $\triangle DEP_1$，生產者盈餘由 $\triangle P_1BC$ 增加為 $\triangle P_1EC$，經濟盈餘則由 $\triangle ABC$ 增加為 $\triangle DEC$。顯示消費者對運動鞋的需求增加對消費者、生產者都有利，整個社會福利也因此而增加。

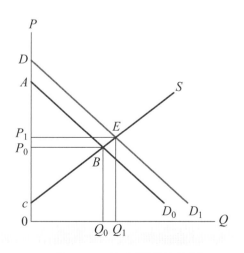

▲ 圖4.10 社會福利的改變

第四節 政府對市場價格機能的干預與管制

政府常常為了達到其特殊目的而對市場進行干預與管制，政府用公權力介入市場運作，強行改變市場機能的結果，就像父母強行要求小孩子作某件事一樣，雖然可以達到其目的，但是也會產生許多後遺症。本節將對政府的干預手段以及其效果進行分析。

一、價格高限(Price Ceiling)

政府將產品價格訂在均衡價格之下，並規定不得高於該價格出售產品，其目的有：

1. 穩定價格，例如避免價格大幅波動而失控。
2. 保障消費者的利益，使其可購買較便宜的產品，例如水、電、房租的價格管制。
3. 促進經濟發展，例如油品價格、利率的管制。

例如政府為照顧、解決低收入學生的住宿問題，成立房屋出租管理委員會，將學校附近的房租管制在P*（圖4.11），造成AE租屋的超額需求，顯示在「僧多粥少」的情況下有學生租不到房子。因此，而產生以下的影響：

1. **資源的浪費**

   一些租不到房子的學生，為了租到房子，而向房屋出租管理單位，進行賄賂、關說，從事非生產性活動，浪費社會資源。

2. **轉售行為 (Resale behavior)**

   由於獲得出租屋可產生「不勞之利」，因此有時間資源價值較低者，花較多時間設法租到房子，再轉租給時間資源價值較高者，這就像電影院黃牛所提供的服務。

3. **產生黑市 (Black market)**

   一些無法租到房子的學生，只得以更高的價格向不合法的市場去租屋，而行成黑市。

4. 社會福利的降低

在市場均衡時，房租為 P_0，租屋數量為 Q_0，學生的盈餘為 $\triangle BCP_0$，出租房者盈餘為 $\triangle P_0CF$，社會福利為 $\triangle BCF$。房租管制後租屋需求量為 Q_1，供給量為 Q_2，學生的盈餘為 $\triangle BEP^*$，但是，由於實際供給量為 Q_2，故實際學生的盈餘為：

$$\text{實際學生的盈餘} = \triangle BEP^* \times （租到房子的機率）$$

$$= \frac{1}{2}BP^* \times P^*E \times \frac{0Q_2}{0Q_1}$$

$$= \frac{1}{2}BP^* \times 0Q_1 \times \frac{0Q_2}{0Q_1}$$

$$= \frac{1}{2}BP^* \times 0Q_2$$

$$= \frac{1}{2}BP^* \times P^*A$$

$$= \triangle BAP^*$$

$$\text{社會福利} = \text{實際學生的盈餘} + \text{出租房者盈餘}$$

$$= \triangle BAP^* + \triangle P^*AF$$

$$= \triangle BAF^* < \triangle BCF$$

$\triangle BAF$ 小於 $\triangle BCF$ 故採取房租價格高限會使社會福利降低。

解決價格高限所產生的問題，可採取：(1)配給。由房屋出租管理委員會對出租房子進行配給，但是配給又會面臨採取何種方式來作為配給的準則，例如先來先給、自己親戚先給，長的漂亮的先給，還是以較公平的抽籤方式來決定。相同的抽籤也無法完全滿足學生的實際需要，也許家離學校近的學生抽中，離很遠的學生卻抽不中，還是不公平，(2)增加租屋的供給。採取一些獎勵措施，鼓勵建商蓋房子，滿足學生的需求，(3)由於房屋是非貿易財，無法由國外進口，但是如果價格高限的產品，可由國外進口，亦可解決因管制所產生的超額需求問題。

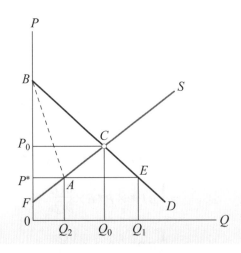

▲ 圖4.11　政府對房租的管制

二、價格低限(Price Floor)

　　政府將產品價格訂在均衡價格之上，並規定不得低於該價格出售產品，其目的在保障生產者，例如稻米保證價格與勞動基準法中最低工資的規定，就是在保障農民與勞工的利益。

　　政府為了照顧農民，鼓勵稻米生產，以及保證糧食供應的安全，常採取保證價格收購制度。假設原來稻米市場均衡價格與數量為 P_0、Q_0，消費者盈餘為 $\triangle ECP_0$，生產者盈餘為 $\triangle P_0CF$，社會福利為 $\triangle ECF$，P^* 為政府保證收購價格，造成 AB 稻米的超額供給，而政府收購支出為 $\square ABQ_1Q_2$。

　　政府收購之後，消費者盈餘為 $\triangle EAP^*$，生產者盈餘為 $\triangle P^*BF$，假設政府購買 Q_1Q_2 稻米，免費給人民消費可產生消費者盈餘 $\triangle Q_1AGQ_2$。因此，政府採取保證價格後的社會福利為：

社會福利 = 消費者盈餘 + 生產者盈餘 − 政府支出

**　　　　+ 政府收購稻米所增加的消費者盈餘**

$$= \triangle EAP^* + \triangle P^*BF$$

$$= \triangle ECF - \triangle BCG$$

故社會福利較原先減少 $\triangle BCG$。

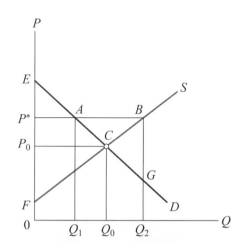

▲ 圖4.12　政府稻米保證價格制度

政府為了照顧農民所採取保證價格收購制度，會產生以下的影響：

1. **造成政府財政負擔**。並且須增加政府在稻米倉儲、維護與行政費用的支出。

2. **破壞價格機能對資源配置的功能**。農產品所得彈性低，在經濟成長所得提高的過程中，將造成農產品需求減少，生產過剩，所以農業所使用資源應該流出農業，惟保證價格使此一機能喪失，連帶使其他行業無法順利獲得多餘資源，而導致因素資源價格上漲。

3. **使社會福利降低**。解決政府採取保證價格收購制度所產生的問題，可採取方法如下：(1) 鼓勵稻田轉作，(2) 休耕。

三、平準制度

通常政府在農產品市場或外匯市場，常常為了維持農產品價格或匯率的穩定，而採取以量制價的平準操作。

例如由於稻米的需要彈性小，稻米價格下跌則農民收益減少，稻米價格上漲則消費者支出增加，增加人民負擔，此即「穀賤傷農，米貴傷民」，於是政府可設立一平準制度，來穩定稻米價格。當稻米大豐收使供給曲線由 S_0 右移 S_1，稻米價格下跌，農民收益減少，政府則以 P^* 價格收購 AB 數量的稻米，以支持 P^* 的稻米價格。反之，稻米欠收使供給曲線由 S_0 左移 S_2，稻米價格上漲，消費者支出增加，政府則以 P^* 價格拋售 AC 數量的稻米，以支持 P^* 的稻米價格。

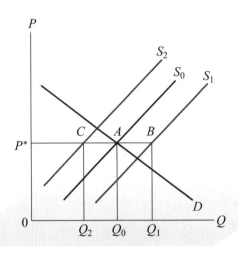

▲ 圖4.13　平準制度

四、課　稅

　　政府經常對生產者或消費者課稅，以達到其政策目的。例如政府對汙染廠商課徵環境汙染費用，每單位產量課t元，這樣會使汙染廠商的生產成本上升，而使供給曲線由S_0上移S_1。而課稅產生的效果：

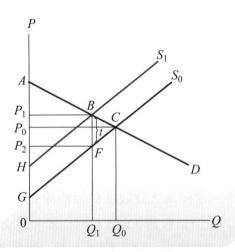

▲ 圖4.14　政府課稅效果

1. **產品價格由 P_0 上漲至 P_1，產品數量由 Q_0 減少至 Q_1。**

2. **租稅轉嫁**

消費者稅前支付產品價格為 P_0，稅後為 P_1，故消費者負擔的稅為 $P_0 P_1$。生產者稅前出售單位產品收 P_0，稅後收 P_1，但須繳稅 t 元，實收僅為 P_2，故生產者負擔的稅為 $P_0 P_2$。由於需要彈性大於供給彈性（需要曲線斜率小於供給曲線斜率），使生產者負擔的稅 $P_0 P_2$ 大於消費者負擔的稅為 $P_0 P_1$。

由以上所分析租稅轉嫁的問題，可以了解導致生產者負擔的稅大於消費者負擔的稅的結果，主要受需要彈性 (|Ed|) 與供給彈性 (|Es|) 相對大小的影響，而供需彈性相對大小不同，轉嫁結果也不同，原則上彈性較大者負擔較少的稅，原因是彈性大者有較多其他選擇以規避稅賦，例如需求彈性較大，課稅後消費者有較多替代品可作選擇，故其所承擔的稅較少。茲將可能結果臚列於表4.4。

▼ 表4.4　租稅轉嫁與彈性間的關係

需求與供給的相對彈性大小	租稅轉嫁程度
1. |Ed| = |Es|	消費者、生產者各負擔一半的稅
2. |Ed| > |Es|	消費者較生產者負擔較少的稅
3. |Ed| < |Es|	消費者較生產者負擔較多的稅
4. |Ed| = 0 或 |Es| = ∞	消費者負擔全部的稅，生產者不負擔稅
5. |Ed| = ∞ 或 |Es| = 0	消費者不負擔稅，生產者負擔全部的稅

3. **社會福利下降**

稅前社會福利為 $\triangle ACG$，稅後降為 $\triangle ABH$。

一、選擇題

( ) 1. 下列財貨價格的變動,何者不是因為供給變動所引起的? (A) 石油減產造成油價的上升 (B) 連日大雨,水淹西瓜田,造成西瓜的價格上升 (C) 技術改良而產量大增,造成電子產品的價格下降 (D) 韓劇大賣,造成韓國料理的價格也水漲船高。 **(96 二技)**

( ) 2. 政府為照顧農民的利益,對農產品的價格採取何種政策? (A) 價格上限 (B) 價格下限 (C) 市場價格 (D) 固定價格。 **(97 身心障礙甄試)**

( ) 3. 某甲對財貨 G 的需求函數為 Q=300–20P,式中 Q 為數量,P 為價格。若市場價格為 P=10,請問消費者盈餘為多少? (A) 50 (B) 250 (C) 1,000 (D) 1,250。 **(98 四技二專)**

( ) 4. 已知印表機和墨水匣為互補品,當其他情況不變,若印表機價格上漲,對墨水匣的均衡價格和均衡數量有何影響? (A) 均衡價格上漲,均衡數量增加 (B) 均衡價格上漲,均衡數量減少 (C) 均衡價格下跌,均衡數量增加 (D) 均衡價格下跌,均衡數量減少。 **(100 四技二專)**

( ) 5. 下列有關柏拉圖效率 (Pareto Efficiency) 的敘述,何者正確? (A) 在不損及他人福利下,可以再增加某人的福利之情況 (B) 在不損及他人福利下,無法再增加某人的福利之情況 (C) 社會上每個人的福利皆相同 (D) 無論完全競爭或不完全競爭市場皆可達到該境界。 **(98 二技)**

( ) 6. 何謂經濟學中所稱「引申的需求 (Derived Demand)」? (A) 因蘋果價格上升,故引申為對橘子的需求 (B) 因為生產財貨所需,故引申為對要素之需求 (C) 因為喜歡喝奶茶,故買紅茶時會引申對奶精的需求 (D) 因為交易財貨所需,故引申對新台幣的需求。 **(96 二技)**

( ) 7. 經濟成本為下列哪兩項之和? (A) 社會成本與外部成本 (B) 外部成本與會計成本 (C) 會計成本與正常利潤 (D) 內含成本與外部成本。 **(98 四技二專)**

( )8. 假設甲君購買第一個三明治願付 10 元，購買第二個三明治願付 8 元，購買第三個三明治願付 7 元。此時如果三明治的市價為每個 7 元，則甲君購買三個三明治的消費者盈餘為： (A)0 元 (B)4 元 (C)18 元 (D)25 元。

（98 身心障礙甄試）

( )9. 當財貨的要素價格下降，反應在財貨的價格下，會使消費者盈餘如何變化？ (A) 下降 (B) 上升 (C) 不變，因消費者盈餘不會受價格的影響 (D) 不變，因消費者盈餘不會受要素價格的影響。 （96 二技）

( )10. 假設米酒的需求為 $P = 200 - 2Q$，米酒的供給為 $P = Q - 40$，其中 P 代表價格（單位：元），Q 代表數量，則當米酒的價格定為 60 元時，市場中存在： (A)30 單位的超額需求量 (B)60 單位的超額需求量 (C)30 單位的超額供給量 (D)60 單位的超額供給量。 （96 二技）

( )11. 假設需求曲線為 $Q = 24 - 2P$，供給曲線為 $Q = 4 + 3P$，則市場均衡價格 (P) 與數量 (Q) 分別為： (A) 2，20 (B) 3，13 (C) 4，16 (D) 5，19。

（98 身心障礙甄試）

( )12. 已知市場需求為 $Q = 15 - P$，市場供給為 $Q = 0.5P$，在市場均衡時，下列何者不正確？（Q 為數量，P 為價格） (A) 數量與價格的組合為 (Q，P) = (5，10) (B) 消費者盈餘為 12.5 (C) 生產者盈餘為 50 (D) 無謂損失 (Deadweight Loss) 為 0。 （100 二技）

( )13. 某一代表性消費者對綠茶的需求為 $q = 10 - 2p$，若 100 名消費者皆有相同的需求，則市場之總需求 Q 為何？（q 為數量，p 為價格） (A) $Q = 10 - 0.02p$ (B) $Q = 1000 - 2p$ (C) $Q = 20 - 20p$ (D) $Q = 1000 - 200p$。 （100 二技）

( )14. 在純粹的共產主義制度之下，生產者與消費者都沒有充分選擇的自由，必須根據計畫來生產及消費，下列何者不屬於其可能的後果？ (A) 無法產生可靠的市場價格信號 (B) 缺乏物質誘因 (C) 不容易達成供需平衡 (D) 社會福利達到極大。 （100 四技二專）

( )15. 當供給曲線越來越陡峭 (Steeper) 時，由銷售者所負擔的營業稅 (Sales Tax) 比例將會： (A) 增加 (B) 減少 (C) 不變 (D) 不一定。 （90 二技）

( )16. 假設其他情況不變，若某財貨的供給減少，對該財貨的均衡價格和均衡數量有何影響？ (A) 均衡價格上漲，均衡數量增加 (B) 均衡價格上漲，均衡數

量減少　(C) 均衡價格下跌，均衡數量增加　(D) 均衡價格下跌，均衡數量減少。　　　　　　　　　　　　　　　　　　　　　　　　（100 四技二專）

(　) 17. 已知市場需求為 P = 24 – Q，市場供給為 P = 3 Q，若政府規定之價格上限為 P = 9，下列何者為真？（Q 為數量，P 為價格）　(A) 供不應求，缺口為 12 單位　(B) 供過於求，缺口為 9 單位　(C) 市場均衡交易量增加 3 倍　(D) 產生無謂損失 (Deadweight Loss) 108 單位。　　　　　　　　　　（100 二技）

(　) 18. 下列有關價格管制的敘述，何者不正確？　(A) 有效的價格上限，是指所設立的限定價格必須低於均衡價格　(B) 當設立有效的價格上限時，市場會出現超額需求　(C) 政府實施稻米保證收購價格，是一種價格上限的措施　(D) 政府宣布汽油價格凍漲，是一種設立價格上限的措施。　　　　　　（100 四技二專）

(　) 19. 已知某產品之供給函數 Qs=-15+3P，若市場均衡價格為 45 時，生產者盈餘為多少？　(A)5,400　(B)4,500　(C)2,700　(D)2,400　　　　（102 四技二專）

(　) 20. 某甲對蘋果的需求如下：蘋果價格為 10 元時，需求量為 1 單位；蘋果價格為 9 元時，需求量為 2 單位；蘋果價格為 8 元時，需求量為 3 單位；若甲購買蘋果 3 單位，則其消費者盈餘為：　(A)6 元　(B)5 元　(C)4 元　(D)3 元。　　　　　　　　　　　　　　　　　　　　　　　　　　　（93 二技）

(　) 21. 已知某物品的個別需求線有三，其個別數量 (D$_1$，D$_2$，D$_3$) 與價格 (P) 的關係分別如下：D$_1$=4 – 3P，D$_2$=8 – 6P，D$_3$=12 – 9P，水平加總後可得市場需求線。當市場價格為 0.5 時，市場需求量為何？　(A)9　(B)12　(C)15　(D)18。　　　　　　　　　　　　　　　　　　　　　　　　　　　　　（93 二技）

(　) 22. 下列有關價格管制之敘述，何者正確？　(A) 保障收購價格制度是屬價格上限 (Price Ceiling) 之管制概念　(B) 若採有效價格上限管制，則市場容易出現供不應求之情況　(C) 有效的價格下限 (Price Floor) 旨在保護生產者利潤，而且其價格應低於市場均衡價格　(D) 於戰亂或過度通貨膨脹時，政府較易採價格下限手段管制商品價格。　　　　　　　　　　　　　　　　（101 四技二專）

(　) 23. 已知 X 物品的需求函數為：Q$_d$=35 – 10P，供給函數為：Q$_s$=-9+12P，其中 P 為價格，如果政府限制市場數量固定為 9 單位，則社會的絕對損失 (Deadweight Loss) 為何？　(A)1.1　(B)3.3　(C)6.6　(D)9.9。　　　　（93 二技）

( ) 24. 已知 X 物品的需求函數為：$Q_d=17-2P$，供給函數為：$Q_s=8+P$，其中 P 為價格，假設政府對 X 物品每單位產量課徵 3 元的固定稅額，若需求函數不變，則生產者每單位產量應負擔多少稅額？ (A)0 元 (B)1 元 (C)2 元 (D)3 元。

(93 二技)

( ) 25. 假設某一商品之供給線的價格彈性為無限大，而其需求線的價格彈性在 0 到 2 之間。若政府對此商品課徵從量稅，則： (A) 消費者將負擔所有的稅賦 (B) 生產者將負擔所有的稅賦 (C) 消費者與生產者平均分攤稅賦 (D) 生產者與消費者都要負擔稅賦，但生產者較消費者負擔較多的稅賦。 **(94 二技)**

( ) 26. 若已知財貨 A 之供給函數為 $QS=-5+3P$，需求函數為 $Qd=11-P$，財貨 A 為正常財，則下列敘述何者錯誤？

(A) 均衡時之價格 (P) 等於 4

(B) 在其他條件不變下，預期財貨 A 的價格將上漲會使均衡價格 (P) 大於 4

(C) 在其他條件不變下，消費者的所得提高時之均衡數量 (Q) 小於 7

(D) 在其他條件不變下，生產技術的進步會使均衡數量 (Q) 大於 7

(104 四技二專)

二、問答題

假設稻米市場的需求函數為 $Q=150-2P$，供給函數為 $Q=-30+P$；其中 P、Q 分別代表稻米的價格及數量。請求出均衡價格、數量、消費者盈餘。(10 分)

(96 淡江管科所 B 組)

CH 05

消費者選擇行為
的分析

第一節　消費者選擇的預算限制

第二節　消費者選擇的偏好：效用

第三節　消費者選擇的行為分析

歷屆試題

ECONOMICS

　　消費者在日常生活中的購買行為，都會面臨選擇的情境，消費者必須在眾多的可能情況下，作出選擇。例如：在假日裡，同學是要看電影或去MTV唱歌呢？同學買原子筆時，是買1支或買1打享受折扣呢？班上好友要一起吃飯，是要去麥當勞或去海霸王呢？

　　消費者的選擇行為，可說是受到兩種基本因素決定的：一是消費者的偏好（慾望），一是消費者能力。因為一般消費者都是希望物質享受越多越好，即「多多益善」，如消費者可能希望住高樓華廈、錦衣玉食、開賓士等，但若消費者口袋裡無半毛錢，就只能望「夢想」興嘆了。本章將描述消費者的選擇行為，我們首先以**預算限制式**來表現影響消費的購買力；其次，以**效用(Utility)**來表示消費者的慾望與偏好；最後，同時考慮消費者的偏好和購買力來分析其選擇行為。

第一節　消費者選擇的預算限制

　　消費者購買產品時，除了考慮他的意願之外，還必須考慮他的能力。例如同學至百貨公司去買衣服，看到許多帥氣的衣服，希望通通買下來，但口袋錢不夠，所以只買一套回家。一般而言，消費能力必須考慮到兩個層次：1.所得；2.產品價格。即消費者對產品的選擇會受到所得預算多寡和產品價格的影響，本節我們將從消費者所得和產品價格來描述消費者在選擇時的預算上的限制。

一、消費者的選擇能力：預算線

　　假設只有X和Y兩種產品，其價格分別為P_X和P_Y，則可用下列預算限制式來表示所有可能的消費組合

$$P_X X + P_Y Y \leqq M \tag{1}$$

　　式中M表示所得。消費組合可以圖5.1陰影部分表示出來，就叫做**預算集合**(Budget set)。陰影面積大小，就代表消費者購買能力的高低。當消費者的消費是希望多多益善時，會把全部所得(M)花光。因此，上述(1)式中的等式就會成立：

$$P_X X + P_Y Y = M \tag{2}$$

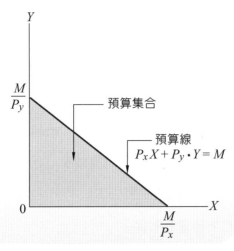

▲ 圖5.1　預算集合與預算線

這個等式在圖形中表示出來，就是陰影部分的邊界，稱為**預算線**(Budget line)，

其斜率 $$\frac{\Delta Y}{\Delta X} = \frac{P_X}{P_Y} \qquad (3)$$

假設有一個有趣的消費者穿著花衣裳，喜歡養電子雞 (X)，吃奶嘴 (Y)，而電子雞一個 20 元 (P_X)，奶嘴一個 10 元 (P_Y)，而他的口袋只有 80 元 (M)。若是他把 80 元全部花光了，則他的預算線可以表示成

$$20X+10Y=80$$

圖形則如圖 5.2 中的 $\overline{AB}$ 線段。

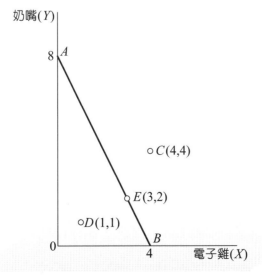

▲ 圖5.2　預算線

而預算線相關各點的經濟含意，茲敘述如下：

1. 消費者將全部所得購買Y產品

將全部零用錢購買Y產品，則X=0，可購買Y=M/P_Y單位，即消費者將80元全部購買奶嘴可買8個，如圖中A點所示。

2. 消費者將全部所得購買X產品

將全部零用錢購買X產品，則Y=0，可購買X=M/P_X單位，即消費者將80元全部購買電子雞可買4個，如圖中B點所示。

3. 消費者消費X和Y產品，且所得還有剩餘

在$\overline{AB}$線內（ΔOAB之內）的組合，表示在目前所得及產品價格水準下，買得起的組合，並且錢並未全部用光。例如圖中D點表示消費者買了電子雞1個、奶嘴1個，並且只花了30元，手上還有50元，這未花完的部分則可作為儲蓄。

4. 消費者消費X和Y產品，且所得全部支出

在$\overline{AB}$線上的上任一點消費，則表示消費者所得全部用來購買X和Y產品。圖中E點表示消費者花光80元，買電子雞3個和奶嘴2個。

5. 消費者現有所得無法消費的X與Y組合

在$\overline{AB}$線以外組合，則是消費者在目前零用錢無能力購買的組合，如C點，若購買電子雞4個和奶嘴4個，消費者需要120元，而他只有80元，根本買不起。

其次，圖中預算線的斜率為-P_X/P_Y=-2，此正表示同學在目前零用錢為80元之下，多買1個電子雞，必須少買2個奶嘴。

二、消費者選擇能力的改變：預算線的變動

由前述可知，預算線是在特定所得，及X財價格為P_X，Y財價格為P_Y下，所形成的一條限制式，故一旦其中任何一項因素改變，均會造成預算線變動。茲以圖5.3說明如下：

（一）產品價格變動時，消費能力的改變

　　若某一產品價格變的比較便宜，在其他條件不變之下，消費者購買力則會增加，即消費者可選擇的範圍變大；反之，此產品價格變貴了，則消費者購買力下降，即其可選擇的範圍縮小。

　　由圖5.3可知，在消費者只有80元，和奶嘴1個為10元之下，當電子雞由每一個20元漲為40元時，全部用於買電子雞可買2個。奶嘴價格仍固定不變，故80元全買奶嘴，仍可購買8個。因此預算線$\overline{AB}$則會以A點為軸心順時針移至$\overline{AC}$消費者可選擇範圍縮小，對其自然不利。反之，電子雞下跌為10元時，預算線$\overline{AB}$以A點為軸心逆時針移至$\overline{AD}$，消費者可選擇範圍變大，對其自然有利。

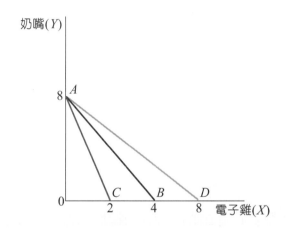

▲ 圖5.3　電子雞價格變動對預算線影響

（二）消費者所得變動時，消費能力的改變

　　當消費者所得增加時，他能選擇組合增加，即購買力增強；反之，消費者所得減少，可選擇範圍縮小，亦即購買力下降。

　　如圖5.4所示，當消費者所得由80元增至100元時，在其他條件不變之下，全部用於購買電子雞可買5個，全部購買奶嘴可買10個，故整條預算線會從$\overline{AB}$平行右移至$\overline{CD}$；反之，當所得由80元減至60元時，預算線則由$\overline{AB}$平行左移至$\overline{EF}$。

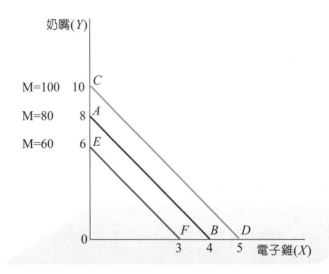

▲ 圖5.4　零用錢變動對預算線影響

第二節　消費者選擇的偏好：效用

　　消費者在預算限制下，選出自己可買得起的財貨組合，可是財貨組合有許多種，消費者應該選哪一種組合呢？例如同學走進麥當勞吃中餐，菜單上有A、B、C三種超值餐，他都買得起，但他只吃得下一份餐點，所以他選了A餐，因為裡面有他較偏好的麥克雞塊，可知消費者在作購買時必然會選擇自己偏好的產品，因此偏好的大小則會影響消費者的選擇。

　　但偏好是一個抽象概念，故經濟學家提出了一個衡量指標，**效用**(Utility)就是衡量這種偏好，亦即滿足程度的指標。效用可分為**總效用**(Total utility; TU)和**邊際效用**(Marginal utility; MU)，並且具有**邊際效用遞減法則**(Law of diminishing marginal utility)，茲介紹如下。

一、總效用與邊際效用

　　總效用是指在一定時間內，消費若干數量的某種物品所獲得的全部效用。**邊際效用**則是變動一單位物品的消費，消費者所獲得的總效用「變動量」。例如養第1個電子雞，陪他玩、照顧它可獲得較高的滿足，滿足程度是33個效用單位，而養第2個電子雞時，2個電子雞產生的總效用一共為59個效用單位，其餘如表5.1第二列所示：

▼ 表5.1　電子雞消費的總效用與邊際效用

電子雞數量(Q)	1	2	3	4	5	6
總效用(TU)	33	59	79	94	94	84
邊際效用(MU)	33	26	20	15	0	-10

　　表5.1中第三列為邊際效用(MU)。由定義可知，邊際效用可由總效用(TU)計算出來，用數學式表示即是：

$$MU = \frac{\Delta TU}{\Delta Q} \qquad\qquad (4)$$

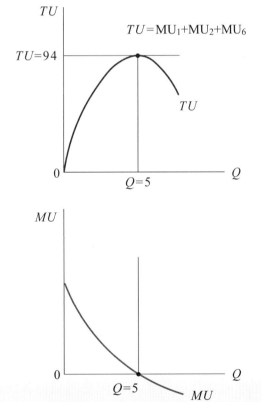

▲ 圖5.5　養電子雞的總效用與邊際效用

養第1個電子雞的滿足感是33個效用單位，這是總效用，也是第1個電子雞的邊際效用。養第2個電子雞時，總效用為59個單位，則第2隻電子雞的邊際效用為26(=59-33/2-1)，其餘類推。可將表5.1繪成圖5.5

由圖5.5可知，在一定時間內，消費者面對著不斷增加的同一產品，滿足的程度會越來越低，所以每一單位產品的邊際效用逐漸遞減，總效用增加幅度遞減；其次，由表5.1或圖5.5可知，當養到第5個電子雞時，要陪它玩、掃大便、帶它看醫生，工作負擔極端沉重，已沒有什麼樂趣了，此時，邊際效用為0，總效用達到最大；若此刻再勉強養第6個電子雞時，就會產生反效果，邊際效用變為負，此時電子雞養的太多，繁重的工作，反而變成一種負擔，因而使總效用也下降了。上述的關係可整理如下：

▼ 表 5.2　總效用和邊際效用的關係

邊際效用	總效用	總效用型態
$MU > 0$	總效用增加	總效用遞增
$MU = 0$	總效用不變	總效用最大
$MU < 0$	總效用減少	總效用遞減

二、邊際效用遞減法則

一個人在一定時間內對特定物品的消費，隨著消費量的不斷增加，邊際效用一定會逐漸的遞減。這種在一定時間內，邊際效用會隨消費數量遞減的現象，就稱為**邊際效用遞減法則**。以表5.1為例，玩電子雞，養第1隻電子雞感覺很棒，養了1隻之後，對第2隻電子雞的感覺就弱多了，這正是邊際效用遞減法則。邊際效用遞減是一個重要的經濟法則，可以用來解釋消費者在消費產品數量與滿足程度上的規則，並且可用來解釋許多的經濟現象，例如男女朋友（班對）常因認識而結合，因瞭解而分離，為什麼？因為當班對在一起的時間增加，雙方的新鮮感降低，而彼此之間的認識增加，反而發現可能個性不合，生活習慣不同，而造成自己對於對方的滿足程度下降，如圖5.6所示。我們也常常發現演藝人員浮浮沉沉，紅了之後就趨於平淡，這就是因為大眾在其曝光率增多之後，滿足程度逐漸遞減所造成的。

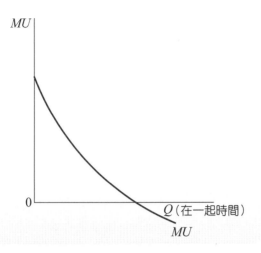

▲ 圖5.6　感情與邊際效用

第三節　消費者選擇的行為分析

　　由前兩節可知，消費者的選擇必須考慮：1.消費者的偏好；2.預算的限制，花費不能超出能力。假設消費者在選擇最適當商品組合時，是在追求最大效用，經濟學在分析其選擇行為時有兩種方法，分別為**邊際效用**(Marginal utility)**分析法和無異曲線**(Indifference curve)**分析法**。

一、邊際效用分析法

　　馬夏爾(Marshall)在1890年出版經濟學原理，建立了邊際分析方法，到今天此方法重要性未減，在本節先利用此方法分析消費者如何追求效用最大，其次，討論由邊際效用推導出需求線，最後再敘述消費者盈餘。

（一）消費者的選擇行為：追求效用最大

　　消費者達到效用最大條件：「當最後一塊錢花在各種物品上，所得到的邊際效用都相等」，此亦稱為**「邊際效用均等法則」**(Principle of equal marginal utility)。以第一節的例子而言，消費者買電子雞與奶嘴時要達到效用最大條件為：「當最後一塊錢花在電子雞和奶嘴上，所得的邊際效用的都相等」。

假設產品市場只有X物品和Y物品，則消費者要達到效用最大條件的數學式為

$$\frac{MU_X}{P_X} = \frac{MU_Y}{P_Y} \qquad (5)$$

亦即 $\quad \dfrac{X物品的邊際效用}{X的單位價格} = \dfrac{Y物品的邊際效用}{Y的單位價格} \qquad (6)$

為什麼消費者達到效用最大時，其最適選擇必須滿足 $\dfrac{MU_X}{P_X} = \dfrac{MU_Y}{P_Y}$ 的條件呢？仍以5.1的例子來解釋，假設消費者玩電子雞和奶嘴的邊際效用如表5.3，則可得

▼ 表5.3　消費者最適選擇條件

電子雞 (X)	邊際效用 (MU$_X$)	最後1元的邊際效用 ($\frac{MU_X}{P_X}$)	奶嘴(Y)	邊際效用 (MU$_Y$)	最後1元的邊際效用 ($\frac{MU_Y}{P_Y}$)
1	33	33/20=1.7	9	7	7/10=0.7
2	26	26/20=1.3	5	8	8/10=0.8
3	20	20/20=1.0	2	10	10/10=1.0
4	15	15/20=0.8	1	13	13/10=1.3

1. 當 $\dfrac{MU_X}{P_X} > \dfrac{MU_Y}{P_Y}$ 時，消費者對X的消費量會增加，而Y的消費量會減少

以 X=2 和 Y=5 為例，可得 $\dfrac{MU_X}{P_X} = \dfrac{26}{20} > \dfrac{MU_Y}{P_Y} = \dfrac{8}{10}$，此表示花在電子雞的最後1元所增加的效用（即邊際效用），大於最後1元用在奶嘴所獲得的。此時若增加電子雞的消費，減少奶嘴的消費，在不改變總支出的情況下，總效用必然會提高。因為電子雞的增加會使效用增加 $(\dfrac{MU_Y}{P_Y})$ 單位，但奶嘴的減少則使效用減少 $(\dfrac{MU_Y}{P_Y})$ 單位，而 $(\dfrac{MU_X}{P_X} > \dfrac{MU_Y}{P_Y})$，因此總效用提高。

當消費者面對 $(\dfrac{MU_X}{P_X} > \dfrac{MU_Y}{P_Y})$ 時，會多消費X，而少消費Y。這是一個重要的觀念，可以解釋消費者許多選擇的行為。例如同學比較喜歡看電視，而不喜歡讀書；許多同學在考試時會作弊，不靠自己努力；很多同學打工會選麥當勞，而不選建築工地；以及我們喜歡撒謊，不喜歡誠實等，為什麼人會有這些行為出現呢？主要原因是，消費者會選擇對其最有利的消費方式，若是從看電視、作弊、麥當勞打工和撒謊所得到的邊際效用大於看書、努力唸書、工地打工及誠實，則同學會選擇看電視、作弊、麥當勞打工和撒謊。

2. 當 $\dfrac{MU_X}{P_X} < \dfrac{MU_Y}{P_Y}$ 時，消費者對 X 的消費量會減少，而 Y 的消費量會增加

以 X=4 和 Y=1 為例，可得 $\dfrac{MU_X}{P_X} = \dfrac{15}{20} > \dfrac{MU_Y}{P_Y} = \dfrac{13}{10}$，此表示花在 X 產品的最後 1 元所增加的效用（即邊際效用），小於最後 1 元用在 Y 產品所獲得的。所以把消費 X 的最後 1 元移轉到 Y，就可以增加總效用，因為此種移轉所減少的效用小於所增加的效用。

3. 當 $\dfrac{MU_X}{P_X} = \dfrac{MU_Y}{P_Y}$ 時，消費者消費 X 和 Y 會得到效用最大

根據 $\dfrac{MU_X}{P_X} = \dfrac{MU_Y}{P_Y}$ 條件，電子雞 3 個和奶嘴 2 個，得到效用為 102。此時消費者不會再改變 X 和 Y 的消費量，因為一改變會造成效用減少，所以消費者根據 $\dfrac{MU_X}{P_X} = \dfrac{MU_Y}{P_Y}$ 所作選擇，會使他的效用最大。

其次，當有幾種商品且包括貨幣 (M) 時，可以推廣上述條件為：

$$\frac{MU_1}{P_1} = \frac{MU_2}{P_2} = \dots = \frac{MU_n}{P_n} = MU_m \tag{7}$$

亦即，消費者在購買多種商品時，其效用最大條件仍為：「消費到每一樣產品的最後 1 元之邊際效用均相等，且等於貨幣的邊際效用」。

（二）邊際效用價格、與需求曲線

由邊際效用分析法可知，消費者最適選擇條件為 $\dfrac{MU_X}{P_X} = \dfrac{MU_Y}{P_Y}$。此邊際效用均等法則有其重要的經濟含意分別為：1.產品的邊際效用和其價格成正比，2.產品的需求曲線上任一點均代表消費者效用最大。茲分別說明如下：

1. 產品的邊際效用和價格成正比

由消費者的最適選擇條件：

$$\frac{MU_X}{P_X} = \frac{MU_Y}{P_Y} \tag{8}$$

可以知道，若其他條件不變，價格 P_X 下降時，為保持這個等式成立，X 物品的邊際效用 MU_X 也必須下降才可以。這正說明一個產品的邊際效用和價格成正比，亦同時表示一個產品價格的高低受其邊際效用的影響。

生活中有很多例子正表現出此種現象。例如二輪電影票價較首輪電影票價低，這是因為二輪電影給觀眾的感覺比首輪差，即邊際效用較低，所以觀眾所願

意付票價比較低，電影院因此須訂較便宜票價。又如月餅在中秋節可能貴到一個500元，但中秋節過後卻是5個100元。此乃節日一過，消費者對月餅感覺變差了，換言之，消費者對月餅的邊際效用降低，所以生產月餅的店家只有降價求售，否則會虧了老本。

2. **產品的需求曲線上任一點均代表消費者效用最大**

　　首先我們先導出產品的需求曲線。由以上的敘述可知，若P_X下降時，則MU_X也必須下降，而MU_X下降則需X物品的消費量增加，即X物品具邊際效用遞減法則。P_X和X因此呈反向變動。將P_X和X關係會成負斜率曲線，此線即為需求線。

　　今以表5.4和圖5.7來說明。假設電子雞的價格由20元降為15元，在這個例子中，滿足預算限制的物品組合隨著價格的下降而增多，電子雞的消費量將3個增為4個。

▼ 表5.4　價格變後的最適選擇

電子雞 (X)	邊際效用 (MU_X)	最後1元的邊際效用 ($\frac{MU_X}{P_X}$)	奶嘴(Y)	邊際效用(MU_Y)	最後1元的邊際效用 ($\frac{MU_Y}{P_Y}$)
1	33	33/15=2.2	9	7	7/10=0.7
2	26	26/15=1.7	5	8	8/10=0.8
3	20	20/15=1.3	2	10	10/10=1.0
4	15	15/15=1.0	1	13	13/10=1.3

　　在奶嘴價格和同學零用錢不變時，把電子雞消費量和價格間關係描繪出來，如圖5.7所示，即為需求曲線。

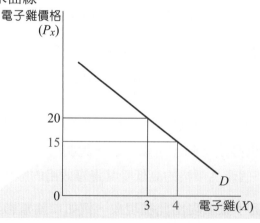

▲ 圖5.7　電子雞的需求曲線

從消費最適選擇條件 $\dfrac{MU_X}{P_X} = \dfrac{MU_Y}{P_Y}$ 導出需求線，則可知隱含兩點重要經濟含意：1.需求線上任一點均隱含消費者具有最大效用；2.我們不單只描述在單一價格變動下，需求量會如何改變，更重要我們可建立消費行為的理論模型，來說明消費者的購買行為。

二、無異曲線分析法

無異曲線分析法是1934年英國經濟學家席克斯(John R.Hicks)和艾倫(R.G.D Allen)共同發展出來的；但無異曲線的基本觀念：效用只要能夠排列大小，並不需要有一確定的衡量數值，早在1881年艾吉渥斯(F.Y Edgeworth)就提出來了。本節先介紹無異曲線，而後結合預算限制來分析消費者的最適選擇，以及消費者的選擇改變，最後討論一些實例。

（一）消費者的偏好：無異曲線

1. 無異曲線

無異曲線(indiffenence courve)是指產生同樣總效用水準的兩種產品X和Y，其所有不同組合的軌跡。換言之，在同一無異曲線上任何兩點所代表兩個物品組合，給予消費者的滿足程度是相同的。

我們以表5.5和圖5.8來說明無異曲線，表5.5是延續消費者購買電子雞和奶嘴的例子。假設表中4種不同組合均能夠給予消費者相同的效用水準（例如 $U_0=100$）。

▼ 表5.5　總效用「無異」的組合

物品組合	電子雞(X)	奶嘴(Y)	效用水準(U_0)
a	1	9	100
b	2	5	100
c	3	2	100
d	4	1	100

將這些組合畫在圖5.8，並將圖5.8上每一點連續起來成為一曲線，此曲線即為**無異曲線**。

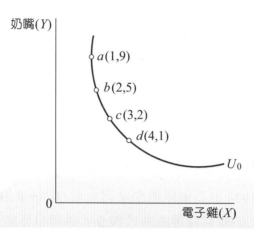

▲ 圖5.8 無異曲線

2. 邊際替代率

無異曲線上具有一很重要的觀念：**邊際替代率**(Marginal rate of substitution; MRS)，並且邊際替代率具有遞減特性。

(1) 邊際替代率

邊際替代率是指當在相同效用水準之下，增加一單位X物品，必須放棄Y物品的數量。根據此意義可得邊際替代率數學式如下：

$$MRS = \frac{\Delta Y}{\Delta X} \tag{9}$$

在式中ΔX表示X變動量，ΔY表示Y變動量。

以購買電子雞和奶嘴為例，在效用固定不變之下，當增加購買1個電子雞時，必須減少奶嘴的購買，就是以電子雞替代奶嘴的邊際替代率，其替代率數據見表5.6。

▼ 表5.6　總效用不變下，電子雞對奶嘴的邊際替代率

物品組合	電子雞(X)	奶嘴(Y)	電子雞替代奶嘴的邊際替代率(MRS)
a	1	9	
b	2	5	4
c	3	2	3
d	4	1	1

由表5.6知，當物品組合從a點改為b點時，電子雞增加1個，奶嘴必須減少4個，而總效用維持不變；此4個奶嘴就是第2個電子雞的邊際替代率，其餘同理可推。

從上面例子可知，邊際替代率可以告訴我們X和Y的替代關係，而此替代關係大小與消費者的偏好有關。

(2) 邊際替代率遞減法則

所謂**邊際替代率遞減法則**(Law of diminishing marginal rate of substitution)是指：沿著一條無異曲線移 ，即在相同效用水準之下，當X物品消費量越多時，邊際替代率就越小。

由表5.6可知，隨著電子雞消費量增加，能夠替代奶嘴的數量遞減，就是一個邊際替代率遞減例子。在圖5.8中，當購買1個電子雞和9個奶嘴時（圖中a點），消費者會覺得奶嘴太多，而電子雞只有1個太少了，所以渴望多購買一點電子雞；因此，願意減少4個奶嘴來換1個電子雞。但是，當已購買2個電子雞之後（圖中b點），電子雞給消費者的邊際效用已經遞減。在這時候，消費者只願意減少3個奶嘴來換取1個電子雞，其餘同理可推。這就是造成奶嘴減少數量隨著電子雞數量增加而遞減。在生活中消費行為也有邊際替代率遞減現象，例如同學目前一件當季流行的衣服都沒有，則一開始流行時，同學馬上買一件；隨著買衣服數量的增加，每一件給同學的邊際效用在遞減；這時候同學若要再買，他一定會等到折扣再購買，因此隨著衣服購買量增加，同學願意花費金額越來越少，即金錢換衣服的替換率在遞減。

3. 無異曲線特性

一般而言，無異曲線具有下列特性：負斜率、在任何一點上都有唯一的一條通過、越往右上方效用越高，以及凸向原點等特性。茲分別敘述如下：

(1) 無異曲線是負斜率的，X與Y產品具替代關係

延續圖5.8可知，若電子雞的消費量增加，而奶嘴的消費量不減少時，必然會產生更大的總效用。因此，若想維持總效用不變之下，必須減少奶嘴的消費。如此，電子雞和奶嘴的消費量成反比，二者具替代關係，此時無異曲線具有負斜率。

(2) 平面上任何一點都有唯一的無異曲線通過

　　購買任一電子雞和奶嘴之組合，均會有一滿足程度，而一條無異曲線代表一效用水準，所以任一商品組合均有一條無異曲線通過。

(3) 越往右上方的無異曲線，其效用越高

　　由(2)可知，電子雞和奶嘴的任一個組合，都有一條無異曲線通過。如果電子雞和奶嘴的消費量都增加，例如由（電子雞=1，奶嘴=3）改為（電子雞=2，奶嘴=4），則通過這兩種組合的無異曲線，後者的物品組合代表效用水準(U_1)一定較前者的效用水準(U_0)為高，如圖5.9。這是因為消費者喜歡電子雞和奶嘴，且這兩種組合都能消費時，購買奶嘴和電子雞越多，消費者則越快樂。

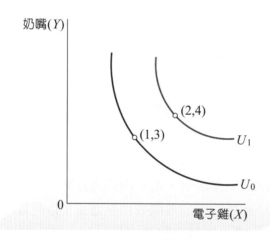

▲ 圖5.9　不同效用水準

(4) 無異曲線凸向原點

　　以上無異曲線圖形都是繪成凸向原點，這不是任意亂畫而成的。此因一般人的消費行為都是符合邊際替代率遞減法則。而無異曲線需合乎此條件，故曲線會凸向原點。

　　事實上，這些特性就是在勾勒一般「有理性」的人。無異曲線正要分析這些人的消費行為，故無異曲線必須要具備有這些特性。

(5) 任二條無異曲線絕不相交

（二）消費者的最適選擇

　　將前面所導出的無異曲線和預算線合併，就可分析消費者的選擇行為。茲將消費的最適選擇條件和圖形表示分別說明如下：

1. 消費者最適選擇的條件

　　無異曲線代表消費者對兩產品主觀的交換比率，預算線代表兩產品客觀的交換比率，故消費者最適選擇條件就是產品主觀的交換率等於客觀交換率，即兩線相切點為最適選擇。無異曲線在最適點的斜率為邊際替代率，預算線的斜率則為 P_X/P_Y，以及兩線相切時斜率相等。所以最適選擇條件可以表示為

$$MRS = \frac{P_X}{P_Y} \qquad\qquad (10)$$

　　MRS 又可以表示成 $\frac{MU_X}{MU_Y}$，茲說明如下：

(1) 增加電子雞消費量，則可增加效用：$\Delta X \cdot MU_X$

(2) 減少奶嘴消費量，則會減少效用：$-\Delta Y \cdot MU_Y$

(3) 為了維持效用不變，則 $\Delta X \cdot MU_X = -\Delta Y \cdot MU_Y$

　　故可得　$MRS = \frac{\Delta Y}{\Delta X} = \frac{MU_X}{MU_Y}$

　　所以可將最適選擇條件改成為

$$\frac{MU_X}{MU_Y} = \frac{P_X}{P_Y} \qquad\qquad (11)$$

　　即是

$$\frac{MU_X}{P_X} = \frac{MU_Y}{P_Y} \qquad\qquad (12)$$

　　由此式可發現和邊際效用分析方法所得結果相同。

2. 消費者的最適選擇圖形分析

　　假定消費者購買電子雞和奶嘴的預算線 20X+10Y=80，如圖 5.10 所示。消費者會在預算限制下求效用最大，也就是要在選擇的電子雞和奶嘴組合中，找到可以達到效用最大的消費組合，這應該是圖中的 C 點。茲分點說明如下：

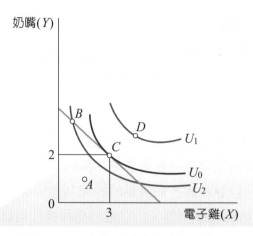

▲ 圖5.10　最大效用消費組合的選擇

(1) 預算線內任一點如A點，其所表示組合是消費者買的起，但其效用小於U_0。

(2) B點雖然在預算線上，但消費此組合所得效用只有U_2，不及C點之U_0水準，所以消費者也不會選擇此消費組合。

(3) 在預算線外的任何一點所代表效用水準均大於U_0，如圖中D點所代表效用水準U_1大於U_0，但線外任何一點所代表的電子雞和奶嘴組合，都不是消費者在預算限制下有能力購買。

(4) 由(1)至(3)分析可知，無異曲線與預算線的切點，表示消費者在預算限制內能夠達到最大效用的電子雞和奶嘴的組合點。

3. **應用：梁山伯和祝英台的悲劇（限制購買組合）**

　　中國民間有梁山伯與祝英台的故事，故事內容是描述有關祝英台喜歡窮書生梁山伯，但祝英台父親卻逼迫祝英台嫁給花花公子馬文才，而造成傳誦千古的淒美悲劇故事。

　　假設祝英台對感情和金錢的選擇限制為$\overline{MN}$，如圖5.11所示：A點代表感情多，金錢少的梁山伯；B點則代表感情少，而金錢多的馬文才。

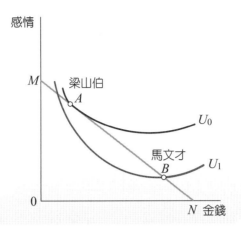

▲ 圖5.11　祝英台最適選擇

　　祝英台的偏好選擇梁山伯，滿足程度為U_0。但是祝英台的父母要強制祝英台選擇花花公子馬文才，造成祝英台的效用由U_0下降為U_1。

　　由於英台被迫選馬文才，其效用降低，亦使她不快樂，所以她從此悶悶不樂，這正也導致悲劇成為必然的結果。這也說明，如果在自由戀愛的情況下，祝英台會選梁山伯，此時效用最大，限制她的選擇將會造成其滿足程度下降。

（三）消費者選擇的改變

　　消費者選擇的改變原因可能為主觀偏好改變或客觀市場條件變動所造成，其中客觀市場條件分別為：1. 所得效果 (Income effect)；2. 替代效果 (Substitution effect)；3. 價格效果 (Price effect)。茲說明如下：

1. 影響消費者選擇改變的主觀因素：偏好改變

　　例如以前喜歡養電子雞，養了3個電子雞，最適選擇點為E_1，此時無異曲線為U_0。後來消費者偏好改變了，變的喜歡吸奶嘴了，所以無異曲線改變成為U_1，最適選擇變為E_2。

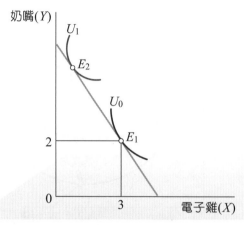

▲ 圖5.12　偏好

2. 影響消費者選擇改變的客觀因素之一：所得效果

　　消費者的所得增加，即購買力增加，則消費者對產品消費量增加；反之，消費者的所得減少，則造成消費者對產品消費量減少。這種因消費者所得變動，進而影響其產品消費量的效果，我們稱為**所得效果**。

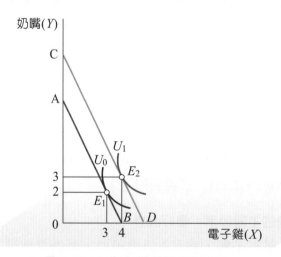

▲ 圖5.13　X為正常財的所得效果

　　例如同學原先面對預算線為$20X+10Y=80$，最適選擇點為E_1，如圖5.13所示。若今電子雞和奶嘴的價格沒有調整，而消費者的零用錢增加到110。由於消費者有更多錢可買電子雞和奶嘴，預算線會如圖5.13所示，由$\overline{AB}$平行向上移至$\overline{CD}$，消費者的最適選擇將由E_1點移至E_2點。比較E_1和E_2點，我們當可看出，消費者的所得增加，購買力增加，對於電子雞和奶嘴的消費量增加。

但並非所有產品的需求量都會隨所得增加而增加，例如劣等財的需求量會隨著所得增加而減少，如圖5.14(a)所示。又如中性財的需求量不會隨著所得增加而變動，如圖5.14(b)所示。

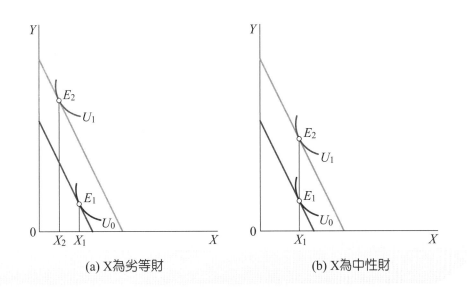

(a) X為劣等財　　　　　　　　(b) X為中性財

▲ 圖5.14　劣等財和中性財的所得效果

3. 影響消費者選擇改變的客觀因素之二：替代效果

當產品相對價格改變時，消費者原效用水準之下，改變其消費組合，多買相對較便宜的產品，以替代相對較昂貴的產品之效果，我們稱為**替代效果**。

例如消費者最初面對預算線和最適選擇點，如圖5.15中 E_1 所示。若今只有電子雞價格由20元降為5元，其他條件不變，則電子雞價格下降，使奶嘴價格相對變的更貴，所以消費者在效用固定之下，會多買電子雞，少買奶嘴，即如圖5.15所示，預算線由 $\overline{AB}$ 移至 $\overline{CD}$，消費者的最適選擇由 E_1 點移至 E_2 點。比較 E_1 及 E_2 可得，產品相對價格改變，在效用固定之下，消費組合改變了。

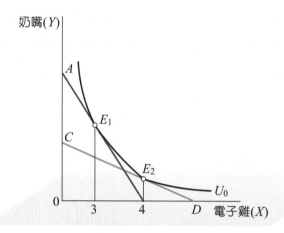

▲ 圖5.15　替代效果

　　消費的物品之間雖然經常有替代性，但是有時替代程度可能為零，例如X和Y為完全互補品，圖形如圖5.16中(a)，或X和Y為無關品，圖形如圖5.16中(b)。

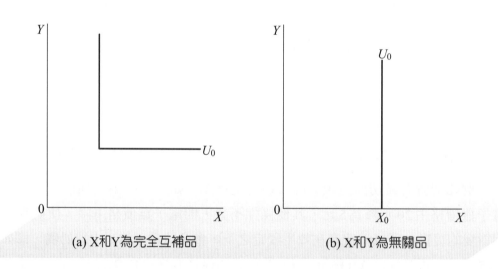

　　　　　(a) X和Y為完全互補品　　　　　　　　(b) X和Y為無關品

▲ 圖5.16　完全互補品和無關品

4. 影響消費者選擇的客觀因素之三：價格效果

　　所謂**價格效果**是指產品，相對價格改變，使消費者對產品需求量產生變化的效果。例如圖5.17所示，電子雞價格由20元跌至10元，使電子雞和奶嘴相對價格改變，預算線由$\overline{AB}$移至$\overline{AC}$，電子雞購買量由3個增至8個。

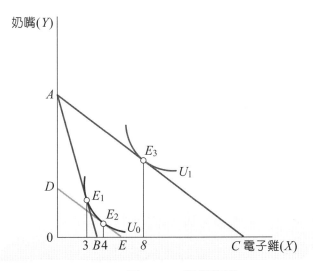

▲ 圖5.17　價格效果

　　其次，我們可以作圖來分解價格效果：第一步，假設在所有條件不變之下，消費者最適選擇點為E_1，其面對無異曲線為U_0；第二步，畫出旋轉變動後新的預算線$\overline{AC}$和最適選擇點E_3；第三步，畫出一條虛擬的預算線$\overline{DE}$和新的預算線$\overline{AC}$平行而和舊的無異曲線相切，令切點為E_2。在圖5.17中，E_1至E_3的變動，是因電子雞和奶嘴相對價格改變所造成，稱之為價格效果；從E_1至E_2的變動，乃在效用不變之下，產品相對價格改變所造成，稱之為替代效果；從E_2到E_3變動，則為所得變動所造成，稱之所得效果。換言之，我們可分解得：

$$價格效果 = 替代效果 + 所得效果 \tag{13}$$

（四）無異曲線分析法的應用

1. 吃一頓大餐或看一場電影：二選一的行為

　　同學口袋有零用錢，只能夠看一場電影或到西餐廳吃一頓大餐。假設同學口袋零用錢所能做的選擇限制為$\overline{AB}$，如圖5.18所示。若同學比較喜歡吃，則他會選A點，把全部零用錢花在吃的方面。若同學寧願餓著肚子，也要看電影，則他會選B點，即把所有錢都拿去買電影票。

　　這種二選一的選擇，基本上會出現在角解（預算線與橫軸，或縱軸的交點處），此時的選擇亦會達到效用最大，但是不會符合邊際效用均等法則。

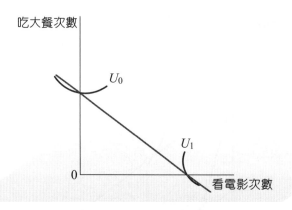

▲ 圖5.18　吃大餐或看電影

2.　一般餐廳與自助式餐廳：包裹式的付費方式

　　圖5.19顯示一位消費者在一般餐廳用餐時，若收費以每道食物計算時，他消費食物的均衡點是E_1點。若消費者到海霸王吃飯時，餐廳為自助式，且消費者只須付出按人頭計算定額費，便可以將食物視作免費一樣，吃到飽為止。由圖5.19可知，若消費者在食物的支付是一樣的$(\overline{AM})$，他在海霸王中所吃的份量會較在一般餐廳中所吃的為多。他會吃到食物的邊際效用為零，即圖中E_2點。這也正反應出爭食的結果，海霸王餐廳裡永遠是人聲吵雜。

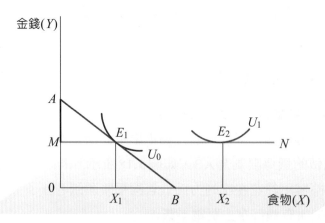

▲ 圖5.19　一般餐廳與自助餐廳

圖中 $\overline{AB}$ 為在一般餐廳吃飯的預算線

$\overline{AM}$ 為在食物方面的支出

$\overline{MN}$ 為在自助式餐廳吃飯的預算線

3. 實物補貼與現金補貼

　　當老師要鼓勵同學多念書，少打電動玩具，應該送同學圖書禮券（實物補貼）比較好，還是直接給他們一筆獎學金（現金補貼）比較好呢？

　　老師直接給同學一筆獎學金等於是學生所得增加，所以整個預算線向外平行移動，即由 $\overline{AB}$ 移至 $\overline{CD}$。老師送圖書禮券給同學，會使每個原來的可能消費組合都增加若干個單位書的數量而向右移動，即預算線由 $\overline{AB}$ 移至 $\overline{DE}$。

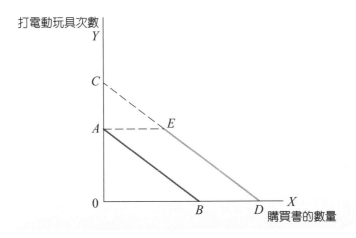

▲ 圖5.20　實物補貼與現金補貼

　　兩種不同方法對同學的影響，可從兩種情況來分析。在圖5.21的(a)中，不論是給予圖書禮券還是一筆獎學金，同學都會選擇同樣的最適點 E_1。在圖5.21的(b)中，直接給予同學現金時，最適的選擇點為 E_2。而給予圖書禮券時，最適選擇點為 E_1，因為 E_2 所在的無異曲線較高，故可知對同學而言，直接給同學現金，同學會比較高興。

　　為何有上述兩種情況呢？對書比較喜歡的同學傾向多買書，故收到現金時，他們也把所收的獎學金全部花在購買書籍上。所以，這兩種鼓勵方式對他們產生影響一樣。如圖5.21的(a)。對喜歡打電動玩具的同學，給予現金有較多的自由度，不僅可買書，更可打電動玩具，而給予圖書禮券則限定同學只能多買書，所以兩種鼓勵方式對他們的影響不一樣。如圖5.21的(b)所示。

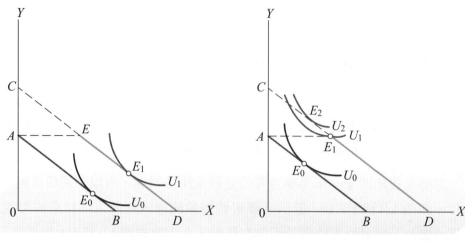

(a)現金補貼等於實物補貼　　　(b)現金補貼優於實物補貼

▲ 圖5.21　現金補貼與實物補貼

4. 折 扣

　　產品銷售者常常在消費者購買超過某一特定數量時，就給予消費者打折，來刺激消費者的購買數量。例如消費者去連鎖乾洗店洗衣物10公斤時，消費者最適組合在E_0，若超過10公斤的洗衣量，乾洗店則給消費者打折（降價），則預算線由AB變為E_0D，消費者清洗衣服的數量會由10公斤增加至20公斤。因此折扣可視為產品銷售者促銷的一種可採行的策略。

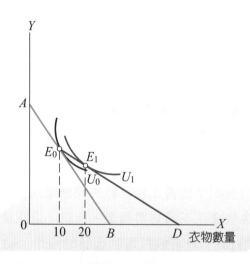

▲ 圖5.22　折扣

歷屆試題 Exercise

一、選擇題

( ) 1.「天下沒有白吃的午餐」，是指做任何事都有：(A) 機會成本　(B) 會計成本　(C) 外部成本　(D) 外顯成本。　　　　　　　　　　　　　（97 身心障礙甄試）

( ) 2. 無異曲線凸向原點表示　(A) 邊際替代率遞增　(B) 邊際技術替代率遞減　(C) 邊際轉換率遞減　(D) 邊際替代率遞減。　　　　　　（97 身心障礙甄試）

( ) 3. 價格效果為：(A) 替代效果＋所得效果　(B) 互補效果＋替代效果　(C) 互補效果＋所得效果　(D) 互補效果＋替代效果＋所得效果。　　　（96 二技）

( ) 4. 下列關於無異曲線的描述，何者不正確？　(A) 用來描述消費者的偏好　(B) 是使用序數 (ordinal utility) 的效用觀念　(C) 需測度和量化效用　(D) 需假設消費者是理性的。　　　　　　　　　　　　　　　　　　　　　　（96 二技）

( ) 5. 鑽石的價格高於水，是因為鑽石　(A) 總效用高　(B) 供給數量多　(C) 邊際效用高　(D) 保存的時間久。　　　　　　　　　　　　　（97 身心障礙甄試）

( ) 6. 下列敘述何者錯誤？　(A) 經濟學所稱的成本為機會成本　(B) 經濟成本等於外顯成本加內隱成本　(C) 社會成本等於私人成本加外部成本　(D) 經濟利潤等於零，表示不賺不賠。　　　　　　　　　　　　　　　　（97 身心障礙甄試）

( ) 7. 阿杰有 4,800 元，可用於購買專業雜誌或上網時數，專業雜誌每期 360 元，上網費用每月 600 元，已知雜誌及上網的每一元之邊際效用 (MU / P) 如下表。

單位	1	2	3	4	5	6	7	8	9	10
雜誌	400	250	160	135	120	115	113	112	111	110
上網	500	380	802	200	120	90	70	60	50	40

在追求效用最大下，阿杰的消費組合（雜誌期數，上網月數）應為：(A) (5，5)　(B) (10，5)　(C) (5，10)　(D) (10，10)。　　　　　　　　（98 四技二專）

( ) 8. 下述關於無異曲線特性的敘述何者有誤？　(A) 無異曲線凹向原點　(B) 任何兩條無異曲線都不會相交　(C) 平面上任何一點，必有唯一的一條無異曲線通過　(D) 無異曲線是負斜率的。　　　　　　　　　　　　（98 身心障礙甄試）

( ) 9. 設效用函數為 U $(x_1,x_2)=x_1x_2$，以下何者不代表相同的偏好順序？ (A)x_1+x_2 (B)$(x_1x_2)^2$ (C)x_1x_2-1000 (D)x_1x_2+15。 （90 二技）

( ) 10. 當某甲對一物品的 Engel 曲線之斜率為負時，則此物品對某甲而言係 (A) 奢侈財 (B)Engel 財 (C) 正常財 (D) 劣等財。 （90 二技）

( ) 11. 單純就風險的觀點來看，我們都會發生財富邊際效用遞減的現象，這是由於下列何種心理所致 (A) 風險追逐 (B) 風險規避 (C) 風險中性 (D) 風險不變。 （90 二技）

( ) 12. 下列敘述何者錯誤？ (A) 經濟學所稱的成本為機會成本 (B) 經濟成本等於外顯成本加內隱成本 (C) 社會成本等於私人成本加外部成本 (D) 經濟利潤等於零，表示不賺不賠。 （97 身心障礙甄試）

( ) 13. 人們逛街購物時通常會認為貨比三家不吃虧，主要是希望能夠增加？ (A) 均衡價格 (B) 邊際收益 (C) 消費者盈餘 (D) 生產者盈餘。 （100 四技二專）

( ) 14. 有關無異曲線之描述，以下何者有誤？ (A) 若兩商品邊際效用均為正，則無異曲線負斜率 (B) 無異曲線凸向原點代表邊際替代率遞減 (C) 任兩條無異曲線都不會相交 (D) 越接近原點之無異曲線代表效用越高。 （100 二技）

( ) 15. 若市場上商品只有兩種：X 和 Y，X 價格為 50 元，Y 價格為 200 元。小康零用金為 1000 元，效用函數為 U (X , Y) = XY，則在預算限制下，小康效用最大的選擇為： (A) X = 4，Y = 4 (B) X = 6，Y = 4.5 (C) X = 8，Y = 3 (D) X = 10，Y = 2.5。 （100 二技）

( ) 16. 當 X 財價格為 4 元，Y 財價格為 5 元時，某消費者將其全部預算耗盡可買 20 個 X 財。在此條件下，請問下列哪一組合，消費者不可能買得到？ (A) X = 6，Y = 10 (B) X = 10，Y = 0 (C) X = 0，Y = 15 (D) X = 2，Y = 15。 （100 四技二專）

( ) 17. 小華在艷陽下跑完操場十圈後，灌入好幾罐的運動飲料，喝到最後都想吐了，下列何者正確？ (A) 小華對運動飲料的規模報酬遞增 (B) 小華對運動飲料的規模報酬遞減 (C) 小華對運動飲料的邊際效用遞增 (D) 小華對運動飲料的邊際效用遞減。 （101 四技二專）

( ) 18. 對理性消費者而言，自利行為最終目的為何？ (A) 追求滿足最大 (B) 追求利潤最大 (C) 追求所得最大 (D) 追求預算最大。 （101 四技二專）

( ) 19. 如果某甲對 X1 與 X2 兩種物品的效用函數為 U(X1,X2)=X1+2X2，請問某甲的 X1 對 X2 之邊際替代率 (MRS) 是 (A)1/1 (B)1/2 (C)1/3 (D)1/4。

（90 二技）

( ) 20. 最早提出邊際效用遞減的觀念，解答了聖彼得堡矛盾 (St.Petersburg Paradox) 的是： (A) 柏努里 (Daniel Bemoulli) (B) 傑逢士 (William Stanley Jevons) (C) 邊沁 (Jeremy Bentham) (D) 寇斯 (Ronald H.Coase)。 （91 二技）

( ) 21. 下列有關消費者均衡的敘述，何者是不正確的？ (A) 在各種物品消費之最後一塊錢的邊際效用必須相等 (B) 商品的邊際替代率等於相對價格比是效用極大化的必需條件 (C) 消費者盈餘最大 (D) 在貨幣邊際效用固定的假設下，商品的邊際效用遞減與負斜率的需求線是一致的。 （91 二技）

( ) 22. 在商品均為消費者所喜愛的前提下，下列何者不是無異曲線的特性？(A) 無異曲線是負斜率的 (B) 兩條無異曲線有可能相交 (C) 越往右上方的無異曲線，其效用越高 (D) 無異曲線凸向原點。 （91 二技）

( ) 23. 假設某一消費者利用其所有所得購買 X 與 Y 兩種產品，X 產品每單位價格為 6 元，Y 產品每單位價格為 5 元，兩種產品消費的總效用 (total utility) 表如下：

單 位	1	2	3	4	5
產品 X	120	216	288	336	360
產品 Y	90	160	220	270	305

請問下列何者是消費者最適（均衡）消費組合？ (A)X=2，Y=3 (B)X=4，Y=5 (C)X=3，Y=4 (D)X=3，Y=3。 （93 四技二專）

( ) 24. 張三的所得剛好消費甲商品 2 單位與乙商品 10 單位；或是剛好消費甲商品 4 單位與乙商品 2 單位。若張三將其所得全部消費於乙商品，則可購買多少單位的乙商品？ (A)12 單位 (B)14 單位 (C)16 單位 (D)18 單位。

（93 二技）

( ) 25. 如果一個消費者之預算限制線的斜率改變了，可能是因為： (A) 消費者的偏好改變 (B) 消費者的所得增加 (C) 某種商品的價格改變 (D) 某種商品的品質改變。 （94 二技）

( ) 26. 下列有關兩種財貨之邊際替代率的敘述，何者錯誤？ (A) 在最適條件下，邊際替代率之絕對值等於兩種財貨邊際效用比 (B) 無異曲線凸向原點，則兩種財貨的邊際替代率之絕對值遞減 (C) 無異曲線是一條直線，則兩種財貨的邊際替代率之絕對值固定 (D) 兩種財貨為完全互補時，則兩種財貨的邊際替代率之絕對值等於 1。 (94 二技)

( ) 27. 某甲對 A、B 與 C 三個消費組合的偏好順序為：A 優於 B，B 優於 C，C 又優於 A，則： (A) 效用函數為線性 (B) 效用函數為二次式 (C) 兩相異的無異曲線不相交 (D) 不存在效用函數。 (94 二技)

( ) 28. 某甲對兩商品 X1 與 X2 的效用函數為 $U(X1,X2) = X1X24$，則甲對於 X2 商品的消費額占其所得的比例為： (A) $\frac{1}{4}$ (B) $\frac{1}{2}$ (C) $\frac{3}{4}$ (D) $\frac{4}{5}$。 (94 二技)

( ) 29. 若兩商品 A 與 B 之邊際替代率絕對值為 1，且其價格分別為 PA 與 PB 時，則： (A) 當 PA 大於 PB 時，消費者僅消費商品 A (B) 當 PB 等於 PA 時，消費者只能消費商品 B (C) 當 PB 等於 PA 時，消費者只能消費商品 A (D) 當 PA 小於 PB 時，消費者僅消費商品 A。 (94 二技)

( ) 30. 給定生產要素 L 與 K 的邊際技術替代率絕對值為 3，如果廠商想在原先產出水準下減少 3 單位的 L，則需： (A) 減少 6 單位的 K (B) 減少 3 單位的 K (C) 增加 3 單位的 K (D) 增加 9 單位的 K。 (94 二技)

( ) 31. 理性消費者進行商品的選擇決策時，以哪一項為原則？ (A) 每一元之總效用最大 (B) 每一元之邊際效用最小 (C) 每一元之總效用最小 (D) 每一元之邊際效用最大。 (94 四技二專)

二、問答題

試說明效用無差別曲線 (Indifference Curves) 的特性，並說明無差別曲線的「向原點凹性」(The Convexity of Indifference Curves) 主要的涵義為何？ (98 文化國貿)

CH 06

廠商生產理論：
投入與產出分析

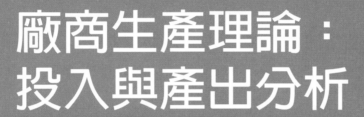

第一節　決策期間

第二節　短期生產技術關係之描述

第三節　長期生產技術關係之描述

第四節　生產可能曲線分析

歷屆試題

ECONOMIC$

廠商生產的主要目的之一為追求最大利潤,而利潤是總收益超過總成本的差額,亦即:利潤=總收益－總成本。總收益是單價乘以銷售量(P×Q),總成本乃決定於產品數量(Q),故可知須先決定產量才可確定收益與成本,所以在分析廠商經營過程中,我們先在本章討論廠商生產行為。

生產就是廠商結合各類生產要素,生產產品的行為,即投入與產出的技術關係,換言之,要生產就必須有要素投入,有要素投入透過生產技術就會有產出。要生產就必須有投入,如圖6.1所示,一般生產所須的要素投入可分成:勞動、資本、土地與企業家精神,例如:小歇泡沫紅茶店計畫一天生產1,000杯泡沫紅茶,則必須投入工讀同學,需要製造泡沫紅茶原料和使用器皿等。

▲ 圖6.1　投入與產出

其次,隨著生產期間不同,廠商要素投入量也不同。例如:小歇泡沫紅茶店為了應付學生族放假所造成人潮,要多投入工作人員。同時小歇泡沫紅茶店為了因應休閒人口增加,長期規劃除了多投入工作人員以外,尚可增加機器和店面的面積。所以本章在討論生產過程之前,先討論不同決策期間,進而以不同決策期間,討論要素投入和產出的關係。最後,再討論一種投入要素二種產出的生產可能曲線。

第一節　決策期間

廠商生產決策依時間可分為長期決策和短期決策。**短期**(Short Run)是指生產過程中至少有一種投入生產要素使用量固定不能調整期間,**長期**(Long Run)則指生產過程中所有投入生產要素使用量均可調整期間。

小歇泡沫紅茶店在短期間,例如一個月內,增加一個分店或調整機器設備數量是不容易,但是增加打工的同學則沒有問題;而在長期,如一年內,則沒有任何調整上的限制條件,所以一個月期間對小歇泡沫紅茶店是短期,一年的時間則是長期。

此外，在短期內使用數量不可變的投入要素，例如小歆泡沫紅茶店的機器設備與店面，稱為**固定要素**(Fixed Factor)。使用數量可隨產量改變的投入要素，例如在小歆泡沫紅茶店內打工的同學，則稱為**變動要素**(Variable Factor)。

第二節　短期生產技術關係之描述

　　生產是投入與產出之間「量」的關係，例如：小歆泡沫紅茶店投入許多人員和機器設備，所以泡沫紅茶產量很大；學校投入許多老師和硬體設備，所以可教育許多學生；同學投入許多時間讀經濟學，所以學期成績很棒。

　　此種投入與產出之間的關係，在經濟學中我們以生產函數來描述，所以在本節先介紹生產函數，而後討論短期生產技術關係，最後介紹短期生產的特性。

一、生產函數

　　投入生產要素與產出之間的實物關係，可以用函數形式表示，此種函數稱為**生產函數**(Production Function)：

$$Q = f(a,b,c, \cdots) \tag{1}$$

　　式中，a,b,c 代表各種生產要素，Q 代表產品數量。函數的意義即是在 f 代表的生產技術下，投入一定量的 a,b,c 等生產要素，可得 Q 數量的產出。例如：Q 代表泡沫紅茶的產量，a 為工作人員，b 為機器設備，c 為原料等各種要素，函數代表在現有生產技術下，投入一定量的人力、設備、原料等生產要素，可得 Q 數量的泡沫紅茶產出。

　　為了方便問題之描述與討論，在本節及本章隨後的分析中，我們對有關廠商的決策問題做如下的假定：

1. 廠商生產時只使用**勞動**(Labor)和**資本**(Capital Goods)兩種生產要素，且在短期分析時，我們通常假設勞動為變動要素，而資本為固定要素。

2. 廠商使用兩種要素生產一種產品，其生產函數如下：

$$Q = f(L,K) \qquad\qquad (2)$$

從對生產函數假設，進而可假定短期生產函數為：

$$Q = f(L,K) \qquad\qquad (3)$$

式中K表示某一固定資本數量，在短期內無法改變。簡而言之，短期生產函數即是在固定K之下，Q與L的關係，亦可簡單寫成為：

$$Q = f(L) \qquad\qquad (4)$$

二、短期生產技術關係之描述

廠商必須掌握要素投入和產出的關係，才能在經營上做出正確的決策。台北東區百貨公司旁小歇泡沫紅茶店的店長想瞭解，在10位員工之下，一個禮拜天有多少泡沫紅茶產量，每一位員工能帶給店裡多少收入，以及若多雇用一位員工會增加多少泡沫紅茶產量來做為他決策參考。

投入與產出的生產關係對廠商的經營攸關重要，以表6.1機器設備（資本）K=2單位為例，列舉廠商在這個固定的生產規模下，投入不同數量的勞動(L)，所生產出不同的產品數量。

▼ 表6.1　短期投入與產出的生產關係

資本(K)	勞動(L)	總產量(TP_L)	平均產量(AP_L)	邊際產量(MP_L)
2	0	0	–	–
2	1	20	20	20
2	2	50	25	30
2	3	90	30	40
2	4	120	30	30
2	5	140	28	20
2	6	150	25	10
2	7	150	21.4	0
2	8	140	17.5	–10

在2個單位的固定生產要素機器設備下，如果配合1單位的人工投入總產量(Total Product；TPL)為20個單位的產品；配合2單位的人工投入，TPL增為50個單位；餘此類推。

另外描述要素投入和產出的生產關係，也可利用平均產量和邊際產量，如下所示：

$$AP_L = \frac{TP_L}{L} \ , \ MP_L = \frac{\Delta TP_L}{\Delta L} \tag{5}$$

上式表示，**平均產量**(Average product; AP_L)定義為平均每一單位的勞動（變動要素）的產出，即總產量除以勞動投入量；**邊際產量**(Marginal product；MP_L)則是每增加一單位勞動，總產出的變動量。

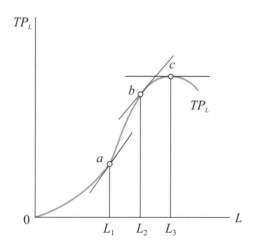

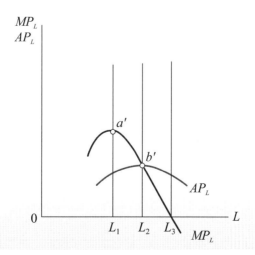

▲ 圖6.2　總產量與平均產量、邊際產量的關係

　　將表中 TP_L、AP_L 及 MP_L 數列繪成產量線於圖6.2。由圖可知 TP_L、AP_L 與 MP_L 三者間之基本關係如下。

1. TP_L 遞增時，MP_L 可能上升或下降，但必定大於0。如圖中所示在a點之前，MP_L 上升；a點之後，MP_L 下降；但在c點以前，MP_L 均大於0。a點稱為 TP_L 的轉折點，對應到 MP_L 最高點a'。當 TP_L 開始減少時（c點以後），MP_L 必定小於0。

2. 在 AP_L 上升的階段，MP_L 可能上升或下降，但一定大於 AP_L，如圖b'點之前；在 AP_L 下降時，MP_L 也同時下降，並且一定小於 AP_L，如b'點之後。

　　茲以上圖形所描述的生產狀況，以小歆泡沫紅茶店經營為例，來說明 TP_L、AP_L 及 MP_L 變化，以及 AP_L 和 MP_L 關係。若小歆泡沫紅茶店雇用更多工讀同學，泡沫紅茶產量必隨之逐漸增加；當雇用人數到某一水準，則泡沫紅茶產量會達到最高，之後再逐漸減少。此正反應在圖6.2中，TP_L 變動過程。

　　TP_L 圖形為什麼要畫成這樣的奇形怪狀？好像「虎克」船長（海盜）的假手？這不是亂畫或隨意畫成的，它背後的經濟含意是開始經營之初，招募工讀同學不多，所以新加入同學配上既有機器設備，分工合作，生產效率大增，對店裡生產有很大幫助，邊際生產力(MP_L)為正且遞增，之後工讀同學多了，人手夠了，既有機器設備漸感不敷使用，生產效率降低，新加入的同學對店裡貢獻就少了，邊際生產力雖然為正，但是開始遞減。若是工讀生雇用到100人或200人，一個小小的工作平台上，人擠人，互相妨礙，不只無法維持正常的生產作業，反而互相妨礙造成產出減少，邊際生產力成為負值。此生產過程，正表示 MP_L 變動。

　　其次，AP_L 與 MP_L 的關係乃是一般的「平均值與邊際值的基本關係」。例如：A和B兩位在小歆泡沫紅茶店工讀同學，平均每人替小歆泡沫紅茶店創造25杯泡沫紅茶，現在加入C，如果C同學創造業績超過25杯，所計3人平均業績必超過25杯；反之，如果合計3人平均泡沫紅茶產量低於25杯，則表示C的貢獻必然低於25杯。簡而言之，若新加入的數值（邊際單位的數值）大於原來的平均值時，就會帶動平均值上升；反之，平均值即呈下降現象。而當邊際值等於平均值時，平均值必然處於最高點，換言之，邊際產量必然通過平均產量的最高點。

三、邊際報酬遞減法則

在短期內，由於生產規模固定($\overline{K}$)，隨著變動要素(L)的增加，邊際產量雖然可能有遞增的階段，但當L增加到一定程度後，MP_L一定會遞減。這種在某一定規模下，隨著變動要素使用量的增加，MP_L終究會下降的現象，稱之為**邊際報酬遞減法則**(Law of diminishing marginal returns)。「邊際報酬遞減」是馬爾薩斯(Thomas Robert Malthus, 1766-1834)在他著名的《人口論》(An essay on the principle of Population)論證的基礎之一。他預測人口呈幾何級數增加，糧食只能有算術級數的增產，因此，自然的人口成長難逃饑餓、戰爭與傳染病的命運。馬爾薩斯的結論使當時的經濟學被稱為是**憂鬱的科學**(the Dismal Science)。近代科技發展日新月異，使得同一塊土地的糧食產量可以加速提高，在很多地方已否定馬爾薩斯的悲觀論調。但即使是在今天，世界上仍有許多地方無法克服飢餓的問題。報酬遞減實在是自然界的一個現象。

邊際報酬遞減法則是一個短期的現象，它須存在至少一個無法增加的固定要素，當其他可變要素增加至某一數量時，此法則就會成立。假設此法則不成立，則在一小塊土地上，隨著投入耕種人數增加，稻米產量則快速增加，最後可種出全世界人口所需要糧食，就不會有糧食短缺的問題，這是多不可思議。同學準備考試，隨著準備時間增加，每小時吸收的內容大幅度增加，最後再多考試範圍均可吸收，所有考試均考100分，這不太可能發生吧！

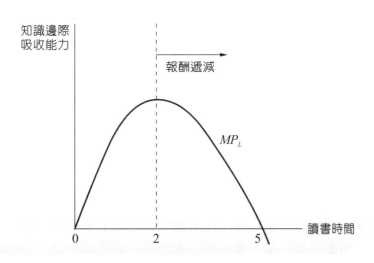

▲ 圖6.3　邊際報酬遞減法則

四、生產的三個階段

在生產過程中，一位追求利潤最大的理性生產者，其勞動的合理雇用量為何？此可經由雇用勞動的三個階段來加以說明。

1. 第 I 階段（$MP_L > AP_L$，即 AP_L 處於遞增的階段）

如圖6.4在生產第 I 階段，平均產出 AP_L 在遞增。這正表示增加勞動的雇用量，可增加總產量。因此，追求利潤最大的理性生產者，雇用勞動的人數不會落在第一階段，而會繼續增加勞動雇用量以追求更大產量。

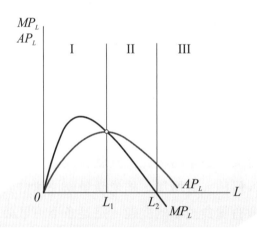

▲ 圖6.4　生產三階段

2. 第 III 階段（$MP_L < 0$ 的階段）

在此階段中，勞動的邊際產量為負值，表示生產者的勞動雇用量增加，總產量隨之在遞減，這是不合理。因此，一個理性生產者不會在此階段生產。

3. 第 II 階段（$AP_L > MP_L > 0$，即 AP_L 處於遞減階段）

排除前述第 I 和 III 兩個不合理的階段，生產者對勞動的雇用量介於L1到L2，即第 II 階段方為合理的生產階段。其次，此區域符合勞動邊際產量 MP_L 大於零，且勞動邊際產量 MP_L 會隨著勞動雇用量增加而遞減現象。

以小歐泡沫紅茶店經營為例，小歐泡沫紅茶店雇用工讀同學的人數，不會停留在第 I 階段，因多一位同學，其生產力會提高，店裡的泡沫紅茶產量會提高。小歐泡沫紅茶店雇用工讀同學的人數，也不會多到第 III 階段，因此時雇用同學越多，則泡沫紅茶產量會逐漸減少，所以對小歐泡沫紅茶店而言，最佳雇用人數在第 II 階段。

 **第三節 長期生產技術關係之描述**

一、長期生產函數

在馬路上你可看到許多幫人洗車場所，其設備為一自動洗車機器和許多位服務人員。在短期內洗車業者再買一部新機器幫忙洗車不太可能（因機器價值數百萬，且需另找一新場地才可能容納這新機器），但找更多服務人員則沒有多大問題。在長期，要擴充人員和機器則沒有因難。由此可知在長期所有的投入都是變動要素而無固定要素，所以生產和投入因素的關係可以用生產函數 $Q=f(L,K)$ 來描述。以下所進行等產量線與等成本線的生產理論分析，基本上是引用消費者理論中的無異曲線與預算線分析法，只是現在是用在生產理論而已。

二、等產量曲線分析

1. 等產量曲線

生產技術是一個投入與產出之間的技術關係，在短期生產過程中，我們透過邊際產量遞減法則來瞭解生產技術，但依據定義在長期間不存在固定要素，因此經濟學家顯然必須另起爐灶以認識要素和產出之間關係，所以提出等產量曲線作為描繪長期生產技術的工具。

等產量曲線係指若生產技術水準不變，生產者為維持相同之產量水準，投入勞動和資本可能組合軌跡。假定清洗汽車一方面需要用自動洗車機器，一方面需要用人工，若是每天清洗40輛汽車，其所需要使用機器的時間和人工的時間有如下三種不同組合：

▼ 表6.2　洗車廠投入產出關係

組合	每天使用機器時間	每天使用人工時間	每天清洗汽車輛數
a	8	2	40
b	4	4	40
c	2	8	40

根據上列資料，我們可以把各種不同的機器和人工組合，連成一條線，它將如圖6.5所示，圖中橫座標L表示每天使用人工時間，縱座標K表示每天使用機器時間，此曲線則稱為**等產量曲線 (Isoquant)**。

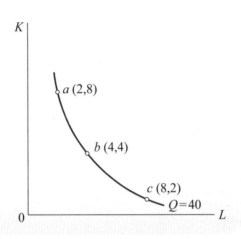

▲ 圖6.5　清洗40輛汽車之資本與人工之組合

2. 邊際技術替代率

清洗汽車有許多不同方法，可以多用機器，少用人工；也可以多用人工，少用機器，因此產生了一個問題，若在每天清洗汽車的數量不變之下，若要增加每天使用人工一小時，那可以減少每天使用機器時間有多少呢？經濟學家提出了**邊際技術替代率 (Marginal rate of technical substitution；MRTS)** 的觀念來說明此一要素之間替代關係的問題。

邊際技術替代率指的是為維持同一產出水準，當某一生產要素（如L）增加一個單位，所能替代另一生產要素 (K) 的單位數，以數學式表示的話，邊際技術替代率即為：

$$MRTS = -\frac{\Delta K}{\Delta L}\bigg|_{Q=Q_o}$$

(6)

式中 $-\frac{\Delta K}{\Delta L}\big|_{Q=Q_o}$ 代表在維持產量固定為 Q_0 之條件下，增加一單位L能減少多少K的替代率。

　　茲沿用表6.2的例子。首先假設 L 表示每天使用人工時間，K 表示每天使用機器時間，由表之要素組合，我們可求得表6.3所列的最右一欄 $-\frac{\Delta K}{\Delta L}\Big|_{Q=40}$，表示在維持產量固定的 Q=40 時，隨著 L 使用量的增加，每增加一單位 L 的使用量，可以減多少單位 K 的數量。例如當 L 的雇用量由2單位增為4單位時，對應於 K 的使用量減少4的單位，表示此時1單位 L 可以替代2單位 K 的使用量，故邊際技術替代率為2；L 由4個單位增至8的階段，邊際技術替代率則為1/2。

　　其次，增加 L 所增加產出為 $\Delta L \cdot MP_L$，而減少 K 所減少產出為 $-\Delta K \cdot MP_K$，所以為了維持產量不變則 $\Delta L \cdot MP_L = -\Delta K \cdot MP_K$，故 $MRTS = -\frac{\Delta K}{\Delta L} = \frac{MP_L}{MP_K}$ 。

▼ 表6.3　邊際技術替代率(Q=40)

組合	L	K	ΔL	ΔK	$-\frac{\Delta K}{\Delta L}\Big|_Q = MRTS$
a	2	8			
b	4	4	2	−4	2
c	8	2	4	−2	1/2

L：每天使用人工時間；K：每天使用機器時間

　　表6.3顯示，隨著 L 使用量增加，邊際技術替代率值越來越小，表示在維持產量不變情形之下，增加 L 所替代 K 的數量，會隨著 L 使用量的增加而不斷遞減，此種現象，謂之**邊際技術替代率遞減法則**(Law of Diminishing Marginal Rate of technical substitution)。

　　一般在生產上普遍會有 MRTS 遞減的現象，因為當 L 使用量增加時，K 使用量必須減少，即用 L 替代 K，但是隨著 L 使用量增加，其邊際產量遞減，而隨著 K 使用量減少，其邊際產量遞增，所以 L 所能替代 K 的數量，會隨著 L 使用量的增加而不斷遞減。

3. 等成本線

等產量曲線要配合等成本線（類似無異曲線分析中的「預算線」），才能決定「成本最低」的要素組合。**等成本線** (Isocost) 係指若生產要素之價格不變，生產者支出其全部成本預算，所可能購買勞動(L)、資本(K)兩種生產要素各種最大數量組合軌跡。其數學式表示為：

$$C_0 = P_L \cdot L + P_K \cdot K \tag{7}$$

式中 C_0 表示某一特定數值之成本。

以表 6.2 例子說明，如果機器清洗每小時的成本為 \$10，人工每小時的薪資為 \$20，且投入成本為 \$120，則可得等成本線為 20L+10K=120，進而可繪出圖 6.6 中的等成本線。

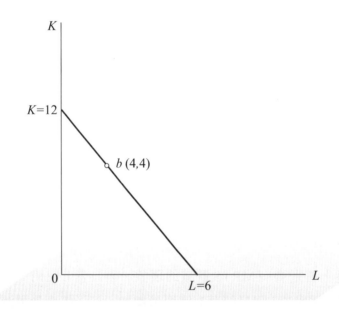

▲ 圖6.6　等成本線

圖中，K=12 表示所有投入成本均為機器每小時運轉成本時，每天可使用機器 12 小時來清洗汽車。L=6 則表示所有投入成本均為人工清洗成本時，每天可使用人工 6 小時來清洗汽車。這兩種極端的現象，乃是分別落在等成本線的兩個端點上。通常的使用則是介在這兩點之間，例如使用 4 小時人工和 4 小時機器（圖中 b 點），來清洗汽車。

等成本線的點表現的是生產者使用生產要素最大數量的組合，超出線外的右上方的部分，是他在目前投入成本與因素價格條件下無法達到；而線內的任何一點則都是在投入成本可以雇用要素數量範圍，且表示使用要素支出小於投入成本。

其次，等成本線的斜率為，表示增加一單位勞動的使用時，必得「減少」P_L/P_K 單位資本的使用量，方能維持成本 C 不變；以圖 6.6 為例，可知等成本線的斜率為 −2，表示每天使用人工時間增加 1 小時，則每天使用機器時須減少 2 小時，才能維持投資成本不變。

若洗車廠經營成本增加，如由 $C_0=120$ 增至 $C_2=240$，等成本線平行右移；反之洗車廠成本會減少，例如由 C_0 減少至 $C_1=60$，等成本線則平行左移。如圖 6.7 所示。

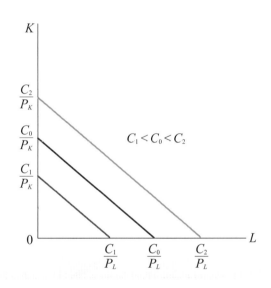

▲ 圖6.7　總成本變動

另一方面，若洗車廠投入成本沒有變，但人工成本大增，如由 P_L 增至 P'_L，等成本線則順時針旋轉，如圖 6.8 所示。若失業率高，洗車廠把人工每小時成本由 P_L 降至 P''_L，可知等成本線則逆時針旋轉。

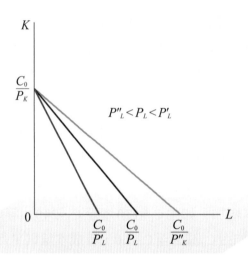

▲ 圖6.8 人工成本變動

　　同理，若人工每小時成本沒有變，而機器每小時運轉成本由 P_K 增至 P'_K 時，等成本線逆時針旋轉；若機器每小時運轉成本由 P_K 降至 P''_K 時，等成本線則順時針旋轉，如圖6.9所示。

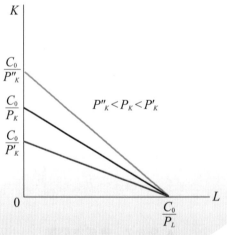

▲ 圖6.9 機器運轉成本變動

4. 成本最小的要素組合

　　廠商在生產時要選擇成本最小的要素組合，否則在競爭環境中，很難生存下去。

　　那如何達到成本最小要素組合呢？圖6.10中，Q線表示每天清洗40輛汽車的等產量曲線，可選擇a,b,c各點代表特定(L,K)組合來生產，均可完成每天清洗

40輛汽車。由等成本線得知，等產量曲線與等成本線相切的 b 點，所須支付的總成本 C_0=120 為清洗 40 輛汽車的「最小成本」，因為總成本 C_1=60 比 C_0 還小，但卻不足以達成每天清洗 40 輛汽車的目標，而 a 和 c 兩點表示沒有效率經營，因雖達成清洗 40 輛汽車，但卻需支付較高成本 C_2=240。

由以上可知，當等產量曲線與等成本線相切時，此等成本線所顯示的「成本」即為生產該產量最低成本。達到成本最低之後，可知洗車廠每天使用 4 小時機器和 4 小時人工來清洗 40 輛汽車。

其次，由圖 6.10 可知，等產量曲線和等成本線相切於 $(L,K)=(4,4)$ 故兩線之斜率在此切點上相等。等成本線的斜率為 $-P_L/P_K$，而等產量曲線的斜率為負的邊際技術替代率 $-MP_L/MP_K$，所以在切點上：

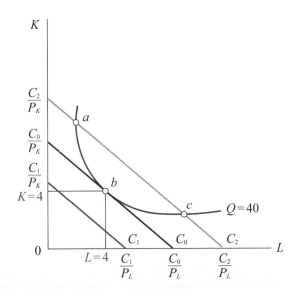

▲ 圖6.10　成本最小要素組合

$$MRTS = \frac{\Delta K}{\Delta L} = -\frac{MP_L}{MP_K} = -\frac{P_L}{P_K} \tag{8}$$

即邊際技術替代率 MRTS 等於要素價格比。又此條件式又可以改寫為

$$\frac{MP_L}{P_L} = \frac{MP_K}{P_K} \tag{9}$$

此一條件與總效用最大的條件 $MU_X/P_X=MU_Y/P_Y$ 相類似。此條件又稱為**邊際生產力均等法則**。

三、要素價格或產量變動對要素需求影響

　　若洗車廠發現最近機器每小時運轉成本提高了，則決定儘量用人工來洗車；反之，若工人不好找，成本工資大漲，則洗車廠一定會採自動化洗車，由此可見要素價格會影響極小成本的生產要素組合。其次，若洗車廠想要每天清洗汽車數量由40輛增至80輛，則必須要增加生產要素使用量。

　　由以上敘述可知，廠商使用成本極小化的生產要素組合深受其要素價格和產量影響，因此本段分成下列三點探討：(1)勞動價格變動對生產要素影響，(2)資本價格變動對生產要素影響，(3)產量變動對生產要素影響。

1. 勞動價格變動對生產要素影響

　　在民國81年第2季台灣製造業每月平均薪資才24,495元，假設製造業中的某位生產者此生產 Q_0 產量之最適要素組合點為 e_0，如圖6.11所示。到民國84年第4季製造業每月平均薪資已漲到30,206元，等成本線由 $\overline{AB}$ 變為 $\overline{CD}$，生產 Q_0 產量，則 e_0 點不再是成本最小之要素組合點，因為若利用此要素組合生產，會發現投入太多成本，沒有效率。生產者面臨薪資成本高漲，會趕快調整生產結構，在新的薪資水準下，其所選擇為 e_1 點。比較 e_0 和 e_1 可知，勞動價格上升造成勞動使用量減少 $(L_1<L_0)$，資本使用量增加 $(K_1>K_0)$。

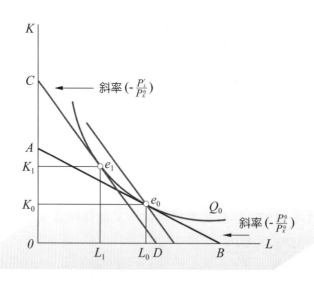

▲ 圖6.11　勞動價格上升對成本極小化要素選擇之影響

其次，由上述例子可知要素價格變動會造成生產過程出現**替代效果**(Effect of substitution)。當要素的相對價格改變時，維持相同產出的廠商傾向於使用較便宜的生產要素代替較昂貴的生產要素。

2. **資本價格變動對生產要素影響**

　　宏碁電腦在台灣和中國大陸兩岸分別設立生產電腦大廠。根據替代原則可知，雖然宏碁電腦公司在兩岸工廠利用相同技術生產（同樣的等產量線圖），但中國大陸人口多，而資本相對稀少，故勞動相對資本價格低，宏碁公司必然會多利用低廉勞動力來生產，最適生產組合點為 b（圖 6.12）；反之，台灣資本較勞動豐富，故資本相對勞動價格低，宏碁公司會採自動化生產，此時最適生產組合點為 a。

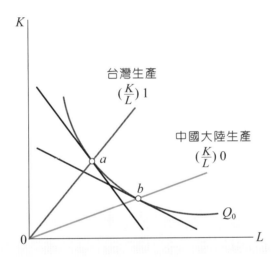

▲ 圖6.12　各國電腦生產方式之選擇

3. **產量變動對生產因素影響**

　　世界最大可樂公司可口可樂在最近一兩年來打入中國大陸市場，而中國是一個很大行銷市場，所以可口可樂公司投入更多的勞動和資本以增加產量，如圖 6.13 所示。此種假設生產技術與要素價格不變，因產量不斷擴張下，生產要素雇用組合改變的效果，稱為**產量效果**(Effect of output)。

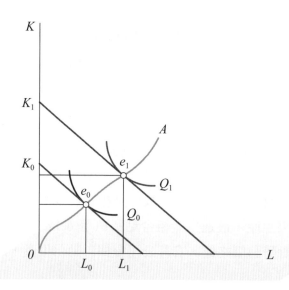

▲ 圖6.13　產量增加對生產因素影響

　　由於要素價格不變，故隨著產量由 Q_0 增至 Q_1，如圖 6.13 所示，等成本曲線也平行外移，將等成本線和等產量曲線的切點 e_0 和 e_1 連成一條曲線 OA，此曲線稱為**擴張線**(Expansion path)。由 OA 曲線可以得知各個產量水準下，生產者的最小成本要素組合。

第四節　生產可能曲線分析

　　在等產量曲線的分析中，為假設兩種生產因素，生產一種產品，由此一分析，可求出生產某一特定產量時的最小成本組合。本節將分析另一可能情況，即假定只有一種生產因素，而可以生產兩種產品，進而由此一分析，求出這兩種產品生產某一特定產量時的最大收益。但在分析之前，我們先認識一個會影響生產可能曲線型態的觀念機會成本(Opportunity cost)。

一、機會成本

　　在現實環境中，可用以滿足個人慾望的金錢和時間都是有限的。如果一個學生想得到較高的分數，希望花較多的時間在準備功課，他必須減少看電視時間。可見一個行為有所「得」必有所「失」。此「失」就是「得」的機會成本。

　　機會成本的定義如下：若將用於該活動的資源作為其他用途時，由其他用途中所能獲得之最高價值。一個簡單例子，一位專科學生可以選擇三間不同速食店（麥當勞、肯德基、摩斯漢堡）打工：同樣打工一小時，其他條件一樣，麥當勞可得70元，肯德基可得60元，摩斯漢堡可得50元。若選擇在肯德基或摩斯漢堡打工，其所放棄的最有價值的工作都是麥當勞的打工，因此機會成本都是70元；選擇在麥當勞打工則只有60元的機會成本。這樣可以看出同學為何不選擇肯德基或摩斯漢堡了！

　　所謂「天下沒有白吃的午餐」，做任何事都會有機會成本。別人請你吃大餐，雖然你不用付任何一塊錢，但是你還是要花時間，並且會欠人家一份人情等，並不全然不用支付任何代價。雖然進監獄有吃、有喝、有住，但是會失去自由，所以你不會看到因為監獄有免費吃住，而有人大排長龍，擠破頭要進監獄。

二、生產可能曲線

　　在有限土地上可種許多農作物，如蔬菜和稻米。將此生產過程用生產函數表示，則為

$$a = f(X, Y) \tag{10}$$

　　式中a表示固定要素投入，X和Y分別表示蔬菜和稻米。此函數和前節敘述生產函數不同，前節函數敘述兩種投入因素和一種產出關係，本節函數則表示一種投入，兩種產出關係，所以經濟學家另提出生產可能曲線來描述，茲敘述如下。

1. 生產可能曲線意義

　　生產可能曲線(Production possibilities curve) 係指一個經濟社會，在一定時間，將其現有固定而可供替代使用的經濟資源，在現行的技術水準之下，作最充分及有效的利用，以生產兩類產品，所能得到兩類產品最大產量的組合軌跡。

　　今舉一例說明，若有位農夫在有限土地上種蔬菜和稻米，其生產可能組合如表6.4所列。我們把表6.4所列舉的5種不同的蔬菜和稻米產出組合，繪在一張圖上，如圖6.14所示。圖中縱軸代表稻米產出，橫軸代表蔬菜產出，所得ABCDE曲線，便是所謂生產可能曲線。

▼ 表6.4　生產可能組合

產品組合	蔬菜	稻米
A	0	20
B	1	19
C	2	17
D	3	13
E	4	0

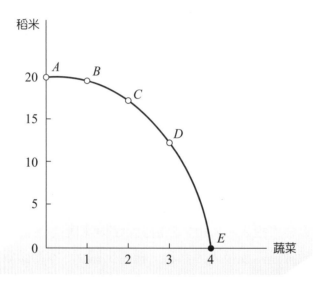

▲ 圖6.14　生產可能曲線

　　圖6.14中一種極端的情況下，如果農民把所有的土地均投入生產稻米，則如圖中A點所示，可生產20單位稻米，但卻無法生產蔬菜。在另一種極端情形下，如圖E點所示，農民把所有的土地投入生產蔬菜，則可生產4單位蔬菜，但卻無法生產稻米；以此類推，例如C點是生產2單位蔬菜和17單位稻米。

　　生產可能曲線除了顯示資源與產出之間的關係外，亦直接反映了機會成本。今用表6.4和圖6.14來說明。當農民想從全部投入生產稻米的土地中，抽調一部分出來生產蔬菜時，稻米產量會減少一些（否則一定是原來的A生產組合未充分利用已有資源技術，違反了生產可能曲線意義）。在表6.4可知，為了生產第1單位疏菜，稻米減產1單位；這1單位的稻米，就是「第1單位」蔬菜的機會成本。依此類推。經濟學家將上述觀念，則利用**邊際轉換率**(Marginal rate of transformation; MRT)來說明。

2. **邊際轉換率**

　　邊際轉換率指在特定的生產要素使用量下，每增加額外一單位的X產量與所必須減少之Y產量的相對比率。數學式為

$$MRT = \frac{\Delta Y}{\Delta X} \tag{11}$$

　　式中△X表示X產量變動幅度，△Y表示Y產量變動幅度。

▼ 表6.5　邊際轉換率

產品組合	X	Y	ΔX	ΔY	−ΔY/ΔX=MRT
A	0	20	–	–	–
B	1	19	1	−1	1
C	2	17	1	−2	2
D	3	13	1	−4	4
E	4	0	1	−13	13

　　沿續表6.4資料，並令X表示蔬菜，Y表示稻米，可計算得MRT資料，如表6.5中最右一欄 $-\frac{\Delta Y}{\Delta X}$。由表中可知當X由0個單位增至1個單位時，MRT=1，此表示多1單位X時，對應於Y減產了1個單位，其餘類推。

　　由表6.5可發現隨著X產量的增加，MRT逐漸遞增，此種現象稱為**邊際轉換率遞增法則**(Law of increasing marginal rate of transformation)。為何會產生此種現象呢？以圖6.14說明：由A點出發，假設我們移出部分最適合種蔬菜的土地來生產稻米，則只需要放棄很少的稻米產量，卻可得很高蔬菜產量，如B點示，稻米產量減少1單位，卻使蔬菜能多生產1單位。

　　如果還想生產更多的蔬菜，則勢必要將生產擴及至比較不適合生產蔬菜的土地上，所以必須要放棄2單位的稻米生產，才能增加1單位的蔬菜生產，如圖中B點至C點所示。依此類推，可知Y產量遞減速度增加，所以邊際轉換率遞增。

　　其次，每增加一單位的蔬菜產量所必須減少的稻米之量，即為獲得此1單位的機會成本，我們由表6.4可知蔬菜的機會成本是隨其產量的增加而遞增。

3. **生產可能曲線的應用**：生產可能曲線可用以分析許多的經濟現象：

a. **反映社會資源的利用狀況**

　　中國大陸物產豐富，人口眾多，即要素秉賦豐富，所以生產可能曲線為bb曲線，如圖6.15中所示。台灣相對中國大陸而言，要素秉賦缺乏，所以生產可能曲線為aa曲線，亦如圖6.15中所示。在對岸大陸因共產制度，使社會資源未獲得有效利用，則生產組合點若圖中A點，此時有大量失業人口。

　　台灣地區雖然缺乏資源，生產可能曲線aa位在中國大陸生產可能曲線bb的左方，但是台灣有限的資源都已在充分就業狀況，所以生產點落在aa曲線上的B點，表現較大陸佳。

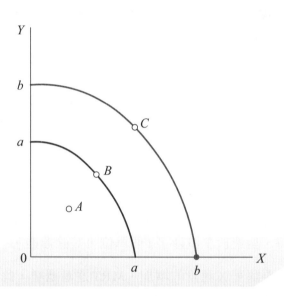

▲ 圖6.15　生產可能曲線與資源利用

　　但是，中國大陸長期發展在其資源秉賦條件優勢下，再改變其生產效率，則其生產點由A點向C點移動，則會對台灣構成競爭威脅。而台灣在此競爭威脅下，唯有生產技術水準提高，使生產可能曲線不斷外移，才可擺脫中國大陸的競爭威脅。

b. **反應生產技術進步**

　　國內電腦業的龍頭廠商宏碁電腦在民國86年1月24日宣布，將購併德州儀器(TI)的筆記型電腦事業群。

假設購併前，宏碁筆記型電腦生產可能曲線為aa，如圖6.16所示。購併後，宏碁取得德州儀器許多研發、行銷、支援等人才，以及德儀的企業客戶群與行銷通路。因此，這購併行為將顯著提升宏碁集團在全球電腦界的形象與銷售量。此時宏碁筆記型電腦生產可能曲線則由aa升至bb。

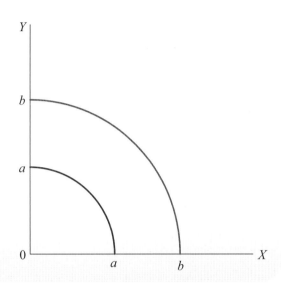

▲ 圖6.16　生產技術進步與生產可能曲線

宏碁的購併行動提升我國資訊業在全球的形象。在國內由於大部分筆記型電腦業者都是替美、日大廠代工生產，所以從某個角度來說，國內各廠會因此購併行為，競爭會更加激烈。

三、等收益線

農民利用有限土地生產稻米和蔬菜，何種生產組合可使農民收益最大呢？為了解決此一問題，經濟學家提出了**等收益線**(Iso-revenue line)觀念。

1. 等收益線

假設生產者面對X和Y兩種財貨，其價格固定為P_X和P_Y。根據以上固定的市場價格，決定了一定的銷售量，此生產者所能獲得的總收益，以公式表示之，此生產者的總收益函數為

$$R = P_X X + P_Y Y \tag{12}$$

式中R表示銷售X和Y所得總收益。以表6.4為例子，假設蔬菜(X)每單位價格(P_X)為$4，稻米(Y)每單位價格($P_Y$)為2，且總收益(R)為20，則總收益函數為4X+2Y=20。

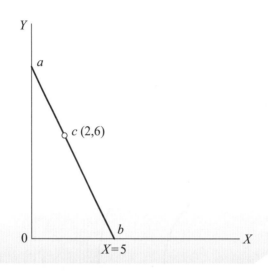

▲ 圖6.17　等收益線

生產者能銷售不同稻米和蔬菜組合，滿足R=20，連接這些組合點可得到一條直線，稱**等收益線**，如圖6.17所示。

圖中a點表示生產者在R=20目標下，採取全部銷售稻米；b點則為全部銷售蔬菜；一般而言，生產者蔬菜和稻米均會銷售，所以組合點會落在線段ab之間，如c點銷售2單位蔬菜和6單位稻米。至於等收益線的斜率為$-P_X/P_Y$，表示多銷售1單位X，Y所必須減少銷售數量P_X/P_Y單位，以蔬菜和米的例子可知，其斜率為-2表示多銷售1單位蔬菜，必須減少銷售2單位稻米。

2. 等收益線平行移動

如圖6.18所示，若蔬菜和稻米的價格不變，總收益由20增至40時，會使等收益線平行外移；反之，總收益由20降至10時，會使等收益線平行內移。

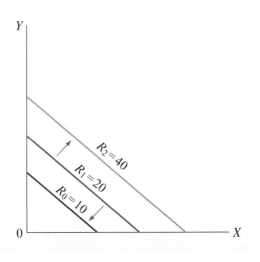

▲ 圖6.18　等收益線移動

四、最適生產組合點

　　綜合生產可能曲線與等收益線，可以找到生產者得到最大收益目標，應分別生產多少單位的X財和Y財。如圖6.19所示，在蔬菜(X)和稻米(Y)的市場價格固定下，有三條不同等收益線 R_0, R_1 和 R_2。在現有的生產狀況之下（生產可能曲線pp曲線內），無法達到 R_1 的收益水準，而 R_2 的收益水準生產者雖能夠達成，但此收益水準不是最大。因此只有生產可能曲線與等收益線 R_0 相切於 e_0，生產者會得到最大收益，此時農民會生產3單位蔬菜和4單位稻米。

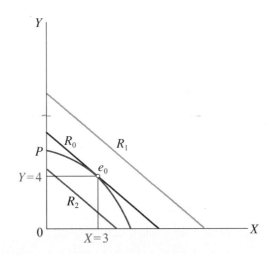

▲ 圖6.19　最適生產組合點

其次，因生產可能曲線和等收益線相切，故生產可能曲線的斜率MRT等於等收益線斜率，即：

$$MRT = -P_X / P_Y \qquad (13)$$

五、生產可能曲線與供給線

如圖6.20所示，假設生產者最適生產組合點為 e_0，若X產品的價格上升，由 P^0_X 升至 P^1_X，則等收益線將由 $\overline{ab}$ 移至 $\overline{cd}$，X產品的產量由 X_0 增至 X_1。

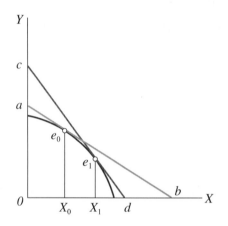

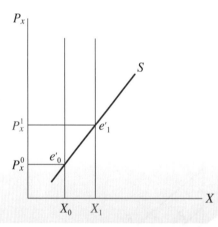

▲ 圖6.20 生產可能曲線與供給線

價格和產量之間正向的變動就可給我們一條有正斜率的供給線，即將價格 P_X 和相應的最適X數量畫在對應圖上，我們就可以得到供給線。

此種推導過程隱含兩點重要意義：1.供給線上任一點均是生產者最適生產組合點；2.生產的機會成本越高，財貨的供給價格越高。

歷屆試題 Exercise

一、選擇題

( ) 1. 右圖中的曲線為生產可能曲線，下列何者會使得此
生產可能曲線向外移動？ (A) 財貨價格上漲　(B) 所
得增加　(C) 效用提高　(D) 生產技術進步。
（97 四技二專）

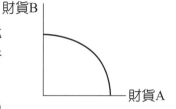

( ) 2. 下列何者是「邊際報酬遞減法則」的正確描述？　(A) 總產量曲線的斜率最終
會呈現遞增　(B) 總產量曲線的斜率最終會呈現遞減　(C) 隨著要素投入的增加，
總產量呈現遞減　(D) 隨著要素投入的增加，總產量呈現遞增。　　（96 二技）

( ) 3. 若其他條件不變下，某一廠商的長期生產過程中，出現每一種生產要素投入
量都增加 2 倍，而產量只增加 0.5 倍時，此種產量增加比例小於所有生產要
素增加比例的生產關係，稱為：(A) 規模報酬遞減　(B) 邊際替代率遞減　(C)
邊際效用遞減　(D) 邊際報酬遞減。　　　　　　　　　　（96 四技二專）

( ) 4. 位於生產可能曲線內部的點代表 (A) 這個社會有淨的儲蓄　(B) 這個社會有浪
費，無效率　(C) 這個社會沒有技術進步　(D) 生產要素短缺。（97 四技二專）

( ) 5. 其他條件不變下，廠商增加一單位生產要素使用量時，其使廠商總收入增加
的部分，稱為：(A) 邊際產量　(B) 平均生產收益　(C) 平均產值　(D) 邊際生
產收益。　　　　　　　　　　　　　　　　　　　　　　（97 四技二專）

( ) 6. 老王每小時可生產 8 個 X 產品或 2 個 Y 產品，老林每小時可生產 3 個 X 產品
或 1 個 Y 產品，則：　(A) 老王在生產 X 和 Y 上都具有比較優勢　(B) 老王
在生產 Y 上具有比較優勢　(C) 老林在生產 X 上具有比較優勢　(D) 老王在生
產 X 上具有比較優勢。　　　　　　　　　　　　　　　　（97 四技二專）

( ) 7. 生產理論中所謂的「長期」係指：(A) 所有的生產投入都不能變動　(B) 有一
部分的生產投入不能變動　(C) 所有的生產投入都能變動　(D) 係以時間之長
短來劃分，5 年以上稱為長期。　　　　　　　　　　　（97 身心障礙甄試）

( ) 8. 在生產可能曲線上，為了增加 5 單位 X 財貨的生產，就必須減少生產 Y 財貨
20 單位，則其邊際轉換率為： (A) 1/20 (B) 20 (C) 1/4 (D) 4。

（98 身心障礙甄試）

( ) 9. 已知生產函數 $Y = 2 L^{0.5} K$，若將 K 與 L 用量皆增加為 4 倍，則產量增加為多
少倍？（Y 為產量，L 為勞動力，K 為資本） (A) 8 (B) 5 (C) 4 (D) 2。

（100 二技）

( ) 10. 等產量曲線的斜率，稱為： (A) 邊際技術替代率 (B) 邊際替代率 (C) 邊
際產出率 (D) 邊際轉換率。 （100 二技）

( ) 11. MP 為邊際產量，AP 為平均產量，當 AP 在遞增時，下列何者正確？ (A) AP
大於 MP (B) AP 小於 MP (C) AP 等於 MP (D) 不一定。 （97 身心障礙甄）

( ) 12. 若 MP 為邊際產量，AP 為平均產量，下列有關短期生產函數的敘述，何者錯
誤？

(A) 當 AP 開始遞減時，總產量才開始遞減

(B) 當 MP<AP 時，AP 為遞減

(C) 當 MP 為零時，總產量達到最大

(D) 當 MP=AP 時，AP 達到最大值 （104 四技二專）

( ) 13. 以下有關生產三階段之第二階段的敘述何者為真？

(A) 平均產量大於邊際產量，且邊際產量小於零

(B) 平均產量小於邊際產量，且總產量大於零

(C) 平均產量大於邊際產量，且邊際產量大於零

(D) 平均產量小於邊際產量，且平均產量小於零 （103 四技二專）

( ) 14. 在生產可能曲線上，每增加 1 單位 X 的生產，所必須減少生產 Y 的數量逐漸
增加。此種現象稱為？ (A) 機會成本遞增 (B) 機會成本遞減 (C) 社會福
利極大 (D) 邊際效用遞減。 （100 四技二專）

( ) 15. 下列敘述何者正確？ (A) 生產函數表示在已知勞動數量下，廠商生產之最少
產量 (B) 一位勞工可生產 5 張椅子，而生產 10 張椅子時則須雇用 3 位以上
勞工，此乃邊際報酬遞減現象 (C) 如果廠商之經濟利潤為零，則表示該廠商
應退出該產業 (D) 廠商在長期可以變動所有生產因素，但卻無法改變其生產
因素之組合。 （100 四技二專）

( ) 16. 已知生產過程僅使用三種生產因素 A、B 及 C。廠商公布生產技術為 10 單位 A、20 單位 B 和 30 單位 C 可生產 100 個 X；而 10 單位 A、22 單位 B 與 30 單位 C 可生產 120 個 X，請問生產因素 B 的邊際產出為？ (A) 20 (B) 2 (C) 10 (D) 15。 **(100 四技二專)**

( ) 17. 如果廠商之生產函數為固定比率時，則會發生何種情況？ (A) 規模遞減 (B) 規模遞增 (C) 規模變動 (D) 規模固定。 **(90 二技)**

( ) 18. 以下哪一個生產函數具有規模報酬遞增之特性 (A)$Q=K^{1/2}L^{1/2}$ (B)$Q=K^{1/2}L^{2/3}$ (C)$Q=K^{1/2}L^{1/3}$ (D)$Q=K/L$。 **(90 二技)**

( ) 19. 生產某個物品的機會成本，是指： (A) 它所投入之每一項資源所有其他用途之價值加總 (B) 它所投入之每一項資源所有其他用途中價值最高者的加總 (C) 它所投入之每一項資源市價的加總 (D) 此一物品的市價。 **(91 二技)**

( ) 20. 下列想法，何者符合經濟觀念？ (A) 如果沒有邊際生產力遞減現象，則我們可以在一個農場裡種出全世界人口所需的糧食 (B) 既然已經花了錢買了經濟學教科書，我就非把它唸完不可 (C) 某公司觀點：自己擁有房子的員工不能領房屋津貼，因為他不必付房租 (D) 私立學校學費越來越貴，我們應多辦公立學校，以造福社會。 **(91 二技)**

( ) 21. 考慮一個的生產函數：$Y=\sqrt{K}\sqrt{N}$，其中，Y= 產出，K= 資本，N= 勞動。如果 N 與 K 兩者皆增加 3%，則下列敘述何者為真？ (A)Y 增加剛好為 3%，$\frac{Y}{N}$ 增加剛好為 3% (B)Y 增加剛好為 3%，不會改變 (C)Y 增加大於 3%，$\frac{Y}{N}$ 增加剛好為 3% (D)Y 增加大於 3%，不會改變。 **(91 二技)**

( ) 22. 假設一經濟社會的總生產函數為：$Y=K^{0.3}L^{0.7}$，其中，Y= 產出，K= 資本投入，L= 勞動投入，試問這個生產函數是何種型態的規模報酬函數？ (A) 固定 (B) 遞增 (C) 遞減 (D) 先遞增後遞減。 **(91 二技)**

( ) 23. 下圖顯示某國家使用的所有生產因素生產兩種產品（X 與 Y）的生產可能曲線，下列敘述何者正確？

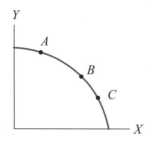

(A) 資源使用效率：A ＞ B ＞ C；多生產一單位 Y 的機會成本：A ＜ B ＜ C
(B) 資源使用效率：A ＝ B ＝ C；多生產一單位 Y 的機會成本：A ＜ B ＜ C
(C) 資源使用效率：A ＝ B ＝ C；多生產一單位 Y 的機會成本：A ＞ B ＞ C
(D) 資源使用效率：A ＜ B ＜ C；多生產一單位 Y 的機會成本：A ＞ B ＞ C

（93 四技二專）

( ) 24. 有關總產量 (TP)、平均產量 (AP)、邊際產量 (MP) 三者的關係，下列敘述何者錯誤？　(A) 當 MP ＝ 0 時，TP 最大　(B) 當 AP ＞ MP 時，AP 是遞減的　(C) 當 MP 上升時，AP ＜ MP　(D) 當 MP 下降時，AP ＞ MP。（93 四技二專）

( ) 25. 若在一條等產量曲線 (Isoquant) 上，由一點移動至另一點，則下列敘述，何者是不可能的？　(A) 產出水準變動　(B) 生產要素組合變動　(C) 生產要素的邊際生產量變動　(D) 技術替代率變動。　　　　　　　　　　（93 二技）

( ) 26. 某一廠商使用 X_1、X_2 兩生產要素，其生產函數為 $f(X_1,X_2)=(X_1^b+X_2^b)c$，其中，b 和 c 都是正數。則下列對該生產函數的敘述中，何者正確？　(A) 當 bc 大於 1 時，生產屬於規模報酬遞增　(B) 當 2b+c 大於 1 時，生產屬於規模報酬遞增　(C) 當 b+c 大於 1 時，生產屬於規模報酬遞增　(D) 當 c 等於 1 時，生產屬於規模報酬不變。　　　　　　　　　　　　　　　　　（93 二技）

( ) 27. 廠商甲使用三種固定生產要素與一種變動生產要素進行生產。在商品市場與要素市場，廠商甲都是價格接受者。假設甲的短期生產函數為：$Q = 305X - 2X^2$，其中 X 是變動生產要素的使用量，Q 是產出水準。若商品的單價為 2 元，變動生產要素的價格為 10 元，則廠商甲應使用多少單位的變動生產要素？
(A)21 單位　(B)37 單位　(C)55 單位　(D)75 單位。　　　　　　（93 二技）

（　）28. 若某廠商的邊際成本曲線為 MC = 6Y，其中 Y 為產出水準，則產出水準為 10 單位時的總變動成本為：　(A)300 元　(B)260 元　(C)240 元　(D)200 元。

（93 二技）

（　）29. 某廠商以勞動 (L) 及資本 (K) 生產物品，投入與產出 (Q) 的關係為 Q = 5K + 20L，則下列敘述何者為真？　(A) 邊際技術替代率遞增　(B) 邊際技術替代率遞減　(C) 等產量線為直線　(D) 等產量線為 L 型曲線。

（　）30. 假定使用兩生產要素 L 與 K 的生產函數為 f (L,K) = $4L^{1/2}K^{1/3}$，則生產函數的規模報酬呈現：　(A) 遞減　(B) 遞增　(C) 不變動　(D) 無法確定。

（94 二技）

（　）31. 假定使用兩生產要素 L 與 K 的生產函數為 f(L,K)=L+K。當 L 的價格為 3，K 的價格為 2，而產出水準為 5 時，其最適生產成本為：　(A)6　(B)10　(C)15　(D)30。
（94 二技）

（　）32. 在短期間發生邊際報酬遞減現象，是因為：　(A) 所有生產因素均可變動　(B) 技術經常改變　(C) 有些生產因素固定　(D) 所有生產因素均固定。

二、問答題

1. 回答下列各題：

   a. 假設麥當勞店內每位勞工的漢堡平均產量最近幾天一直越來越高，這是否代表勞工越來越勤奮工作呢？還是漢堡店的管理越來越有效率呢？還是會有其他原因？

   b. 假設麥當勞內新雇員工的邊際產量是負值，身為店長的你該如何處置？

2. 若某廠商的生產函數為 Q=$4L^{1/2}K^{1/2}$，而每年固定接獲訂單Q=400，已知PL=10,PK=10，則該廠商應該使用多少K和L？

3. 試申述產品生產三階段，並說明合理的生產階段之決定理論為何？在說明產品生產彈性與生產三階段之間的關係為何？　　（96高雄第一科大企管所乙組）

4. 假定乖乖國的總生產函數 $Y = AK^{0.4}L^{0.6}$，Y是總產出水準，K是資本投入，L是勞動投入。若 $K/Y = 4$，經濟成長率是 0.03，折舊率勢 0.04，人口增加率是 0.01，資本以其邊際生產量計算報酬。試求：

(1) 資本的邊際生產量MPK為多少？

(2) 若該國經濟已經達到長期定態(A Steady State)，則其儲蓄率s為多少？

(3) 該國為追求平均每人消費極大化目標，則資本的邊際生產量MPK為多少？此時其儲蓄率s為多少？　　　　　　　　　　　　　（101東吳企管碩士）

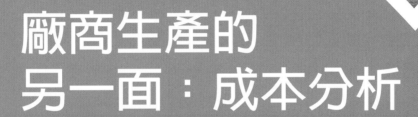

CH 07

廠商生產的
另一面：成本分析

第一節　短期成本

第二節　長期成本

歷屆試題

ECONOMICS

所謂「偷雞不著蝕把米」，要生產也必須要支付代價，而生產的代價即**成本**(Cost)。成本與生產是一體的兩面，生產是描述投入生產要素和產出之間的關係，成本只不過把上述關係轉換成投入成本和產出的關係，所以本章討論架構承續上章，分為短期成本和長期成本。其次，介紹規模報酬和規模經濟來探討成本和產量關係。

在暑假中，小歆泡沫紅茶店的生意非常好。如果你是此泡沫紅茶店的店長，你打算多雇用多少同學來幫忙呢？在作決策前，你必須仔細觀察一下，先找出多少顧客上門必須要雇用多少工讀同學；這就上章所說的生產函數。但是你會發現將生產資料轉換成以金額表示的成本數字，才更容易作決策，一般而言，生產與成本是廠商作經營決策的基礎，而本章要討論的是生產的另一面：成本結構。

第一節 短期成本

小歆泡沫紅茶店為了應付更多的顧客，而租更大的店面，以及雇用更多的工讀的同學。可見小歆泡沫紅茶店支付店面租金的固定支出提高了，且支付變動要素勞動的工資也會提高；學校為了招收更多的學生就讀，須購買更廣大的校地，和聘用更多的老師，所以學校固定成本和變動成本均會提高。

我們可由短期生產的固定要素和變動要素而引申出總固定成本和總變動成本，且可進一步衍生出其他相關的短期成本觀念。茲整理如下：

成本(c)含：
$$\begin{cases} 1.\ 總變動成本(TVC) \to 平均變動成本(AVC) \\ 2.\ 總固定成本(TFC) \to 平均固定成本(AFC) \\ 3.\ 總成本(TC) \to 邊際成本(MC) \end{cases}\left.\begin{array}{c}\\\\\end{array}\right\}平均成本(AC)$$

計算公式：$TC = TVC + TFC$

$$AC = AVC + AFC = \frac{TC}{Q} = \frac{TVC}{Q} = \frac{TFC}{Q}$$

$$MC = \frac{\Delta TC}{\Delta Q}$$

本節將對上述觀念逐一討論。

一、短期總成本

1. 總變動成本(*TVC*)→隨產量變動而變動之成本。例：水電費、勞工、原料。
2. 總固定成本(*TFC*)→不隨產量變動而變動之成本。例：利息、店租等。
3. 總成本(*TC*)→ *TC* = *TFC* + *TVC*

由前述小歇泡沫紅茶店例子可知，短期成本的計算必須分兩部分來考慮，因為在短期裡的生產要素有一部分是變動要素，是可以隨時變動以改變產量，例如小歇泡沫紅茶店員工增加，則泡沫紅茶的產量增加，所以員工為變動要素；另一部分則是固定要素，是無法在短期內加以調整，例如小歇泡沫紅茶店營業店面面積在短期不易調整，故為固定要素。支付那些短期無法調整的固定要素之成本，如小歇泡沫紅茶店支付營業面積成本，稱為**總固定成本**(Total fixed cost；TFC)；而支付給那些短期可以隨產量變動的要素之成本，稱為**總變動成本**(Total variable cost；TVC)，如小歇泡沫紅茶店支付員工的薪資的成本。

在短期生產期間內，支付小歇泡沫紅茶店營業面積成本是固定，不隨泡沫紅茶產量增減而變，即TFC不隨產量變動而變，圖形如圖7.1所示。

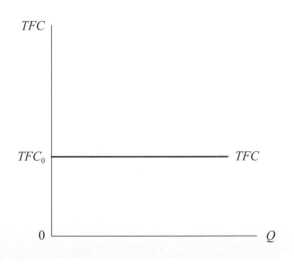

▲ 圖7.1　總固定成本

另一方面，小歇泡沫紅茶店支付員工薪資的成本則會隨著業績增減而變化，也就說TVC會隨著產量的變化而增減。TVC隨產量(Q)增加而增加，在轉折點A點以前呈遞減式的增加，A點之後則呈遞增式增加，圖形則如下所示：

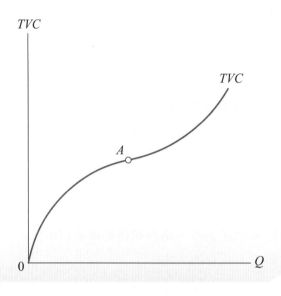

▲ 圖7.2　總變動成本

由以上敘述可知，廠商生產某特定產量的**總成本**(Total cost; TC)，即成為TC=TFC+TVC，圖形則如圖7.3所示：

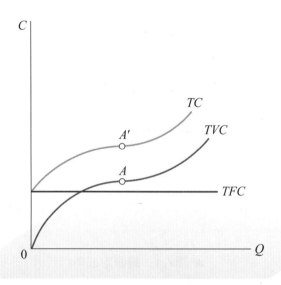

▲ 圖7.3　總成本

二、短期平均成本

由總成本可進一步計算**平均成本**(Average cost；AC)。平均成本包括**平均固定成本**(Average fixed cost；AFC)與**平均變動成本**(Average variable cost; AVC)，平均固定成本是指平均每一單位產品負擔的固定成本數額，其數學式為

$$AFC = \frac{TFC}{Q} \tag{1}$$

以前述小歇泡沫紅茶店為例，假設小歇泡沫紅茶店產量為泡沫紅茶，總固定成本為買下店面成本，則平均固定成本AFC=買下店面成本／泡沫紅茶產量。由小歇泡沫紅茶店例子可知，泡沫紅茶產量越大，AFC越小，故可說AFC隨著產量增加而遞減，圖形如圖7.4所示。

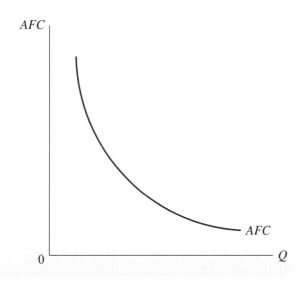

▲ 圖7.4　平均固定成本

其次，平均變動成本是指每一單位產品所負擔的變動成本數額，亦即：

$$AFC = \frac{TVC}{Q} \tag{2}$$

從小歇泡沫紅茶店例子來說，假設總變動成本為支付員工薪資，則平均變動成本AVC=支付員工薪資／泡沫紅茶產量。由小歇的AVC公式可知，泡沫紅茶開始生產時，因生產效率提高（報酬遞增），所以泡沫紅茶增加速度大於員工薪資上升，即AVC逐漸下降。當泡沫紅茶產量很多時，必然會使生產效率降低（報酬遞減），所以

員工薪資上升幅度遠大於泡沫紅茶增加速度，也就是說AVC逐漸上升。故可說AVC呈一〝U〞字形曲線，圖形如圖7.5所示。

我們說過平均成本包括平均變動成本和平均固定成本，所以平均成本係指平均每一單位產量所必須負擔的總成本，數學式可表示成為：

$$AC = \frac{TC}{Q} = \frac{TFC+TVC}{Q} = \frac{TFC}{Q} + \frac{TVC}{Q} = AFC + AVC \tag{3}$$

圖形如圖7.6所示。

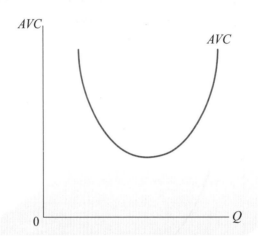

▲ 圖7.5　平均變動成本

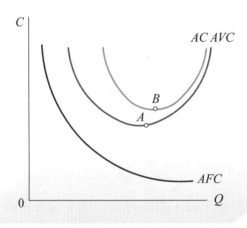

▲ 圖7.6　平均成本

三、短期邊際成本

邊際成本(Marginal cost; MC)係指每增加一個單位產量時，總成本增加幅度，

亦即：
$$MC = \frac{\Delta TC}{\Delta Q} \tag{4}$$

式中△TC為TC變動幅度，△Q為產量變動幅度。以小歆泡沫紅茶店而言，MC=經營總成本變動幅度／泡沫紅茶產量變動幅度。由MC公式可知，開始生產泡沫紅茶時，如同前面所述，員工技術逐漸熟練，機器逐漸產生效率，所以泡沫紅茶產量增加速度大於成本增加速度，即MC在遞減。當人員很多時，雖然產量增加，但此刻需要投入更多成本，才能維持公司運作，所以泡沫紅茶產量增加速度小於成本增加速度，即MC在遞增。由上述可知，MC將會成為U字形曲線，如圖7.7所示。

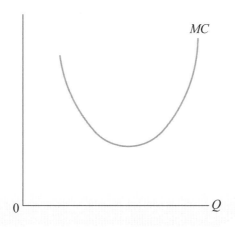

▲ 圖7.7　邊際成本

四、短期各種成本的關係

為了便於進一步瞭解上述相關成本概念的內涵。茲以圖表列示如下：

▼ 表7.1　成本結構

Q (1)	TFC (2)	TVC (3)	TC=TFC+TVC (4) = (2) + (3)	$AFC=\frac{TFC}{Q}$ (5) = $\frac{(2)}{(1)}$	$AVC=\frac{TVC}{Q}$ (6) = $\frac{(3)}{(1)}$	AC=AFC+AVC (7) = (5) + (6)	MC
0	10	0	10	–	–	–	–
6	10	6	16	$\frac{10}{6}$	$\frac{6}{6}$	$\frac{16}{6}$	1
16	10	12	22	$\frac{10}{16}$	$\frac{12}{16}$	$\frac{22}{16}$	$\frac{6}{10}$
25	10	18	28	$\frac{10}{25}$	$\frac{18}{25}$	$\frac{28}{25}$	$\frac{6}{9}$
37	10	24	34	$\frac{10}{37}$	$\frac{24}{37}$	$\frac{34}{37}$	$\frac{6}{12}$

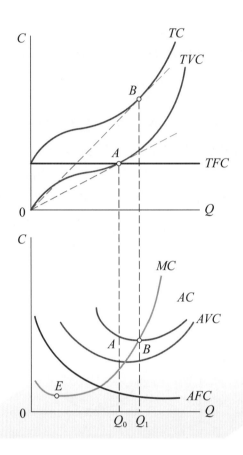

▲ 圖7.8　總成本、平均成本及邊際成本的關係

　　瞭解各種成本關係後，我們進一步根據各種成本的定義及各種曲線的位置，如圖7.8所示，可得知彼此間具有下列關係：

1. 平均固定成本曲線是一條向兩軸漸近的曲線，亦是平均成本曲線與平均變動成本曲線的垂直距離。

2. 平均變動成本、平均成本及邊際成本曲線，均呈 "U" 字型曲線，表示隨著產量增加先下降而後上升。

3. 當邊際成本小於平均成本或平均變動成本時，平均成本與平均變動成本會遞減；當邊際成本大於平均成本或平均變動成本時，平均成本與平均變動成本會遞增。由於平均成本與平均變動成本均呈 U 字型，因此邊際成本必分別通過平均成本和平均變動成本兩線的最低點。

五、生產函數與成本函數的對偶性 (Duality)

　　當小歡泡沫紅茶店投入更多的人力、機器和原料等時，小歡的泡沫紅茶產量越大，即成本投入越大，則產量會更多，可見生產過程中生產和成本是一體兩面，同時當要素的生產力越高，則成本越低，反之，當生產力越低，成本越高。因此在此我們將說明 AP_L 線，MP_L 線與 AVC 線、MC 線的關係。

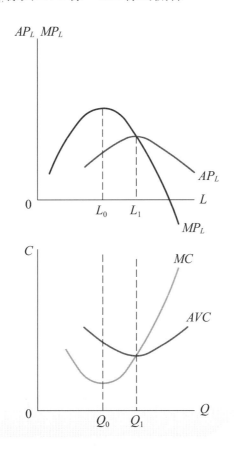

▲ 圖7.9　AP_L、MP_L 與AVC、MC關係

　　在第6章中，我們假設生產過程中，只投入變動要素勞動，所以 $TVC = P_L \cdot L$，式 P_L 表示勞動每單位價格，L表示勞動人數。首先，我們先討論MC及 MP_L 關係，即

$$MC = \frac{\Delta TC}{\Delta Q} = \frac{\Delta TVC}{\Delta Q} = \frac{P_L \cdot \Delta L}{\Delta Q}$$

$$= P_L \cdot \frac{1}{\frac{\Delta Q}{\Delta L}} = P_L \cdot \frac{1}{MP_L} \tag{5}$$

由上式可知，MP_L 在遞增（勞動的報酬遞增），而 MC 在遞減；MP_L 在遞減（勞動的報酬遞減），而 MC 在遞增，以及 MP_L 線最高點對應 MC 線之最低點，如圖 7.9 所示。

$$AVC = \frac{TVC}{Q} = \frac{P_L \cdot L}{Q} = PL \cdot \frac{1}{Q/L} = \frac{P_L}{AP_L} \tag{6}$$

由上式可知，AP_L 在遞增時，AVC 在遞減；AP_L 在遞減，而 AVC 則在遞增，以及 AP_L 線最高點對應 AVC 線之最低點，如圖 7.9 所示。

第二節 長期成本

在長期廠商所有要素為變動要素，而無固定要素，以洗車廠為例，在長期洗車廠有足夠的時間變更其生產設備。它可以是全新的投資開張，或成立連鎖店或將小廠擴充為大廠，或將機器賣掉和人員裁減縮編成小廠，甚至關門。換言之，廠商所使用的各項資源以及對應的各項成本，在長期中都是可變的，因此沒有如短期中的固定成本。

一、長期成本結構

在此我們延續在第 6 章中已介紹過洗車廠例子，得知洗車廠每天使用 4 小時機器和 4 小時人工，為清洗 40 輛汽車的最低成本，如圖 7.10 中 a 點所示，此時總成本為 \$120。假設每天清洗汽車由 40 輛增至 60 輛時，最低成本為 \$260，即投入 10 小時機器和 8 小時人工；若每天清洗汽車增至 90 輛時，則須投入 10 小時人工和 13 小時機器，才會達到最小成本 \$330，如圖 7.10 中所示。

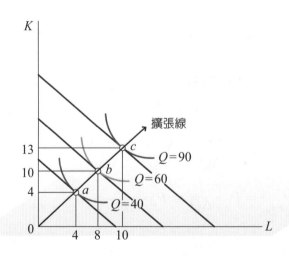

▲ 圖7.10 成本最小要素組合

　　將上述生產狀況整理成表7.2，可知成本極小化下要素組合暨其所對應之總成本。將表中總產量和總成本之間關係繪出，如圖7.11所示。

　　圖中曲線稱為**長期總成本**(Long run total cost; LTC)曲線。因此長期總成本顯示在不同產量下，最低總成本的組合。

　　其次，**長期平均成本**(Long run average cost; LAC)曲線會隨著產量增加而先遞減，而後遞增，形成U字形曲線。因為清洗汽車的輛數增加，則人員技術熟練，以及機器運轉效率提高，所以只要投入少許成本，清洗汽車輛數會大增，故LAC會遞減。若洗車廠規模太大，產量很多時，需要投入許多成本，才能維持廠房運作，即生產沒有效率，所以LAC會遞增。由上述生產過程中，可知LAC曲線會成〝U〞字形，如圖7.12所示。

▼ 表7.2　最低成本要素組合及其對應總成本

每天清洗汽車輛數 (Q)	每天使用人工時間 (L)	每天使用機器時間 (K)	總成本 (LTC)
40	4	4	120
60	8	10	260
90	10	13	330

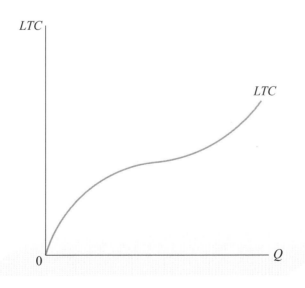

▲ 圖7.11　長期總成本曲線

最後，讓我們認識**長期邊際成本**(Long run marginal cost; LMC)曲線。如同前段所述，清洗汽車輛數開始增加時，由於生產過程效率逐漸提高，所以清洗車輛增加幅度會大於成本增加幅度，即LMC在遞減。當清洗汽車過多時，要維持洗車廠，則須投入大量成本，所以此時成本增加幅度必大於清洗車輛增加幅度，即LMC在遞增。由此可得LMC將會是一條U字形曲線，如圖7.12所示。由於LAC大於LMC時，LAC在遞減；當LAC小於LMC時，LAC在遞增，以及LAC呈U字形，所以LMC必然通過LAC最低點。

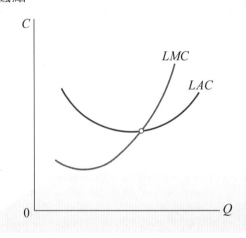

▲ 圖7.12　長期平均成本與長期邊際成本

二、長期成本和短期成本的關係

在短期中，洗車廠只能增加人員，不能擴充機器設備；在長期中，則廠商沒有任何限制可以變更所有人員和設備，可見長期包括短期。

因此我們在此將討論長期成本和短期成本關係。

1. 長期平均成本和短期平均成本關係

假設洗車廠有三種規模可以選擇，分別為每天使用4小時機器時間洗車的小規模(k_1)，每天使用10小時機器時間洗車的中規模(k_2)，以及每天使用13小時機器時間的大規模(k_3)，對應的短期成本線為AC_1、AC_2與AC_3，如圖7.13所示。若洗車廠決定每天只清洗Q_a輛的汽車，他至少有兩個規模可作選擇：小規模(k_1)和中規模(k_2)。從圖7.13可以看出用小規模(k_1)時，其平均成本為$\overline{aQ_a}$，小於用中規模(k_2)的平均成本$\overline{bQ_a}$，所以廠商會選擇小規模(k_1)來清洗Q_a輛的汽車，同理可推得，清洗輛數小於Q_A時，廠商都會選擇小規模(k_1)生產。

生產過程中，規模不是越大越好嗎？其實不然。由洗車廠例子可知，讓機器過度運轉，造成清洗一輛車的成本大增，沒有效率可言。台東火車站中的規模一定比台北火車站小，因為若規模一樣大，則服務進出車站少許客人時，每一位客人的服務成本會大增，非常不划算。在小鎮為何不蓋一間大型電影院呢？因為提供一位觀眾看電影成本太高了，無利潤可言。由上述例子，可知小產量要利用小規模來生產。

如果洗車廠每天清洗車輛數增為 Q_b，則三種規模均可完成此生產目標，但是小規模所對應的平均成本為 $\overline{dQ_b}$，中規模所對應的平均成本為 $\overline{cQ_b}$，大規模所對應的平均成本為 $\overline{eQ_b}$，以中規模的 $\overline{cQ_b}$ 最低，故廠商會選中規模生產 Q_b。如圖7.13所示。

由洗車廠例子可知，產量擴大，但廠商規模沒有擴大，則會產生沒有效率經營。此外台灣外銷產品也是一典型例子，廠商深知台灣居淺碟型經濟市場規模太小，生產成本過高，如果能擴展海外市場，則可擴大市場規模，採用較大的生產規模來降低生產成本。

如此，就每個產量選擇最低成本的規模，其結果當使圖7.13之粗實線成為成本最低的平均成本線，也就是長期平均成本線了。當短期生產規模可無限細分時，則可得出一平滑長期平均成本曲線，見圖7.14。在該曲線上，每一產量僅有一條AC與LAC相切，所以稱LAC是AC的**包絡線**(Envelope curve)。由此亦可知，長期廠商選擇一個生產成本最低生產規模，目的是提高競爭力。

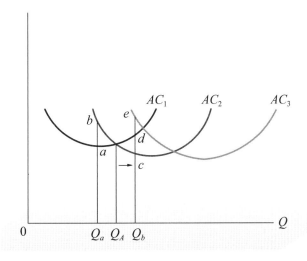

▲ 圖7.13 從短期平均成本線找適當的生產規模

　　此外由圖7.14可知，LAC在遞減時，AC也在遞減；LAC在遞增時，AC也在遞增；當LAC最小時，AC也為最小值。所以LAC達最低點時，為廠商最適規模。

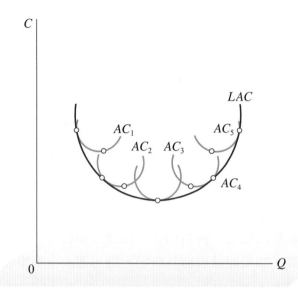

▲ 圖7.14　短期平均成本與長期平均成本

2. 長期邊際成本和短期邊際成本

　　如圖7.15所示，延續前面假設洗車廠有三個生產規模。當洗車廠估計其一天清洗汽車的數量小於$\overline{OQ_a}$時，洗車廠會選AC_1生產，而其所對應的短期邊際成本為MC_1的$\overline{hi}$段，此$\overline{hi}$段即為組成LMC的一部分；當產量介於$\overline{OQ_a}$至$\overline{OQ_b}$時，洗車廠會選AC_2生產，其對應的短期邊際成本為MC_2的$\overline{jk}$段，此$\overline{jk}$亦是組成LMC的一部分；當產量大於$\overline{OQ_b}$時，同理可推得短期邊際成本為MC_3的$\overline{lm}$，此$\overline{lm}$線段亦是LMC的一部分。因此，當生產規模很少時，LMC是由$\overline{hi}$、$\overline{jk}$和$\overline{lm}$線段所組成，是一不連續曲線。亦可知LMC不是MC的包絡線。

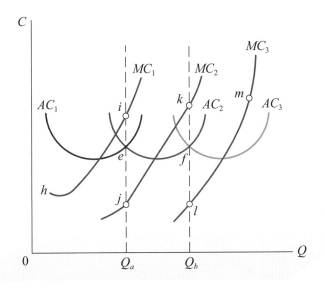

▲ 圖7.15　從適當生產規模找對應的短期邊際成本

當有無限可供選擇的生產規模時，有許多短期邊際成本組成平滑的長期邊際成本曲線，如圖7.16所示。

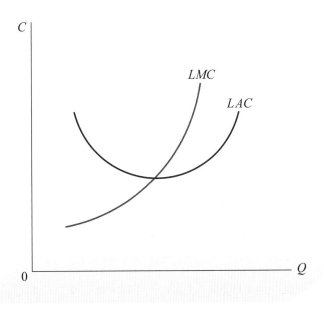

▲ 圖7.16　長期邊際成本

三、規模報酬

長期的生產函數是 Q=f(L,K)；如果產量 Q 增加的百分比和同時增加所有要素的百分比一樣時，就代表生產技術具有**規模報酬不變**(constant returns to scale)。若產量增加的百分比大於所有要素增加的百分比，則表示生產技術具有規模報酬遞增(Increasing returns to scale)。如果產量增加的百分比小於所有要素增加的百分比，則表示生產技術具有**規模報酬遞減**(Decreasing returns to scale)。

當存在著**規模報酬遞增**(increasing returns to scale)時，總成本增加幅度小於產量增加幅度，故 LAC 就隨產量增加而下降了。例如：洗車廠的人力和資本投入都增加一倍，使洗車過程能達分工專業化，進而使洗車數量增加不止一倍，此時我們可發現洗一部車的成本下降了，如圖7.17。

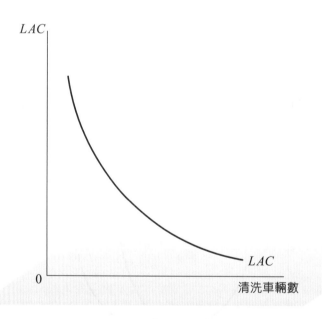

▲ 圖7.17　規模報酬遞增時LAC

當存在規模報酬遞減時，總成本增加速度大於產量增加速度，則 LAC 就隨產量遞增而上升。例如：最近在金瓜石又發現藏著大量金礦，大家準備再創金瓜石第二春，採礦者可增加採礦人員和機器，但往往無法再找到一個同樣好的礦脈，因此我們可發現採 1 單位金礦的成本上升，圖形如圖 7.18 所示。

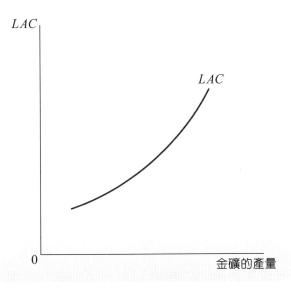

▲ 圖7.18　規模報酬遞減與LAC

　　當存在固定規模報酬時，總成本增加速度等於產量增加速度，則LAC呈水平線。例如：麥當勞的連鎖店如雨後春筍一樣成長，如果一間店面使用10個店員與10台機器可生產100個漢堡，另一間連鎖店也是一模一樣，則這兩間店面共用了20個店員與20台機器，生產了200個漢堡；類似地，我們可無限地複製，則產生了生產每一個漢堡的成本均相同，圖形如7.19所示。

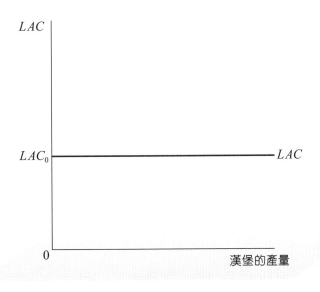

▲ 圖7.19　固定規模報酬和LAC

四、規模經濟與不經濟

廠商在擴大規模時,「內部」會產生一些有利及不利的因素,使成本受到影響。如果生產規模擴大而使LAC發生遞減者,稱為**規模經濟**(Economies of Scale);隨生產規模的擴大而使LAC發生遞增者,稱為**規模不經濟**(Diseconomies of Scale)。

1. 規模經濟

宏碁電腦公司若在生產過程中,具有規模報酬遞增,則大量生產時,可能促進了專業分工,提高了個人生產效率;大量的生產也有利於廠商引進更有效率的一貫作業生產線;其次,因大量的生產,在對銀行財務融資必較方便,且負擔利息較輕;而在資源購買,因大量的採購,成本降低。由此可知,隨著產量增加,LAC逐漸遞減,此即規模經濟。圖形如圖7.20所示。

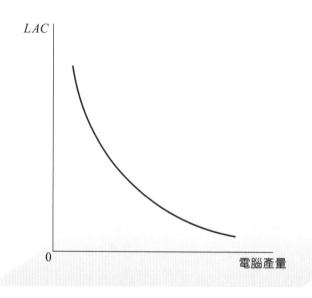

▲ 圖7.20 規模經濟

這種發生個別廠商內部的規模經濟,我們又稱為**內部的規模經濟**(Internal Economies of Scale)。

2. 規模不經濟

宏碁電腦公司規模擴大到某種程度以後,內部組織會越來越複雜,使得管理日益困難;過度投資、過多冗員、錯誤決策和不當投資等成本增加;以及組織內的衝突加劇等,使LAC隨著產量增加而遞增,圖形如圖7.21所示。

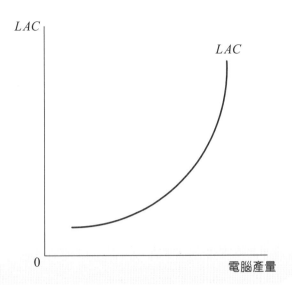

▲ 圖7.21　規模不經濟

　　這種發生個別廠商內部的規模不經濟又稱為**內部的規模不經濟**(Internal Diseconomies of Scale)。我們往往討論生產因素，只考慮勞動和資本，其實廠商的管理能力也是一種因素，此因素也正是廠商在經營時遇到規模不經濟主因之一。例如當廠商的勞動和資本增加時，廠商內部集中化管理的程度就會提高，此時廠商就必須增加監督考核和指示協商；內部組織也必須多設層級，但是每位主管的時間有限，規模不經濟的情況就可能發生。

五、外部經濟與外部不經濟

　　廠商除了一些「內部」因素會影響成本以外，亦會受到一些來自廠商以外的「外部」因素影響，造成LAC曲線上下移動，在生產過程產生了**外部經濟**(External economies)和**外部不經濟**(External diseconomies)。

1. 外部經濟與外部不經濟

　　外部經濟乃指由於廠商本身以外之有利因素，使LAC整條曲線下移，如圖7.22所示，由LAC_0移至LAC_1。相反地，若廠商本身以外之不利因素，使LAC整條曲線上移，稱為**外部不經濟**。如圖7.22所示，外部不經濟使LAC由LAC_0移至LAC_2。

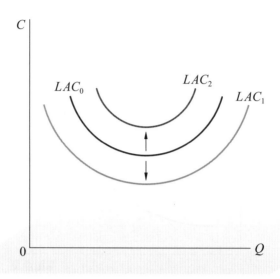

▲ 圖7.22　外部經濟與不經濟

　　廠商會產生外部經濟原因有很多，例如：

a.　技術移轉：中山科學院把最進步的生產技術移轉給民間廠商，使民間廠商相同產量之下，利用更少成本來生產。

b.　以產業為單位廣告效果：農民廳鼓勵大家多吃米，等於對稻農產生了外部經濟。

c.　中央銀行降低利率：央行降低利率，減輕了廠商的貸款成本，使每單位產量的成本降低。

d.　外勞引進：政府開放外勞，使廠商的勞動成本降低，進而使廠商產生了外部經濟。

e.　專業分工

f.　降稅

　　同理廠商遇到外部不經濟原因也很多，例如：

a.　資金外流：當中共砲打台灣時，國內資金紛紛外流，造成市場資金緊俏，利率上升，形成廠商外部不經濟。

b.　環保糾紛叢生：由於環保意識覺醒，造成環保糾紛不斷，國營事業付出鉅額睦鄰基金，使國營事業每單位產量成本上升。

c. 交通瓶頸造成生產的成本提升：由於國內交通惡化，使廠商的產品運輸成本大幅提高，故廠商所生產的每單位成本提高。

d. 勞資爭議造成勞動成本的提升：由於勞工意識抬頭，勞基法通過，和社會變遷，使勞資衝突不斷，提高廠商每單位生產成本。

2. 應 用

(1) 行政效率革新

當行政效率低落時，對廠商而言，此為一外部不經濟。因為廠商要浪費許多時間和成本申請設廠，土地取得，和解決環保問題等，所以大家不願在台設廠，宏碁電腦總公司外移就是一典型例子。

若行政革新能成功，則效率必提高，對廠商是一外部經濟。因為廠商不用浪費時間和成本在公司和工廠設立，以及生產過程中，對生產規模擴大和打開國際市場有很大助益。

現在政府積極在建設亞太運籌中心，也是全依賴行政效率是否提高，因為行政不能革新，則造成管理上沒效率和產生多頭馬車，通訊不能開放，和經濟不能自由化等，所以亞太運籌中心很難成立，即成立過程中面對外部不經濟。

(2) 台北市交通改善

過去惡化的交通是台北市民的外部不經濟。以學生而言，通勤上學要花更多時間在擠公車，和花更多的金錢在不停轉換公車上。

在台北捷運系統開通後，通學的學生能搭乘捷運，然後有公車接駁，較快速到達學校，這對學生而言，是一種外部經濟。

台北市民若能享受交通改善帶來的外部經濟，則外移人口會下降，人口可平均分散在各區，進而台北市才能使各種公共建設進步，使台北市成為國際大都市。

(3) 高雄的旅館餐飲技術學院成立

教育部近年投資大量經費於專業技術人員的培養，例如在高雄成立國內第一間旅館餐飲技術學院，培養餐飲和旅館專業人才。

幾年後，畢業同學已大量投入市場，許多飯店則深受其惠，因不必像以前須花費大筆資金，指派人員遠至瑞士受訓。這對飯店業者而言，是一種外部經濟。

歷屆試題 Exercise

一、選擇題

( ) 1. 若長期平均成本線 (LAC) 為一平滑的 U 字型曲線,而在 LAC 線的最低點時,會有下列何種情形? (A) 長期邊際成本大於長期平均成本 (B) 長期邊際成本小於長期平均成本 (C) 長期邊際成本等於長期平均成本 (D) 短期平均成本小於長期平均成本。 （97 四技二專）

( ) 2. 下列哪一條成本線為水平線? (A) 總成本 (B) 總變動成本 (C) 總固定成本 (D) 邊際成本。 （98 身心障礙甄試）

( ) 3. 令 Q 代表產量,則下列何者較可能為廠商短期之總成本函數? (A)100Q+10 (B)300Q+Q^2 (C)10/Q+20Q (D)400Q–Q^2。 （96 二技）

( ) 4. 廠商的長期平均成本如有隨著產量的增加,而呈現逐漸增加之現象,此時廠商的生產具有: (A) 規模經濟 (B) 規模不經濟 (C) 固定規模報酬 (D) 邊際報酬遞增。 （98 身心障礙甄試）

( ) 5. 短期當產量為零時,總成本等於 (A) 零 (B) 總變動成本 (C) 總固定成本 (D) 內含成本。 （90 四技二專）

( ) 6. 短期中會隨著產量的增加而一直遞減的成本是: (A)AC (B)AVC (C)AFC (D)MC。 （90 四技二專）

( ) 7. 當產量為 10 時,總固定成本等於 200,平均變動成本等於 30,當產量為 20 時,總變動成本等於 500,則平均固定成本等於 (A)5 (B)10 (C)25 (D)30。 （90 四技二專）

( ) 8. 平均成本與平均變動成本之間的垂直距離 (A) 不變 (B) 隨產量增加而增加 (C) 隨產量增加而減少 (D) 等於邊際成本。 （90 四技二專）

( ) 9. 在短期成本結構中,下列何種情況是正確的? (A) 當 AVC 上升,AC 必然上升 (B) 若 AVC 與 AFC 都下降,則 AC 必然下降 (C) 若 AFC 下降,則 AC 必然下降 (D) 若 MC 上升,則 AVC 必然上升。 （90 四技二專）

（　）10. 生產效率最高的最適生產規模位處於：　(A) 短期邊際成本最低點　(B) 長期邊際成本最低點　(C) 長期平均成本最低點　(D) 短期平均變動成本最低點。

（90 四技二專）

（　）11. 下列何者非短期成本線的包絡線：　(A)LTC　(B)LAC　(C)LMC　(D) 以上皆是。

（90 四技二專）

（　）12. 工廠排放未處理完全的汙水，會增加何種成本？　(A) 經濟成本　(B) 內含成本　(C) 外露成本　(D) 外部成本。

（101 四技二專）

（　）13. 若生產函數符合固定規模報酬，則要素投入的數量增加兩倍時，產出的數量是：　(A) 增加大於兩倍　(B) 增加等於兩倍　(C) 增加小於兩倍　(D) 不變，因為報酬固定。

（96 二技）

（　）14. 造成短期平均成本隨產量增加而遞增的原因是：　(A) 競爭激烈廣告費用激增　(B) 工資上漲　(C) 管理缺乏效率　(D) 固定生產設備無法增加。

（90 四技二專）

（　）15. 當廠商進行大規模採購，造成廠商平均成本下降是屬於　(A) 規模經濟　(B) 規模不經濟　(C) 外部經濟　(D) 外部不經濟。

（90 四技二專）

（　）16. 當要素市場價格下跌時，會導致廠商長期平均成本下降，稱為　(A) 內部經濟　(B) 內部不經濟　(C) 外部經濟　(D) 外部不經濟。

（90 四技二專）

（　）17. 小濟在週末放假期間，有若干個選擇：在家手作蛋糕與家人分享，或是完成設計廣告宣傳品並獲得 1,000 元的酬勞，或是前往商展打工獲得 1,600 元的酬勞，假設小濟只能選擇一項工作，請問小濟選擇在家手作蛋糕與家人分享的機會成本為：(A)1,000 元　(B)1,600 元　(C)2,600 元　(D) 無法衡量

（103 四技二專）

（　）18. 陳同學辭掉原本的工讀工作，開始創業批貨擺攤，每月的擺攤收入為 50,000 元，除批貨 成本為 45,000 元之外，並無其他成本支出。原本擺攤前打工一個月的薪資所得為 10,000 元。陳同學批貨擺攤創業的每月利潤為：　(A) 會計利潤為 -5,000 元　(B) 經濟利潤為 10,000 元　(C) 經濟利潤為 -5,000 元　(D) 會計利潤為 15,000 元。

（102 四技二專）

( ) 19. 有關長短期成本的關係，以下敘述何者不正確？

(A) 長期平均成本線是短期平均成本線的包絡曲線

(B) 長期平均成本線上任一點必與短期平均成本線上某一點相切

(C) 長期平均成本必大於等於短期平均成本

(D) 長期平均成本線的最低點，也必定是某短期平均成本線的最低點

（103 四技二專）

( ) 20. 「機會成本會隨著財貨數量增加而遞增」之特性，此特性會如何影響生產可能曲線？ (A) 呈現水平線 (B) 凹向原點 (C) 整條曲線向外移動 (D) 通過原點

（104 四技二專）

( ) 21. 下列何者會使長期平均成本呈現遞減現象？

(A) 在技術不變下，不斷增加勞動的雇用量

(B) 擴大規模下，因大規模採購生產要素而獲得折扣，使成本下降

(C) 政府改善交通建設，使運輸成本降低

(D) 政府為改善財政赤字，對所有廠商加稅

（104 四技二專）

( ) 22. 長期總成本必然 (A) 為通貨膨脹的函數 (B) 等於短期總成本 (C) 大於短期總成本 (D) 小於短期總成本。

（90 二技）

( ) 23. 如果總成本函數為 $TC=100Q^3-50Q^2+1000Q+500$ 時，請問其邊際成本函數 (A)$MC=10Q^2-50Q+1000+500/Q$ (B)$MC=300Q^2-100Q+1000$ (C)$MC=500/Q$ (D)$10Q^2-50Q+1000$。

（90 二技）

( ) 24. 設廠商用 L 與 K 來生產 Q，其生產函數為 $Q=min()$，L 與 K 的價格分別為 P_L 與 P_X，則其長期平均成本為： (A)P_LQ (B)P_LQ+P_XQ (C)$2P_LQ+3P_XQ$ (D)P_LQ+P_X。

（91 二技）

( ) 25. 老王經營一家玩具公司，玩具生產的固定成本為 200 元，總變動成本如下：

玩具生產數量	1	2	3	4	5	7	8
總變動成本（元）	10	20	40	80	160	320	640

請問在最適生產規模下，老王玩具公司玩具生產的數量應為多少？

(A)3 (B)4 (C)5 (D)6。

（93 四技二專）

(   ) 26. 下列敘述，何者正確？　(A) 當規模報酬遞增時，平均成本也會遞增　(B) 當
規模報酬遞減時，平均成本也會遞減　(C) 當規模報酬不變時，平均成本也是
固定　(D) 規模報酬與成本函數無關。　　　　　　　　　　　　　（94 二技）

(   ) 27. 老王在學校當老師，一個月的薪水為 50,000 元。上個月老王辭職，開了一家
麵店賣麵，一個月下來麵店的總收入為 60,000 元，總支出為 33,000 元。則老
王在這個月：　(A) 會計利潤為 10,000 元，經濟利潤為 60,000 元　(B) 會計
利潤為 27,000 元，經濟利潤為 27,000 元　(C) 會計利潤為 27,000 元，經濟利
潤為損失 23,000 元　(D) 會計利潤為 10,000 元，經濟利潤為損失 17,000 元。
（94 二技）

(   ) 28. 假設公司生產衣服，勞工為唯一變動生產因素，每日為生產 98 件衣服，需僱
用 6 位勞工，且每位勞工每日工資為 $ 2,000，求公司的平均變動成本為何？
(A) $ 122.4　(B) $ 132.6　(C) $ 146.2　(D) $ 163.8。　　　（94 四技二專）

二、問答題

1. 假定平均生產成本分別高於，等於或者低於邊際生產成本，那麼在各個對應的成
本條件下，廠商之生產函數具有哪一類的經濟規模特性？請輔以圖形說明。

（85 台大商學各系）

2. 試判斷下列例子是屬於外部經濟或不經濟，內部經濟或不經濟。
(1) 北二高速公路完成，廠商的運輸成本降低。
(2) 產品多角化生產，充分利用廢料。
(3) 勞工的薪資上漲，使得生產成本提高。
(4) 為吸引外商來台投資，財政部降低稅率，使外商生產成本減輕。

ECONOMICS
經濟學

CH 08

市場結構、廠商
收益與利潤

第一節　市場結構分類

第二節　市場類型與廠商的收益

第三節　利潤函數

歷屆試題

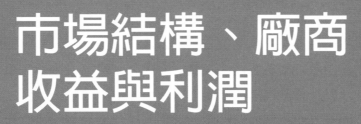

ECONOMICS

廠商是以收益與成本作決策基礎。而收益基本上與廠商所在市場類型的不同而有所不同。廠商在考慮了收益與成本後，即可決定其產品價格、產量與獲得的利潤。因此廠商所面對市場結構、收益與利潤會形成一個連鎖的關係。

本章將藉此解說此三者關係以說明廠商的生產行為。

第一節　市場結構分類

一般而言，我們從不同的角度對我們周遭產品市場加以分類，例如我們查閱的政府，其編製物價指數時習慣將產品按食、衣、住、行、育、樂各項目進行分類，銷售員習慣將他面對行銷市場區分為年青人市場、成人市場、或銀髮市場等。由上述可知，針對不同需要而將市場做不同的分類，瞭解廠商實際所處市場位置，才能在研究個體經濟學時，確實符合我們實際分析的需要。

一、市場分類的基礎：廠商對市場價格的影響力

在實際環境中，某些產品市場中廠商對市場價格有很大的影響力，甚至決定力，例如中油公司在國內石油市場是一個價格決定者，又如麥當勞在速食業中是一個對產品價格有影響力的廠商。而在某些產品市場中廠商對市場價格幾乎無影響力，例如生產稻米的農民。由上述得知，以個別廠商對價格的影響力為分類標準是最直接。

二、廠商對市場價格影響力的因素

我們欲從廠商對市場價格的影響來區分市場類型，那我們必須要瞭解廠商對產品價格影響力受到哪些因素影響呢？

1. 首要決定市場上有多少競爭者

生產某產品的廠商少，那廠商對市場價格有相當的影響力。例如國內只有台灣省鐵路局經營鐵路運輸，故台鐵對票價有很大影響力。反之，某產品的生產廠商多，則廠商對市場價格影響力小。例如麵包店，因麵包店太多家，所以一家麵包店對麵包市場的麵包價格影響力非常小。

2. **受到產品的品質是否異質影響**

　　生產電視機廠商有很多，如新力、國際、大同等。但每家電視機的特色均不太相同，有些強調分割畫面，有的強調高解析度，以及有的強調環繞音效等。由於各廠牌有其特色，所以廠商對產品價格具有影響力。

3. **受到資訊是否完全的影響**

　　即使某產品之生產者很多，甚至每家廠商的產品幾乎為同質產品，但如果消費者對各廠商的訂價未能完全瞭解的話，那麼各廠商在價格決定上仍然會有相當的自主空間。例如在台北市的百貨公司或電器專賣店對相同品質的電器用品仍可訂出不同的價格。

4. **受到廠商進出產業是否容易的影響**

　　如果廠商進出此行業非常容易，則廠商對產品訂價空間不大。例如目前市面上出版社很多，新的出版社如雨春筍成立，使現有出版社在書籍訂價空間上受到很大限制。反之，廠商進出此行業非常不容易，則廠商對產品訂價有很大的彈性。例如台電、中油、和台灣省鐵路局等國營或省營事業，訂價時不用考慮有競爭者，所以有很大空間。

三、市場類型

　　上列敘述指出廠商對價格之影響力分別受到廠商家數多寡、品質是否同質、資訊是否完全，以及廠商進出產業是否容易等因素影響。茲於下面依此四項因素對市場結構進行分類。

▼ 表8.1　市場類型

市場結構	廠商家數	產品的品質	資訊是否完成	廠商進出產業是否容易	廠商對價格的影響力	例 子
完全競爭	非常多家廠商	同質	資訊完全靈通	非常容易，沒有任何阻礙	價格接受者	稻米
獨 占	只有1家廠商	沒有替代品	資訊不靈通	無法進入	價格決定者	水電、鐵路局
寡 占	廠商數目少	同質或異質	資訊不靈通	可以進入市場但有阻礙	對價格有影響力	百貨公司、飲料
獨占性競爭	廠商數目多	異質	資訊靈通	可以進入市場但可能有些阻礙	對價格有影響力	餐館、美容院

針對表8.1中幾個觀點,可用下列圖形做更深入分析。

1. 廠商家數

圖8.1中直線以廠商家數為座標,由圖可清楚瞭解完全競爭市場和獨占市場是兩個極端,而寡占市場和獨占性競爭市場介於其中,獨占性競爭市場廠商數比較接近完全競爭市場廠商數。

▲ 圖8.1 廠商家數

2. 廠商對產品價格影響力

圖8.2中直線代表廠商對產品價格影響力,由圖很清楚獨占市場廠商對價格影響力最強,完全競爭市場廠商是一個價格接受者,寡占和獨占性競爭市場廠商對產品價格影響力則介於其中。

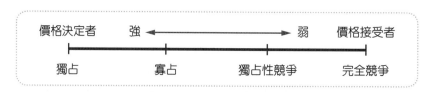

▲ 圖8.2 廠商對產品價格影響力

3. 廠商進出產業是否容易

圖8.3中直線代表廠商進出產業是否容易程度,其表示完全競爭市場廠商可自由進出,而獨占市場受到法律、資源和市場規模等因素限制,使新廠無法進入市場。另外,寡占及獨占性競爭兩個市場廠商進出市場是否容易則介於其中。

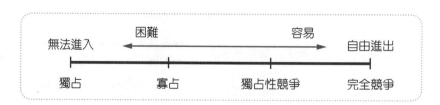

▲ 圖8.3 廠商進出產業容易的程度

4. 資訊是否完全靈通

　　獨占市場因資訊完全不靈通,所以造成1家獨占。而完全競爭市場中資訊完全靈通,廠商可完全掌握資訊,做出最佳決策。另外,兩市場中資訊流通程度介於其中,獨占性競爭市場,資訊流通較寡占強。

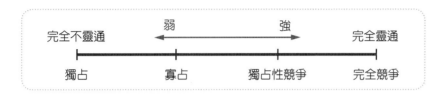

▲ 圖8.4　資訊靈通程度

　　由上面4點分析,讓我們更瞭解四個市場彼此關係,並且知道完全競爭市場和獨占市場是兩個極端。

四、市場特性

　　每個市場都有其基本特徵,故均有其與眾不同特性。茲分敘如下:

1. 完全競爭市場

　　在理想化的假設之下,此市場是一「最有效率的市場」,不像獨占、寡占和獨占性競爭市場造成資源的浪費。

2. 獨占市場

　　由於廠商能控制產品價格,所以同一產品,能針對不同的消費者採「差別取價」。

3. 寡占市場

　　此市場中廠商雖然會彼此互相有競爭,但決策間相互依賴性也大,為了避免彼此造成傷害,產品「價格具有穩定性」,此為此市場之一大特色。

4. 獨占性競爭市場

　　由於「產品差異性」,使獨占性競爭市場中廠商長期最適生產狀況時,無法達到像完全競爭市場的最有效率生產,這為此市場廠商生產過程中一特色。這些特色將在後面介紹各個市場再詳細討論。

第二節 市場類型與廠商的收益

　　表現一個企業經營的收益方式可分為**總收益**(Total revenue; TR)，**平均收益**
(Average revenue; AR)，以及**邊際收益**(Marginal revenue; MR)。廠商所面對的總收
益就是單位價格乘以銷售數量，平均收益是總收益除以總產量，而邊際收益則是變
動1單位產量時，總收益的變化量。

　　由於TR為單位價格乘以銷售量，可見收益受到產品價格決定方式的影響，所以
我們將收益分為完全競爭市場和不完全競爭市場討論。茲敘述如下：

一、完全競爭市場

　　在完全競爭市場中廠商為價格接受者，即廠商不管銷售多少數量，每單位財貨
價格均相同。換句話說，廠商只有能力改變產量。此時廠商面對需求曲線具完全富
有彈性，圖形如圖8.5(a)所示。

　　其次，廠商是價格接受者，所以價格對廠商為一定值P_0。此時廠商的總收益為
$TR=P_0 \times Q$，其圖形如圖8.5中(b)所示，為一經過原點，且具正斜率的直線。而廠商
的平均收益和邊際收益則為

$$AR = \frac{TR}{Q} = \frac{P_0 \times Q}{Q} = P_0 \tag{1}$$

$$MR = \frac{\Delta TR}{\Delta Q} = \frac{\Delta(P_0 \times Q)}{\Delta Q} = P_0 \times \frac{\Delta Q}{\Delta Q} = P_0 \tag{2}$$

　　圖形如圖8.5中(c)所示，為一水平直線。由圖可知$AR=MR=P_0$，此正是完全競
爭市場特色。

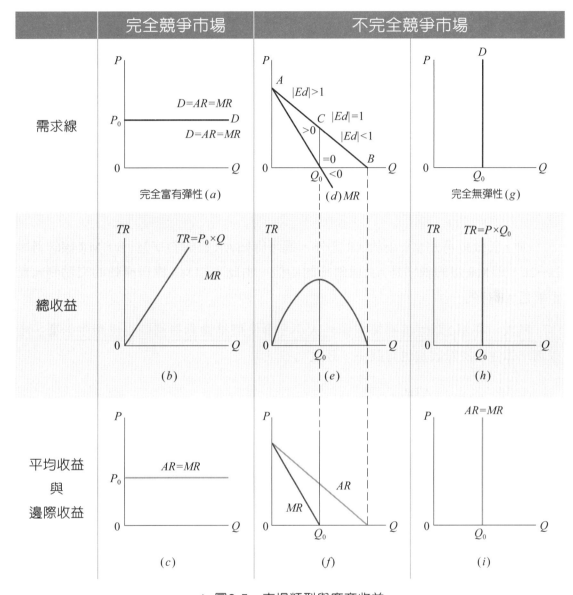

▲ 圖8.5　市場類型與廠商收益

二、不完全競爭市場

　　在不完全競爭市場中廠商能影響價格，所以廠商欲銷售更多的數量，則必須降價，此時廠商面對市場需求曲線將為負斜率。為了分析方便，假設需求線為直線，且方程式為P=a-bQ，或a>0且b>0，圖形如圖8.5中(d)所示。

市場需求線就是廠商的平均收益線，所以 AR 線為負斜率。其次 MR<AR，所以 MR 線也為負斜率，圖形如圖 8.5 中 (f) 所示。此可說明如下：

$$AR = P = a\text{-}bQ$$

$$TR = P \times Q = aQ - bQ^2$$

$$MR = \frac{\Delta TR}{\Delta Q} = a - 2bQ < AR = A - bQ$$

由上面敘述可知 MR 小於 AR 之外，還可得知 AR 線的斜率為 −b，MR 線的斜率為 −2b，即 MR 線的斜率是 AR 線斜率的兩倍。由此可知 MR 線與橫軸的交點到原點距離是 AR 線的一半。

其次，在第 2 章討論過需求彈性大小，會使價格變動對消費支出產生影響，所以需求彈性和邊際收益也有關係，茲證明如下：

$$MR = \frac{\Delta TR}{\Delta Q}$$

$$= \frac{\Delta(P \times Q)}{\Delta Q}$$

$$= P \times \frac{\Delta Q}{\Delta Q} + Q \times \frac{\Delta P}{\Delta Q}$$

$$= P \left[1 + \frac{Q}{P} \times \left(\frac{\Delta P}{\Delta Q}\right)\right]$$

$$= P \left(1 + \frac{1}{Ed}\right)$$

$$= P \left(1 - \frac{1}{|E_d|}\right)$$

由此式可知

(1) $|E_d| > 1$ 時，MR>0

(2) $|E_d| = 1$ 時，MR=0

(3) $|E_d| < 1$ 時，MR<0

AR	$|E_d|>1$	$=1$	< 1
MR	20	=1	< 0
TR	遞增	最大	遞減

從 $|E_d|$ 和 MR 的關係，可知 TR 線為一拋物線，如圖形 8.5 中 (e) 所示。此因 $|E_d|>1$ 時，隨著銷售量上升，價格下降，總收益上升。對應 $|E_d|<1$ 時，價格下降，數量上升，總收益則會下降。由此可推得，$|E_d|=1$ 時，總收益最大。

在不完全競爭市場中廠商有可能只影響產品價格，卻無法改變其銷售量。此時需求線為垂直於橫軸直線，圖形如圖 8.5 中 (g) 所示。此時需求線為完全無彈性。由於廠商只能改變價格，而產量固定不變，所以 TR 線為垂直於橫軸直線，圖形如圖 8.5 中 (h) 所示。至於 AR 和 MR 將如圖 8.5 中 (i) 所表示。

第三節　利潤函數

一、利潤函數

假設利潤函數如下：

$$利潤(\pi) = 總收益(TR) - 總成本(TC) \tag{3}$$

今廠商在考慮完收益和成本後，由上式可知，廠商可進一步決定其利潤。

廠商在生產過程中許多目標，其中之一為追求利潤最大。欲求出利潤最大化時產量，除了比較每單位產量的收益和成本外，有一個更方便方法為比較邊際收益和邊際成本，此方法稱為邊際利潤分析法。其次，在生產過程中，總收益和總成本差距有正、負或零，即利潤不一定為正。分析此種有效方法為比較一個單位產量的價格和成本，此方法稱為單位利潤分析法。今將此兩種方法介紹如下：

二、邊際利潤分析法

已知 $\pi = TR-TC$，則可知當利潤極大時下列式子會成立：

$$\frac{\Delta\pi}{\Delta Q} = \frac{\Delta TR}{\Delta Q} - \frac{\Delta TC}{\Delta Q} = 0 \tag{4}$$

即

$$邊際收益(MR)=邊際成本(MC) \tag{5}$$

上式為利潤極大的「必要條件」，無法保證利潤極大（亦可能為極小），因此還必須要有以下「充分條件」來保證利潤最大：

$$\frac{\Delta MR}{\Delta Q} < \frac{\Delta MC}{\Delta Q} \tag{6}$$

即邊際收益曲線斜率小於邊際成本曲線斜率。

為何利潤極大化的「必要條件」是MR=MC呢？因為廠商生產狀況為MR>MC時，利潤會隨產量而增加，所以廠商會增產以使利潤增加。而這正表示MR>MC時，廠商並未達到利潤最大。如果MR<MC，廠商減少產量會使減少的成本大於減少的收益，即利潤會隨產量減少而增加，此正也表示廠商未達利潤最大。由以上推理可知，廠商達到利潤最大化時，其產量可使MR=MC。將上面敘述整理如下：

▼ 表8.2　邊際收益，邊際成本與廠商生產行為

MR和MC	MR > MC	MR < MC	MR = MC
廠商生產行為	廠商會增產，以使利潤增加	廠商會減產，以使利潤增加	廠商不會調整產量，這時已達利潤最大

三、單位利潤分析法

當廠商生產達到MR=MC時，有可能面對虧損或收支平衡狀況。我們可以從產品單位價格和單位成本來探討可能產生狀況。即

$$\pi = TR–TC$$
$$= P \times Q–AC \times Q$$
$$= Q(P-AC)$$

由上式可知

▼ 表8.3　價格、平均成本和利潤

P和AC	利潤	利潤型態
P > AC	$\pi > 0$	超額利潤
P < AC	$\pi < 0$	經濟損失
P = AC	$\pi = 0$	正常利潤

歷屆試題 Exercise

一、選擇題

( )1. 下列何者不是完全競爭市場之特點　(A) 廠商生產的是同質產品　(B) 廠商可自由進出市場　(C) 市場中廠商家數眾多　(D) 廠商可自由訂價，故為價格決定者。　　　　　　　　　　　　　　　　　　　　　　　　　**（96 二技）**

( )2. 下列敘述何者正確？　(A) 完全競爭市場中廠商的短期供給曲線即為其短期邊際成本曲線　(B) 完全競爭市場中廠商的短期供給曲線即為其短期平均變動成本曲線　(C) 完全競爭市場長期均衡時，個別廠商的經濟利潤一定為零，但正常利潤一定大於零　(D) 完全競爭市場長期均衡時，個別廠商的正常利潤一定為零，但經濟利潤一定大於零　(E) 完全競爭市場長期均衡時，產業長期供給曲線的斜率一定為正。　　　　　　　　　　　　　　　　　　　**（95 台北大學）**

( )3. MP 為邊際產量，AP 為平均產量，當 AP 在遞增時，下列何者正確？　(A) AP 大於 MP　(B) AP 小於 MP　(C) AP 等於 MP　(D) 不一定。**（97 身心障礙甄試）**

( )4. 下列完全競爭廠商的特性中，何者不是壟斷性競爭廠商之特性？　(A) 在市場內有眾多的廠商　(B) 市場中的產品是同質的　(C) 廠商追求最大利潤　(D) 廠商可自由進入市場。　　　　　　　　　　　　　　　　　　**（97 身心障礙甄試）**

( )5. 壟斷性競爭廠商處於長期均衡時　(A) 價格等於平均成本及邊際成本　(B) 價格等於平均成本，但低於邊際成本　(C) 價格等於平均成本，但高於邊際成本　(D) 以上皆非。　　　　　　　　　　　　　　　　　　　　　　**（97 身心障礙甄試）**

( )6. 下列有關訂價的敘述，何者錯誤？　(A) 第一級差別訂價會使消費者盈餘為零　(B) 邊際成本訂價法為價格等於邊際成本　(C) 第三級差別訂價會對需求價格彈性較小的市場訂價較高　(D) 追求最大利潤的廠商，其訂價條件為邊際收入等於變動成本。　　　　　　　　　　　　　　　　　　　　　　　　**（98 四技二專）**

( )7. 下列各項，何者是廠商能夠成功實施差別取價的原因？　(A) 生產者對其產品價格，沒有影響力　(B) 生產者必須能夠區別願意付不同價格之消費群　(C) 生產者必須花費大量額外成本實施差別取價　(D) 以較低價格購得商品的顧客，能夠輕易轉售給須付高價的顧客。　　　　　　　　　　　　**（98 身心障礙甄試）**

( ) 8. 下列有關獨占市場的敘述，何者錯誤？ (A) 自然獨占形成原因為產業具有規模經濟 (B) 獨占市場產品無近似替代品 (C) 獨占廠商為價格決定者 (D) 廠商可以自由進出獨占市場。 (98 四技二專)

( ) 9. 比較產品的完全競爭市場、獨占市場、及不完全競爭市場相似之處，下列敘述何者錯誤？ (A) 不完全競爭廠商與獨占廠商所面對的市場需求曲線，斜率皆為負值 (B) 不完全競爭廠商與完全競爭廠商達長期均衡時，利潤皆為 0 (C) 完全競爭廠商與獨占廠商短期的供給曲線，皆為大於平均變動成本之邊際成本線 (D) 三個市場的廠商達短期均衡時發生虧損，只要價格大於平均變動成本，皆不必歇業。 (93 四技二專)

( ) 10. 經濟利潤是： (A) 等於商業利潤 (B) 指總收益扣除經濟成本的餘額 (C) 通常大於會計利潤 (D) 指損益表的本期盈虧。 (94 四技二專)

二、問答題

解釋下列名詞：

(1) 完全競爭 (Perfect Competition)
(2) 差別取價 (Price Discrimination) (98 文化國貿)

CH **09**

產品市場（一）：
完全競爭市場結構分析

第一節　無法決定產品價格的完全競爭市場廠商的
　　　　收益結構

第二節　廠商生產的短期均衡分析

第三節　廠商生產的長期均衡調整分析

歷屆試題

ECONOMIC$

完全競爭市場是一個經濟效率最高的產品市場，其所以具有效率，主要在於其「完全」的競爭環境，例如：廠商數目很多、產品同質、廠商可自由進出、市場訊息流通與價格接受者等條件，使市場呈現最高的競爭狀態。完全競爭市場的高競爭條件，一般市場都無法同時達成，因此，完全競爭市場僅是一個存在於理論上的市場，現實社會是不存在的。但是討論一個理論上才存在的市場，也有其重要的作用：(1)它可以當作是一個範例，作為與其他市場比較的一個基準。(2)它可以當作是一個「模範生」，來顯示「如果」市場在最高競爭下，經濟運作可以達成的效率境界。(3)同時完全競爭對市場的描述也能對實際經濟現象與問題提供合理的解釋與預測。

第一節　無法決定產品價格的完全競爭市場廠商的收益結構

完全競爭市場產品價格是由「市場」所決定，而非由「個別廠商」來決定，換言之，個別廠商只是市場價格的**接受者**(price taker)，它無法改變市場的價格，只能接受市場所決定的價格，並在此價格下決定其產出量。以計程車市場為例（我們忽略計程車費率為公訂這樣的事實），個別計程車提供的服務數量僅占市場的一小部分，個別「運將」先生若不睡覺勤奮開車或偷懶睡大覺不開車，都不會影響計程車收費價格，他只有在個別計程車服務，形成為市場力量時（此即為「團結力量大」）才有可能影響價格，否則，個別「運將」先生只是在市場決定的收費價格下，決定自己要開多少時間、里程而已。

由於個別計程車是價格接受者，他會產生其獨特的收益結構。圖9.1全體計程車所構成的市場供給曲線(S)，與全體搭計程車的消費者構成的市場需求曲線(D)，決定了計程車的收費價格(P_0)，與市場計程車服務的里程數(Q_0)，而個別計程車即在此P_0收費價格下，決定其服務的里程數(q_0)，因此，P_0即構成個別計程車的需要曲線（即平均收益(AR)）與邊際收益(MR)，總收益則為TR_0。

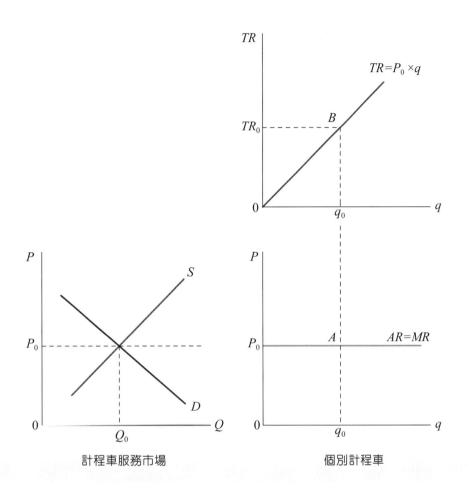

▲ 圖9.1　完全競爭廠商的收益結構

第二節 廠商生產的短期均衡分析

一、廠商的生產決策

收益與成本是廠商生產決策的基礎。計程車司機在決定自己要為客人服務多少里程、開多少小時的車時，心裡想的是能賺多少錢？收入是不是足夠來支付油錢？能否有剩餘養家活口？而其可能的生產決策可臚列如下：

▼ 表9.1　廠商的生產決策

生產決策	生產點（圖9.2）	條件	敘述
1. 利潤最大	E 點	1. MR=MC 2. MR 斜率<MC斜率	生產量為 q_0，利潤口 P_0EGP_1 最大且為正。
2. 最小（平均）成本	A 點	1. AC 最小。 2. MR>MC	生產量為 q_1，邊際利潤為正 (MR-MC >0)，廠商增加產量利潤會增加。
3. 市場占有率最大	B 點	1. MR<MC 2. TR-TC=0	生產量為 q_2，邊際利潤為負 (MR-MC <0)，廠商減少產量利潤會增加。q_2 是廠商在市場占有最大分額 (Market share)，廠商採取此項決策目的有： (1) 先占有市場，排除競爭者。 (2) 長期藉規模擴大來降低成本。 (3) 注重長期利益，譬如先使公司出名，再來獲利。
4. 最大收益	B 點	1. TR 最大	生產量為 q_2，對完全競爭廠商TR亦最大。
5. 收支平衡	C 點	1. TR-TR=0 2. MR>MC	生產量為 q_3，廠商增加產量，利潤會增加。
6. 利潤最小	F 點	1. MR=MC 2. MR斜率>MC斜率	生產量為 q_4，利潤最小，這是屬於不合理的生產決策假設，一般廠商不會選擇此點生產。

雖然計程車（廠商）可以選擇在以上不同決策產量下生產，但是，一般在經濟分析時都假設廠商的行為是在追求最大利潤，生產 q_0 的產量，畢竟廠商賺不到錢，也難以永續經營，同時，利潤最大化的假設在現實經濟社會中，對廠商的行為有較精確的掌握與預測，是屬於一種合理的假設。故本文以下分析皆以利潤最大假設，作廠商行為分析的邏輯基礎。

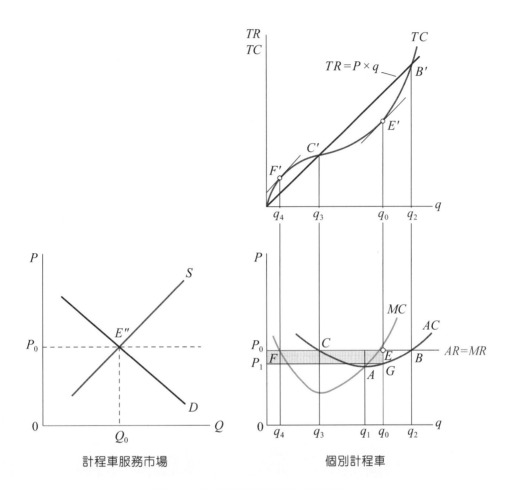

▲ 圖9.2　完全競爭廠商的生產決策

二、廠商短期經營並不保證一定會賺到錢

　　廠商生產產品和商家開店目的無非就是將本求利，以及想賺錢，所謂「殺頭的生意有人作，賠本的生意無人作」。但是開張作生意，在市場條件如生產、收益與成本的考量下，並不能保證利潤一定為正，而是有正、零、負三種類型，廠商各憑本事賺錢，否則大家都去作生意就可以家財萬貫了。

　　如果廠商在追求最大利潤，依 MR＝MC 條件生產，則利潤為正值時一定最大，利潤為負值時一定虧損最小，換言之，不論賺到錢或虧損 MR＝MC 的生產條件都要成立。

為了能夠簡單判斷三種類型的利潤，可將利潤函數表示成

$$\pi = TR-TC$$
$$= P \times q-AC \times q$$
$$= q \times (P-AC) \tag{1}$$

故利潤為正、零、負，需視單位利潤P-AC的大小而定。在圖9.3(a)P>AC則 $\pi>0$，有□P_0EAP_1的超額利潤。圖9.3(b)P<AC則 $\pi<0$，有□P_0EBP_1的經濟虧損。圖9.3(c)P=AC則 $\pi=0$，僅有正常利潤。

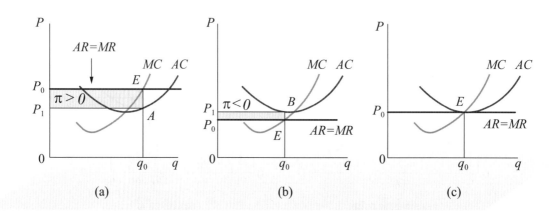

▲ 圖9.3　廠商利潤類型

三、廠商提供產品意願分析：短期供給曲線

由於廠商的既定成本結構的限制，廠商在營運時，對不同的價格感受就會有不同，如果價格高有錢賺，它當然很賣力的生產較多來賣，相反的，如果價格太低，它就只願生產較少產品，同時思索是否該關廠停止生產或咬牙苦撐繼續生產。

市場的供給曲線是由個別廠商加總而得，而完全競爭個別廠商的供給曲線，則可由追求最大利潤的行為推導出。基本上平均變動成本(AVC)最低點以上的邊際成本(MC)，即為完全競爭廠商的短期供給曲線。茲將推導的過程臚列於下：

1. 利潤大於或等於零的生產階段：P ≥ P₂

此時有超額利潤或正常利潤可賺，廠商自然願意生產產品來賣，並依MR=MC條件來生產，此時價格與供給量即會沿C點以上的MC呈現一對一的供給對應關係。

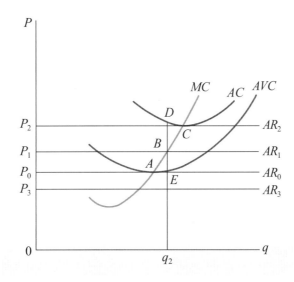

▲ 圖9.4　完全競爭廠商的短期供給曲線

2. **利潤為負，繼續生產有虧損，但仍可支付部分成本階段：AC>P>AVC**

　　如果價格在P_1，廠商有虧損，它有兩種選擇：

(1) 關廠停止生產：由於無生產，亦無須雇用變動生產要素，故無變動要素成本，其 AVC=0。雖然無生產，但是仍須對固定生產要素支付固定要素成本，故損失為總固定成本(TFC)，每單位產量損失則為平均固定成本DE。

(2) 咬牙苦撐苦守待變繼續生產：生產q_2，每一產品可賣P_1，一部分支付q_2E的 AVC，一部分支付BE的AFC，每單位產量損失為DB的AFC。

　　　由於關廠每單位損失DE大於繼續生產的DB，換言之，關廠會損失全部固定成本，繼續生產只損失部分固定成本，故廠商雖然在虧損的狀況下，繼續生產仍較為有利。

　　　所以，當AC>P>AVC對廠商而言就很尷尬了，生產是虧損，不生產虧損的更慘，兩害取其輕，只好硬著頭皮苦撐。我們一般非假日時間到大百貨公司去看，顧客稀稀落落的，經營鐵定不敷成本，但仍開門營業，理由就是如上述；同時，我們也可以發現在經濟不景氣時，大煉鋼廠會苦撐，但路邊攤卻早早「收攤」結束營業了。

3. **歇業點**：$P=P_0$

當價格在 AVC 最低點的 P_0，此時廠商生產或不生產都會損失固定成本，故 A 點稱為歇業點。

4. **繼續生產有虧損且不足以支付總固定成本與部分變動成本階段**：$P<P_0$

當價格為 P_3，廠商繼續生產有虧損且不足以支付總固定成本與部分變動成本，但是關廠只損失總固定成本，故廠商必須停止生產。

綜合以上分析，廠商的短期供給曲線則為 AVC 最低點以上的 MC 曲線。同時，完全競爭市場廠商的均衡條件則增為：(1)MR=MC，(2)MR 斜率 <MC 斜率，(3) P>AVC。

四、廠商所面對外部的影響衝擊

所謂：「世事多變化」，外在環境時時在變，安穩的日子總是過不了多久。廠商所處的經濟環境也常受到一些外在環境因素改變，影響其生產決策，茲以計程車為例，以來自供給面、需求面與成本面三方面的衝擊，來分析其對計程車營運的影響。

1. **供給面**：政府減少計程車牌照的發放

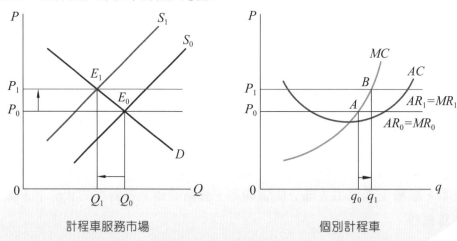

▲ 圖9.5　政府減少計程車牌照的發放的影響衝擊

假設政府為了維持社會秩序，避免作奸犯科之流跑來開計程車，對社會治安構成威脅，因而嚴格審核開計程車申請資格，而減少了計程車牌照的發放，使市場計程車服務的供給曲線由 S_0 左移 S_1，計程車收費價格由 P_0 上漲至 P_1，市場計

程車服務的里程數由Q_0減少至Q_1，既存在市場的個別計程車司機會受到收費價格上漲的鼓舞，其服務的里程數會由q_0提高至q_1，同時，利潤也會提高。

2. **需求面**：大眾運輸系統的完備替代了計程車的服務

　　由於捷運系統的建立，並與捷運站週邊公共汽車形成一個完整的聯絡網路，使大眾有快速、低廉的運輸工具可搭乘，而減少坐計程車使需求由D_0左移D_1，計程車收費價格由P_0下跌至P_1，市場計程車服務的里程數由Q_0減少至Q_1，個別計程車其服務的里程數會由q_0減少至q_1，同時利潤也會減少。

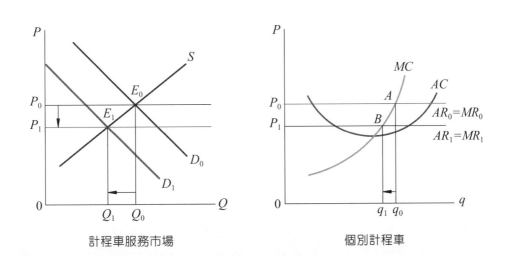

▲ 圖9.6　大眾運輸系統建立的影響衝擊

3. **成本面**：政府提高計程車牌照稅

　　政府對計程車按照擁有牌照的計程車收取固定金額的稅，而此稅與計程車服務的里程數無關，故只會單獨造成平均成本AC_0上移至AC_1，計程車收費價格P_0、市場計程車服務的里程數Q_0、個別計程車其服務的里程數q_0皆不變，顯示政府課徵與廠商營運無關的固定金額的固定稅並不會影響個別計程車的生產決策，但是會使其利潤減少。

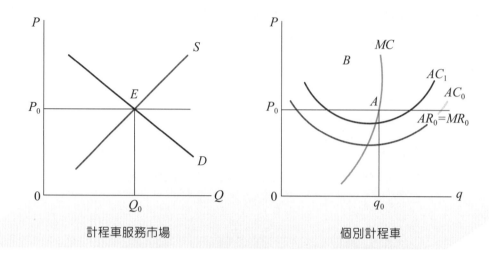

▲ 圖9.7　政府提高計程車牌照稅的影響衝擊

第三節　廠商生產的長期均衡調整分析

　　根據生產理論可知，在長期廠商所使用的生產要素是可變的，這可反應在廠商可自由進出市場的假設上，新廠商的加入，使用生產要素增加；反之，舊廠商的退出，使用生產要素減少，因此，長期間廠商可自由改變生產要素組合，並可決定進入或退出市場。因此，當容許廠商自由進出的期間即屬長期分析。

一、長期均衡的達成

　　在長期廠商可自由進出市場，在自利動機的考量下，茲將其調整過程分述如下：

1. 個別廠商利潤為正，有超額利潤

　　當市場價格為 P_1，個別廠商利潤為正，有超額利潤，因此，會吸引新廠商加入來分一杯羹，使市場供給曲線由 S_1 逐漸右移至 S_0，使市場產品價格逐漸由 P_1 下跌至 P_0，利潤趨於零。

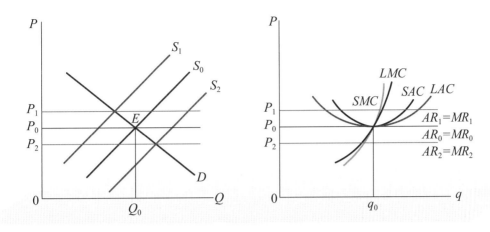

▲ 圖9.8　完全競爭市場廠商長期均衡調整

2. **個別廠商利潤為負，有虧損**

當市場價格為 P_2，個別廠商利潤為負，有虧損，因此，舊廠商在無利可圖下會退出市場改行他去，使市場供給曲線由 S_2 逐漸左移至 S_0，使市場產品價格逐漸由 P_2 上升至 P_0，利潤趨於零。

3. **個別廠商利潤為零，只有正常利潤**

當市場價格為 P_0，個別廠商利潤為零，新廠商不進入，舊廠商不退出，市場達到長期均衡。以計程車為例，顯示個別計程車的長期無超額利潤可賺，但是還是存在正常利潤，因此也不至於虧損累累生活不下去，而是只要肯花自己的勞力、資金、時間，就可賺得應得的份，多努力多賺，少努力少賺，全憑自己意願。

綜合上述，完全競爭廠商長期的均衡條件為：

$$P = AR = MR = SAC = LAC = SMC = LMC \qquad (2)$$

二、完全競爭市場的經濟效率

完全競爭市場是一個競爭性最強的市場，而其競爭的經濟效率可由以下幾點反應出來：

1. 廠商可在短、長期平均成本(SAC、LAC)的最低點生產。顯示廠商所使用的生產規模與產量都是最適的，極具經濟效率。

2. 價格等於短、長期邊際成本(P=SMC=LMC)，社會福利最大。

3. 由於廠商可自由進出，廠商利潤為零，只能夠獲取正常利潤。

三、產業的長期供給曲線

　　以上是針對個別廠商所作的分析，接下來則對整個產業進行供給面的闡述。不同產業有不同特性，就好像人的個性都有所不同一樣，不同的產業在生產規模擴大之後，生產要素價格可能上漲、下降或不變，而會產生正斜率，負斜率或水平線三種不同類型的產業的長期供給曲線。

1. 成本遞增產業：正斜率的長期供給曲線

　　例如大陸發生水災，紡織業受損，轉而對台灣紡織品需求增加，造成台灣紡織業的生產規模擴大，產量由 Q_0 增加至 Q_1，因此，導致對紡織工人的需求增加，進而使工資上漲，生產成本增加，紡織品供給價格由 P_0 上漲至 P_1，紡織產業長期供給曲線 (LS) 為正斜率。

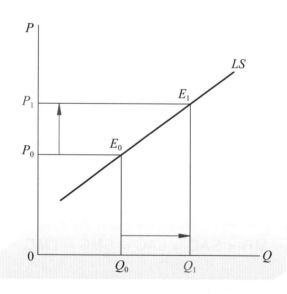

▲ 圖9.9　成本遞增產業：正斜率的長期供給曲線

2. 成本遞減產業：負斜率的長期供給曲線

　　例如電腦產業在生產規模擴大，產量由 Q_0 增加在 Q_1，對電腦零組件的需求增加，反而造成電腦零組件大量生產而成本下降，電腦供給價格因此由 P_0 下降至 P_1，則產業長期供給曲線 (LS) 為負斜率。

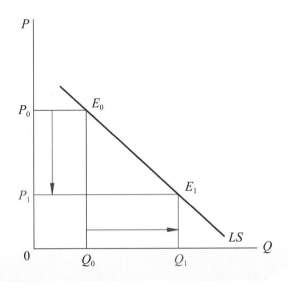

▲ 圖9.10　成本遞減產業：負斜率的長期供給曲線

3. 成本固定產業：水平線的長期供給曲線

　　當產業規模擴大（產量由 Q_0 增加至 Q_1），對生產要素的需求增加，但是，不會造成要素價格與成本的變動，產品價格因此在 P_0 不變，則產業長期供給曲線 (LS) 為水平線。

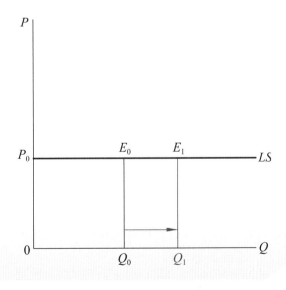

▲ 圖9.11　成本固定產業：水平線的長期供給曲線

歷屆試題 Exercise

一、選擇題

( ) 1. 在完全競爭的市場結構下，假設某追求利潤最大之廠商，短期時其平均成本 (AC)、平均變動成本 (AVC) 及邊際成本 (MC) 的關係如右圖所示，P 為市場價格，Q 為產量。請問下列敘述何者不正確？　(A) 當 P2 < P < P3 時，廠商有虧損　(B) 當 P＝P1 時，廠商的供給量為 Q1　(C) 當 P＝P4 時，廠商有超額利潤　(D) 當 P＝P3 時，廠商無超額利潤。　　　　　　（97 四技二專）

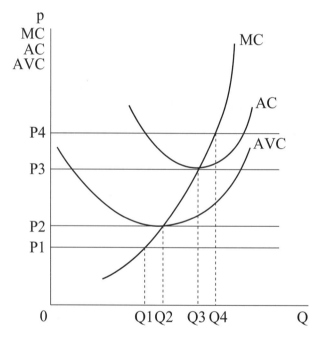

( ) 2. 完全競爭市場較具經濟效率，是由於下列哪項因素？　(A) 因為在完全競爭市場均衡時達到社會總盈餘最大，可充分利用資源　(B) 因為只有完全競爭市場的廠商追求利潤極大，可理性分析生產決策　(C) 因為只有完全競爭市場的廠商可自由決定價格，其訂價較有效率　(D) 因為只有完全競爭市場的廠商價格等於平均收益，可正確衡量收益。　　　　　　（96 二技）

( ) 3. 某一完全競爭產業，其面對之需求曲線為 Q=13−P，其邊際成本 MC=Q+1，請問消費者盈餘為：　(A)15　(B)18　(C)23　(D)31。　　　　　　（89 二技）

( )4. 若有一完全競爭市場的廠商之平均成本函數為 AC=40(單位：元)，其中 AC 代表平均成本，則當廠商的產量等於 2 單位時，該廠商之邊際成本應為多少元？　(A)2　(B)40　(C)80　(D)120。　　　　　　　　　　　　（96 二技）

( )5. 有一完全競爭市場的廠商之邊際成本函數為 MC=Q+10(單位：元)，其中 Q 代表產量，當市場價格為每單位 30 元時，則該廠商利潤極大之下的產量與總收益各為多少？　(A) 產量為 20，故總收益為 600 元　(B) 產量為 20，故總收益為 300 元　(C) 產量為 10，故總收益為 300 元　(D) 產量為 10，故總收益為 600 元。　　　　　　　　　　　　　　　　　　　　　　　　　　　　　（96 二技）

( )6. 若甲廠商為完全競爭廠商，其短期平均成本最低為 6 元，平均變動成本最低為 4 元。短期下，甲廠商在下列哪一個價格時會停止生產？　(A) 3 元　(B) 6 元　(C) 7 元　(D) 8 元。　　　　　　　　　　　　　　　　　　　　（98 四技二專）

( )7. 在完全競爭市場中，短期的均衡價格為 8，均衡產量為 200，平均成本為 9，平均變動成本為 7，此時廠商會：　(A) 有正的利潤　(B) 有損失，但是短期內會繼續營業　(C) 利潤等於 0　(D) 因虧損而退出市場。　（98 身心障礙甄試）

( )8. 下列有關完全競爭市場之敘述何者錯誤？　(A) 買賣雙方皆為價格的接受者　(B) 廠商短期的均衡條件為 P=AR=MR=MC　(C) 廠商短期的供給曲線為 ATC 最低點以上之 MC 曲線　(D) 長期時廠商只能獲得正常利潤。

　　　　　　　　　　　　　　　　　　　　　　　　　　　　（97 身心障礙甄試）

( )9. 在完全競爭市場下，廠商的短期均衡為：　(A)P=SAC　(B)P=SAVC　(C)P=Q　(D)P=SMC。　　　　　　　　　　　　　　　　　　　　　　　　（90 二技）

( )10. 下列有關完全競爭市場之廠商行為說明，何者正確？　(A) 於短期下，當價格低於平均成本，則廠商必因虧損而選擇退出市場　(B) 於長期下，廠商之均衡條件必發生於長期平均成本線 (LAC) 之最低點　(C) 因新舊廠商可自由進出市場，故短期間廠商不會有超額利潤　(D) 因廠商之最適訂價乃依據價格等於邊際成本 (P = MC)，故其邊際成本線就是短期供給曲線。　　（101 四技二專）

( )11. 在完全競爭市場中，廠商為追求利潤極大，短期若虧損，則在哪一種情況下的廠商會繼續營業？　(A) 價格大於平均變動成本　(B) 價格小於平均變動成本　(C) 無論如何都會繼續營業　(D) 虧損大於固定成本。　　　　　（100 二技）

( ) 12. 以下何種市場型態可使社會無謂損失 (Deadweight Loss) 最少？　(A) 單一定價獨占　(B) 寡占　(C) 壟斷性競爭　(D) 完全差別取價之獨占。　（100 二技）

( ) 13. 下列敘述何者正確？
(A) 完全競爭廠商的邊際收益線等於平均收益線
(B) 邊際收益為總收益除以產品之銷售量
(C) 獨占性競爭廠商生產同質品
(D) 完全競爭廠商的總收益線為水平線　　　　　　　　　　（104 四技二專）

( ) 14. 完全競爭市場中，個別廠商的固定成本 FC=6400，變動成本 VC=16Q2，市場之需求曲線 Q=1000 － P，則市場長期均衡時之廠商數為：(A)12 家　(B)16 家　(C)18 家　(D)36 家。

( ) 15. 若 A 財貨之產業需求線為負斜率，而此產業之甲廠商，其平均收入線為 AR，而邊際收入線為 MR，且 AR=MR，則其為哪一類型之廠商？　(A) 完全競爭　(B) 獨占性競爭　(C) 寡占　(D) 單一訂價的獨占　　　　　（102 四技二專）

( ) 16. 完全競爭市場下，比較廠商達短期均衡與長期均衡時的（超額）利潤，下列敘述何者正確？　(A) 短期均衡時的廠商利潤等於零，長期均衡時的廠商利潤也等於零　(B) 短期均衡時的廠商利潤大於零，長期均衡時的廠商利潤也大於零　(C) 短期均衡時的廠商利潤能大於、等於、或小於零，長期均衡時的廠商利潤大於零　(D) 短期均衡時的廠商利潤可能大於、等於、或小於零，長期均衡時的廠商利潤等於零。　　　　　　　　　　　　　　（93 四技二專）

( ) 17. 在完全競爭市場中，當市場需求增加時，如果要素價格維持不變，則個別廠商的均衡產量與廠商數目會有何種變化？　(A) 廠商數目增加，且個別廠商產量也增加　(B) 廠商數目增加，但個別廠商產量不變　(C) 廠商數目不變，但個別廠商產量增加　(D) 廠商數目不變，且個別廠商產量也不變。　（93 二技）

( ) 18. 在完全競爭市場中，每家廠商之長期成本函數皆為 LTC=q³-4q²+ 10q。而市場的需求函數為 Q=1,000-50P（其中 q 表單一個別廠商之產量，Q 表市場之需求量，P 表價格）。試求均衡價格為：　(A)4　(B)6　(C)10　(D)20。

（94 二技）

CH **10**

產品市場（二）：
獨占市場結構分析

第一節　獨占市場形成的原因

第二節　獨占廠商的短期分析

第三節　獨占廠商的長期分析

第四節　獨占廠商的生產效率

第五節　政府的反獨占政策

第六節　獨占廠商的行為分析

第七節　獨占廠商獨占能力的測度

歷屆試題

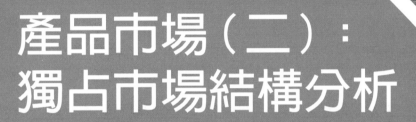

ECONOMIC$

　　完全競爭廠商與獨占廠商的市場競爭程度，各在天秤的兩端，是兩種極端的情況，完全競爭市場有許多的廠商，換言之有許多的競爭者；獨占市場只有一家廠商，沒有競爭對手。由於沒有其他廠商提供與獨占廠商相同的產品，不管消費者喜不喜歡，高不高興他就只能向獨占廠商才購買的到產品，在台灣你不可能說嫌台灣電力公司供應的電力電價太貴，就很不高興，不向台電買電，而將電鍋插頭插在鼻孔上自行發電煮飯；在一個不可隨意外出的校園中，中餐時就只能在校內餐廳用餐，別無選擇。所以在獨占市場中消費者不管你喜不喜歡，願不願意也都只能向其購買產品，這是一個賣方市場，獨占廠商有極大的主導力量，有很強的控制價格的能力，並且會善用其獨占力量追求最大利潤，這樣消費者很容易就成為俎上肉任其宰割，這對消費者是極其不利的，也因此政府常會對獨占廠商採取管制措施或立法避免不當競爭形成獨占。政府的干預摻有「公平」的性質，而不全然只考慮效率的問題而已。

　　本章主要以校園餐廳為例子來探討獨占廠商的行為。第一節將說明獨占形成的各種原因。第二節說明獨占廠商最大利潤價格與數量的決定。第三節說明政府對獨占廠商的管制。

第一節　獨占市場形成的原因

　　市場會形成只有一家廠商，生產無其他替代產品的獨占廠商，主要原因有如下幾點：

1. 法律的保障

(1) 保障著作發明：著作財產權、專利權的保障。

(2) 基於社會安全：管制武器、槍砲、彈藥。

(3) 基於公共衛生：麻醉藥品管制。

(4) 基於社會大眾利益：水電等公用事業獨占。

(5) 基於財政理由：菸、酒公賣。

2. 廠商控制某些特殊原料

　　　能夠控制某些特殊原料的廠商，也易形成獨占，例如台灣糖業公司控制製糖甘蔗的供應；可口可樂的祕密配方；美國鋁業公司控制煉鋁礬土的供應。

3. **自然獨占**

　　如果廠商存在大規模生產的經濟，隨著規模擴大，導致長期平均成本遞減，使規模最大的廠商，由於其成本最低，而能以此優勢將其他競爭對手排除在市場之外，而形成獨占，具有自然獨占特性的獨占廠商，一般規模都很大，例如水、電、電信、石油等公司。

4. **廠商彼此勾結或採取不正當競爭手段**

　　由勾結而形成獨占，世界上最有名的例子，是由世界各石油生產國組成的國際石油組織(OPEC)，形成一個石油供應的獨占組織。

5. **產品的差異化**

　　區域性口味特殊的小吃，例如師範大學旁的「大碗公牛肉麵」、士林夜市的「大餅包小餅」，基隆「李鵠餅店」的各式糕餅，萬巒「豬腳」等，皆可因其產品特殊而形成區域性的獨占。

第二節　獨占廠商的短期分析

一、獨占廠商的短期生產抉擇

　　由於獨占市場只有一個廠商，故其對價格有很大的影響力，獨占廠商可控制產品價格來影響需求量，當其希望需求量增加時，它可降低產品價格；反之，當其希望需求量減少時，也可調高產品價格，因此，獨占廠商所面對的需求曲線符合需求法則為負斜率。

　　然而，獨占廠商的生產抉擇，除了一方面要考慮市場的收益面以外，另一方面亦要衡量生產的成本面，在瞭解了收益與成本結構之後，廠商再依其生產決策決定其產量與價格。

　　在一個不可外出吃飯的校園裡，學校所委託的自助餐廳，就成為校園中午餐供應的獨占廠商，它會如何決定其餐點的供應量與價格？

假設此校園獨占餐廳在追求最大利潤,則其必須符合邊際收益(MR)等於邊際成本(MC)的必要條件:

$$MR = MC \tag{1}$$

同時,為了保證利潤最大的充分條件為:

$$MR 曲線的斜率 < MC 曲線的斜率 \tag{2}$$

則餐廳利潤最大的自助餐供應量為 Q_0,價格為 P_0,利潤則為 □ P_0EAB。

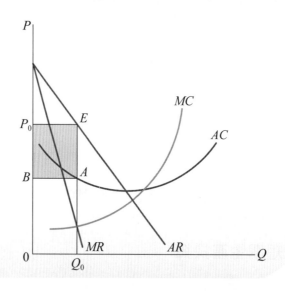

▲ 圖10.1 校園餐廳的短期均衡

二、獨占能力,並不必然代表超額利潤

獨占廠商具有獨占能力,一般而言,獨占廠商在短期都會利用此能力賺取超額利潤($\pi>0$ 圖 10.2(a)),一個校園內獨占的餐廳在學生無所選擇的情況下,其當然有能力對學生予取予求,賺取較多的利潤。其他像台灣電力公司、中國石油公司以及煙酒公賣局,都是每年可賺取巨額利潤的獨占企業。

然而,獨占並不一定代表有超額利潤,也許短期間只能賺取正常利潤($\pi=0$,圖 10.2(b))或虧損($\pi<0$,圖 10.2(c))的情況出現。獨占廠商未利用其獨占地位賺取超額利潤的原因如下:

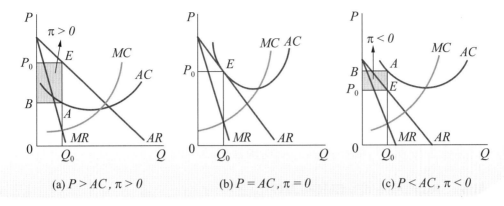

(a) $P > AC,\ \pi > 0$　　　(b) $P = AC,\ \pi = 0$　　　(c) $P < AC,\ \pi < 0$

▲ 圖10.2　獨占廠商利潤類型

1. 獨占廠商價格受到管制

雖然學校餐廳是獨占，但是也許學校認為學生的所得有限，學校餐廳應該好好照顧學生飲食，不應該增加學生的負擔，而要求學校餐廳的經營者，便宜出售其菜飯。就像台灣自來水公司也是獨占，但是政府認為水是民生必需品，應該提供人民便宜的用水，因而限制其價格，結果造成自來水公司年年虧損。

2. 市場需求太小

如果學校人數太少，學校餐廳也可能入不敷出而虧損。一個獲得專利的產品，如果沒人買，生產者也是會虧損，例如您發明一種把人變笨的秘方，但是，由於只有一些作奸犯科想害別人的人會買以外，其他人大概都不會買來使自己變笨，因此，雖然您擁有獨占秘方，但市場需求少，也會使您的生產收益過低，而造成虧損。

3. 獨占廠商注重的是長期利潤

獨占廠商也許是著眼於長期的利潤，而犧牲短期的利潤，先為公司打下名聲，打下市場，待市場穩固之後再賺取超額利潤。

三、獨占廠商無法導出短期供給曲線

獨占的校園餐廳追求最大利潤的價格與數量，無法符合一般的供給曲線的定義，例如圖10.1的最大利潤的價格為 P_0 數量為 Q_0，組合點為 E，位於校園餐廳面臨的需求曲線上，因此，無法找到一組供給價格與供給數量的關係，故短期間無法推導出供給曲線。

第三節 獨占廠商的長期分析

　　校園內的獨占餐廳，除非受到價格管制，否則長期間可充分發揮其獨占力量，利用其獨占市場的優勢，調整餐飲的價格與數量，以賺取更多的利潤，而學生在無其他選擇的情況，獨占餐廳很容易就可達到其提高利潤的目的。因此，獨占廠商在長期利潤至少大於或等於零，故其長期均衡條件為：

1. P=AR>=SAC=LAC>MR=SMC=LMC。

2. 邊際收益曲線斜率小於邊際成本曲線斜率。

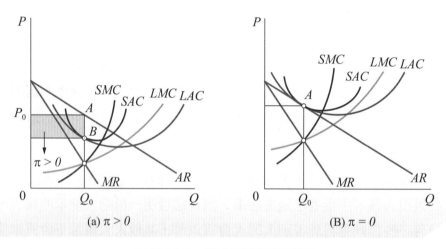

▲ 圖10.3　獨占廠商長期利潤

第四節 獨占廠商的生產效率

　　為了說明獨占廠商生產的經濟效率，我們將其與完全競爭市場廠商與之比較，以相對的差異性，來反應獨占廠商的效率。假設校園餐廳可以在獨占與完全競爭市場兩種極端的情況下生產，餐廳在獨占的情況下會在MR=MC的地方，生產Q_m的產量，價格則為P_m。若是在完全競爭市場情況下生產，則AR曲線為其需求曲線(D)，LMC曲線則為其供給曲線(S)，供需交點E_c，產量為Q_c，價格為P_c。

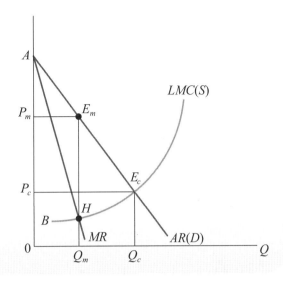

▲ 圖10.4　獨占市場與完全競爭市場的比較

由以上獨占與完全競爭廠商均衡的不同，可以得出以下幾點差異：

1. **獨占廠商所提供的產品價格較完全競爭廠商為高 ($P_m > P_c$)。**由於校園的獨占餐廳沒有其他餐點供應者與之競爭，學生在無所選擇的情況下（無替代品），餐廳採取較高價格，自然能賺的較多，對其較為有利。

2. **獨占廠商所提供的產品數量較完全競爭廠商為少 ($Q_m < Q_c$)，使社會就業人數亦相對較少。**學生吃餐要支付較高的價格，餐廳獨占自然對學生非常不利。同時，餐廳生產量少，雇用的廚師，服務人員等員工自然較少，所創造就業人數自然相對較少。

3. **獨占造成社會福利的損失。**獨占廠商的社會福利為 $\triangle AE_mH$ 較完全競爭廠商的 $\triangle AE_cH$ 為少，造成 $\triangle E_mHE_c$ 的社會無謂損失。換言之，學校如果有許多餐廳對學生是最有利的，如果只有一家，學生的福利就會因此而下降。

4. **獨占造成經濟力量的集中，所得分配失衡，社會不公平，易引起社會衝突。**學生的錢都被餐廳賺走，同時得到的是較貴與較少的服務，同時還須忍受吃飯時漫長排隊的艱苦，不滿情緒的產生是很自然的，當怨聲四起時，學生與學校或餐廳的對立衝突也就相繼發生。

ECONOMICS
經濟學

第五節 政府的反獨占政策

由於獨占對消費者不利，且造成社會無謂的損失，政府則經常採取以下些反獨占措施，來避免市場獨占：

（一）獨占事業國營

政府可將獨占事業國營，並將盈餘繳交國庫，全民共享。惟缺點是國營事業效率低落。

（二）反獨占立法

例如頒布「公平交易法」，反聯合獨占與不當競爭行為。

（三）訂價管制

由於獨占廠商可利用其獨占能力賺取超額利潤，故政府當對獨占廠商採取價格管制以防止其賺取暴利。校園餐廳也常受學校管理單位的要求提供較便宜的餐點，其性質與政府管制價格性質相同。如果政府（校方）不加以管制獨占廠商（餐廳），則其會生產 Q_m 數量，訂價為 P_m，以追求最大利潤。

學校對校園餐廳可以採取下列的價格管制方法：

1. 平均成本訂價法

校方可要求餐廳將價格訂在 P_1（圖10.5），使 $P_1=LAC$，此時餐廳的價格由 P_m 下降至 P_1，產量由 Q_m 增加至 Q_1，廠商利潤由正減少至零，社會福利會增加。可見校方對獨占的校園餐廳的價格管制對學生而言是有利的。

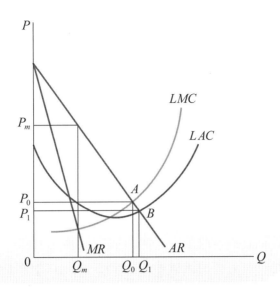

▲ 圖10.5　獨占廠商的價格管制

2. 邊際成本訂價法(P=LMC)

　　校方可要求餐廳將價格訂在P_0（圖10.5），使$LMC=P_0$，此時獨占餐廳的價格由P_m下降至P_0，產量由Q_m增加至Q_0，餐廳利潤下降，但是，此時的產量與價格與完全競爭相同，社會福利（包括餐廳與學生的福利）最大。雖然邊際成本訂價法可使社會福利最大，但是在圖10.6(a)獨占廠商小規模生產與圖10.6(b)自然獨占的情況下，採取邊際成本訂價法會使獨占餐廳虧損，除非校方給予補貼否則餐廳無法長期經營，這也許是我們常看到學校餐廳常換老板的原因。

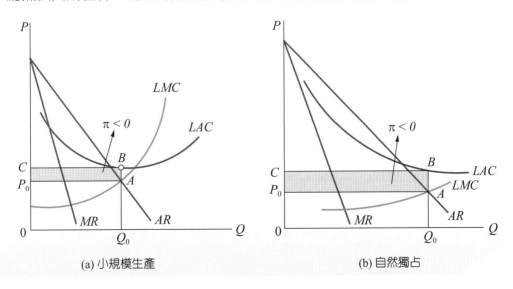

(a) 小規模生產　　　　　　　　　　　　(b) 自然獨占

▲ 圖10.6　邊際成本訂價管制造成校園餐廳虧損

（四）課徵獨占稅

政府可對獨占廠商課徵獨占稅，來降低獨占廠商所能賺取的超額利潤，而課稅的方式可分為：(1)定額稅；(2)從量稅；(3)從價稅；(4)利潤稅。而校方對委託的校園餐廳收取的費用與政府對廠商課稅作用相同。茲將以上各種稅對獨占廠商的作用說明如下：

1. 定額稅

即政府對獨占廠商課徵一固定金額的稅，換言之，不論獨占廠商的生產量多寡，經營情況如何，政府都收取一固定金額的稅。例如校方對委託餐廳收取固定費用，不論其生產量是多，還是少，每月收取五萬元的費用，假設原餐廳產量為 Q_0，價格為 P_0，收取固定費用後餐廳的稅成本會由 TC_0 增加至 TC_1：

$$TC_1 = TC_0 + \overline{T} \ ; \ \overline{T}：固定費用（稅）金額 \tag{3}$$

由上式可得平均成本與邊際成本：

$$AC_1 = AC_0 + \frac{\overline{T}}{Q_0} \tag{4}$$

$$MC_1 = MC_0 \tag{5}$$

平均成本也會由 AC_0 上升至 AC_1，但是邊際成本不會改變 $MC_0 = MC_1$，結果餐廳的產量、價格仍為 Q_0 與 P_0 不變，利潤會由 □ P_0ACP_2 減少為 □ P_0ABP_1。可見定額稅具有中立性的特性不會影響改變廠商的生產決策，故廠商的生產數量與價格不變，只會造成廠商利潤下降而已。

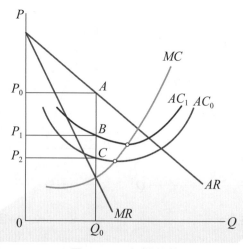

▲ 圖10.7　定額稅效果

2. 從量稅或從價稅

　　從量稅是依廠商生產量來加以課稅，例如生產一個產品課徵 t 元的稅，生產量越大課的稅就越多。從價稅是依廠商產品價格課徵某一比率的稅，價格越高課徵的稅越多。由於從量稅與從價稅的效果相同，以下則以從量稅來說明。假設校方對餐廳每單位產量課 t 元的稅，則其總成本由 TC_0 上升至 TC_1：

$$TC_1 = TC_0 + t \cdot Q \tag{6}$$

由上式可得平均成本與邊際成本：

$$AC_1 = AC_0 + t \tag{7}$$

$$MC_1 = MC_0 + t \tag{8}$$

　　即餐廳的平均成本與邊際成本皆上升 t 幅度，餐廳的產量由 Q_0 減少至 Q_1，價格由 P_0 上漲至 P_1。因此，從量稅與從價稅皆不具租稅的中立性，兩者都會改變廠商的生產決策，使產量與價格發生變動。

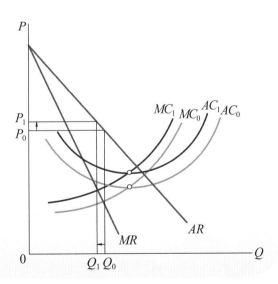

▲ 圖10.8　從量稅或從價稅效果

3. 利潤稅

政府對獨占廠商所獲得的利潤，課徵某比率(k)的稅。

則獨占廠商的利潤由 π_0 下降至 π_1：

$$\pi_1 = \pi_0 - k\pi_0 = \pi_0(1-k)$$

$$= (TR_0 - TC_0)(1-k) \qquad (9)$$

由於最大利潤條件 $MR_0 = MC_0$ 不變，故稅後產量，價格不變，只造成利潤由 π_0 下降至 π_1。因此利潤稅除了降低了獨占廠商的利潤，並不會改變獨占廠商的生產決策。

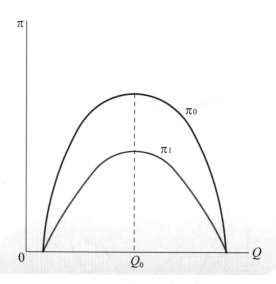

▲ 圖10.9　利潤稅效果

第六節　獨占廠商的行為分析

獨占廠商由於異於其他市場的結構而有其特別的行為模式，茲分別說明如下：

一、X 無效率(X-Inefficient)

獨占廠商由於缺乏外在競爭壓力，使廠商無動機去追求最小成本。反正，隨便經營都可賺到錢，又無人競爭，就無心努力去降低經營成本。獨占廠商若以較高的 MC_1 來生產，使 $P_1 > P_0$，$Q_1 < Q_0$。這種不追求最低生產成本，而以較高的成本來生產的方式稱為「X 無效率」。

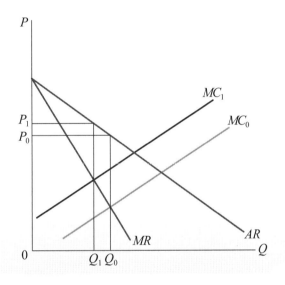

▲ 圖10.10　獨占廠商的「X無效率」

二、鑽營活動(Rent-Seeking Activities)

獨占廠商例如獨攬工程、獲得特許行業執照等，為了維持其獨占地位，追逐自身的利益，可能採取一些諸如：遊說政府官員、託請民意代表關說，從事廣告、公關等活動，來創造進入障礙。但是，也因此產生許多與生產活動無關的成本，造成社會資源的浪費。

三、差別取價

由於獨占廠商對價格有很高的控制能力，為賺取最大利潤，常對相同或不同的消費者；相同或不同的購買數量；與不同的市場採取不同的價格。

一般而言，獨占廠商對不同市場的消費者，索取不同價格所須具備的條件為：

1. 廠商對價格具有影響力。
2. 市場被區隔開，產品不能在不同產品間回銷、轉售。
3. 不同市場需求彈性要不同。

例如校園餐廳面對學生與老師兩種不同的市場，由於學生受限於禁止外出的規定，只得在校內進食，故其對學校餐點的替代品較少，其需求曲線為 AR_1，需求彈性較小，而邊際收益曲線為 MR_1。老師不受外出的限制，可到校外進食，故其餐飲的替代品較多，需求曲線為 AR_2 需求彈性較大，邊際收益曲線為 MR_2。

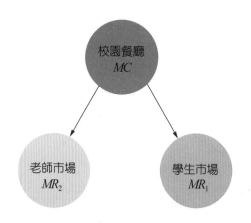

▲ 圖10.11　校園餐廳利潤最大條件結構圖

面對兩種不同的市場餐廳該如何取價才能符合自身的最大利益？依照利潤最大條件：MR=MC，故 $MR_1=MR_2=MC$，依此條件，餐廳為學生提供的餐點數量為 q_1^*，價格為 P_1^*，為老師提供餐點的數量為 q_2^*，價格為 P_2^*，餐廳總產量為 $Q^*=q_1^*+q_2^*$，且需求彈性較小的學生支付價格高於彈性較大的老師($P_1^*>P_2^*$)，老師在吃飯時可能不用排隊，可能有較多的菜或飯，可能有較多服務人員的微笑…等，形同折價。由以上分析我們可得到一個重要的差別取價原則：「對需求彈性小的市場消費者取較高價，對需求彈性大的市場消費者取低價」。其實這就是「欺善怕惡型」

的取價方式，對好欺負的學生（無替代品選擇）取高價，對不好欺負的老師（有許多替代品可選擇）取低價。

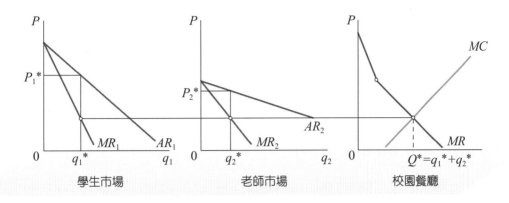

學生市場　　　　　老師市場　　　　　校園餐廳

▲ 圖10.12　不同市場的差別取價

其他的例子像一個獨生子感情市場亦可分為二個市場，一個為父母市場，另一個為同學市場。由於父母對獨子的感情需求無其他兄弟姊妹來替代，故需求彈性小，然而同學對獨子的感情需求有許多其他同學可為替代，故需求彈性大。因此獨子在家可對父母採取高價（例如耍脾氣拿翹）來剝削父母，但在學校則不會如此驕縱（採低價），否則會弄的在學校沒有半個朋友的下場。

四、加碼訂價原則

獨占廠商的訂價亦有其特殊的含意，根據利潤最大條件，獨占廠商會按照邊際成本的倍數來訂定其價格。

當　　　　　　　　　　$MR = MC$　　　　　　　　　　　　　　　　　　　(10)

則　　　　　　　　$P(1-\dfrac{1}{|E_d|}) = MC$　　　　　　　　　　　　　　(11)

$$P= \dfrac{1}{1-\dfrac{1}{|E_d|}} \cdot MC = k \cdot MC \qquad\qquad (12)$$

式中 $k = \dfrac{1}{1-\dfrac{1}{|E_d|}}$，由於 $MR=MC>0$ 可知，獨占廠商在 $|E_d|>1$ 的地方生產，故 $k>1$，獨占廠商訂價為 MC 的 k 倍。

第七節 獨占廠商獨占能力的測度

　　獨占廠商到底有多大的獨占能力？我們可用一些客觀方法來衡量。一般概念上如果獨占廠商的訂價較其成本高出甚多，則獨占力越大，反之，離成本越近，獨占力越小。另一方面，如果獨占廠商銷售額占市場銷售額比率越大，獨占力越大，反之占市場銷售額比率越小，獨占力越小。

一、勒納指數(Lerner Index)

　　勒納指數是以獨占廠商的價格(P)與邊際成本(MC)的差距大小來測量獨占力。當P與MC的差距越大，顯示獨占度越大，反之差距越小，獨占度越小。則獨占度(M)可表示成：

$$M = \frac{P-MC}{P} \tag{13}$$

又 MR=MC 且

$$MC = P(1-\frac{1}{|E_d|}) \tag{14}$$

故

$$M = \frac{1}{|E_d|} \tag{15}$$

結論：

1. 在完全競爭市場，廠商需求彈性無窮大($|E_d|=\infty$)，廠商獨占度為零(M=0)。
2. 需求彈性($|E_d|$)越小，廠商的獨占度越大，反之，需求彈性越大，獨占度越小。
3. 一般而言，獨占廠商生產的產品幾乎無替代品，需求彈性較小，獨占度較大。

二、市場集中度

　　以銷售額排名前幾家廠商的市場占有率來計算，占有率越高，表示獨占能力越強，反之，占有率越低表示獨占能力越弱。排名前N家廠商的市場集中度R_N為：

$$R_N = \frac{排名前N家廠商銷售金額}{市場總銷售金額} \tag{16}$$

三、其他常用獨占能力測試的指標

除上述二種外，一般使用者尚有下述四種：

1. 貝恩指數 (Bain index)：I_B

$$I_B = \frac{P\text{-}AC}{P}$$

2. 羅斯琪爾指數 (Rothchild index)：I_R

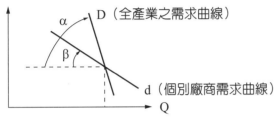

$$I_R = \frac{\beta}{\alpha} \ , \ 1 \geq I_R \geq 0$$

I_R 越大，代表獨占力越大

3. 產業集中度：I_C

$$I_C = \frac{主要廠商之銷售量}{整個產業之銷售量}$$

I_C 指數越大，代表獨占力越大

4. 霍芬達爾指數 (Herfindahl index)

$$I_H = \sum_{i=1}^{n} f_i^2$$

f_i：表示每家廠商之市場占有率

(1) 若 $I_H = 0 \Rightarrow$ 表示完全競爭

(2) 若 $I_H = 1 \Rightarrow$ 表示獨占

歷屆試題 Exercise

一、選擇題

( ) 1. 獨占廠商之短期供給曲線： (A) 不存在 (B) 是平均成本以上的邊際成本線 (C) 是平均變動成本以上的邊際成本線 (D) 是整條邊際成本線。 （96 二技）

( ) 2. 下列何者不是廠商差別訂價的例子？ (A) 電影票價分為全票與學生票 (B) 工業用電和家庭用電的費率不同 (C) 買一瓶飲料和一箱飲料的單價不同 (D) 電信公司家數增加後，手機費率變不同。 （96 二技）

( ) 3. 下列有關壟斷廠商之敘述，何者為真？ (A) 邊際收益曲線在需求曲線下面 (B) 邊際收益曲線與需求曲線是相同的 (C) 邊際收益曲線在需求曲線上面 (D) 邊際收益等於價格。 （83 普考）

( ) 4. 獨占廠商面對兩個不同市場時，應如何差別訂價，才能獲得最大利潤？ (A) 規模大之市場訂價高 (B) 規模小之市場訂價高 (C) 需求的價格彈性大之市場訂價高 (D) 需求的價格彈性小之市場訂價高。 （93 四技二專）

( ) 5. 一個獨占者，其邊際收益 (A) 等於價格 (B) 小於價格 (C) 大於價格 (D) 大於平均收益。 （97 身心障礙甄試）

( ) 6. 下述哪一項是獨占市場中對於獨占廠商的假設： (A) 面臨負斜率之供給曲線 (B) 面臨水平的需求曲線 (C) 在需求與成本結構一致下，其產量較完全競爭廠商多 (D) 唯有在降低價格的情況下，才能增加銷售量。 （98 身心障礙甄試）

( ) 7. 獨占廠商利潤最大的訂價策略為 (A) 價格小於邊際成本 (B) 價格等於邊際成本 (C) 價格大於邊際成本 (D) 以上皆非。 （97 身心障礙甄試）

( ) 8. 下列有關獨占廠商的敘述，何者錯誤？
(A) 獨占廠商沒有短期供給線
(B) 短期下利潤一定大於零
(C) 若其採完全差別訂價時，消費者盈餘將為零
(D) 若其採第三級差別訂價時，對於需求價格彈性較小的市場，會採取較高的售價 （104 四技二專）

(　) 9. 下列有關獨占與完全競爭市場特性之敘述，何者不正確？　(A) 自然獨占 (Natural Monopoly) 是因廠商具有天然資源所形成之優勢　(B) 長期而言，完全競爭廠商不會有超額利潤　(C) 採差別訂價之獨占廠商，一般會對較高價格彈性之市場訂定較低價格　(D) 現實環境中，大宗農產品（如稻米、小麥）是較符合完全競爭市場條件之產業。　　　　　　　　　　　　　（101 四技二專）

(　) 10. 已知獨占廠商面臨的市場需求為 $Q = 20 - P$，廠商之邊際成本 (MC) 為 $MC = 2Q$，以下何者為真？（Q 為數量，P 為價格）　(A) 邊際收益曲線為 $P = 20 - Q$　(B) 利潤最大之產量為 5　(C) 平均成本為 2　(D) 利潤最大時價格為 10。　　　　　　　　　　　　　　　　　　　　　　（100 二技）

(　) 11. 以下有關追求利潤最大之獨占廠商在短期均衡的敘述中，何者為真？（MR 為邊際收益，AR 為平均收益，MC 為邊際成本，P 為價格）　(A) 產品訂價依供需決定　(B) 依 $MR = P$ 決定生產數量及價格　(C) 獨占廠商無供給曲線　(D) 依 $MC = AR$ 決定生產數量。　　　　　　　　　　　　（100 二技）

(　) 12. 某運輸公司為完全獨占廠商，因考慮購票者規劃旅遊時間特性，將市場區隔為早鳥市場（搭乘日期 100 天前購票）及一般市場。早鳥市場採限量優惠，為正常售價之 50%。已知正常售價為 3,000 元，而廠商之邊際成本為 900 元，請問早鳥市場的需求價格彈性是多少？ (A)1.43　(B)1.67　(C)2.50　(D)5.00　　　　　　　　　　　　　　　　　　　　　　（102 四技二專）

(　) 13. 某一追求利潤極大化的獨占廠商，其價格函數為 $P=20-Y$，總成本函數為 $TC(Y)=8Y$，請問其價格應設定為：　(A)14　(B)7　(C)8　(D)12。（90 二技）

(　) 14. 為了降低公營獨占事業訂價所產生的社會損失，同時避免該事業出現虧損，可以採取下列何種訂價方法？（其中 P= 價格、MR= 邊際收入、MC= 邊際成本、AC= 平均成本、AR= 平均收入）　(A)P=MR　(B)P=MC　(C)P=AC　(D)P=AR　　　　　　　　　　　　　　　　　　　　　　　　　　（103 四技二專）

(　) 15. 獨占性廠商的獲利率通常會受到政府的管制，因此獨占性廠商在使用資本與勞工時，往往會有以下何種情形之出現？　(A) 多使用資本與少使用勞工　(B) 多使用資本與多使用勞工　(C) 少使用資本與少使用勞工　(D) 少使用資本與多使用勞工。　　　　　　　　　　　　　　　　　　　　　　　　　（90 二技）

( ) 16. 某獨占廠商的市場需求曲線為 P=100-Q，其總成本曲線為 C=100+20Q+Q²，則該廠商的極大化利潤為： (A)700 (B)800 (C)900 (D)1000。（91 二技）

( ) 17. 下列有關獨占的敘述，何者是不正確的？ (A) 獨占通常不具有配置效率 (B) 獨占不一定滿足生產效率 (C) 自然獨占的廠商必然具有規模經濟 (D) 獨占廠商不是價格接受者，因此只要提高價格即可增加其利潤。 （91 二技）

( ) 18. 某一獨占廠商最適化後的經濟利潤為 \$1,000,000，當政府對其課徵定額稅 (Lump Sum Tax)\$500,000 時，將引起該廠商： (A) 減少產出與提高價格 (B) 增加產出與提高價格 (C) 增加產出與降低價格 (D) 產出與價格均不作調整。 （91 二技）

( ) 19. 為賺取最大利潤，獨占廠商可針對不同的市場採取差別定價，其差別定價策略，下列何者正確？ (A) 需求價格彈性越大的市場，採取較高價格 (B) 需求價格彈性越大的市場，採取較低價格 (C) 需求所得彈性越大的市場，採取較低價格 (D) 需求所得彈性越大的市場，採取較高價格。 （93 四技二專）

( ) 20. 某獨占廠商在甲乙兩個完全隔絕的市場銷售同一種商品。若甲市場的價格彈性對對值為 2，商品單價為 10 元；乙市場的價格彈性絕對值為 5，則該廠商在追求利潤極大化下，乙市場商品的訂價應為： (A)6.25 元 (B)6.50 元 (C)6.75 元 (D)7.25 元。 （93 二技）

( ) 21. 某廠商擁有兩家工廠。第一家工廠的成本函數為：C1(Y1)=2(Y1)²+90，Y1 表第一家工廠的產出水準；第二家工廠的成本函數為：C2(Y2)=6(Y2)² + 40，Y2 表第二家工廠的產出水準。若該廠商想以最低的成本生產 32 單位的商品，則應由第二家工廠生產多少單位商品？ (A)2 單位 (B)7 單位 (C)8 單位 (D)14 單位。 （93 二技）

( ) 22. 下列關於經濟學中所常用的生產要素之描述，何者有誤？ (A) 生產要素包括勞動、資本、土地、與企業家精神 (B) 勞動的報酬是工資 (C) 土地的報酬是地租 (D) 資本的報酬是利潤。 （93 二技）

( ) 23. 面對線性需求線的獨占廠商，當它的邊際成本大於零時，則它的最適生產量會落在需求線上的哪一段？ (A) 需求的價格彈性大於 1 之處 (B) 需求的價格彈性小於 1 之處 (C) 需求的價格彈性等於 1 之處 (D) 與需求的價格彈性無關。 （94 二技）

( ) 24. 如果獨占廠商能夠執行完全價格歧視訂價（第一級差別訂價），則消費者盈餘：(A) 較單一價格時減半　(B) 較單一價格時加倍　(C) 為 0　(D) 等於生產者盈餘。　　　　　　　　　　　　　　　　　　　　　　　　（94 二技）

( ) 25. 有一廠商設有甲、乙兩個工廠，生產同一產品。甲工廠之邊際成本為 MC=2Q，乙工廠之邊際成本為 MC=50+Q。假若此一廠商需要生產 70 單位，則甲、乙兩個工廠應各生產多少單位（Q 表生產量）？　(A) 甲生產 30 單位，乙生產 40 單位　(B) 甲生產 35 單位，乙生產 35 單位　(C) 甲生產 40 單位，乙生產 30 單位　(D) 甲生產 45 單位，乙生產 25 單位。　　　　（94 二技）

( ) 26. 有關獨占與完全競爭兩種市場廠商在長期間的行為，何者正確？　(A) 獨占廠商容易進入與退出，但完全競爭市場廠商有進入障礙　(B) 完全競爭市場廠商可控制供給，但獨占廠商對供給影響力消失　(C) 完全競爭市場廠商利潤為零，但獨占廠商的利潤則可能存在正利潤　(D) 均成為價格接受者。（94 四技二專）

( ) 27. 下列有關獨占廠商的敘述，何者錯誤？

(A) 獨占廠商沒有短期供給線

(B) 短期下利潤一定大於零

(C) 若其採完全差別訂價時，消費者盈餘將為零

(D) 若其採第三級差別訂價時，對於需求價格彈性較小的市場，會採取較高的售價　　　　　　　　　　　　　　　　　　　　　　（104 四技二專）

二、問答題

1. 獨占生產者不會遭致損失。請評論此陳述。（評論時請先對該陳述之正確與否做一回答，之後再提出有效的分析佐證之）　　　　　（97 東吳碩士在職）

2. 設某一獨占廠商採用完全價格歧視(Perfect Price Discrimination)來出售其產品，而其所面對之市場需求曲線為 P=300-7q，而其成本函數為 TC=20q。

求算(1) 總收益函數

(2) 邊際收益函數

(3) 最適合之生產量(24%)

　　　　　　　　　　　　　　　　　　　　　　（96 中原企管所甲組）

CH 11

產品市場（三）：
寡占市場結構分析

第一節　寡占廠商的行為分析

第二節　價格穩定的拗折需求理論

第三節　價格領導

第四節　勾結與欺騙

第五節　遊戲理論

參考文獻

歷屆試題

ECONOMIC$

寡占市場由於每家廠商都具有影響力，因此彼此之間的決策具有競爭性與依賴性。在完全競爭與獨占性競爭市場中廠商太多，彼此之間無從關心起，而獨占市場只有一家廠商，無競爭對手可關心，因此寡占廠商之間的互動關係是此一市場很特別的地方。

寡占市場理論自從 1962 年秦伯霖 (Chamberlin) 提出以來，迄今尚在蓬勃發展，理論上亦較其他市場推陳出新。寡占市場廠商之間的互動，與人際關係的互動非常相似，在人群之間有勾結、跟隨者與領導者、競爭手段的選取等，在寡占市場理論中，廠商之間有類似的關係。研究寡占市場可以帶給我們瞭解廠商互動行為與人際關係互動的樂趣。

第一節　寡占廠商的行為分析

寡占市場中少數幾家廠商即占有相當份量，由於都是市場中的大廠，故在彼此之間的決策都會相互影響，因此強調廠商彼此之間的相互關係是此市場特色。以台北市百貨公司為例，若新光三越有折扣的計畫時，必須考慮太平洋百貨公司、遠東百貨公司的反應，他們若跟著降價，則新光三越就沒有得到太大好處。他們若沒有降價計畫，則新光三越才能搶到大量顧客。簡而言之，其他百貨公司可能的反應將對新光三越的決策產生一定的影響。

其次，寡占市場由於廠商彼此間相互影響及牽制的關係，其決策行為往往因為對手的反應不同而有所差異；所以，寡占理論的原理和廠商間彼此互動關係有關，針對互動處理方式有下列三種：

1. **假設某一特定廠商的行為決策不會引起對手的任何反應**

廠商發現在顧慮到對手反應下的決策往往不是很明確，因為任何一個結果都有可能；所以，不如單純假設自己的行為不會影響對手的決策。

2. **假設幾個寡占廠商聯合成為一個形同獨占的組織**

在短期時，廠商忽視對手的反應也許合理；但在長期下，一直置對手的反應於不顧很可能使自身利益受損。所以，我們假設廠商彼此公開聯合成為一個

同獨占的組織，然後從整個產業的角度決定產量與價格；這種組織稱之為**卡特爾**(cartel)。世界上最成功且維持最久的卡特爾組織為**石油輸出國家組織**(OPEC)。

公開結合行為在許多國家違反當地法律，於是就產生另一種隱形或無形的結合行為。廠商們彼此間並沒有公開討論，但是透過各式各樣間接的管道，形成默契或口頭上協議，了解彼此間的意願，然後採取相同的策略。一個相當普遍的例子是所謂的**價格領導**(Price leadership)：產業中某一個特定的廠商決定整個產業產品的價格，其他廠商雖然沒有正式協議，但認可該廠商所決定產品的價格。台灣的石油業以台灣中油與台塑石油即已占有市場的大部分，其他業者則以他們的策略來擬定自身方向，這正是典型價格領導的例子。

3. **直接研究廠商彼此間的決策，以及其對於彼此決策的反應行為**

另一種處理廠商相互依存關係的方式，則為直接研究廠商彼此互動關係，這種理論稱為**賽局理論**(Game theory)，或稱為**遊戲理論**。

其次，廠商彼此之間若採價格競爭，必然導致兩敗俱傷，故通常寡占廠商會採取非價格競爭手段來穩定價格。經濟學上常以**拗折需求理論**(kinked demand theory)來說明。

在文獻上如何處理寡占廠商互動關係非常多，我們認識了廠商互動簡單概念後，就所有的理論模型中，選出較常見的理論加以討論分別是：1.拗折需求理論、2.價格領導制、3.勾結及4.遊戲理論。

第二節　價格穩定的拗折需求理論

在現實生活中，稻米、衣服、蔬菜等價格幾乎常常變動。以蔬菜為例，颱風來了，菜價立即上漲。但生活也有許多產品，如汽車、電視機和水泥等，這些產品的成本可能常在變，但是他們的價格是一年難得變動一、二次。這些產品是由寡占廠商所供應，因此寡占市場下有一特色，即是產品價格具有某種程度穩定性，稱為**僵硬性**(stickiness)。美國的經濟學家史威吉(Paul Sweezy)提出**拗折需求理論**(kinked demand theory)來解釋此現象。

一、拗折需求曲線

在國內水泥市場中台灣水泥和亞洲水泥公司為寡占廠商，假設水泥的原始價格在 P_0，如圖 11.1 所示。其次，圖中 D_1 表示台泥改變價格，亞泥不會跟著改變價格時，台泥面對的需求曲線；D_2 表示台泥改變價格，亞泥會跟著改變價格時，台泥面對的需求曲線。由於 D_2 假設對手會同步反應的關係，故 D_2 線應較 D_1 為陡（缺乏彈性）才是。

然而，就台泥而言，它所面臨的需求曲線應為何呢？今分成兩點敘述如下：

1. 一個合理的揣測是當台泥漲價，亞泥不漲價以藉機多爭取一些台泥的客戶。所以台泥面對需求曲線為 D_1。

2. 其次，當台泥降價時，亞泥為了避免客戶流失，因此亞泥會同步降價以保持市場占有率，所以 D_2 為台泥面對需求曲線。

綜合上述，可知台泥真正面臨的需求曲線將如圖 11.1 中 ABC 所示因在 B 點產生轉折點，故稱**拗折的需求曲線** (kinked demand curve)。

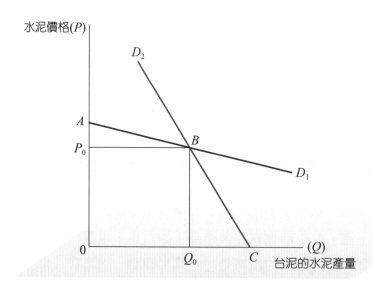

▲ 圖11.1　拗折的需求曲線

二、寡占廠商的產量及價格的抉擇

　　依據圖11.1的拗折曲線，我們可以導出對應的邊際收益曲線。在圖11.2中，ABC為拗折的需求曲線，是由兩個部分組成：

1. AB線段為較平坦的D_1線，相對於D_1線，我們也可以繪出其邊際收益曲線為mr。

2. BC線段屬較陡的D_2線，相對於D_2線，我們也可以繪出其邊際收益曲線MR。

　　　由於寡占廠商面臨的需求線為拗折的ABC，故其所對應的邊際收益曲線如同圖11.2所示之ADHEG線。因為在B點的左邊，需求曲線為D_1部分，所以邊際收益取其對應之mr部分，即AD線段；在B點右邊，需求曲線為D_2部分，所以邊際收益取D_2對應之MR部分，即EG線。所以，ADHEG線為台泥的邊際收益曲線。

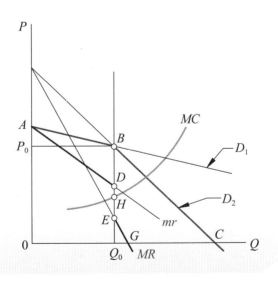

▲ 圖11.2　拗折需求線下台泥的抉擇

　　導出台泥的邊際收益線後，假設台泥邊際成本如圖11.2中MC線所示。廠商在追求利潤最大的情況下，產量決定於邊際收益等於邊際成本交點H，在利潤最大之下，台泥產量為Q_0，每單位價格為P_0。

三、成本變動對價格的影響

當台泥生產成本由MC_0上升至MC_1，只要仍在圖11.3中DE範圍內，水泥的價格仍穩定在P_0。

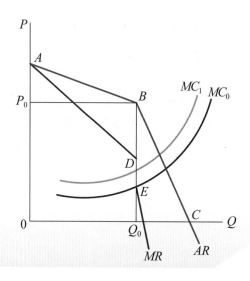

▲ 圖11.3　成本變動對價格的影響

四、需求變動對價格的影響

例如六年國建對水泥需求增加由AR_0右移至AR_1，但是只要MC仍落在MR的缺口中，水泥價格仍為P_0，如圖11.4所示。

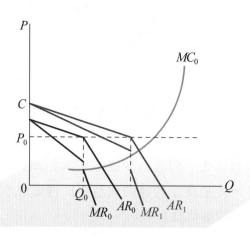

▲ 圖11.4　需求變動對價格影響

由上述三和四可知，寡占廠商產品售價較不會因外在因素變化而改變，具有穩定性。

　　寡占市場價格穩定的特性，在許多產品市場上我們也可以發現此種現象。例如台灣雞價下跌，但是肯德基炸雞並未因此而下跌；化妝品關稅下降，化妝品價格還是貴的離譜。主要原因是炸雞市場僅存在麥當勞、肯德基等寡占市場型態的速食業市場，而化妝品亦是存在為寡占市場型態的進口代理商。

第三節　價格領導

　　寡占廠商為了避免獨立訂價的麻煩，或訂價與其他廠商不一致，可能引起不良反應，因此寡占廠商會以該產業中歷史最悠久，或成本最低，或規模最大廠商來作為**價格領導者**(Price leader)，而其他廠商則作為**價格追隨者**(Price follower)。以下將介紹幾種不同類型之價格領導制。

一、較低成本廠商模型(Lower Cost Model)

　　寡占市場中假設只存在二家廠商，其中第1家宏碁領導廠商的成本較低為 AC_1 和 MC_1，如圖11.5所示；第2家廠商為其他成本較高的廠商成本，其平均成本為 AC_2，而邊際成本為 MC_2，且二廠商面對的需求曲線皆相同為 AR。

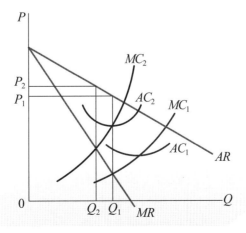

▲ 圖11.5　較低成本廠商模型

第 1、2 廠商在利潤最大條件下 (MR=MC) 所決定的價格 P_1 與 P_2，由於第 2 廠成本較高，其所決定的價格高於第 1 廠的領導價格 ($P_2 > P_1$)，故必須把其價格降至與領導廠商相同的 P_1，否則無法出售其產品。換言之，即接受宏碁為領導廠商，而本身作為跟隨者。

當宏碁推出低價國民電腦打入市場，其他廠商為了能在競爭激烈電腦市場生存，只有跟著降價。這正是較低成本廠商為價格領導最好印證。

二、優勢廠商模型(Dominant Firm Model)

優勢廠商具有支配市場的優勢能力，市場由優勢廠商訂定價格，並在此一價格下出售產品，其餘則由小廠商（或跟隨廠商）供應。

市場需求曲線為 D，優勢廠商的需求曲線為 AR_L，邊際收益曲線為 MR_L，邊際成本為 MC_L，則其決定的產品價格為 P_L，並出售 Q_L 數量的產品，而其餘產量 $Q_L Q_F$ 則由小廠商供應。上述狀況可見圖 11.6。

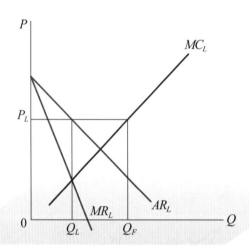

▲ 圖11.6　優勢廠商模型

瞭解優勢廠商模型之後，我們來看一實例：台灣的早期銀行業為寡占市場型態，一般台灣銀行、交通銀行、土地銀行、農民銀行、三商銀即已占有市場放款的大部分，而為市場的領導者，民國 78 年銀行法修正，允許新設民營銀行，而後有 15 家新銀行的設立，而新設立銀行可視為跟隨者。

　　假設新銀行未核准開放設立前，社會對放款的市場需求為 D，而 AR_L，MR_L 與 MC_L 為領導銀行的收益與成本，如圖 11.7 所示。其次，領導銀行決定的市場放款利率為 i_L，市場放款總量為 Q_F，其中領導銀行提供 Q_L，跟隨銀行提供 $Q_L Q_F$ 的放款量。

　　開放新銀行設立後，領導銀行的 AR_L 左移 AR_L'，MR_L 左移 MR_L'，故新銀行開放設立造成的影響：

1. 放款利率由 i_L 下降為 i_L'。
2. 領導銀行放款減少 ($Q_L' < Q_L$)。
3. 跟隨銀行放款增加 ($Q_L' Q_F' > Q_L Q_F$)。
4. 市場放款總量增加 ($Q_F' > Q_F$)。
5. 領導銀行因此會面臨強大競爭，必須調整步伐才能適應新時代的競爭情勢。

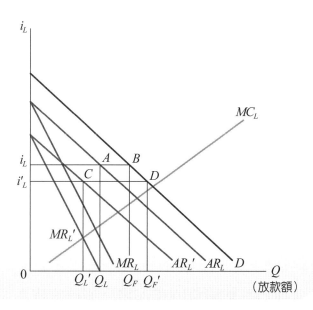

▲ 圖11.7　寡占市場的銀行業之價格領導制

第四節　勾結與欺騙

寡占廠商具有高度的相互依存性，為了共同的利益，往往在產出與價格方面相互勾結，透過協議，採取一致的行動。它們的勾結行為有的公開，有的則為祕密，採取完全公開的方式稱為卡特爾，最有名的例子為石油輸出國家組織。以內銷為主的卡特爾在許多國家都是違法的，為了避免接受政府的取締或遭受懲罰，許多廠商的勾結行為都是非公開，往往是利用各種宴會、高爾夫球賽，或同業開會的機會，在產品售價取得口頭的協議，彼此同意只在非價格方面互相競爭。採取這種所謂「**君子協定**」(Gentlemen's Agreement)雖然違法，但因不易偵查，實際上很難有效取締。例如在1985年8月爆發出來的兩玻事件，國內新竹玻璃公司與台灣玻璃公司，暗中協議自1982年11月起，所有內銷玻璃數量均按57%與43%的比例分配。兩家公司並約定若任何一方未依此協議行事，須以當時市價之5%補償對方。這協議直到1985年8月新竹玻璃公司具狀控告台灣玻璃公司未履行協定時，方始曝光。[註1]

不管以何種方式勾結，最主要的是提高利潤，但這也產生了勾結的不穩定，因為參與勾結廠商發現，如果他偷偷增產，可以增加更多的利潤。於是大家紛紛效法，進而使勾結破裂，生產者同受其害。

OPEC是由許多石油輸出國組成，主要目的為提高各國利潤。假設組織只有伊拉克和科威特兩個國家，

科威特的AC_1和MC_1如圖11.8中(1)所示，伊拉克的AC_2和MC_2如圖11.8中(2)所示，而MC則由伊拉克和科威特的邊際成本曲線，水平相加而得，如圖11.8中(3)所示。其次AR線是對OPEC石油的需求曲線。

P_m為OPEC對每桶石油的訂價，在P_m之下，科威特產量為$0Q_0^a$，利潤為□$P_m abc$；而伊拉克產量為$0Q_1^a$，利潤為□$P_m fgh$。此時若科威特在P_m的價格下，偷偷增產至$0Q_0^b$，利潤可增加□adeb。同理伊拉克亦可違反組織定價偷偷增產來增加利潤，因此一般而言勾結組織存在一些不穩定的因素，易使組織瓦解。

註1　此例引自張清溪、許嘉棟、劉鶯釧、吳聰敏合著：經濟學理論與實際，上冊，p.259。

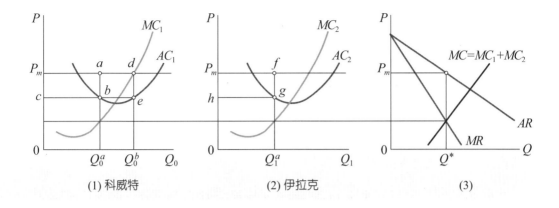

▲ 圖11.8　勾結與欺騙

若只有一個國家違背組織規定，尚不致有太大影響，但若多數人都這麼做，結果將使OPEC瓦解。

此種現象很像人際關係中以利益結合的團體，都會有不穩定的特性。組織成員在很大誘因之下，會違背組織規定，而私下從事違反組織規定的行為。這也常見，在班上同學之間常有小團體，而此小團體常常解體後又重新組織。

第五節　遊戲理論

遊戲理論是1944年由天才數學家馮紐曼(J. Von Neumann)及經濟學家摩根斯坦(O. Morgenstern)共同創立的，這是一種分析不同廠商之間策略行為互動關係的理論，即廠商A的最適決策取決於廠商B的決策，廠商B的最適決策取決於廠商A的決策。由於寡占廠商之間存在高度相互依存關係，因此很適合以遊戲理論來分析寡占廠商之間產量與價格的變動關係。

遊戲理論非常複雜，在本節只簡單介紹基本概念：納許均衡(Nash equilibrium)，而後在介紹理論的應用。

一、納許均衡

廠商在考慮對方決策之後,而作出最適的決策,當雙方都作出選擇之後,均不願再改變其所作的選擇,即達成納許均衡。換言之,即在對方的一定選擇下,雙方均無法找到更好之選擇策略的一種狀況。茲以一例子說明如下:

假設寡占的水泥市場中,台灣水泥與亞洲水泥公司均有漲價與價格不變兩種策略可供選擇,這兩種策略的利得矩陣如下表。

▼ 表11.1　台泥和亞泥的報償

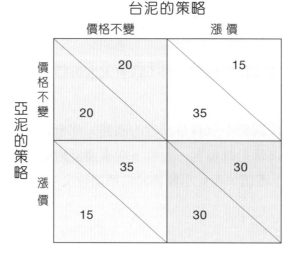

註:每一方格上方三角形內數據為台泥的利潤,下方為亞泥的利潤。單位為萬元。

由利得矩陣可知,亞泥最佳策略為維持價格不變,茲分成下列兩點敘述:

1. 如果亞泥預期台泥的策略為價格不變,則亞泥採取價格不變可獲得20萬元的利潤,而選擇漲價則只得15萬元,故維持價格不變是最佳策略。

2. 如果亞泥預期台泥的策略為漲價,則亞泥發現維持價格不變可得利潤較大,故維持價格不變是最佳策略。

3. 這種把對方決策視為既定,自己再作決策的均衡,文獻上稱為納許均衡(Nash equilibnium),這是因納許(John F Nash)於1951年對競賽理論之研究而得名。

同理分析,台泥預期亞泥無論採取何種策略,對台泥而言價格不變仍為其最佳的選擇策略。總而言之,台泥和亞泥皆以價格不變作為其最佳策略,各獲得20萬元報酬,此即為**納許均衡**。

二、實例分析

　　台北是車多路難行的大都市，如果大家都遵守交通規則，則從甲地到乙地需時30分鐘。若有一個人阿Q，不守規則，而其他人都遵守規則，阿Q只需花20分鐘就能到目地，別人則要40分鐘。同理，別人不守規則，而只有阿Q守規則，他需花50分鐘才能到目地，別人只要20分鐘。如果大家都不守規則，阿Q必須花40分鐘才可到。將上述列成利得矩陣如下所示：

▼ 表11.2　阿Q和台北市民報償

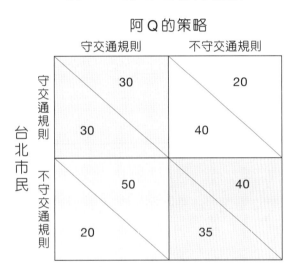

　　阿Q與台北市民在考慮對方的策略之後，皆選擇對自己最有利的不守交通規則解，此即為納許均衡解。

　　由此可知台北的交通為何混亂，主要的原因是大家都在找尋到達目地之最短時間，於是不守通規則；闖紅燈、跨越馬路，違反標示等。當然，在此例中，我們是能夠訂立違反交通規則的罰則，以增加違反交通規則到達目地時間，則可能大家能遵守交通規則，進而改善台北的交通。

ECONOMICS
經濟學

參考文獻　Reference

1. 張清溪、許嘉棟、劉鶯釧、吳聰敏合著：《經濟學理論與實際》，上冊。

歷屆試題 Exercise

一、選擇題

( ) 1. 下列何者為寡占市場之主要競爭方式？ (A) 非價格競爭 (B) 降價 (C) 增產 (D) 以上皆非。 （97 身心障礙甄試）

( ) 2. 就台灣而言，下列何種產業最有可能屬於寡占產業？ (A) 汽車業 (B) 紡織業 (C) 食品業 (D) 製鞋業。 （97 身心障礙甄試）

( ) 3. 拗折的需求曲線說明寡占市場中 (A) 某廠商提高價格，其他廠商會跟進，但跌價時皆不跟隨降價 (B) 某廠商降低價格，其他廠商會跟進，但漲價時皆不跟隨漲價 (C) 某廠商漲價、跌價，其他廠商皆會跟進 (D) 某廠商漲價、跌價，其他廠商皆不會跟進。 （97 身心障礙甄試）

( ) 4. 寡占廠商間公開和有形的勾結，聯合成一個形同獨占的組織，並從整個產業的角度決定產量與價格，此組織稱為： (A) 阿卡洛夫 (Akerlof) (B) 李賓斯坦 (Leibenstein) (C) 卡泰爾 (Cartel) (D) 史賓斯 (Spence)。 （100 二技）

( ) 5. 下列有關寡占市場的敘述，何者不正確？ (A) 廠商做決策時，相當關心同業的反應與作為，因此同業間彼此牽制、互相依賴 (B) 拗折的需求曲線用來說明寡占市場產品價格的僵固性 (C) 拗折的需求曲線是假設廠商在訂價時「跟跌不跟漲」所得到 (D) 寡占市場廠商因同業間彼此牽制，不會產生勾結行為。 （100 四技二專）

( ) 6. 下列有關寡占市場的敘述，何者正確？ (A) 廠商的家數眾多 (B) 寡占廠商為價格接受者 (C) 產品必定為同質化產品 (D) 廠商偏好非價格競爭。 （98 四技二專）

( ) 7. 拗折點需要曲線係假設寡占市場中，某一廠商若變動價格時，其他廠商的反應是 (A)完全跟進 (B)完全不跟進 (C)跟漲不跟跌 (D)跟跌不跟漲。 （98 身心障礙甄試）

( ) 8.「當一廠商降價時，其他競爭廠商會跟進降價；當一廠商漲價時，其他廠商不會跟進帳價，所以廠商面對的是拗折的需求曲線 (kinked demand curve)」，上

述現象是哪一個市場的特性？ (A) 完全競爭市場 (B) 獨占市場 (C) 寡占市場 (D) 壟斷性競爭市場。 (96 二技)

( ) 9. 下列敘述何者為正確？ (A)Nash 均衡解一定為優勢策略解 (B)Nash 均衡解一定為有效率解 (C) 混合解無法求得 Nash 均衡解 (D) 當兩家廠商在追求個別利潤極大化的賽局中，若要求一箭定江山，則優勢策略解一定為合作解 (E) 一箭定江山式的囚犯兩難決策賽局，一定無法得到 Pareto 效率解。

(96 台北大學)

( ) 10. 下列敘述何者正確？

(A) 拗折需求線是在說明獨占廠商的產量僵固性

(B) 獨占性競爭廠商常會勾結成立卡特爾 (Cartel) 組織

(C) 寡占廠商長期均衡條件為邊際收益等於平均收益

(D) 獨占性競爭廠商長期均衡時，其平均收益會等於平均成本 (104 四技二專)

( ) 11. 下列有關寡占市場特性之敘述，何者正確？ (A) 因價格訂定是採平均成本訂價法，故其價格具僵固性 (B) 卡特爾 (Cartel) 組織並無法長期維持，乃是因易遭受消費者抵制所致 (C) 廠商彼此間之競爭性與依賴性很高，且互相制衡 (D) 跟漲不跟跌之價格競爭特性，是形成拗折需求線 (Kinked Demand Curve) 之主因。 (101 四技二專)

( ) 12. 古諾 (Cournot) 模型中兩廠商面對的需求函數為 P(Q)=4−4Q，而 Q=Q_1+Q_2 且 Q_1 與 Q_2 分別為廠商 1 與 2 的產出量，在兩廠商的邊際成本為零時，則古諾的均衡解為： (A) $Q_1=\frac{1}{3}$ (B) $Q_2=\frac{1}{3}$ (C) $Q_2=\frac{1}{2}$ (D) $Q_1=\frac{2}{3}$ 。

(94 二技)

CH
12

產品市場（四）：獨占性競爭市場結構分析

第一節　獨占性競爭廠商的短期生產抉擇

第二節　獨占性競爭廠商的長期生產抉擇

第三節　獨占性競爭廠商的生產效率

第四節　非價格競爭－廣告

歷屆試題

ECONOMIC$

在經濟理論中兩個極端的市場結構：完全競爭和獨占，在現實生活中能符合這兩個極端的市場範例並不多。於是在1930年代分別由經濟學家秦伯霖(Chamberlin)及羅賓遜(Robinson)首先提出我們在日常生活中常遭遇到的市場結構：**獨占性競爭市場**（Monopolistic competition market）。

獨占性競爭市場結構與完全競爭市場結構非常類似，而最大不同點在於產品彼此之間彼此有差異存在。這個差異可能是產品實質上有差異，也可能是表現在產品的包裝，或是廣告效果造成產品給予人不同感覺，或是售後服務等。在現實生活中，這種例子很多，例如上A和B兩家美容中心服務結果都差不多，但在廣告的影響下，很可能塑造成只有到A家，才會產生你所想要得到美好身材。蚵仔麵線有許多人在賣，但會因攤位設在路邊和百貨公司美食街，而給予人不同的感覺。

🪙 第一節　獨占性競爭廠商的短期生產抉擇

在獨占性競爭市場中，每一個廠商能提供和別家廠商有差異性的產品，所以他有控制或影響價格的能力。如果他提高產品售價，顧客就會流失一些到其他同行手上；同理若他降低一些產品的售價，他可由別的廠商搶到一些新的顧客。就此觀點而言，意味每一個獨占性競爭廠商都面臨一條負斜率的需求曲線。不過獨占性競爭廠商面對需求曲線要比獨占者所面臨的需求曲線較平緩，即需求彈性大，此因廠商將價格下降一點，由於產品存在替代性，他可以爭取到其他廠商的客戶所造成。

獨占性競爭廠商如同其他市場類型廠商的生產抉擇，除了一方面考慮市場的收益面以外；另一方面也要衡量生產的成本面，在瞭解了收益與成本結構之後，廠商再依其生產決策決定其產量與價格。

7-eleven便利商店為獨占性競爭廠商，因為便利商店它們均提供飲料、泡麵、雜誌等生活用品，但每家地點、裝潢、陳列產品的方式等均與其他人稍有不同。

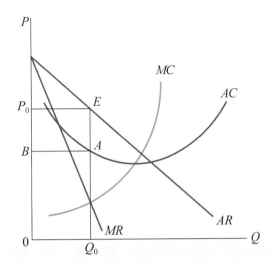

▲ 圖12.1　7-eleven在短期的最適產量及價格的決定

　　假設有一家7-eleven便利商店在追求最大利潤，則其必須符合邊際收益(MR)等於邊際成本(MC)的必要條件：

$$MR = MC \tag{1}$$

同時，為了保證利潤最大的充分條件為：

$$MR曲線的斜率 < MC曲線的斜率 \tag{2}$$

　　則7-eleven最大產品供應量為Q_0，價格為P_0，利潤則為□P_0EAB。獨占性競爭廠商具有提供與其他廠商異質產品能力，所以獨占性競爭廠商在短期內會利用此能力賺取超額利潤($\pi > 0$)，如圖12.2(a)所示。例如有一家7-eleven便利商店就在學校門口，它就能賺取較多利潤。其他像美容中心「最佳女主角」、泡沫紅茶店「小歇」，和早餐店「美而美」等，都是很賺錢的獨占性競爭廠商。

　　然而，獨占性競爭廠商並不一定代表有超額利潤，也許短期間只能賺取正常利潤($\pi = 0$)，如圖12.2(b)。甚至會虧損($\pi < 0$)，如圖12.2(c)所示。

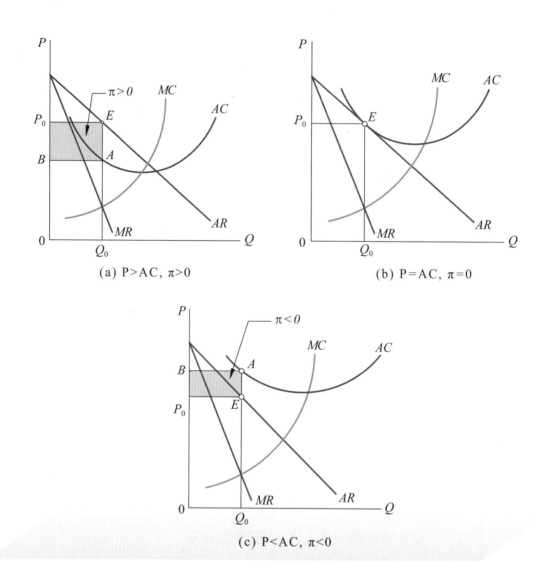

(a) P>AC, π>0

(b) P=AC, π=0

(c) P<AC, π<0

▲ 圖12.2　獨占性競爭廠商利潤類型

第二節　獨占性競爭廠商的長期生產抉擇

　　若獨占性競爭廠商有超額利潤存在，在長期就會吸引新廠加入。當新的廠商加入時，會瓜分原有廠商的市場，使得原有廠商面臨需求減少，即廠商需求線左移。假設邊際成本和平均成本維持不變，需求減少表示廠商的利潤下降。但是，只要超額利潤仍然存在，新的廠商還是會不斷的加入，一直到經濟利潤等於零為止。今以圖12.1例子來說，由於占地利，使7-eleven便利商店賺了很多錢，其他廠商看了非

常眼紅，於是在7-eleven附近紛紛成立便利商店，如「OK」便利商店，「福客多」便利商店，和「全家」便利商店等。進而使7-eleven面臨的需求減少，亦即如圖12.3所示，7-eleven需求線會由D_0往左移，一直移到D_1才停止。

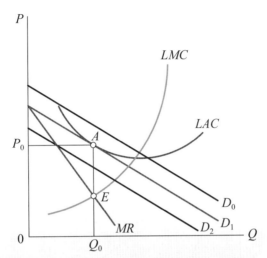

▲ 圖12.3　7-eleven便利商店的長期生產抉擇

　　反之，獨占性競爭廠商有虧損，在長期中產業廠商會逐漸退出。當產業中廠商逐漸退出時，仍留在產業中的廠商所面臨需求增加，即廠商的需求線右移。在邊際成本和平均成本維持不變，需求增加表示留在產業中廠商的虧損在減少。但是，只要仍有虧損，產業中的廠商還是會不斷退出。直到留在產業中廠商的經濟利潤為零為止。仍以圖12.3為例，假設位於校門口7-eleven處於虧損狀態，即廠商的需求線為D_2，並且設於附近便利商店也處於賠錢狀況，則便利商店會陸續關門。若7-eleven需求線會由D_2右移，一直移到D_1才停。

　　當獨占性競爭廠商產量調整至Q_0，每單位產量對單位價格為P_0時，如圖12.3所示。此時為廠商長期生產最適決定，下列兩條件須成立：

1.　Q_0由LMC和MR所決定。
2.　MR的斜率小於LMC的斜率。

第三節 獨占性競爭廠商的生產效率

為了說明獨占性競爭廠商的生產效率，我們將其與完全競爭市場廠商比較，因這兩市場結構最接近，所以相對的差異性能很貼切反應獨占性競爭廠商的生產效率。

假設 7-eleven 便利商店可以在獨占性競爭與完全競爭市場兩種情況下生產。7-eleven 在獨占性競爭的情況下會在 $MR=LMC$ 的地方生產 Q_0 的產量，價格則為 P_0。若是完全競爭市場情況下生產，則會在 $LMC=LAC$ 地方生產 Q_1 的產量，價格則為 P_1。

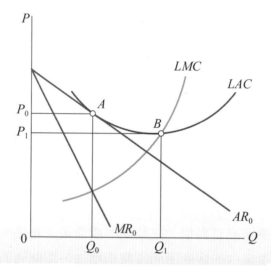

▲ 圖12.4　獨占性競爭市場和完全競爭市場比較

由以上獨占性競爭與完全競爭廠商均衡的不同，可以得出以下幾點差異：

1. **獨占性競爭廠商所提供的產品價格較完全競爭廠商為高 ($P_0>P_1$)。**

　　由於 7-eleven 便利商店中貨品的擺設與別家比較會使顧客感覺更舒服，販賣商品盡量使顧客樂意購買和使用安心，和代理許多服務項目使顧客方便等。簡而言之，使消費者認為與別家有差異，進而喜歡到 7-eleven 購買。

　　7-eleven 因而爭得控制價格獨占力量。因此，消費者雖然需要付出比較高的價格（相對於 P_1），但他們也獲得了多樣化產品可供選擇的滿足。

2. **獨占性競爭廠商所提供的產品數量較完全競爭廠商為少 ($Q_0<Q_1$)。**

獨占性競爭廠商的產量Q_0低於理想的數量，這代表長期下產能未能充分利用，此一現象可以稱為**產能過剩**(Excess Capacity)。除了顧客較多時間外，我們在平時從7-eleven店面經過，會發現照明設備全部在使用，冷氣在運轉，店員在聊天，但沒有顧客。這正是一很好產能過剩，即生產沒有效率的印證。

此外獨占性競爭廠商生產會低於理想的產能運作，也隱含了獨占性競爭產業中廠商數目過多。關於此點，有一個例子，就是時運不濟的證券公司。在民國75年左右，股價指數不斷爬升，此時證券公司紛紛成立。當股價指數超過一萬點時，證券公司數目到達鼎盛。但在民國79年左右，泡沫經濟幻滅，股票交易量大幅萎縮，由於公司太多了，所以每一家收益大減，進而因虧損紛紛倒閉。這些證券公司倒閉後，變成了各式各樣的商店，像餐廳、錄音帶店、服飾店等。

這麼多證券公司因為股票指數下降而倒閉，事實上是很好證明：一開始這產業中的公司就太多了。

3. **由於獨占性競爭廠商的產品訂價高，數量少，對消費者較不利，故社會福利較完全競爭市場為低。**

第四節　非價格競爭－廣告

獨占性競爭廠商彼此競爭方式常採**非價格競爭**(Non-price competition)。所謂非價格競爭係指的是除了降價手段之外，任何能突顯自身產品與其他產品不同處以爭取市場競爭力的行為。

最常見的非價格競爭方式為**廣告**(Advertising)。廣告目的在訴求其產品與其他產品的不同，以爭取消費者的向心力。一旦廣告深入人心，打動消費者，則儘管其產品本質上與其他並無二致，消費者主觀意識偏好此項產品，將造成對廠商產品的需求增加。當然，廣告活動也一定會增加成本。

如此，廣告活動對於需求面和成本面都會造成影響，歷年來的討論連篇累牘。本節只針對成本面分析其中

1. 廣告有助於擴大生產，實現規模經濟

如圖12.5，7-eleven便利商店經過報紙和電視廣告可以刺激產品的需求，使生產由$0Q_0$增為$0Q_1$。由於電視和報紙廣告費用高，使7-eleven便利商店的長期平均成本由LAC_0提高至LAC_1，但由於規模經濟使生產效率提高，生產的單位成本反而由E減為F，消費者因此能夠支付較低的產品價格。

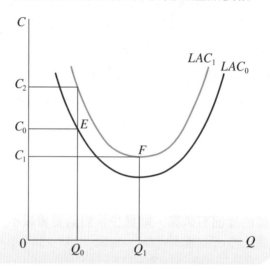

▲ 圖12.5　廣告使生產的單位成本下降

由圖12.5亦可知，在規模不經濟時，廣告可能使生產的單位成本上升。

2. 廣告改變了消費者的偏好

7-eleven便利商店經過報紙和電視廣告可以刺激產品的需求，使生產由$0Q_0$增為$0Q_1$。但如果7-eleven，OK和福客多等便利商店都做廣告，有可能產量仍為$0Q_0$，如圖12.5所示。而平均成本由C_0增至C_2，此時廣告形成一種浪費。

3. 廣告可以造成新廠商進入市場困難

在獨占性競爭市場雖沒有進入障礙，但常因已營運產業中廠商的廣告效果深入人心，造成新廠商產品的競爭力或替代程度相形減弱，即造成新廠商加入營運的困難。

因廣告所造成新廠商進入市場所須克服困難，亦可從成本增加的角度來看。假設在廣告前，7-eleven便利商店的AC為圖12.6的AC_0，而產量為Q_1。其次，若欲新加入OK便利商店的AC也是AC_0，則OK便利商店只要達到Q_0的產量，便能因平均成本7-eleven差不多，而可一較長短。

現在假設7-eleven花了一筆費用拍了一部很溫馨的電視廣告。我們用AFCa來代表廣告的平均成本。把廣告費用計算在內，7-eleven的AC變成AC_1（為AC_0與AFCa之垂直加總）。

從圖可知，7-eleven的產量越大時其單位成本越低。

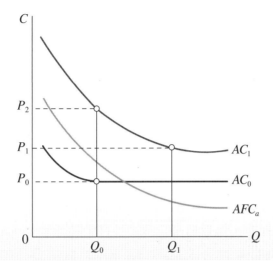

▲ 圖12.6　廣告造成新廠進入的困難

當7-eleven進行廣告競爭時，OK便利商店也必須加入，因此其平均成本也是像AC_1一樣。即OK便利商店的產量只能生產Q_0，則無法和7-eleven競爭，即OK便利商店加入變得比較困難。所以廣告的確造成新廠商進入市場困難。

基本上經濟學所敘述的**經濟效率**是經濟學最基本的概念之一，它可以用來分析各種不同的問題，又稱為**柏雷托最適境界**(Pareto optimality或Pareto efficiency)，乃因義大利經濟學者柏雷托(Vilfredo Pareto, 1848-1923)首先提出這個觀念而命名的。所謂柏雷托最適境界或經濟效率是指資源的配置運用已達下述的境界：資源不管再怎麼重新配置使用，都沒有辦法使某些經濟個體獲致更高的利益，而同時卻不損及其他經濟個體的利益。換句話說，如果資源的配置已達到經濟效率的地步，若我們要提高某人的利益，一定要犧牲其他人的利益，否則無法辦到。

歷屆試題 Exercise

一、選擇題

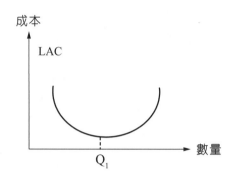

( ) 1. 獨占性競爭市場下的某一廠商，此廠商之
長期平均成本線如右圖中之 LAC 線，則：
(A) 此廠商所面對的需求線為水平線　(B)
此廠商長期均衡下之經濟利潤大於零　(C)
長期時此廠商的均衡產量小於 LAC 最低
點之產量 Q_1　(D) 長期時此廠商的均衡產量等於 LAC 最低點之產量 Q_1。

（96 四技二專）

( ) 2. 壟斷性競爭廠商處於長期均衡時：　(A) 價格等於平均成本及邊際成本　(B)
價格等於平均成本，但低於邊際成本　(C) 價格等於平均成本，但高於邊際成
本　(D) 以上皆非。　　　　　　　　　　　　　　　（97 身心障礙甄試）

( ) 3. 獨占廠商在短期中，若存在經濟利潤，則：　(A)AR>AC　(B)AR=AC
(C)MR>MC　(D) AR<AC。　　　　　　　　　　　　（98 身心障礙甄試）

( ) 4. 獨占性競爭市場之個別廠商，對其本身產品價格具有影響力的主要理由是什
麼？　(A) 廠商容易進行差別訂價　(B) 各家廠商之產品具異質性　(C) 廠商
面對水平之需求曲線　(D) 因政府法令制度因素，而致使市場具進入障礙所
致。　　　　　　　　　　　　　　　　　　　　　　　（101 四技二專）

( ) 5. 在市場處於長期均衡且無進出障礙的前提下，以下何者為真？　(A) 縱使在長
期，寡占廠商仍有固定成本，規模難以調整　(B) 獨占廠商之長期供給曲線為
邊際成本高於平均成本的部分　(C) 壟斷性競爭廠商在長期均衡時，超額利潤
為零　(D) 完全競爭之廠商，價格低於其長期平均成本時仍會繼續供貨。

（100 二技）

( ) 6. 壟斷性競爭廠商在長期均衡時，以下何者為真？　(A) 廠商最適決策為價格等
於邊際成本　(B) 長期均衡時利潤小於零　(C) 廠商在長期平均成本之最低點
生產　(D) 廠商面對負斜率的需求線。　　　　　　　　　　　　（100 二技）

(　) 7. 生產面巴瑞圖最適境界 (Pareto Optimum) 是指　(A) 所有產出的邊際轉換率 (MRT) 相等　(B) 所有產出的邊際效用 (MU) 相等　(C) 所有生產者的生產要素邊際技術替代率 (MRTS) 相等　(D) 所有生產要素的邊際生產力量 (MP) 相等。　　　　　　　　　　　　　　　　　　　　　　　　（90 二技）

(　) 8. 下列市場結構分類的例子中，何者是不恰當的？　(A) 稻米市場是完全競爭　(B) 餐館是獨占性競爭　(C) 零售業是寡占　(D) 自來水公司是獨占。
　　　　　　　　　　　　　　　　　　　　　　　　　　　　　　（91 二技）

(　) 9. 獨占性競爭市場與完全競爭市場的共同點為：　(A) 有長期經濟利潤　(B) 具類但異質產品　(C) 自由進出市場　(D) 非價格競爭。　　　　（91 二技）

(　) 10. 在獨占性競爭市場中的廠商行為，何者正確？　(A) 許多廠商銷售異質性產品　(B) 僅少數廠商決定價格　(C) 所有廠商均存在超額利潤　(D) 廠商之間容易產生勾結。　　　　　　　　　　　　　　　　　　　　　（94 四技二專）

ECONOMICS
經濟學

CH 13

要素市場

第一節　個別廠商生產要素雇用決策：
　　　　收益面與成本面分析
第二節　整體生產要素市場的均衡
第三節　工資理論
第四節　利息理論
第五節　地租理論
第六節　利潤理論
參考文獻
歷屆試題

ECONOMIC$

一個學生為了購買電子辭典、籌學費或賺點零用錢，課餘之時，在速食店、超級市場或加油站打工賺錢。對一個打工兼消費的學生而言，他是產品的消費者，同時也是生產要素（勞動服務）的供給者。另一方面、對生產者（速食店、超級市場或加油站）而言，生產者（廠商）即是產品的供給者，生產要素的需求者。

而我們的社會，存在許多家庭，而家庭的組成分子，即為生產要素的供給者，同時存在生產不同產品的許多廠商，它們則是要素的需求者。於是會產生**要素的市場**(factor market)，並且由生產要素的供需來決定要素的價格與雇用數量。本章第一節說明生產要素雇用決策的決定，第二節說明要素市場的均衡，第三至第六節則說明工資、利息、地租與利潤的決定。

第一節 個別廠商生產要素雇用決策：收益面與成本面分析

生產要素的需求是產品需求的**引申需求**(derived demand)。廠商之所以會使用生產要素，目的在生產產品拿到市場賣了賺錢，因此，生產要素對廠商生產與收益有所貢獻。另一方面，廠商對所使用生產要素要支付報酬，於是會產生雇用的成本。

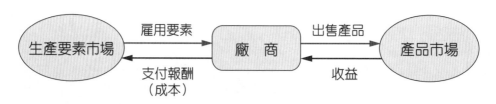

▲ 圖13.1　廠商雇用生產要素的收益與成本

廠商生產的目的在追求最大利潤，而最大利潤的條件是：邊際收益(MR)等於邊際成本(MC)。即：

$$MR = MC \tag{1}$$

又(1)式等號兩邊乘以要素的邊際生產力(MP)則：

$$MR \cdot MP = MC \cdot MP \tag{2}$$

(2)式可改寫成：

$$MRP = MFC \tag{3}$$

亦即當廠商在追求最大利潤時，其雇用生產要素最適量的決定，為增加一單位要素所增加產品收入的要素邊際產量收益(MRP=MR・MP)等於增加一單位要素所增加成本的要素邊際成本(MFC=MC・MP)。

第二節　整體生產要素市場的均衡

生產要素廠商收益的貢獻為要素的邊際產量收益(MRP)，如果要素的價格大於MRP，表示廠商每單位雇用的生產要素生產的收益小於支付成本，廠商減少雇用生產要素較為有利，反之，如果要素的價格小於MRP，廠商增加雇用生產要素較為有利。因此，當要素價格上漲，要素成本的上升，一些生產要素的邊際收益會低於要素價格，會使廠商減少雇用生產要素，反之，當要素價格下跌，會使廠商雇用生產要素增加。職是之故，生產要素價格與要素雇用量之間呈反向關係，符合需求法則，此即圖13.2中要素市場需求曲線(D)。

另一方面，要素的供給者對要素價格與提供的要素數量的關係符合供給法則，在要素價格越高，願意提供的要素數量越多，反之，要素價格越低，願意提供的要素數量越少，此即圖13.2中要素市場供給曲線(S)。當要素市場供需相等時即決定均衡要素價格P_0與均衡要素雇用數量Q_0。

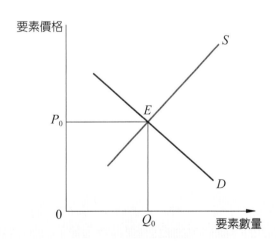

▲ 圖13.2　要素市場供需均衡

🔰 第三節　工資理論

　　總統以至一般販夫走卒工作的薪水是如何決定的？是本節探討的重點。生產者支付給勞動者的報酬稱為工資(wage)。若工資以時間單位區分則稱為工資率(wage rate)，例如工讀生可能領時薪、雜工領日薪、白領階級領週薪、公務人員領月薪等。以下提出兩種決定工資高低的理論：1.邊際生產力理論。2.勞動供需均衡理論。

一、邊際生產力理論

　　由克拉克(Clarker)所提出，認為勞動工資是依據勞動邊際生產力高低來決定，勞動邊際生產力高工資率高，勞動邊際生產力低工資率低。廠商勞動最適雇用量的條件為：勞動的邊際成本(MFC_L)等於勞動的邊際產量收益(MRP_L)：

$$MFC_L = MRP_L \qquad\qquad (4)$$

　　假設要素市場與產品市場為完全競爭市場則工資率(W)等於MFC，產品價格(P)等於MR，則上式可改寫成：

$$W = P \cdot MP_L \qquad\qquad (5)$$

　　假設產品價格(P)不變，勞動邊際生產力(MP_L)越高，則工資率(W)越高，反之，勞動邊際生產力越低，工資率越低。總統日理萬機，其處理事務關係全國人民，較諸販夫走足的活動影響更深、更廣，總統生產力高，工資率自然高。

二、勞動供需均衡理論

　　一如產品的價格，工資亦由勞動市場供需決定。勞動供給者願意工作時數主要受工資率的影響，而工資率若是提高勞動供給者是否會增加勞動工時，要視所得效果與替代效果相對大小而定，當工資率提高勞動供給者會有以下反應：

1. 替代效果

　　工資率提高，工作意願提高，願意犧牲休閒時間，而增加工作時間。

2. 所得效果

　　工資率提高，使所得提高，勞動供給者工作意願下降，而增加旅遊等休閒時間，而減少工作時間。

因此，當工資率提高，如果勞動供給者的替代效果大於所得效果，則勞動工時會增加，如圖13.3中A點以下的勞動供給曲線(S)，工資率與勞動工時呈正向關係。反之，如果替代效果小於所得效果則勞動工時會減少，如圖13.3中A點以上**後彎的勞動供給曲線**(Backwand bending Labor Supply Curve)，工資率與勞動工時呈反向關係。一般勞動市場出現後彎的勞動供給曲線的情形並不多見，雖然工資率上升後有人會因所得提高而減少工時，但大多數人仍會增加工時，而使總的勞動工時增加。

另一方面，勞動需求曲線(D)為負斜率，顯示工資率越低，廠商雇用勞動工時越多，反之，工資率越高，廠商雇用勞動工時越少。當勞動供需相等時（圖13.3中的E點），則決定均衡的工資率(W_0)與工時(N_0)。

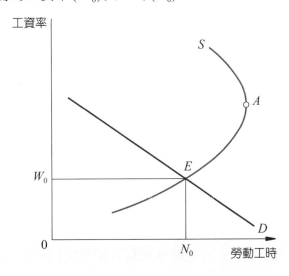

▲ 圖13.3　勞動市場供需均衡

第四節　利息理論

利息是支付給資本的報酬。資本是指廠商所使用的機器設備、廠房等，而利息除以廠商所使用資本金額即為利率。對資本的需求者廠商而言，利率低表示使用資本所需支付的利息較低，廠商較願意投資，購入機器設備，進而使資本數量增加。反之，利率高使用資本所需支付的利息較高，將使資本數量減少。因此，資本需求曲線（圖13.4中的D）為負斜率，利率與資本數量呈反向關係。

另一方面，對供應廠商投資購買機器設備的儲蓄者而言，當利率高表示其提供資金所能獲得的利息較多，故願意提供較多資金，可提供較多機器設備，反之、利率低，儲蓄者願意提供較少資金，可提供機器設備減少，故資本的供給曲線(S)為正斜率。當資本供需相等時（圖13.4中的E點），則決定了均衡的利率(i_0)與資本量(K_0)。

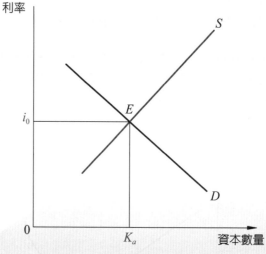

▲ 圖13.4　資本市場供需均衡

第五節　地租理論

支付給土地（自然資源）的報酬稱 **地租或經濟租**(economic rent)。而經濟租即「收入減去機會成本」，即圖13.5(a)中的生產者盈餘 $\triangle ABC$。若是土地供給數量固定Q（圖13.5(b)），供給曲線垂直則生產者盈餘為 $\square$ EFG0，稱為 **純經濟租**(pure economic rent)。

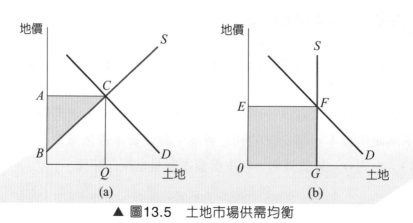

▲ 圖13.5　土地市場供需均衡

地租的觀念可多方面應用，例如影迷對巨星的表演需求很大，天王巨星的報酬都如天文數字般高，阿諾史瓦辛格、席維斯史特龍拍一部片片酬為 2,000 萬美元，美國總統年薪是 20 萬美元，他必須作 100 年才抵得過阿諾史瓦辛格、席維斯史特龍拍一部片的片酬。如果政府認為巨星才能是上天賜與，「租」是不勞而獲，而要加以課稅，則巨星表演的供給將減少，影迷能夠欣賞精湛表演的機會減少，將降低影迷的滿足程度。

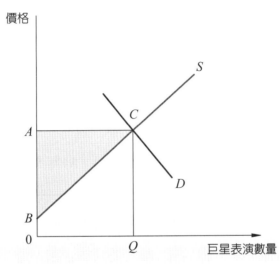

▲ 圖13.6　巨星有巨「租」

💰 第六節　利潤理論

利潤是支付給企業家精神的報酬。經濟利潤是總收益減去外顯成本與內含成本。利潤是刺激生產活動的誘因，而說明利潤決定的理論有：

1. **風險說**：奈特 (Knight) 認為利潤是支付給企業家在生產過程中所承擔風險的報酬。

2. **獨占說**：秦伯霖 (Chamberlin) 和羅賓遜 (Robinson) 認為在完全競爭市場，廠商的利潤是不存在的，只有在獨占市場，獨占廠商才可利用獨占能力，賺取利潤。

3. **剝削說**：馬克斯 (Marx) 認為利潤是資本家剝削勞動者盈餘價值的所得。

4. **創新說**：熊彼得 (Schumpeter) 認為利潤是企業家創新活動的報酬。而創新活動包括：

   (1) 新產品的生產。

   (2) 新生產方法的應用。

   (3) 開闢新市場。

   (4) 新原料供給。

   (5) 新的生產組合的應用。

參考文獻　Reference

1. 吳惠林，〈租、地租、超級巨星〉，《經濟前瞻》，84 年 5 月 5 日。

歷屆試題 Exercise

一、選擇題

( ) 1. 廠商在生產上使用的機器設備，屬於下列何種生產要素？ (A) 土地 (B) 勞動 (C) 資本 (D) 企業才能。 （97 四技二專）

( ) 2. 假設某廠商的生產函數為：$Q = K^{2/5}L^{3/5}$，式中 Q 為產出，K 為資本投入，L 為勞動投入。若資本的單位價格為 2 元，勞動的單位價格為 4 元，則在固定產出下，最低成本的 K：L 投入比例為何？ (A) 2：3 (B) 3：2 (C) 3：4 (D) 4：3。 （98 二技）

( ) 3. 土地作為一種生產要素時，下列敘述何者有誤？ (A) 使用土地的報酬為地價 (B) 土地的需求是一種引申需求 (C) 土地的供給量若為固定，市場均衡的地租由需求決定 (D) 土地的邊際產值即為廠商對土地的需求曲線。（100 二技）

( ) 4. 廠商面對完全競爭之生產要素市場時： (A) 廠商由生產要素需求決定要素雇用量 (B) 生產要素的供給是垂直線 (C) 廠商面對正斜率之生產要素供給曲線 (D) 要素需求不受要素邊際生產收益影響。 （100 二技）

( ) 5. 最近物價上漲，工會要求政府提高基本薪資。當工資上漲時，下列敘述何者正確？ (A) 工資上漲，休閒的機會成本提高，勞動者會犧牲休閒，增加工作時間，稱為所得效果 (B) 工資上漲，勞動所得增加，勞動者工作意願下降，而增加休閒時間，稱為替代效果 (C) 若替代效果大於所得效果，勞動者會增加工作時間，勞動供給曲線為正斜率 (D) 若替代效果小於所得效果，勞動者會減少工作時間，勞動供給曲線為負斜率，稱為前彎的勞動供給曲線。

（100 四技二專）

( ) 6. 假設某廠商面對勞動供給曲線 W=10+4L，其中 W 是工資率，L 是勞動雇用量。若廠商的邊際生產收益 (MRP) 曲線為 100-2L，則廠商利潤最大下的勞動雇用量為： (A)6 (B)7 (C)8 (D)9。 （91 二技）

( ) 7. 一家廠商在完全競爭因素市場，雇用兩種生產因素 X 與 Y，生產產品 A，且將它賣於完全競爭產品市場，如果 X 與 Y 的邊際實物產量分別為 6 與 4，同

時，X 與 Y 的單位價格分別為 18 元與 12 元。在追求利潤最大化下，這家廠商達均衡時，產品 A 的單位價格應為多少元？　(A)0.5　(B)0.67　(C)3　(D)5。

(93 四技二專)

(　) 8. 下列敘述何者錯誤？　(A) 從社會觀點，土地因為稀少而供給數量固定，故地租是一種盈餘的概念　(B) 工資上漲時，個人的勞動供給線若發生後彎情形，則隱含休閒是一種劣等財　(C) 根據貨幣流動性偏好學說，當人們的所得增加，其他條件不變下，市場利率會上升　(D) 利潤的最適值無法使用邊際生產力法則決定之。

(93 四技二專)

(　) 9. 在競爭的要素市場下，追求最大利潤的廠商，其對生產要素的需求線為：
(A) 邊際收益線 (Marginal Revenue Curve)　(B) 邊際成本線 (Marginal Cost Curve)
(C) 邊際產出收益線 (Marginal Revenue Product Curve)　(D) 邊際要素成本線 (Marginal Factor Cost Curve)。

（93 二技）

(　) 10. 在要素與產品市場皆為完全競爭下，已知勞動的邊際產量函數為：$MPP_L = 70 - 5L$，其中 L 為勞動投入量，若最適勞動雇用量為 11，當產品價格 $P_X = 10$ 時，工資率為何？　(A)50　(B)100　(C)150　(D)200。

（93 二技）

(　) 11. 小強已在科學園區上班多年，往年皆年年加薪，但工作時間也與日俱增。然今年其公司雖又給予加薪 20%，但小強卻決定不再超時工作，甚且反而增加其休閒之時間，試問下列何者正確？　(A) 小強工資上漲之所得效果小於其替代效果　(B) 小強工資上漲之所得效果等於其替代效果　(C) 小強工資上漲之所得效果大於其替代效果　(D) 小強重視金錢勝過休閒生活。

（94 二技）

(　) 12. 下列描述何者正確？　(A) 廠商和家戶都是要素市場的供給者　(B) 廠商和家戶都是產品市場的需求者　(C) 廠商是要素市場的供給者，而家戶是要素市場的需求者　(D) 廠商是要素市場的需求者，而家戶是要素市場的供給者。

（96 二技）

(　) 13. 關於「基本工資」或「最低工資」的敘述，下列何者正確？　(A) 通常低於均衡工資，故會產生勞動的超額供給　(B) 通常高於均衡工資，故會產生勞動的超額供給　(C) 通常低於均衡工資，故會產生勞動的超額需求　(D) 通常高於均衡工資，故會產生勞動的超額需求。

（96 二技）

(　) 14. 內生成長理論 (Endogenous Growth Theory) 主張技術進步是內生決定的，而且是下列哪項生產要素的累積？　(A) 土地　(B) 人力資本　(C) 機器設備　(D) 原物料。　　　　　　　　　　　　　　　　　　　　　　　　　　（96 二技）

(　) 15. 若勞動與資本市場為完全競爭市場，且其邊際生產力分別為 MP_L 和 MP_K，勞動和資本價格則分別為 w 與 r。若 $MP_L / w > MP_K / r$，則追求利潤最大的廠商應：　(A) 增加勞動雇用，減少資本雇用　(B) 減少勞動雇用，資本維持不變　(C) 維持勞動不變，增加資本雇用　(D) 減少勞動雇用，增加資本雇用。　　　　　　　　　　　　　　　　　　　　　　　　　　（100 二技）

CH 14

市場失靈與政府干預

第一節　市場失靈形成的原因

第二節　政府介入經濟運作的必要條件

歷屆試題

ECONOMIC$

市場經濟是以**價格機能**(price mechanism)來解決經濟問題,但是,價格機能並非是萬靈丹,能夠解決所有的問題,就像治得了頭疼的藥,不見得治得了牙疼。價格機能是指產品價格改變這個訊息,會傳遞給生產者與消費者,並據此調整生產與消費行為,進而誘導資源的配置,例如產品價格上漲,消費者會瞭解東西變貴了,必須珍惜使用,對生產者而言則會鼓勵其生產。但是,如果價格無法傳遞正確的訊息,反應真實的經濟情況,即稱為**市場失靈**(market failure),例如民國75至80年房價飆漲,建築業猛蓋房子,但是房子蓋出來,卻空在那裡沒人住,造成極高的空屋率,使資本產生閒置浪費。

造成市場失靈的原因有以下幾項:(1)**外部性**(externality)。(2)**公共財**(public goods)。(3)**自然獨占**(natural monopoly)。(4)**市場訊息不對稱**(information asymmetry)。以下各節則針對以上各點來加以闡述說明。

第一節 市場失靈形成的原因

一、外部性

經濟個體在從事經濟活動時,對他人造成了影響,則此影響則稱為**外部性**。而此影響可能會造成他人受到損害,產生外部成本,而肇事者並不會負擔此一成本,而由他人承擔,成為社會的成本;反之,造成他人受益,則會產生外部利益,而此利益產生者並未獲益,而由社會其他人獲利。例如年輕女孩裝扮的很漂亮,走在路上,行人可以欣賞她的年輕美麗,感染她的活潑朝氣,這就產生了外部利益。一個變態縱火狂魔,憑個人一口怨氣,趁夜到處放火燒騎樓下機車,這就會產生外部成本。

新新人類喜歡唱:「只要我喜歡有什麼不可以?」。基本上如果自己作的事不影響他人,就沒有什麼不可以,問題是如果會連帶使他人受到影響,則事情就必須另外考慮,否則只要我喜歡殺人有什麼不可以?只要我喜歡吸毒有什麼不可以?

工廠排放黑煙、汙水;人潮過多造成擁擠;道路車輛產生的廢氣、噪音;攤販造成的髒亂都會造成外部成本。一般在環境汙染問題上都會有外部成本的問題,一

個汙染性廠商並不會將外部成本考慮在其生產成本之中，不考慮外部成本的供給曲線為 S_0，而產品市場需求曲線為 D，則會造成環境汙染產品的均衡價格與數量為 P_0 與 Q_0。若是將外部成本計算在廠商的生產成本之中，則供給曲線為 S_1，產品的均衡價格與數量為 P_1 與 Q_1。在市場價格機能運作下，廠商不會主動將外部成本考慮在其生產成本之中，故生產 Q_0 的產量，而實際社會最適的產量在 Q_1，顯然生產了過多會造成環境汙染產品，這是**市場價格機能的失靈**。

面對這環境汙染所造成價格機能的失靈，政府可對汙染廠商課稅（稱為**皮古稅** Pigovian tax），使汙染成本內生化，供給曲線由 S_0 移至 S_1，使價格機能運作失靈的均衡 E_0 點，調整至最適的 E_1 點。

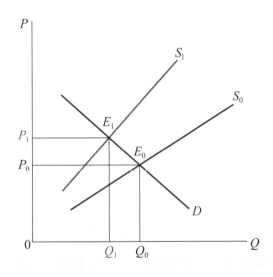

▲ 圖14.1　外部成本與市場失靈

企業從事研究發展(research and development)與學校教育具有很高的外部利益，一個企業研發的成果，其他企業可以分享；一個受教育的知識分子，除了將來可被企業雇用以外，他還可以以他在學校所吸收的知識，影響家庭中其他的成員，而這些享受了學校教育的好處，卻無須支付任何代價。因此，對學校教育未將外部利益考慮進來需求曲線為 D_0 與供給曲線 S 決定了產品的均衡價格與數量為 P_0 與 Q_0。若考慮外部利益則需求曲線為 D_1，社會最適的教育均衡價格為 P_1 與數量 Q_1。

換言之，享受教育外部利益者，不會主動表示其享受到好處，願意支付代價，市場運作下的教育數量為 Q_0，偏離了社會最適的 Q_1，顯然較社會最適的教育數量為

少。政府如果要矯正此一現象，可對學校教育進行補貼，使需求曲線由D_0移動至D_1，使均衡在E_1點達成。

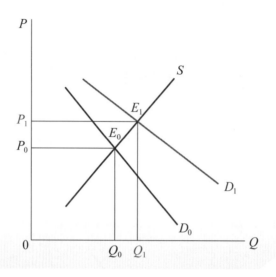

▲ 圖14.2　外部利益與市場失靈

二、公共財

　　馬路大家都可以走、公園大家都可以去，但是，亂進別人家就被視為非法侵入，可見馬路、公園是和私人住家是不同的，一般我們稱馬路、公園為**公共財**(Public goods)。而公共財的特性是：不具有排他性，具有聯合消費性。公共財是大家所共用的，任何人不能排除他人使用，在學校裡每個人都有使用飲水機的權力，不能說自己霸占著，不讓別人使用，你如果抱著飲水機不給別人使用，一定會被修理，付出慘痛的代價。一般公共財很難收費，例如政府在馬路十字路口到處設收費站，一定會造成塞車，車輛寸步難行。

　　由於公共財不具有排他性，具有聯合消費的特性，會造成以下兩個影響：

1. 人們會隱瞞偏好，想成為免費的搭乘者(free rider)，使公共財供給量偏低

　　譬如社會只有「張三」與「李四」兩人，對公園的需求各為D_1與D_2，而社會對公園需求為二人需求垂直相加之和($D=D_1+D_2$)，公園數量為Q_0。但是由於公園不具有排他性，具有聯合消費的特性，如果李四比較滑頭，只想等張三出錢蓋了公園再去當個免費的搭乘者，他就不願表示其對公園的需求，也不願出錢蓋公

園，只想坐享其成。此時社會的需求只剩張三的需求D_1，公園數量為Q_1，數量會嚴重不足，小於最適量的Q_0。

所以基本上提供公共財則成為政府的重要職能之一。人民納稅由政府來造橋、鋪路、建公園。

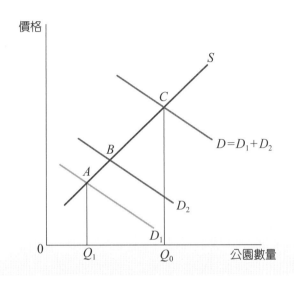

▲ 圖14.3　外部利益與市場失靈

2. 過度使用公共財，使其提早耗損

任何資源若是沒有限制的任人隨意取用，會使資源價值消失。一顆無主的桃樹，樹上結滿成熟而鮮甜的桃子，路人見其無主就會蜂擁而至，爭先恐後，以武力或其他搶先的辦法去多得桃子，在這過程中，他們可能弄到頭破血流，或要付出相當多的勞力代價。桃子的價值就會被勞力或血汗的代價所取代，對社會而言，桃子沒有淨價值可言。一份本來可以是珍貴資產，因為是「公共財」，在競爭下其價值就煙消雲散，這是有名的「**租值消散**」(The Dissipation of Rent)**定理**。

其他例子如一塊公地長著青草，四周的牧人將其乳牛趕至公地上吃草，在無所限制下，會產生放養牛隻過多，造成公地負荷過重，甚至寸草不生，此即「公地的悲劇」。一般國際公海魚類被過度捕撈以及動物被過度狩獵而滅絕都是屬於相同的問題。

三、自然獨占

有一些廠商具有大規模經濟的優勢，當廠商規模越大時，其成本越低，如圖14.4中生產 Q_1 的大規模廠商，其長期平均成本為 LAC_1，其他小規模廠商例如生產 Q_0 的廠商，成本 LAC_0 較大廠商為高，自然無法與大廠商競爭，而被大廠商排除在市場之外，而形成大廠商獨占，這種因大規模經濟而產生的獨占稱自然獨占。一般像電力公司、自來水公司、石油公司、公車運輸等都具有自然獨占的特性。

當廠商為獨占時，由於獨占廠商價格具有控制能力，因此市場價格機能無法發揮，導致價格無法傳遞正確訊息，而造成市場失靈。獨占廠商在追求最大利潤的同時，可能會枉顧一般消費大眾的權益，政府則可利用公權力對獨占廠商進行價格管制、課徵利潤稅、獨占企業公營、促進競爭等方式來矯正市場失靈。

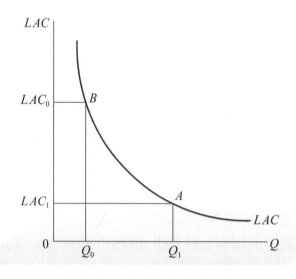

▲ 圖14.4　自然獨占與市場失靈

四、市場訊息不完全

買賣雙方對商品的瞭解是有差異的，換言之，雙方對商品擁有的訊息是不同的，是不對稱的，一個中古車的汽車商人，當然較消費者瞭解中古車的車況，他可能在推銷時，只說車子的優點而隱瞞缺點，消費者在訊息不足的情況下，可能買到一輛故障頻繁的車子，因此而懊惱不已。愛情市場也是一樣，談戀愛的雙方只有自己最瞭解自己，如果任何一方隱瞞了自己，造成對方在訊息不夠充分的情況下，可能判斷錯誤因而結婚，也許在婚後發現對方不是自己預期的又離婚，使雙方「因誤會而結合，因瞭解而分開」。

　　生產者與消費者訊息不完全或不對稱造成的影響，可以以需要生產較長時間的毛豬供需來做說明，毛豬的需求者是以當期的毛豬價格(P_t)來決定當期需求量(Q_{dt})，但是，毛豬的供給是以前期的毛豬價格(P_{t-1})來決定當期供給量(Q_{st})，這是因為毛豬需要八個月的成長期，現在養豬要到八個月以後才有供給。

　　當需求者以即時價格資訊做決策，而供給者以過去價格資訊做決策，在圖14.5(a)在「供給曲線斜率大於需求曲線斜率」情況下，毛豬的第0期價格P_0決定了第1期的供給量Q_1，在毛豬供給量為Q_1下，第1期的價格由願付較低價格的需求者決定為P_1；而P_1價格決定第2期供給量Q_2，而第2期的需求價格為P_2，如此循環下去，價格會收斂至均衡價格。但是當「供給曲線斜率等於需求曲線斜率」（圖14.5(b)），或當「供給曲線斜率小於需求曲線斜率」（圖14.5(c)），價格不會向均衡價格收斂。一個價格在P_0與P_1之間循環波動（圖14.5(b)），一個離均衡價格越來越遠（圖14.5(c)），價格的不安定，使價格忽上忽下，且甚至幅度越來越大，價格無法傳遞穩定的訊息，使市場運作的交易成本增加，進而造成市場失靈。在市場失靈的情況下政府宜採取穩定政策管制價格或數量來安定價格。

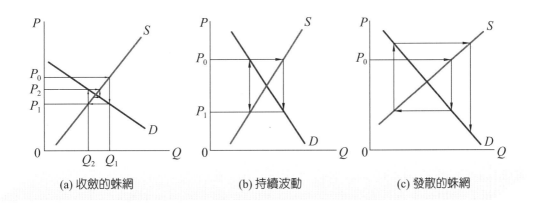

(a) 收斂的蛛網　　　　(b) 持續波動　　　　(c) 發散的蛛網

▲ 圖14.5　市場訊息不對稱與市場失靈

　　上述(a)、(c)圖的箭頭表示這種影響過程，同時也形成了一個蛛網，故此理論稱為「蛛網理論」(cobweb theory)，是一種動態的均衡變動模型，用來解釋生產期比較長的產品之均衡點，隨時間變動的情形。蛛網理論的假設雖與事實稍有出入，但國內許多農產品的價格波動現象，仍然相當符合蛛網理論所預期的。

第二節　政府介入經濟運作的必要條件

經濟活動的運作有其市場運作的法則，以價格機能「一隻看不見的手」，即可傳遞經濟活動的訊息，使供需雙方調整其行為，而一旦價格機能受到干擾無法傳遞正確經濟活動的訊息時，政府即因該用其「一隻看得見的手(An Visible hand)」來矯正市場失靈，因此，政府介入經濟運作的必要條件為：

1. 公平

政府為實現社會正義，而介入經濟事務，例如課徵累進所得稅。一些弱勢團體如老、弱、婦、孺的生存權力，政府應該加以保障。

2. 提供公共財

政府有責任提供一般私人企業無法提供的公共財，來提升人民的生活水準與生活的方便，例如道路、公園、機場、港口等。

3. 外部性

具有外部性的生產活動必須政府以課稅或補貼的方式，才可將外部成本或利益內生化，避免資源的錯誤配置。

4. 自然獨占

在獨占市場消費者只能買到較貴且較少的產品，同時，社會福利亦非最大，因此政府應該塑造一個公平競爭的環境，促進競爭，例如台灣訂有「公平交易法」，來避免不當競爭形成獨占等。

5. 道德風險(Moral hazard)

當人民因為參加保險而任意開快車釀成車禍，造成無辜第三者受到傷害；或參加醫療保險而太經常去看病、拿藥浪費社會資源；或銀行加入存款保險，在倒閉有人賠的情況下，從事高風險業務，置存款人權益於不顧等道德風險情況發生政府即可介入矯正。

6. 訊息不完全

訊息不完全容易使買賣雙方錯下決定，為了避免因錯誤判斷而造成損失，政府可提供充分的市場訊息來幫助買賣雙方作出正確的決策。政府可提供就業市場訊息，幫助失業者找尋工作；政府可提供政府財政、貨幣政策走向資訊，來幫助

企業家未來營運作出正確的預測；政府可提供相關對外經貿政策資訊，幫助企業拓展海外市場。

7. 反淘汰 (Avers selection)

當不合法業者驅除合法業者時，政府即可介入保障合法業者的權益。當不法砂石業者、非法盜錄軟體業者、非法進口商品等不合法業者，侵害合法業者生存權力時，政府即可以公權力介入排除不合法業者，維護合法業者的權益。

而政府對市場失靈的解決之道：1.促進公平競爭；2.提供公共財；3.對製造外部成本或利益的廠商給予課稅或補貼；4.成立公營事業或予以價格、數量的管制；5.提供充足的訊息。

歷屆試題 Exercise

一、選擇題

( ) 1. 下列何者為自然獨占之成本型態？ (A) 邊際報酬遞增 (B) 固定規模報酬 (C) 規模報酬遞增 (D) 規模報酬遞減。 （96 二技）

( ) 2. 政府從事行政革新，對企業而言是為： (A) 外部成本 (B) 內部成本 (C) 外部利益 (D) 內部利益。

( ) 3. 政府對汙染廠商課徵汙染防治費，將使廠商： (A) 產品價格下降 (B) 產量減少 (C) 供給曲線右移 (D) 以上皆是。

( ) 4. 公共財的總需求是個別需求的： (A) 水平加總 (B) 垂直加總 (C) 不一定 (D) 以上皆非。

( ) 5. 公共財具有以下何種性質？ (A) 非排他性、敵對性 (B) 非排他性、非敵對性 (C) 排他性、非敵對性 (D) 排他性、敵對性。 （100 二技）

( ) 6. 道路是屬於： (A) 私有財 (B) 公共財 (C) 自由財 (D) 劣等財。

( ) 7. 下列何者不是政府介入自由經濟的適當原因？ (A) 處理外部性的問題 (B) 稅收不足 (C) 經營自然獨占的產業 (D) 公共財的提供。 （100 四技二專）

( ) 8. 下列何者經濟活動具有外部利益： (A) 教育 (B) 空氣汙染 (C) 噪音 (D) 擁擠。

( ) 9. 下列何種情況下不會發生市場失靈 (Market Failure)？ (A) 外部經濟 (B) 外部不經濟 (C) 獨占市場訂價 (D) 市場有經濟效率。 （98 二技）

( ) 10. 外部性 (Externalities) 之產生，乃由於： (A) 資源長期缺乏 (B) 資源長期性無缺 (C) 人類之貪婪 (D) 某些事物無特定之專屬權。 （90 二技）

( ) 11. 下列的政府干預機制中，何者不屬於數量管制與價格管制政策？ (A) 管制進口 (B) 管制牌照 (C) 最低工資率 (D) 產業升級條例。 （91 二技）

( ) 12. 市場失靈的主要成因中，下列何者是不正確的？ (A) 自然獨占 (B) 外部性 (C) 公共財 (D) 規模經濟。 （91 二技）

( ) 13. 最先提出經濟效率準則的經濟學家是： (A) 葉吉沃茲 (Edgeworth, E. Y.) (B) 恩格爾 (Engel, Enst) (C) 柏瑞圖 (Pareto, Vilfredo) (D) 亞當斯密 (Smith, Adam)。 （94 二技）

( ) 14. 在房屋出租市場中，下列有關房屋分配機制的敘述，何者錯誤？ (A) 完全競爭市場具有經濟效率 (B) 一般獨占廠商的訂價不具經濟效率 (C) 第一級差別訂價不具經濟效率 (D) 房租管制通常不具經濟效率。 （94 二技）

( ) 15. 下列有關柏瑞圖最適 (Pareto Optimality) 的敘述，何者正確？ (A) 達到柏瑞圖最適為社會福利最大化的充分條件 (B) 可以找到某一方法讓某人過得更好，而不去傷害到他人 (C) 柏瑞圖最適的資源配置點必定只有一個 (D) 其必定是屬效率邊界 (Efficient Frontier) 上之某一點。 （94 二技）

( ) 16. 中華電信所提供的 MOD 數位電視服務是屬於何種財貨？ (A) 純公共財 (B) 準公共財 (C) 純私有財 (D) 準私有財。 （101 四技二專）

( ) 17. 行政院於民國 100 年 6 月 1 日起正式施行「特種貨物及勞務稅條例」（俗稱奢侈稅），新台幣 300 萬元以上特定高額消費貨物，及兩年內轉手的非自用房屋和土地等須課稅，此為政府扮演何種角色？ (A) 法律與標準的制定者 (B) 經濟公平的維護者 (C) 經濟穩定的維持者 (D) 市場失靈現象的消除者。 （101 四技二專）

( ) 18. 個別消費者對某公共財之需求為 $q = 50 - 0.5 p$，（q 為數量，p 為價格）。今有 100 名消費者，則該公共財之總需求為： (A) $q = 5000 - 0.5 p$ (B) $q = 5000 - 50 p$ (C) $q = 50 - 0.005 p$ (D) $q = 50 - 0.5 p$。 （100 二技）

( ) 19. 有關公共財最適數量決定，下列敘述何者不正確？ (A) 公共財具有「無敵對性」(Non-rivalry) 及「無排他性」(Non-excludable)，不容易由一般市場規則決定其最適數量 (B) 在民主政治中，由議會審議預算，協商或投票表決來決定公共財數量 (C) 公共財最適數量之決定須同時考量整個社會的成本與利益 (D) 民意代表選舉，勝選一方可增加公共財數量之提供，獨惠選區支持者。 （100 四技二專）

二、問答題

2008 年 12 月政府採行「振興經濟消費券」政策，是以相關經濟理論說明其政策涵義？ （98 文化國貿）

CH 15

總體經濟活動的衡量

第一節　經濟榮枯的指標：「國內」生產毛額與
　　　　「國民」生產毛額

第二節　衡量總產出的其他指標

第三節　國內生產毛額衡量與經濟循環

第四節　名目GDP、實質GDP與GDP平減指數

第五節　國民所得與人民福利

第六節　所得分配：經濟成果的分享

第七節　我國競爭力與國民所得新指標

參考文獻

歷屆試題

ECONOMIC$

想要知道這位歌星是否受歡迎有許多方式：到唱片行看一看購買此歌星CD的人多不多，大概可感覺到他是否受到歡迎；到KTV看此歌星的歌曲被點唱的頻率高不高也可以知道他是否擁有許多歌迷。當然，要知道歌星真正受到歡迎的程度，可以藉著媒體所舉辦流行歌曲的排行榜，唱片的銷售量，和歌曲在KTV被點唱頻率統計等指標來瞭解。總之，我們可以利用這些指標知道目前在歌壇當紅歌星，而不須「憑著感覺」猜測。

要衡量一個社會的經濟情況也是如此，經濟學者也設計出一些指標，作為彼此討論的基礎，而不須「憑著感覺」來猜測。在本章中，我們將介紹這些衡量經濟社會活動的總體指標。藉由這些指標，我們可以瞭解一個社會有關生產、消費以及資源分配的情況。在這些指標中，以「國內生產毛額」指標最受世界各國廣泛採用，因為此指標不僅可表示一經濟社會的榮枯，並且易於測量，所以本章首先討論「國內生產毛額」。

第一節　經濟榮枯的指標：「國內」生產毛額與「國民」生產毛額

經濟學家最常使用「總產出」來代表一個經濟社會在一定期間內的經濟活動成果。最廣泛用來衡量此一總產出的指標為國內生產毛額(Gross Domestic Product；GDP)。故我們首先來認識國內生產毛額。

一、國內生產毛額的意義

國內生產毛額指的是一國「國內」在「一定期間內」所生產出來，供「最終用途」的物品與勞務「市場價值」之總和。在這個定義裡，有四個必須要說明：

1. **所謂「國內」，是指一國國境內的所有生產活動**。因此，外國國民到本國國內所生產得到的報償，要計入GDP，例如外勞到國內參與公共建設，所得到薪資須計入GDP。其次，國外的生產要素參與本國國內之生產所得到的報償，也應包括在GDP內。基於同樣的理由，本國國民以其所擁有的生產要素，參與外國之生產所獲得的報償，則不計在內。例如許多國內廠商外移至東南亞各國生產，其所獲得的利潤不能計入我國GDP內。

2. **國內生產毛額所衡量的必須是在「一定時間內」生產出來的產品**。通常一定期間是指一年或一季。非本期所生產出來的產品而在本期內售出者（包括二手貨的買賣與其他移轉性交易），不能計入本期的GDP內。例如，一幅已故攝影家郎靜山的攝影作品以一百萬元轉賣成交，此一百萬元不能全部計入本年的GDP內。

　　但應注意的是，在此所提及不應再計入本年的GDP，不包括該財貨增值的部分。例如，民國88蓋好之一棟房子其市場價值為1,000萬，到90年以1,500萬賣出，則90年的GDP應只計入該買賣價值中的500萬而不應計入全部價值1,500萬元。

3. 定義中所稱「供最終用途」的物品與勞務，一般又簡稱為**最終產品**(Final Products)，**其意義指那些生產出來以後，只被直接用來供私人消費、政府消費、投資以及出口等「最終用途」的產品**。有別於最終產品者為**中間性產品**(Intermediate Goods)，此乃指一分工生產及迂迴生產之經濟體系中，被生產者用為原料或材料以生產出最後被直接消費的產品。例如，木材可用來製造傢俱，所以木材不是最終產品。

　　區別最終產品與中間性產品，且在GDP只計入最終產品價值是為了避免生產價值的重複計算。這個道理可以用下面例子說明。

　　在表15.1中，有3個生產單位，分別為農夫、麵粉廠及麵包店。首先農夫進口10元的種子與肥料施用，生產出小麥。他將這些小麥全部售予麵粉廠，得款25元。由此可知，農夫創造了15元的價值，此價值稱為附加價值。麵粉廠再將購得之小麥加工為麵粉，並以45元售給麵包店，故麵粉廠創造了20元的附加價值。最後，麵包店生產出來70元的麵包供家庭消費。故麵包店創造的附加價值為25元。

▼ 表15.1　附加價值

生產者	產品價值	中間投入	附加價值
農夫	25元	10元	15元
麵粉廠	45元	25元	20元
麵包店	70元	45元	25元

在此例，麵包為一「最終產品」；而種子與肥料，小麥和麵粉均為「中間性產品」。其次，最終產品－麵包，其市場價值為70元，但因其中用到了非在本國國內生產出來的10元進口種子和肥料作中間投入，故在本國的GDP為60元（70元-10元）。

由表15.1可知，我們也可以利用**附加價值法**(Value-Added Method)來計算GDP。附加價值意義如前述，生產單位自己所創造出來的新增價值。故可得

$$總附加價值 = 15元 + 20元 + 25元 = 60元 \tag{1}$$

從這個例子可知，GDP所以只計算最終產品的價值，而將中間產品剔除，或者利用附加價值法，即只考慮每一生產單位所創的價值，主要避免重複計算。

4. **國內生產毛額是以「市場價值」計算的**。這說明國內生產毛額基本上是以透過市場交易的經濟活動為對象，而不考慮非市場性的生產活動，例如，家庭主婦操作家務，近來流行「DIY」－自己動手拼裝，和休閒活動之價值，不能計入GDP。

非法之地下經濟行為如攤販，走私槍械，和非法投資公司等活動也不能計入GDP，因為這些交易也未透過市場的交易活動。

不過，有兩項非市場活動被包括在GDP內；它們是自有房屋的設算租金，以及農民留供自用的農產品。這兩項被包含在GDP之內，主要是不像前述項目難以估算。不過由此可知，GDP不能反映完整的國民經濟福利的命運。

二、國內所得與國民所得

行政院主計處從民國84年起台灣經濟成長率才以GDP來計算，而在民國84年前，主計處均利用**國民生產毛額**(Gross National Product；GNP)來計算。因此我們有必要來認識GNP，即瞭解GNP和GDP的差異，並進而認識政府更換測量經濟成長指標的理由。[註1]

註1　本節參考林安樂（民國84年）所發表：GDP或GNP？台灣經濟成長率指標的更換。

1. 國內生產毛額 (GDP) 與國民生產毛額 (GNP)

　　GNP是指一國的國民在一定時間內所生產出來，供最終用途的物品與勞務之市場價值。由此可知，二者皆指所有生產要素在一定時間內的全部生產成果，但GNP係以國民（即屬人主義）為歸屬標準，GDP則以國境（即屬地主義）為歸屬標準。

　　由此可知，為了計算GNP，我們必須進一步從GDP減去外國人持有的生產要素在本國參加生產所賺到的勞務報酬及財產所得，同時加計本國人持有的生產要素在國外參加生產所取得勞務報酬及財產所得。上述加減項乃代表本國國外要素所得淨額。以上關係式可用下列等式表示：

$$GNP = GDP - 外國國民的生產要素參與本國生產之報酬$$
$$+ 本國國民的生產要素參與外國生產之報酬$$
$$= GDP + 要素在國外所得淨額$$

　　以上說明GNP和GDP在統計上及觀念上的差別。在觀念上，GNP是反映全體國民所得及福利的指標，GDP則反映國內產出、就業及景氣的概況。在行政院主計處「國民所得報告」的估算過程中，是先估算GDP，而後再加上本國國民在國外的所得淨額，最後才得到GNP的數值。由表15.2可以得知，因為我國對外投資在2000年之後大幅增加，國外要素所得淨額多為正值，使GNP大於GDP。

▼ 表15.2　民國88年～107年台灣國內生產毛額和國民生產毛額　　　　單位：新台幣百萬元

	國內生產毛額(GDP)	國外要素所得淨額	國民生產毛額(GNP)
88	9,815,595	90,518	9,906,113
89	10,351,260	139,558	10,490,818
90	10,158,209	192,024	10,350,233
91	10,680,883	242,502	10,923,385
92	10,965,866	328,873	11,294,739
93	11,649,645	372,099	12,021,744
94	12,092,254	290,866	12,383,120
95	12,640,803	311,699	12,952,502
96	13,407,062	332,766	13,739,828
97	13,150,950	314,646	13,465,596
98	12,961,656	413,994	13,375,650
99	14,119,213	429,639	14,548,852
100	14,312,200	388,372	14,700,572
101	14,686,917	454,191	15,141,108
102	15,221,201	425,010	15,646,211
103	16,111,867	470,538	16,582,405
104	16,770,671	530,726	17,301,397
105	17,176,30	529,694	17,705,994
106	17,501,181	464,164	17,965,345
107	17,777,003	318,897	18,095,900

資料來源：行政院主計處

　　另外，台灣引進許多菲律賓、泰國、印尼、越南等東南亞國家的外籍勞工，也有不少外籍工程師、教師在台灣工作，其所得報酬須計入我國GDP，故造成GNP和GDP之差異。

2. **政府更換衡量經濟成長指標理由**

　　GDP乃代表國內所有生產要素，不論是本國人或外國人所持有，因參加生產所能產生的全部生產成果，故比GNP更能反映國內的生產活動，就業狀況及景氣變動。因此，GDP的變動是顯示國內經濟成長好壞的最佳指標。

此外，由於對外要素所得收入與支出不易估計，而且變動很大，使用GDP來計算經濟成長率同時又可避免這些估算問題，因而會比使用GNP來計算所產生的誤差小。於是行政院主計處決定順從世界潮流自民國84年開始改用GDP來計算台灣經濟成長率。綜合上述兩點，得到結論臚列於表15.3。

▼ 表15.3　GDP與GNP的差別、相關比較

期　間	國內生產毛額(GDP)	國民生產毛額(GNP)
意　義	一國「國內」在一定期間內所生產出來，供最終用途物品與勞務之市場價值	一國「國民」在一定期間內所的生產出來，供最終用途的物品與勞務之市場價值
屬　性	屬地主義	屬人主義
特　性	反映國內、就業及景氣的指標	反映全體國民所得及福利的指標
GDP 與 GNP 關係	GNP=GDP+ 要素在國外所得淨額	

第二節　衡量總產出的其他指標

衡量一國國民生產或國民所得的指標，除了上述的國內生產毛額所表現的整體現象之外，尚有其他與國內生產毛額相關指標，可以表現這整體現象內部的細部結構，好像一個人整個人看起來，氣色不錯，可能是肝不錯，可能是腎不錯或心臟不錯，我們也希望去排列GDP內部的細節，因此可使用以下的指標包括**國民生產毛額(GNP)、國民生產淨額(NNP)、國民所得(NI)、個人所得(PI)及個人可支配所得(DPI)**等，茲說明其意義，並推導其過程如下：

一、國民生產毛額(Gross National Product；GNP)

由前述可知，GDP和GNP關係如下：

$$GNP = GDP + 要素在國外所得的淨額 \tag{2}$$

二、國民生產淨額(Net National Product；NNP)

在生產過程中，資本設備因使用而發生損耗，使原有的資本存量減少而此部分損耗的價值已經由生產過程移轉至GNP的最終財貨中，故應自GNP中扣除此一部分的金額，才能正確地反映當期的國民產出。因此

$$NNP = GNP - 折舊 \tag{3}$$

三、國民所得(National Income；NI)

由於GNP及NNP均是依最終財貨與勞務的市場價值計算而得，並未表示生產要素在生產上真正的貢獻及實際的收入。為了實際顯示生產要素參與者的真正收入，NNP必須扣除企業支付給政府的間接稅，但是須加上政府對企業的補貼金額，如此即是所謂的「國民所得」。

$$NI = NNP - 企業支付給政府的間接稅 + 政府對企業的補貼金額 \qquad (4)$$

又企業支付給政府的間接稅與政府對企業的補貼金額差距稱之為間接稅淨額，所以

$$NI = NNP - 間接稅淨額 \qquad (5)$$

其次，國民所得為生產要素參與者的收入，故國民所得又可表示成如下

$$NI = 工資 + 利潤 + 地租 + 利息 \qquad (6)$$

四、國民所得與國民可支配所得

國民所得分為按要素成本（所得）計算者與按市價計算者兩種。政府對生產者課徵各種生產及進口稅，均將轉嫁而構成產品在市場銷售價值之一部分，如無生產及進口稅之課徵，國民所得即為生產之要素成本（包括工資、租金、利息、利潤等），故要素成本加計生產及進口稅淨額，稱為按市價計算之國民所得，不含生產及進口稅淨額則稱為按要素成本計算之國民所得，公式如下：

受僱人員報酬

加　：營業盈餘

等於：國內要素所得

加　：國外要素所得收入淨額

等於：按要素成本計算之國民所得

加　：生產及進口稅淨額

等於：按市價計算之國民所得

參照表15.4，凡非由生產而發生之所得、資產重估之增值、國際間之贈與等，均不可計入國民所得之內。按市價計算之國民所得，加來自國外經常移轉收入淨額即為國民可支配所得。來自國外移轉，雖然非由本國國民生產而發生之所得，卻與國民所得一樣，可由本國國民所支配與利用，故稱為國民可支配所得。

▼ 表15.4　民國107年台灣各種國民所得指標　　　　單位：新台幣百萬元

國內生產毛額		17,793,139
加：國外要素所得收入淨額	335,872	
國民生產毛額		18,129,011
減：固定資本消耗	2,843,842	
生產及進口稅淨額	1,035,516	
統計差異	-79,119	
按要素成本計算之國民所得		14,328,772
加：生產及進口稅淨額	1,033,106	
按市價計算之國民所得		15,364,288
加：國外移轉收入淨額	-101,068	
國民可支配所得		15,263,220

資料來源：行政院主計處

第三節　國內生產毛額衡量與經濟循環

瞭解了國內生產毛額，我們接著認識如何衡量國內生產毛額。但首先需對整體經濟體系循環有所瞭解，才有辦法掌握衡量GDP方法。在本節因此先介紹經濟循環，而後才敘述衡量方法。

一、經濟循環

同學聚在一起聊天，當討論到別班同學時，大家關心的焦點總在大帥哥和超級美女，社團的社長及主要幹部，以及愛現的同學；在娛樂新聞報導香港演藝圈消息時，都以能橫跨港台歌星為主，如劉德華、張學友等。同樣的，在探討產業結構時，通常不會注意個別的廠商，而把所有的廠商歸納為製造業、農業、商業、服務業等幾個大類。因此，由以上的幾個例子可以清楚的反映出，分析某些問題時焦點可能

集中在少數幾個「主要組成分子」；因這些主要組成分子行為會決定最後成果。所以要釐清問題的關鍵，就值得以這少數成員的行為為主。註2

利用上述方法，將經濟社會簡化為**家戶部門**(Household Sector)、**廠商部門**(Firm Sector)、**政府部門**(Government Sector)和**國外部門**(Foreign Sector)。家戶部門組成的成員包括社會上所有的最終消費單位，廠商部門組成包括社會上所有的生產單位，政府部門包括中央政府、地方政府，以及所有受政府支持之非營利機構，而國外部門則包括所有非本國的經濟單位，如外國政府與人民等。

我們假設家戶部門從事以下的經濟行為
1. 提供生產要素給廠商以換取所得；
2. 買消費商品與勞務以供自身所需；
3. 將未支出的所得儲蓄起來；若所得不足消費時，也可以向他人借貸。

廠商部門從事以下經濟行為：
1. 支付生產要素的報酬給家戶部門；
2. 生產消費商品與勞務以供應家戶部門；
3. 生產資本商品以供其他廠商再生產之用；
4. 借入資金，用於投資支出。

政府部門從事以下經濟行為：
1. 向廠商採購商品與勞務；
2. 向家戶部門徵稅；
3. 當收入與支出不相等時，在借貸市場中進行融資。

國外部門則從事以下經濟行為：
1. 進口商品與勞務；
2. 出口商品與勞務；
3. 當輸出與輸入不相等時，在借貸市場中進行融資。

在圖15.1中，我們將所有市場歸納為三種：(1)**商品市場**(Goods Markets)；(2)**生產要素市場**(Factors Markets)以及(3)**借貸市場**(Borrowing and Lending Markets)。為了分析簡化，在圖中，我們只畫出金錢的流向而已。

註2　本節乃參考胡春田、巫和懋、霍德明、熊秉元合著：經濟學2000，下冊，第22章。

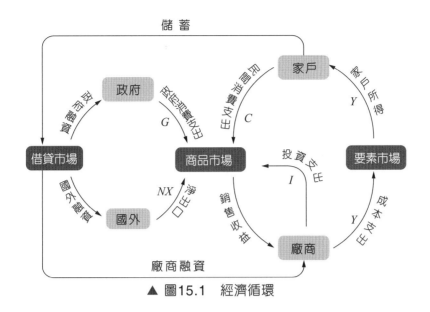

▲ 圖15.1　經濟循環

在商品市場中，所有的商品及勞務都在此交易。這裡所指的商品包括了家戶和政府所買的消費財，如衣食民生用品等，以及廠商部門為了再生產所添購的資本財，例如機器設備、廠房、存貨等。在此勞務包括教育、醫療、交通等行業所提供，直接可以被家戶和政府使用的資源。

在要素市場中，家戶部門提供生產要素，廠商則支付對等的報酬。生產要素包括勞力、資本、土地等，相對應的報酬為工資、利息、租金等。這些報酬都是家戶的所得。

在借貸市場中，家戶部門為資金的供給者，這些資金是所得減去消費後的剩餘，我們稱為**儲蓄**(Saving)；廠商和政府為資金的需要者，其所需要的資金，稱為融資。

從以上整體敘述可知，總體經濟關係為：

1. 就家戶部門而言，家戶所得 Y 用於消費支出 C，繳稅 T，其餘的部分統稱為儲蓄 S

$$Y = C+S+T \tag{9}$$

這樣的恆等式可以由圖中家戶部門的注入量與流出量明顯的表示出來。

2. 就廠商部門而言，廠商的總銷售收益用於支付各種要素報酬；而在要素市場中，家戶總所得 Y 就是各項要素報酬的總和，所以

$$廠商的總收益 = Y \tag{10}$$

3. 在商品市場中，最終產品可賣給消費者、廠商、政府、以及國外部門，所以廠商的總銷售收益等於家戶的消費支出 C、廠商的投資支出 I、政府的消費支出 G、以及國外部門對我國淨支出。國外部門對我國的淨支出為我國的出口 X 減去進口 M，也就是我國的淨出口 NX(NX=X−M)。又廠商的總銷售收益等於家戶總所得，所以

$$Y = C+I+G+NX \tag{11}$$

　　本國生產輸往國外的任何東西，都算做本國生產的最終產品，因為它們不會再成為本國生產者的中間投入。因此，GDP 中包括出口一項。但 C+I+G+X 之後，必須再減去進口，才是真正的 GDP。

　　這是因為民間消費、投資支出、政府消費與出口等四項所採購之最終產品內，都包括有進口貨。我們在蒐集資料時，很難從國人的各種支出中，區分出是對國產品或產品國進口品的支出，而進口金額通常有詳細統計可查，因此欲求對本國最終產品購買的總額，最簡單的辦法，就是加總 C+I+G+X 之後，一次減掉進口總額，而不必逐項辨別出本國製的成分與進口價值。

　　瞭解 Y=C+I+G+NX 之後，進一步與 Y=C+S+T 比較後可以得知，

$$S+T = I+G+NX \tag{12}$$

　　最後，我們可得到以下的結論：

$$家戶總所得(Y) = 廠商的總銷售收益$$
$$= 民間消費支出+投資支出+政府消費支出+淨出口$$
$$= 生產要素的報酬總和 \tag{13}$$

二、國內生產毛額的衡量方法

從前述的經濟循環中，我們瞭解GDP有3種衡量方式：

1. 加總不同部門的支出C+I+G+NX，稱為**支出法**(Expenditure Approach)；

2. 加總各種生產要素的報酬，稱為**要素所得法**(Factor Income Approach)；

3. 加總各個廠商的產出，稱為**最終產出法**(Final Products Approach)。

其次，我們可以經濟體系的不同角度，來思考三種衡量方法，如圖15.2所示：

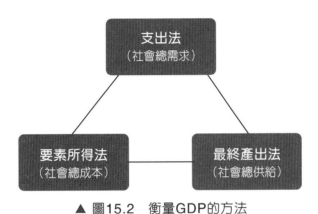

▲ 圖15.2　衡量GDP的方法

以下我們分別討論這三種衡量方式。

（一）支出法

支出法就是加總社會中四大部門：家戶、廠商、政府、國外的支出，來計算國民所得。以下，我們分項介紹這些支出的內容：

1. 消費支出(Consumption Expenditure；C)

消費支出指的是家戶部門的消費支出。其所消費的項目，大致分為耐久性消費財、非耐久性消費財與勞務三大類。

(1) **耐久性消費財**：此財貨指的是汽車、電器用品、家庭設備等使用年限較長的物品。

(2) **非耐久性消費財**：此財貨指的是食物、服飾及燃油等財貨，其使用年限短。

(3) **勞務**：勞務包含半數以上消費者的支出，如房租及家務處理、醫療保健、運輸等。其中還包括自用住宅的設算租金，和農家留供自用的農產品。

2. 投資支出 (Investment Expenditure; I)

所謂投資是指在一定期間內資本財的增加量，而資本財則是包括機器設備、各種建築物，以及存貨等三類，因此投資是指在一定期間內新機器設備和新建築物的購買，以及存貨的增加。

在機器設備、建築物與存貨三類資本財中，我們通常將機器設備和建築物合稱為**固定資本**(Fixed Capital)。因為機器設備與建築物會因使用以及時間的經過而產生折舊，故由固定資本形成毛額減去折舊，才是固定資本在一期內的淨增加量，此稱為**固定資本形成淨額**(Net Fixed Capital Formation)。

從而，投資也有**投資毛額**(Gross Investment)與**投資淨額**(Net Investment)之分。所謂投資毛額，係指新機器設備與建築物的購買，以及存貨的增加，投資淨額則為資本財的淨加量。兩者差距為折舊，即投資毛額減去投資淨額等於折舊，以數學式可表示成：

$$投資毛額－投資淨額＝折舊 \qquad (14)$$

由前面敘述可以知道投資是一種**流量**(Flow)的概念。所謂流量是指在一定時間內所產生的數量。相對之下，資本財則是所謂的**存量**(Stock)，是指存在於某一特定時點的數量。換句話說，流量是指一個特定時點到另一個特定時點的這段期間存量的變動情形，因此投資指某一時點到另一時點之間的該段期間內資本財的變動情形。

另外，一般「投資理財」和經濟學中「投資」不相同。投資理財指的是購買現有的股票、債券、房地產、或其他現有資產；這些只是已存在之商品或資產所有權的轉移，並不牽涉新產品的生產。「國民所得帳」中的投資指的是新生產的實質產品的價值。

3. 政府消費支出 (Government Consumption Expenditure; G)

政府支出主要包括兩項，一為各種產品的購買，一為雇用軍公教人員薪津。政府利用這些購買進來的產品與軍、公、教人員勞務，生產出諸如國防、治安、教育、公共行政等政府服務。

　　由於政府提供的產品與勞務中，有很多沒有在市場上買賣交易，因此我們在計算這些產品及勞務的價值時，不能以市場計算，只能以它們的成本價計算，亦即以納稅人負擔生產這些產品的成本為準。

　　值得一提的是政府消費不包括**移轉性支付**(Transfer Payments)，所謂移轉性支付是人民由政府得到無償的給付，例如退休年金、失業或災難救助金等。由於移轉性支付並非實際創造出的商品或勞務，所以它們不列在GDP中。

4. 淨出口(Net Export; NX)

　　淨出口是指一個國家商品及勞務的輸出減輸入的差額。當一國的輸出大於輸入時，就產生了「出超」，也就是正的淨出口。反之，則為「入超」，也就是負的淨出口。

　　參照表15.5，綜合上述1~4點，利用支出法計算

$$GDP = C+I+G+NX \tag{15}$$

▼ 表15.5　民國107年的台灣之國內生產毛額

單位：新台幣百萬元

民間消費		9,240,813
政府消費		2,424,452
投資支出		3,795,966
固定資本形成毛額	3,716,174	
存貨增加	79,792	
商品及勞務輸出		12,961,969
減：商品及勞務輸入		11,679,810
國內生產毛額		16,811,634

資料來源：行政院主計處

(二) 要素所得法

　　在圖15.1中經濟循環，產品面的總消費支出必等於其總供給價值，又廠商在獲得收入後，全支付財貨與勞務於生產過程中所產生的各項成本，包括工資、利息、地租、利潤等，此即構成家戶部門的要素所得。故GDP亦可用要素所得測量。

1. 工資

　　即所有對工作的酬勞，包括工資、紅利、佣金、實物給付、年終獎金及各項福利等。但工資不包括自我雇用人員報酬，例如自行開業醫生、會計師等。

2. 利息

　　利息係指民間企業部門提供貨幣性資本者的一種貨幣性支出金額。例如，如果購買台塑公司的股票，在一年之後，所收到的該股票利息即本項利息。但是如果購買的證券是政府部門所發行的國庫券或是儲蓄券，那麼所得到債券的利息則不包括在此一利息所得項目中，因為在國民所得會計項目中，這項政府部門所支付的利息支出歸在移轉支出項內。

3. 租金

　　租金係指對家計部門所提供財產性資源的一項支付金額。例如，地主因提供廠房或辦公場所，其所領到的房租等，就是本項目所指的租金。

4. 利潤

　　係企業能力於生產過程中提供勞務之報酬，但僅指公司總收入減除總成本後之稅前盈餘，包括董監職工紅利，未分配盈餘及公司所得稅在內。

　　以上四項加總即為全體國民所創造的所得，故稱為國民所得。然而最終產品的市價，除包括生產要素報酬所構成的成本外，尚包括轉嫁給消費者的企業間接稅淨額與資本財的折舊費用。即

$$GDP = 工資 + 利息 + 租金 + 利潤 + 間接稅淨額 + 折舊 \qquad (16)$$

　　參照表15.6，利用所得法計算GDP，其中工資又稱作受雇人員報酬。利息、租金和利潤等三項則合稱為營業盈餘。

▼ 表15.6　民國106年台灣的國內生產毛額

單位：新台幣百萬元

受雇人員報酬（工資）	7,752,744
營業盈餘（租金、利息、利潤）	6,085543
固定資本消耗（折舊）	2,722,050
間接稅淨額	977,477
統計誤差	--
國內生產毛額	17,548,814

資料來源：行政院主計處

（三）最終產出法

最終產出法的計算方式，是先區分社會中的各行各業，然後再將各行業的產值相加。在行政院主計處出版的「中華民國台灣地區國民所得」裡，其中有相當精細的產業歸類。本書僅將所有最終商品與勞務分為三大類行業：農業、工業及服務業。農業是專指農林漁牧業；工業包括礦業及土石採取業、製造業、水電燃料氣業以及營造業等四類；服務業則包括其他所有的行業。參照表15.7之107年台灣的國內生產毛額。

▼ 表15.7　民國107年台灣的國內生產毛額

農、林、漁、牧		286,726
礦業及土石採集業		14,488
工業		
製造業	5,498,616	
營造業	450,039	
其他	344,085	6,292,740
服務業		
批發零售業	2,922,210	
金融保險業	1,217,367	
運輸倉儲業	522,878	
其他	6,630,337	11,292,792
國內生產毛額		17,793,139

資料來源：行政院主計處

在本書中僅將所有最終商品與勞務分為三大類行業：農業、工業及服務業。農業是專指農林漁牧業；工業包括礦業及土石採取業、製造業、水電燃料氣業以及營造業等四類；服務業則包括其他所有的行業。

第四節　名目GDP、實質GDP與GDP平減指數

我們必須區分產品數量與價格之變動，並設法剔除物價變動對GDP的影響，才能顯現人民經濟生活水準。經濟學家因此提出了名目GDP(nominal GDP)，實質GDP(Real GDP)和GDP平減指數(GDP deglaton)觀念。

在GDP的計算過程中，都是以當期的貨幣單位。這種計算方式，固然反應出當時的市場價值，但是要將80年的GDP與89年的GDP直接比較，就不很恰當；最明顯的理由，就是這兩年的物價不同。例如只考慮一種產品：蘋果，在民國80年，生產10個且每個5元，則可得80年的GDP為50元；在民國89年，生產5個且每個20元，則可得89年的GDP為100元。比較這兩年的GDP，可得GDP成長了，但對人民經濟生活毫無助益，只是物價膨脹的惡果。

一、名目GDP與實質GDP

所謂「名目GDP」指的是以當期物價來計算的GDP，也就是政府實際統計出來的GDP。「實質GDP」指的是以某一基期的物價來計算的GDP。以下我們利用表15.8例子來說明。

假設只生產衣服與食物二種財貨，其價格與數量如下：

▼ 表15.8　名目GDP與實質GDP

年 \ 項目	80 年			89 年		
	價格	數量	支出	價格	數量	支出
衣 服	10	40	400	15	80	1200
食 物	5	30	150	10	80	800

由表得知，80年的衣服價格為每件10元。若以80年的消費量（40件）來計算，則衣服支出在80年時為400元；食物在80年時支出計算方式也類似，所以在80年的總支出為550元，此為80年的實質GDP；我們若以80年為基期，則可算得89年的GDP為

$$GDP=10 \times 80+5 \times 80=1200 \tag{17}$$

其次，可得89年當期衣服支出為1,200元，食物支出為800元；這時89年的名目GDP為2,000元。由上述例子，可知當期實質GDP，乃假定物價水準沒有改變，而名目GDP考慮物價水準的變動。

二、國內生產毛額平減指數

今進一步以名目GDP除以實質GDP，所獲得的百分比，即稱為**國內生產毛額平減指數**(GDP Deflator)。以上述為例，當期GDP平減指數為：

$$GDP平減指數 = \frac{2000}{1200} \times 100 = 166.67 \qquad (18)$$

在這個例子裡，GDP平減指數等於166.67，也就是代表平均的物價水準和基期相比上升了66.67%。在這個例子中，我們也可以看出衣服的價格上漲300%，食物的價格上漲53.3%；GDP平減指數就是求得這些上漲率的平均數，目的在反映整個經濟體系內物價水準的平均上漲率。

由於在計算GDP平減指數是用來衡量一個社會最終產出的平均價格，所以可將GDP平減指數視為一般物價水準，進而可知名目GDP和實質GDP之間的關係可以用下式來表示：

$$實質GDP \times 一般物價水準 = 名目GDP \qquad (19)$$

其次，一般物價水準是「平均物價指數」，簡稱**物價指數**(Price Index)。目前我們常用的物價指數除上述GDP平減指數外，還有衡量正常家庭平時主要消費物品價格相對變化程度的**消費者物價指數**(Consumer Price Index CPI)，或稱**零售物價指數**(Retail price index)以及衡量物品批發價格的**躉售物價指數**(Wholesale Price Index 簡稱WPI)又稱批發物價指數。

第五節　國民所得與人民福利

有些國家的實質GDP很高（例如中國大陸），但是因為人口眾多，「每人平均實質GDP」並不高，此每人平均實質GDP為一國實質GDP除以該國總人口的數目，所以國際間的國家人民福利的比較常用每人平均實質GDP作為指標。

每人平均實質GDP的高低是否與人民的福利間有著必然的關係呢？如果為了要達到很高的每人平均實質GDP，但是必須忍受吵雜的噪音、汙染的空氣與飲水、混亂的交通等；那麼，再高的實質GDP沒有什麼實質意義。所以每人平均實質GDP還是不能完全代表人民的福利原因是：

1. 忽略外部不經濟所造成的損失

　　大部分的環境汙染是經濟活動所造成的；石化原料的燃燒會造成對環境的損害，高爾夫球場開發造成山林水土的流失，都是明顯的例子。像是台灣地區的汽車密度已超過先進工業國家，除了造成交通擁擠以外，也造成空氣的汙染。這些市場經濟活動下的負產品，沒有計算在每人平均的實質GDP中。

2. 未考慮地下經濟行為

　　地下經濟行為指的是沒有正式記錄的經濟行為，這包括合法以及非法的經濟行為；例如許多公司為了避稅，交易買賣可能改用現金而不用支票。或者，許多商店為了避免勞保給付，而改為雇用兼職工讀生。這些都是合法的經濟行為，但都會使實質所得的記錄不確實。另外非法的經濟行為，例如路邊無照攤販、地下投資公司，甚至賭博、色情、毒品等；這些都不包括在實質所得中。

台灣地區地下經濟規模龐大，產生了下列的影響效果：

(1) 台灣的地下經濟所創價值估計約占實質所得15%至30%之間，所以官方的GDP明顯低估。

(2) 以我國勞動力調查方式，參與地下經濟者，例如打工的同學，被遺漏在就業行列之外。因此就業人口數低估。

(3) 稅源流失，使得公務人員，誠實納稅的企業等之租稅加重。

3. 忽略休閒的重要性

　　近年來國人日益重視休閒生活，所以度假中心，旅遊，各種娛樂設備日益增加。休閒會影響經濟個體的效用水準，故為經濟福利的重要項目之一，但每人平均實質GDP完全忽視休閒的價值，所以此指標無法反映經濟福利增加。

　　台灣地區就業者的平均每週工作時數，已由50年代超過50小時，降為近年之40~44小時左右。這種經濟福利的提高，就不是每人平均實質GDP成長能反映的。此外若將台灣的工時與先進國家的40小時左右之工時比較，則仍有少許差距。直接以兩國不同工時所生產之每人平均實質GDP，比較其生活水準。免不了會低估經濟福利之差距。

4. 漏掉了未上市的生產成果

　　每人平均實質GDP主要用於衡量市場交易的經濟活動；未上市的生產活動，除了自有住宅的設算租金與農民留供自用的農產品外，都未計算在內。因此，每

人平均實質GDP之計算忽略了家庭主婦之家務操作、修理自宅，以及DIY(Do-It-Yourself)等。

因此，在使用每人平均實質GDP作為兩國福利水準的比較時，可能是甲國的每人平均實質GDP大於乙國的，但乙國的未上市的生產成果遠大於甲國，使乙國的經濟福利大於甲國。

5. 末能反應所得分配狀況

每人平均實質GDP，雖然考慮人口數量和物價改變，但「平均」所得不可能同時反映所得「分散」程度。例如，我國每人平均GNP由民國74年3,243美元到民國89年13,985美元增加四倍以上。但卻無法表達我國所得分配惡化。因此我們必須另外尋找足以反映所得分散程度的指標。

第六節　所得分配：經濟成果的分享

利用GDP無法衡量國民所得分配，而是須以不均勻度的衡量為出發點，以測度所得分配不均勻度的程度。常用的指標有**羅侖氏曲線**(Lorenz Curve)，和**吉尼係數**(Gini's Coefficient)等。茲分述如下：

一、羅侖氏曲線

羅侖氏曲線指的是家庭戶數累計百分數，與所得分配累計百分數間關係的一條曲線。其功用在衡量所得分配的不均勻度。繪製過程先將家庭按所得由小而大排列，再將戶數分為5等分或10等分。其次，統計每一等分組中，戶數的所得占全體所得的比例。再者，計算累進所得占全體所得的比例。最後，利用一正方圖形，橫軸表示家庭戶數累計百分比，縱軸表示所得累計百分比，將不同等分組的家庭戶數累計百分比及所得累計百分比，標示在正方形圖內，並連結此等座標即為羅侖氏曲線。參照表15.9之台灣在民國106年的所得分配概況。

▼ 表15.9 民國106年台灣的所得分配

戶數五等分組	假設的所得分配		106年台灣所得分配 %		
	絕對平均	絕對不均	所得分配比	累計戶數	累計所得
最低所得20%	10	0	6.64	20	6.64
20%	10	0	12.32	40	18.96
20%	10	0	17.35	60	36.31
20%	10	0	23.39	80	59.7
最高所得20%	10	0	40.29	100	100

資料來源:行政院主計處

　　表15.9第一欄即為依所得高低的五等分家戶;最右兩欄分別代表家戶戶數累計百分比,與民國102年所得百分比的累加。這兩欄的資料,所繪出以橫軸代表家戶累計百分比、縱軸代表所得累計百分比的曲線,就是羅侖士曲線,如圖15.3所示。

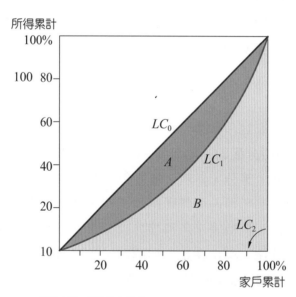

資料來源:行政院主計處

▲ 圖15.3 民國102年台灣的羅侖氏曲線

圖中 $\dfrac{A}{A+B}$ 即為吉尼係數

　　如果家戶所得分配「絕對平均」的話，則各等分家戶所擁有的所得比例，應完全相等；如表 15.9 第二欄所示的 20%，此時羅侖氏曲線是圖 15.3 中的對角線 LC_0，稱為**絕對均等線**(Absolute Equality)。反之，若所得完全集中在一個家戶手中，如表 15.9 第三欄所示，則對應的羅侖氏曲線就是圖 15.3 的底線與右邊邊線形成的直角線 LC_2，稱為**絕對不均線**(Absolute Inequality)。一般而言，一個國家的所得分配線介於兩者之間的曲線，如圖 15.3 中 LC_1 所示。

　　因此，羅侖氏曲線越靠近對角線，它所代表的所得分配越平均；越偏離對角線，則分配越不平均。

二、吉尼係數

　　羅侖氏雖然把各組家戶的所得分配情形，很完整的表示在圖中的曲線彎度上，但它必須觀察圖形才能比較，應用上稍有不便。經濟學家為了解決此問題，提供了一個簡單指標，即是所謂的吉尼係數，或稱吉尼集中係數(Gini's Concentration Coefficient)。

　　吉尼係數所衡量的是：羅侖氏曲線與絕對均等線 LC_0 所夾半月形面積，占絕對均等線以下之三角形面積之比例。以圖 15.3 為例，吉尼係數就是圖中的 A/(A+B)。係數值介於 0 與 1 之間，若為 0 時，所得分配絕對均勻；反之，為 1 時，所得分配絕對不均。

　　根據歷年行政院主計處對中華民國台灣地區之家庭收支調查報告，可知台灣近年來的吉尼係數的資料，顯示台灣地區國民所得分配似乎變化不大。這與社會觀察到的實情有落差。以 10% 為級距才比較可能看出所得分配惡化的實際狀況。現行級距難以呈現所得分配惡化的情況。美國則有 1% 和 99% 的比喻。所得最高 1% 的所得，超過其他 99% 的總和，顯現其所得差距的嚴重性。

▼ 表15.10　民國98~106年台灣的吉尼係數

年 Year	第五分位組為第一分 位組之倍數 (D)/(C) 倍 Time	吉尼係數 Gini Concentration Coefficient
98年 2009	6.34	0.345
99年 2010	6.19	0.342
100年 2011	6.17	0.342
101年 2012	6.13	0.338
102年 2013	6.08	0.336
103年 2014	6.05	0.336
104年 2015	6.06	0.338
105年 2016	6.08	0.336
106年 2017	6.07	0.337

資料來源：行政院主計處

第七節　我國競爭力與國民所得新指標

　　GNP為一般經濟進步與國民福祉指標，政府祈禱它年年成長以顯示政績和統治之持續力，平民百姓也日夜辛苦，夢想年薪隨GNP而水漲船高。

　　然而，GNP並非經濟進步與國民福祉真實符號。原因如前討論，GNP的傳統計算方法以統計貨幣交易方式的經濟活動為根據，於是貪汙、犯罪、環境惡化非但未從GNP中扣除，相反的卻使GNP增加。例如：犯罪增加需要擴大警力，而警力是政府以貨幣方式的一種支出，這筆支出越多GNP增加越大；資源枯竭，環境惡化，政府、企業、農家同樣通過貨幣交易的方式增加額外支出；至於貪汙腐化更是以各種活動成本增加的方式直接計入GNP。

　　其實40年代發明GNP現行計算方法的Kuznets，早在他的方法問世時已預見到這種不足。在70年代經濟合作暨發展組織中一批有識之士，提出社會指標體系作為GNP的平行指標，可是一個身體要用兩把「尺」量，造成不方便和邏輯上不通。其次，最近十多年來，環境惡化，犯罪和貧富差距與日增。所以，一大批學者和國際研究機構對GNP計算作一場更深入「革命」。這次改革有兩大成果，一是美國三位經濟學家(C.Cobb, T.Haistead, J.Rowe)所編的GPI（真實進步指數），把傳

統GNP扭曲的犯罪、離婚、環境破壞、休閒、家務和國防進行校正，結果是美國的人平均GPI自1970年以後加速下降，整個70年代的平均下降速度為百分之二，80年代為百分之六，眼下正以更高的加速度下滑。第二方向的研究成果來源於聯合國ESD指數（環境永續發展），此項研究由世界銀行的專家完成，當時他們開發了兩個新的經濟學概念：真實儲蓄率和真實國民福利，矯正了傳統GNP計算只考量資本財和它的折舊，而不計算自然財（土地、再生與非再生資源）和「磨損」之錯誤。當時並根據真實福利值重新排隊，發現美國並非世界第一而是世界第十二，一個鮮為人知的波斯灣國卡達進入前十強。

對全體國民而言，競爭力也好，經濟成長率也好，重要的不是名次的排列次序，而在納稅人民得到何種真正的實惠，以及全體國民得到何種安全與歸屬感。註3

參考文獻 Reference

1. 林安樂：〈GDP或GNP？台灣經濟成長率指標的更換〉，《經濟前瞻》，民國84年1月。
2. 胡春田、巫和懋、霍德明、熊秉元合著：《經濟學2000（第4版）》，民國94年。
3. 陶在樸：〈台灣競爭力與國民所得新指標〉，中國時報，民國86年1月14日。
4. 中華經濟研究院：〈國際經濟情勢週報〉。
5. 行政院主計處：〈中華民國金融統計月報〉，民國103年。

註3　本節乃參考陶在樸（民國86年）所發表：台灣競爭力與國民所得新指標。

歷屆試題 Exercise

一、選擇題

( ) 1. 洛侖士曲線 (Lorenz Curve) 圖形的縱軸變數為何？ (A) 累計所得百分比 (B) 累計戶數百分比 (C) 累計支出百分比 (D) 累計投資百分比。

(101 四技二專)

( ) 2. 假設某甲今年購買名貴二手皮包價值 3 萬元；某乙在醫院擔任未支薪的志工，其對等臨時工資全年約值 12 萬元；某台商企業今年度國外廠房修繕，支付工程費用給外國業者 20 萬元；美國籍的某丁今年在台灣工作 3 個月，雇主每月支付給某丁的薪資 6 萬元。請問以上項目列入今年度我國國內生產毛額計算的總值是多少？ (A) 3 萬元 (B) 12 萬元 (C) 18 萬元 (D) 38 萬元。

(97 四技二專)

( ) 3. 消費者 A 的所得由 1,000 元增至 2,000 元時，使得消費支出由 800 元增至 1,200 元，則此消費者的邊際儲蓄傾向為： (A) 0.2 (B) 0.4 (C) 0.6 (D) 0.8。 (97 四技二專)

( ) 4. 「衰退—蕭條—復甦—繁榮」景氣循環週期圖，是依據下列何種指標衡量？ (A) 物價指數 (B) 失業率 (C) 利率 (D) 實質國內生產毛額。

(100 四技二專)

( ) 5. 下列有關吉尼係數 (Gini Coefficient) 之敘述，何者正確？ (A) 吉尼係數越大時，表所得分配越不平均 (B) 吉尼係數等於 1 時，表所得分配絕對平均 (C) 吉尼係數等於 0 時，表所得分配絕對不平均 (D) 吉尼係數越小時，表所得分配越不平均。 (97 四技二專)

( ) 6. 下列哪一項目計入我國勞動力？ (A) 失業人口 (B)70 歲已退休的人口 (C)15 歲以上在學人口 (D) 未滿 15 歲人口。 (99 四技二專)

( ) 7. 下列何者並非所得分配之衡量指標？ (A) 洛倫士曲線 (B) 最高組所得相對最低組所得的倍數 (C) 吉尼係數 (D) 痛苦指數。 (99 四技二專)

( ) 8. 假設某一國家僅生產及消費 A、B、C 三種商品，2009 年之單位價格分別為 15、20、30 元，產量分別為 100、150、50 單位；2010 年之單位價格分別為

20、20、35 元，產量分別為 120、100、100 單位，若以 2009 年為基期，則下列何者正確？　(A) 2010 年名目 GDP 為 6,800 元　(B) 2010 年實質 GDP 為 7,900 元　(C) 2009 年名目 GDP 為 6,000 元　(D) 2009 年實質 GDP 為 12,750 元。　　**(100 四技二專)**

(　) 9. GNP 係以何者為計算標準？　(A) 市價　(B) 成本　(C) 淨價　(D) 利潤。

(　) 10. 若公司將所有的利潤以紅利發給股東，則會立刻影響那項帳戶？　(A) 企業移轉支付　(B) 國民生產淨額　(C) 國民所得　(D) 個人所得。

(　) 11. 政府自民國 101 年 1 月起調整老農津貼為 7,000 元，老農津貼是屬於何種政府支出？　(A) 經常性支出　(B) 資本性支出　(C) 移轉性支出　(D) 政策性支出。　　**(101 四技二專)**

(　) 12. 下列有關國內生產毛額 (GDP) 與國民生產毛額 (GNP) 的敘述，何者有誤？　(A) GNP 是指一國的全體國民，在一定期間內所生產之所有最終財貨與勞務，以市場價值計算的總值　(B) GNP = GDP + 要素在國外所得淨額　(C) GDP 是屬於流量的概念　(D) 證券交易的手續費不列入當年的 GDP。**(101 四技二專)**

(　) 13. 國民生產淨額與國民所得之差異在於：　(A) 國外要素所得淨額　(B) 間接稅淨額　(C) 折舊　(D) 移轉性支出。　　**(97 身心障礙甄試)**

(　) 14. 下列何者不應列入 GNP 中：　(A) 房屋仲介商所收的佣金收入　(B) 住自己房子而節省的租金　(C) 出售自有土地所得價款　(D) 派駐國外人員的諮詢收入。　　**(97 身心障礙甄試)**

(　) 15. 西元 1776 年，英國學者亞當斯密 (Adam Smith) 出版了以下何著作，提出經濟問題完整的思考架構，經濟學從此被視為一門獨立學科？　(A) 供需論 (Supply and Demand)　(B) 國富論 (The Wealth of Nations)　(C) 人口論 (An Essay on the Principle of Population)　(D) 資本論 (Capital)　　**(103 四技二專)**

(　) 16. 若某國 2009 年實質國內生產毛額（實質 GDP）為 10,000 萬元，2010 年名目 GDP 為 11,000 萬元，以 2009 年為基期之 2010 年 GDP 平減指數為 105，則下列何者最接近 2010 年之經濟成長率？　(A) 0%　(B) 4.76%　(C) 2.55%　(D) 5.61%。　　**(101 四技二專)**

(　) 17. 假設某一國家當年度的國民所得會計帳資料如下：工資 250 億元，地租 350 億元，利息 200 億元，利潤 220 億元，企業間接稅淨額 50 億元，折舊 80 億

元，國外要素所得淨額 40 億元。下列何者不正確？　(A) 國民所得 (NI) 為 1020 億元　(B) 國內生產毛額 (GDP) 為 990 億元　(C) 國民生產毛額 (GNP) 為 1,150 億元　(D) 國民生產淨額 (NNP) 為 1,070 億元。　　　（100 四技二專）

(　) 18. 國民生產淨額 (NNP) 中不含移轉支付的原因為？　(A) 款項收到後未必會支付出去　(B) 非用於生產財貨與勞務等行為　(C) 應計入政府支出項目中　(D) 有重複計算的現象。　　　（100 四技二專）

(　) 19. 企業與國內之農業經營者契作毛豆，以 100 萬元代價取得採收完的毛豆，進入冷凍加工場加工。最後有 80% 的產品出口，20% 的產品在國內販售。出口金額為 1,000 萬元，國內販售銷售額為 400 萬元，該企業的附加價值為多少萬元？　(A)1,400　(B)1,300　(C)600　(D)100　　　（103 四技二專）

(　) 20. 以一國生產之最終產品與勞務市價總和計算出國內生產毛額，是以下列何種方式所求算的？　(A) 支出面法　(B) 需求面法　(C) 生產面法　(D) 所得面法　　　（103 四技二專）

(　) 21. 下列何種情形表示所得分配愈不平均？　(A) 洛侖士曲線 (Lorenz Curve) 愈靠近對角線　(B) 吉尼係數由 0.4 提高至 0.5　(C) 最高組所得與最低組所得之倍數由 6.34 下降成為 6.12　(D) 經濟成長率由 5% 下降為 3%　　　（104 四技二專）

(　) 22. 某甲 2003 年大學畢業時起薪為 20,000 元，到 2013 年薪水調為 63,000 元；而在此段期間物價水準上漲了 40%，請問相較於 2003 年，2013 年某甲之實質薪資增加多少元？　(A)25,000 元　(B)29,642 元　(C)35,000 元　(D)43,000 元　　　（102 四技二專）

(　) 23. 下列關於政府的敘述，何者錯誤？　(A) 老人年金屬於政府的移轉性支出　(B) 財政政策是指政府使用貨幣供給等工具，來影響經濟活動的方法　(C) 景氣燈號為藍燈時，為刺激經濟復甦，政府應採取擴張性的經濟政策　(D) 政府與人民合資經營，但政府資本超過 50% 者屬於公營事業　　　（104 四技二專）

(　) 24. 請問以下何者最接近台灣今年（民國九十年）第一季的每月基本工資金額　(A)14,000　(B)15,000　(C)16,000　(D)17,000。　　　（90 二技）

(　) 25. 以下何者不是折舊的定義？　(A) 毛投資和淨投資的差異　(B)GDP（國內生產毛額）和 NDP（國內生產淨額）的差異　(C)GNP（國民生產毛額）和 NNP（國民生產淨額）的差異　(D) 毛利和淨利的差異。　　　（90 二技）

( )26. 設製造一部車的人工薪資 5 萬元，車體 10 萬元，引擎零件 15 萬元，輪胎及其餘部分 5 萬元。若這部車以 50 萬元售出，試問 GNP 增加多少？ (A)50 萬元　(B)55 萬元　(C)65 萬元　(D)85 萬元。　　　　　　　　　（90 二技）

( )27. 某進口商在民國 88 年從韓國進口 100 台電視機，買入價格每台 7,500 元。他隨即於當年度以每台 13,500 元賣 80 台。其餘則在民國 89 年以每台 1,200 元賣出。試問此對民國 88 年的 GDP 之影響？　(A)1,350,000　(B)1,080,000　(C)750,000　(D)600,000。　　　　　　　　　　　　　　（90 二技）

( )28. 衡量通貨膨脹率時，下列哪一種財貨與勞務包含在 GDP 平減指數之計算中，但卻不包含在消費者物價指數之計算中？　(A) 中間財貨與勞務　(B) 廠商新廠房與機器的購買　(C) 輸入財貨與勞務　(D) 消費財貨與勞務。　（91 二技）

( )29. 羅侖曲線 (Lorenz Curve) 被用來說明：　(A) 一國稅率與稅收之關係　(B) 一國所得或財富之分配狀況　(C) 一國的生產可能　(D) 一國的消費型式。　　　　　　　　　　　　　　　　　　　　　　　　　　（91 二技）

( )30. 台灣近年的所得分配，貧富差距持續擴大，此隱含台灣的吉尼 (Gini) 係數越來越如何？　(A) 大　(B) 小　(C) 接近 0　(D) 接近－1。　（93 四技二專）

( )31. 假設某一個國家物價指數 1980 年是 100，1990 年是 120；同時，該國名目國內生產毛額 1980 年是 360 億元，而 1990 年是 480 億元。請問按 1980 年的物價水準表達，該國 1990 年的實質國內生產毛額應為多少億元？　(A)300　(B)576　(C)432　(D)400。　　　　　　　　　　　　　（93 四技二專）

( )32. 若以支出法衡量國內生產毛額，則下列對於投資支出的敘述，何者正確？(A) 指在一定期間內資本財的減少量，為一種存量 (Stock) 的概念　(B) 指在一定期間內資本財的減少量，為一種流量 (Flow) 的概念　(C) 指在一定期間內資本財的增加量，為一種存量 (Stock) 的概念　(D) 指在一定期間內資本財的增加量，為一種流量 (Flow) 的概念。　　　　（96 二技）

( )33. 吉尼 (Gini) 係數為 1，代表：　(A) 人口成長率加倍　(B) 進入人口老齡化社會　(C) 社會所得分配為最平均　(D) 社會所得分配為最不平均。　（100 二技）

( )34. 下列有關國民所得高低與經濟發展的敘述，何者正確？　(A) 國民所得越高的國家，其國民的預期壽命越低　(B) 國民所得越高的國家，其人口的成長率越低　(C) 國民所得越高的國家，其都市化的程度越低　(D) 國民所得越高的國家，其服務業的產值占國家總產值的比重越低。

( ) 35. 下列有關投資支出的敘述，何者不正確？ (A) 投資支出毛額包括固定資本的折舊 (B) 投資支出又稱為資本形成 (C) 存貨的變動是投資支出的一部分 (D) 存貨本身是投資支出的一部分。

( ) 36. 國內要素所得 (GDP) 的計算方式為： (A) 工資＋利息＋租金＋利潤＋企業保留盈餘＋折舊 (B) 工資＋利息＋租金＋利潤＋移轉性收入＋折舊 (C) 工資＋利息＋租金＋利潤＋間接稅淨額＋折舊 (D) 工資＋利息＋租金＋利潤＋間接稅。 （94 二技）

( ) 37. 若 1999 年之實質 GDP 為 $6,500，GDP 平減指數 (GDP deflator) 為 115，試問 1999 年名目 GDP 的計算方式為： (A)$6,500×1.15 (B)$6,500÷1.15 (C)$6,500÷0.15 (D)$6,500×0.15。 （94 二技）

( ) 38. 從支出面來看，國民生產毛額 (GNP) 的組成中，占最大比例的是： (A) 民間消費 (B) 投資 (C) 政府消費 (D) 淨出口。 （94 四技二專）

( ) 39. 政府消費支出包含： (A) 移轉性支出 (B) 公債利息支出 (C) 政府投資支出 (D) 一般公共事務支出。 （94 四技二專）

( ) 40. 下列有關平均每人實質國民生產毛額的敘述，何者錯誤？ (A) 無法顯示財貨品質的改進 (B) 考慮人口數量與價格變動 (C) 用以比較歷年或國際間國民所得的經濟指標 (D) 可充分反映一國所得分配問題。 （94 四技二專）

( ) 41. 廠商依據生產過程中各生產因素的貢獻，來分配相對的報酬，此種分配稱為： (A) 社會所得分配 (B) 家庭所得分配 (C) 個人所得分配 (D) 功能性所得分配。 （94 四技二專）

二、問答題

列舉兩個總體經濟最重要的變數，並說明理由。 （96 淡江國貿所 B 組）

CH 16

凱因斯有效需求
所得決定理論

第一節　民間消費與儲蓄

第二節　投　資

第三節　政府收支

第四節　出口淨額

第五節　凱因斯模型

參考文獻

歷屆試題

ECONOMIC$

在1930年代美國經濟大恐慌時期，失業率最高達25.2%。在這段時期中，典型的社會現象是大量失業勞工與工廠中閒置的機器。面對這種現象，傳統的供給面分析，即今我們所謂的古典學派經濟學 (Classical Economics)，其預測如下：工資率應會下降，廠商應該會多雇用勞工，多買機器，和多買原料來增加產出；但是，這種預測卻完全走了樣。實際情況卻是：社會的不景氣，生產出來的產品沒有人願意購買，所以廠商不願意多雇用勞工來生產，造成大量失業。

劍橋大學畢業的凱因斯 (John Maynard Keynes) 看古典學派的標準答案不能解決實際問題，而提出有效需求 (Effective Demand) 的理論。「有效需求」理論認為商品的總合需求在就業和產量的決定上居於關鍵地位，解決失業問題的問題唯一辦法就提高總合需求。美國採用了「有效需求」理論，進而解決了經濟恐慌。

在本章中我們最關心的問題是一個國家的產出大小是如何決定的，例如台灣2007年名目GNP約有13,536,277百萬元新台幣，這是怎麼決定的？其會受哪些因素的影響？經濟學家凱因斯認為總產出或均衡國民所得乃決定於有效需求。根據前章內容，可知構成本國最終產品之有效需求可分為四項：民間消費、投資、政府消費與淨出口。故欲瞭解有效需求的數額與變化，我們可由民間消費、投資、政府支出和出口淨額（出口淨額＝出口－進口）四方面分別進行探討。在分析此四項需求之決定因素之前，首先讓我們認識這四方面在國內狀況。

由表16.1可以看出來，民間消費占GDP的比率最大，都在52%以上。投資為固定資本形成毛額加存貨增加，影響因素非常複雜，很難加以控制，為影響經濟景氣變動的主要因素之一。政府支出為政府政策所控制，政府可利用支出來影響經濟景氣變動，政府支出占GDP的比率大多在15%以上。出口一直是我國經濟成長來源。近年來由於許多廠商轉到中國生產，對台灣的經濟發展有相當衝擊。2017年之後的美中貿易戰，吸引台灣廠商返台投資，相關影響需要若干時間觀察。

▼ 表16.1　國內生產之處分比率　　　　　單位：%

年份 （民國）	國內生產 毛額	民間消費	政府消費	固定資本 形成	存貨變動	輸出	輸入
88年	100.00	54.96	16.24	25.89	0.58	46.40	44.07
89年	100.00	55.13	15.69	26.30	0.89	51.91	49.92
90年	100.00	56.67	16.70	22.04	-0.62	48.66	43.45
91年	100.00	55.74	16.38	21.40	-0.41	50.81	43.93
92年	100.00	55.63	15.98	21.57	0.11	54.02	47.32
93年	100.00	55.72	15.47	24.50	0.86	59.94	56.49
94年	100.00	56.10	15.26	24.18	0.28	60.62	56.44
95年	100.00	54.96	14.67	24.23	0.38	65.79	60.03
96年	100.00	53.69	14.34	23.91	0.12	69.74	61.79
97年	100.00	55.21	15.14	23.16	1.30	70.19	65.00
98年	100.00	55.36	15.86	21.31	-1.40	60.39	51.51
99年	100.00	53.10	14.86	23.63	1.34	70.92	63.85
100年	100.00	54.49	15.15	23.39	0.25	72.80	66.08
101年	100.00	54.71	15.35	22.35	0.15	70.44	62.99
102年	100.00	54.16	14.72	22.18	-0.12	69.46	60.41
103年	100.00	53.31	14.54	21.68	0.17	69.85	59.55
104年	100.00	52.21	13.99	20.83	0.12	64.25	51.40
105年	100.00	52.60	14.34	20.90	-0.16	62.71	50.38
106年	100.00	52.94	14.07	20.48	-0.24	64.89	52.14
107年	100.00	53.72	14.51	20.99	0.34	66.75	56.31

資料來源：行政院主計處

💰 第一節　民間消費與儲蓄

　　我國民間消費通常是構成總合需求最重要的一項，民間消費支出占GDP比率
（表16.2），由民國95年的54.96%至102年的54.2%。在民國95年儲蓄毛額對GNP
之比率為31.05%，但至102年已升至31.35%。顯示我國民間消費率及儲蓄率皆相對
維持穩定。

一、消費函數與儲蓄函數

可支配所得等於消費加上儲蓄。就一定的可支配所得而言，我們只要瞭解消費或儲蓄，就可以掌握另一項。本節因而將儲蓄與消費一併討論。民間消費一般簡稱消費。參照表16.2，台灣的儲蓄率相當高，大多維持在30%以上，最高曾經接近35%。

▼ 表16.2　民國95~107年民間消費與儲蓄

年別	合計 (%)	民間消費占國內生產毛額比率 (%)	政府消費占國內生產毛額比率 (%)	儲蓄毛額占國內生產毛額比率 (%)
95	69.63	54.96	14.67	31.82
96	68.02	53.69	14.34	32.24
97	70.35	55.21	15.14	30.32
98	71.22	55.36	15.86	30.23
99	67.97	53.10	14.86	34.15
100	69.64	54.49	15.15	32.31
101	70.06	54.71	15.35	31.40
102	68.88	54.16	14.72	32.89
103	67.85	53.31	14.54	34.57
104	66.20	52.21	13.99	35.97
105	66.94	52.60	14.34	35.34
106	67.00	52.94	14.07	35.20
107	--	53.64	--	33.59

資料來源：行政院主計處

消費金額大小如何決定呢？我們可以**消費函數**(Consumption Function)來探討消費與影響消費因素之間的關係。一般而言，可支配所得為影響消費支出最重要的因素，所以常將消費函數簡化消費支出與可支配所得之間的關係。即

$$C = a + bY_d \quad a > 0 ； 0 < b < 1 \tag{1}$$

式中 C 代表消費支出；Y_d 代表可支配所得。

式中 a 代表**自發性消費**(Autonomous Consumption)，即可支配所得為零時仍將存在的最起碼消費水準，另一方面也反應出為了維持生存所需的最低消費支出，且主要受制度習慣等非所得因素的影響。b 則代表由所得增加引起消費增加的比例。根據凱因斯的基本心理法：一般而言，人們的消費會隨著所得增加而增加，但消費的增量低於所得的增量。所以 b 的值介於 0 與 1 之間。其次，隨所得增加而增加的消費 bY_d，在經濟學裡稱為**誘發性消費**(Induced Consumption)。

將前述消費函數以圖 16.1 之消費線 C 表示，此時縱座標之 OA 距離即為消費函數之 a（自發性消費），消費線 C 的斜率表示變動 1 單位可支配所得時，消費增加的比例，此即為消費函數之 b。

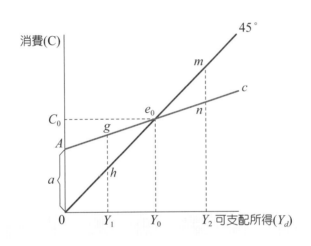

▲ 圖16.1　消費線

另外，從原點 0 出發的 45°線代表可支配所得剛好全部被用來消費。因此可知消費線 C 與 45°線相交於 e_0，此時可支配所得為 Y_0，並且全部所得被消費掉（即 $C_0 = Y_0$），故 e_0 為一**收支相抵點**(Break-Even Point)。在 e_0 點的左邊，消費線位於 45°線上方，表示消費大於可支配所得；此時非但沒有儲蓄，還得動用過去的儲蓄，或以舉債等方法來支付本期的消費，亦即有**負儲蓄**(Dissaving)。負儲蓄的大小可用消費線與 45°線的垂直距離表示。例如當所得為 Y_1 時，消費為 gY_1，負儲蓄則為 gh。在 e_0 點右邊，消費線位處 45°線下方，表示消費小於可支配所得，其剩餘就**儲蓄**(Saving)；儲蓄的數額也是為 45°線與消費線之垂直距離。以可支配所得 Y_2 為例，消費為 nY_2，儲蓄為 mn。

討論過消費函數後，我們緊接著來探討儲蓄函數。由於儲蓄等於可支配所得減掉消費，因此若以S代表儲蓄，則

$$S=Y_d-C=Y_d-(a+bY_d)=-a+(1-b)Y_d \tag{2}$$

式中常數項$-a$小於零，表示在可支配所得為零時，有負儲蓄的現象。至於函數式中$1-b$則為可支配所得增加1單位，儲蓄增加的比例。

儲蓄函數與消費函數的關係，亦可以圖16.2說明之。圖中消費線C與45°線二者間的垂直距離繪成一直線S，即為儲蓄線。

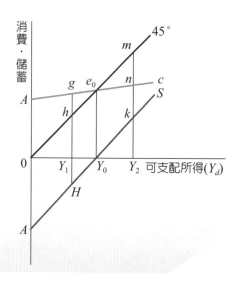

▲ 圖16.2　消費線與儲蓄線

在儲蓄線S上，可知當可支配所得恰為收支相抵點e_0之所得Y_0時，儲蓄為0；該所得水準以上，儲蓄為正值，如所得為Y_2時，儲蓄為$kY_2(kY_2=mY_2-nY_2=mn)$；反之，當可支配所得低於Y_0時，儲蓄為負值，如所得為Y_1時，負儲蓄為$HY_1(HY_1=gh)$。

二、消費傾向與儲蓄傾向

根據以上所述消費和可支配所得的關係，我們可另導出一衡量此關係的指標，稱**消費傾向**(Propensity to Consume)。此概念係凱因斯所創，它分為兩大類，一是**平均消費傾向**(Average Propensity to Consume; APC)係指平均每一單位的可支配所得中用來消費比例。以數學式表示，即為：

$$APC = \frac{C}{Y_d} \tag{3}$$

其次為**邊際消費傾向**(Marginal Propensity to Consume; MPC)指的是當可支配所得變動一單位時，在消費上所引起的變動量。其數學式為：

$$MPC = \frac{\Delta C}{\Delta Y_d} \tag{4}$$

由於消費函數為$C=a+bY_d$，因此平均消費傾向和邊際消費傾向如下：

$$APC = \frac{C}{Y_d} = \frac{a}{Y_d} + b \tag{5}$$

$$MPC = \frac{\Delta C}{\Delta Y_d} = b \tag{6}$$

利用我國從1962年至1986年的實質民間消費與可支配所得的數值（以1981年固定價格衡量），依統計方法估計得到消費函數

$$C = 42415 + 0.74Y_d \tag{7}$$

根據此式，可知我國的邊際消費傾向約為0.74，此時間序列實證分析正說明邊際消費傾向固定不變假設[註1]。即平均消費傾向永遠大於邊際消費傾向。

由於消費函數$C=a+bY_d$中，a為一數值固定的正數，故$\frac{a}{Y_d}$將隨可支配所得的增加而下降；而邊際消費傾向b在整個經濟之加總時間序列函數中為一固定常數。因此得之，平均消費傾向是隨可支配所得的增加而減少。以上式為例，可得

$$APC = \frac{C}{Y_d} = \frac{42415}{Y_d} + 0.74 \tag{8}$$

當Y_d增加時，可計算得之APC在遞減，平均消費傾向是隨可支配所得的增加而減少。一般而言，所得階層越高的人平均消費傾向越低，低所得階層的人平均消費傾向越大，學生父母給的錢都用來買車票、吃飯等，C/Y=APC會很接近1，但是總統一個月薪水，再怎麼花也只占他所得的一小部分，故其平均消費傾向較低。

與前面討論消費傾向相同，儲蓄傾向也可分兩大類，首先是**平均儲蓄傾向**(Average Propensity to Save；APS)，其意又為儲蓄占可支配所得比例。數學式則為

註1　此消費方程式乃參考張清溪、許嘉棟、劉鶯釧、吳聰敏合著：經濟學理論與實際，下冊p.106。

$$APS = \frac{S}{Y_d} \tag{9}$$

其次為**邊際儲蓄傾向**(Marginal Propensity to Save; MPS)，其意義為可支配所得增加1單位所引起儲蓄變動量，其數學式為

$$MPS = \frac{\Delta S}{\Delta Y_d} \tag{10}$$

根據 $S=-a+(1-b)Y_d$ 儲蓄函數，我們可以算出平均儲蓄傾向 $APS = \frac{a}{Y_d} + (1-b)$，並推得APS隨可支配所得增加而遞增。其次，可算出邊際儲蓄傾向MPS=1-b，由於b為一固定不變正數，故亦可推得MPS為一定值。

由於可支配所得不是用來消費就是儲蓄，故APC+APS=1；同理每增加一單位可支配所得，若非同增加消費，就是用來增加儲蓄，故MPC+MPS=1。

三、影響消費與儲蓄的其他因素

在消費函數及儲蓄函數中，我們假設可支配所得是影響消費及儲蓄的唯一因素，但在實際上還有其他因素也會影響消費與儲蓄。由於這些其他因素對消費與儲蓄的影響程度相同，只是符號相反，故本節僅就它們對消費影響說明之。

可支配所得變動會引起消費變動，此變動乃在同一條消費線上移動，故稱為「**消費量變動**」。如圖16.3之(a)，當可支配所得由 Y_0 增加至 Y_1 時，消費量由 C_0 移至 C_1。

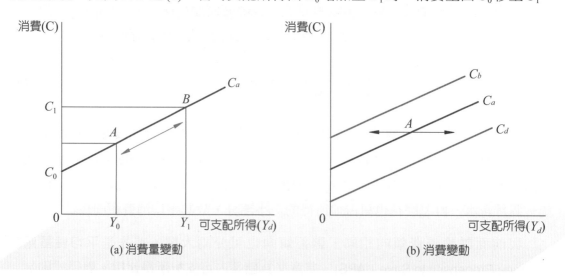

(a) 消費量變動　　　　　　　(b) 消費變動

▲ 圖16.3　消費量變動與消費變動

可支配所得以外因素變動，將導致整條消費線的上下移動，此稱為「**消費變動**」。如圖 16.3 之 (b)，當外在因素變動，使消費增加，則消費線將由 C_a 至 C_b；反之，外在因素變動使消費減少，則消費線將由 C_a 移至 C_d。「消費量變動」與「消費變動」二者在概念上之區分，與個體經濟理論中的「需求量變動」與「需求變動」之區別相似。

影響消費的可支配所得以外的因素包括資產、物價、對物價膨脹的預期、對未來的預期、消費者信用之條件與數量、所得分配等，茲分別敘述如下：

1. 消費者所保有的流動性資產與其他資產的數量

流動性資產指的是現金以及易變換為現金之資產，包括活期存款、儲蓄存款、股票、債券等。保有此種資產的數量越多，越能隨心所欲地購物，故可能有較高的消費。另外，土地及房屋等資產變現力雖較低，但擁有此類資產者仍可透過其較高的舉債能力，而提高其消費。

2. 物價水準

物價水準上漲時，薪水階級的固定收入者的實質可支配所得降低，而使實質消費隨之降低。此外，如債券、銀行存款等各價值固定的資產之實際價值，因物價水準上漲而降低，這也使消費能力下降。

3. 對物價膨脹的預期

油價上漲、公車票價調升，和自來水費調漲等，均使消費者預期物價未來會上漲，自然會在物價膨脹尚未真正形成之前搶購物品，因而使消費支出大幅提高。

4. 對未來的預期

消費者對未來經濟景氣之預期，會左右其目前之消費。由於治安敗壞，公權力不張，政府的政策不明等，使消費者對景氣預期悲觀，將使消費者減少目前之消費，增加儲蓄，以備未來失業或是所得減少之需。相反地，若對景氣預期樂觀會增加消費。

5. 消費者信用之條件與數量

對消費者信用之條件寬鬆，使消費者易於取得貸款從事消費，則消費支出會提高，例如，最近各銀行申請信用卡的條件降低，以及消費性貸款條件減少，如取消保證人和擔保品，均增加消費支出。

6. 所得分配狀況

高所得者之邊際消費傾向通常較低所得者為低，故所得由高所得者手中移轉至低所得者時，有增加消費之作用。舉下例說明之：假定一經濟社會只有甲、乙兩位消費者，甲之所得為 8,000 元，乙為 1,000 元，又兩人的消費函數各為：

$$甲：C_甲=800+0.5Y_{d甲} \tag{11}$$

$$乙：C_乙=200+0.8Y_{d乙} \tag{12}$$

則 $C_甲$=4,800 元，$C_乙$=1,000 元，總消費為 5,800 元。現自甲的所得中挪 2,000 元給乙，則 $C_甲$=3,800 元，$C_乙$=2,600 元，總消費為 6,400 元，比前一狀況多出了 600 元。故所得分配越平均總消費越高。

除了以上幾項因素外，其他諸如人口數、都市化程度與年齡結構等因素，也都對消費或多或少有影響。

四、消費理論

凱因斯在其消費函數中，認為消費受到當期所得影響。但在實際上，消費是受到許多因素的影響，所以陸續有 Ando 與 Modigliani(1963) 的**生命循環假說 (Life-Cycle Hypothesis)**，Friedman(1957) 的**恆常所得假說 (Permanent Income Hypothesis)**，以及 Duesenberry(1949) 的**相對所得假說 (Relative Income Hypothesis)** 的消費理論，提出與凱因斯不同的觀點，認為消費會受到當期所得以外因素的影響。[註2]

1. 生命循環假說

Ando 與 Modigliani 認為消費者不僅重視當期的消費，且關心將來的消費，所以個人會考慮以其一生的所得，來安排一生的消費計畫，以期獲取最大的效用。此假說乃是根據實際資料，認為個人所得與其年紀有著密切關係。一般而言，在中年時工作時數多，在年輕及年老時工作時數少。圖 16.4 中，所得曲線 YY 呈倒 U 字型。此外 CC 線表示消費線，消費支出隨年齡而穩定增長，所以 CC 線為一正斜率直線。

註2　本節參考李明聖編著：經濟學（總體部分），Ch4。

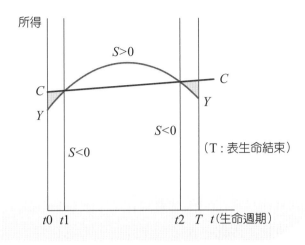

▲ 圖16.4　生命循環假說的消費理論

　　由圖可知消費者在中年階段，所得大於消費，故儲蓄為正，但年青及年老時，所得小於消費，故儲蓄為負，於是消費者考慮安排其一生的消費與所得關係會將其中年時期的儲蓄，用之以滿足其年青與年老退休的消費。

　　由以上討論，可知生命循環假說認為：

(1) 消費者在中年時，所得高，但儲蓄也高，所以APC低；在年青及年老時，所得低，消費高，所以APC高。
(2) 儲蓄是影響消費重要因素之一，即將資產視為決定消費因素之一。

2. 恆常所得假說

　　Friedman將所得分為恆常所得和臨時所得。恆常所得指運用人力和非人力財富，在未來所能獲取所得的預期值，其中人力財富為家計部門提供勞務所獲之所得，非人力財富包括有形資產（現金、股票、債券、不動產等）和消費耐久財（汽車、家具等）。臨時所得仍指消費者實際所得扣除恆常所得部分。所謂「恆常所得假說」，係指恆常所得是決定恆常消費的主因，臨時所得對恆常消費和恆常所得無影響，只影響臨時消費。

　　由以上討論，可知恆常所得假說認為：

(1) 當臨時所得為正時，實際所得高，但消費決定於恆常所得，所以APC低；當臨時所得為負時，實際所得低，但消費決定於恆常所得，所以APC高。
(2) 預期所得水準為影響消費重要因素之一，亦即考慮所得之隨機性。

3. 相對所得假說

　　Duesenberry認為消費者是依據「相對」所得而非「絕對」所得來做消費與儲蓄決策。所謂「相對所得」係指自己的所得（絕對所得）與全體社會所得平均值之比值，亦即自己的所得相對全體社會所得平均值的地位。

　　由上述討論，可知消費者之消費水準，受到他人消費水準的影響，此種影響稱為**示範效果**(Demonstration Effect)。例如，甲本來擁有一間全新100坪的房子做為住家，今景氣衰退，甲的薪資減少，無能力維持100坪大房子的開銷，打算把房子賣掉，到外面租房子。但他發現在這一波景氣衰退期間，其鄰居只是將100坪的房子改為50坪。因此，為了面子問題，可能在賣掉新房子時，再買中古屋或較小坪數房子，以示其仍為「有屋階級」，這種為了顧及他在社會上的相對地位，而不得不做出比他原來能力為高之消費水準，稱為**「示範效果」**。

　　其次，消費者除了會參考別人的消費行為外，亦會拿自己過去的消費水準做比較。所以消費者在所得增加時，消費很容易增加，但所得降低時，減少消費卻很困難，此即一般所謂的「由儉入奢易，由奢入儉難」，這種現象稱為**制輪效果**(Ratchet Effect)。

　　由以上討論，可知相對所得假說著重消費之外部效果，亦即消費受到示範和制輪效果影響。因此，在景氣衰退時，雖所得低，但消費不易下降，因而APC高。

第二節　投　資

　　投資對未來經濟成長有重大影響。投資增加可使產能擴大，對生產活動有所助益。因此，投資環境的改善，已成為我國經濟發展的當務之急。按投資主體來分，投資可分為政府投資，公營事業投資，以及民間投資。參照表16.3，詳列87~106年台灣固定資本形成毛額內容。其中占最大比例的是住宅房屋、非住宅房屋、以及營建工程，顯示重大投資案對經濟的重要地位。另外，也有研究發展一項。不過，金額有限。相較之下，智慧財產則地位逐漸提高。

▼ 表16.3　民國87~106年台灣固定資本形成毛額內容

單位：新台幣百萬元

民國	固定資本形成	固定資本形成毛額內容							
		住宅房屋	非住宅房屋	其他營建工程	土地改良、耕地及果園之開發	運輸工具	機器設備	種畜、役畜及乳牛等	智慧財產
87	2,482,879	201,044	402,426	440,701	20,573	192,460	960,826	365	264,484
88	2,540,878	178,588	381,620	447,384	23,850	146,452	1,062,696	3,929	296,359
89	2,722,595	166,965	379,171	427,953	24,991	161,456	1,233,259	2,251	326,549
90	2,238,591	141,932	349,552	362,255	30,484	168,276	854,403	562	331,127
91	2,285,679	167,377	381,527	356,636	21,481	141,099	853,519	941	363,099
92	2,365,673	159,315	389,108	345,973	27,659	133,753	918,478	2,073	389,314
93	2,853,709	189,478	479,981	377,272	25,620	162,776	1,197,071	1,816	419,695
94	2,924,286	183,288	497,141	401,231	25,528	213,793	1,156,912	1,771	444,622
95	3,063,352	194,880	578,257	391,704	29,681	165,141	1,223,670	1,484	478,535
96	3,205,121	216,173	605,488	396,742	29,672	164,264	1,283,647	496	508,639
97	3,045,433	215,644	572,455	445,050	39,089	120,799	1,109,804	1,028	541,564
98	2,761,737	167,574	443,748	452,583	33,197	127,675	968,138	420	568,402
99	3,335,881	230,636	546,009	436,965	42,135	173,436	1,289,776	386	616,538
100	3,346,945	347,601	576,576	362,779	27,718	178,597	1,210,958	514	642,202
101	3,282,131	378,597	588,126	317,675	24,376	184,161	1,121,030	430	667,736
102	3,378,731	344,521	641,013	321,311	26,042	186,341	1,155,673	572	703,258
103	3,493,834	385,603	662,665	308,752	19,056	217,397	1,148,372	795	751,194
104	3,493,267	376,419	652,635	283,229	16,014	224,912	1,151,237	1,113	787,708
105	3,589,298	338,556	645,589	280,051	15,157	231,531	1,247,307	969	830,138
106	3,584,358	366,459	625,511	294,115	16,141	244,369	1,170,745	1,122	865,896

資料來源：行政院主計總處

　　我們在第15章曾敘述投資支出包括：(1)廠商在某一段時期中所添購的機器、廠房設備和新蓋建築物；(2)存貨的變動。影響第一項投資支出的因素包括利率和預期獲利率等；倘若這些因素均為已知，廠商就可以決定要添購多少的機器、廠房設備和蓋多少棟廠房。但是對於存貨的控制，則沒有太多的把握。

　　舉例來說，國際公司想要在本年中生產50萬台冷氣機，同時在倉庫裡以及在各地的展示中心，保持1萬台的存貨。現在，假設天氣突然變熱，消費者的需求大增，國際牌冷氣機的訂單一下增加到10萬台。為了要應付市場需求，國際公司只有以降低存貨的數量來滿足市場的需求。由此可知，存貨的變動不僅在於廠商本身的意願，還有相當大的一部分在消費者，所以這種存貨變動，廠商無法作準確的預期。為了分析方便起見，我們假定投資支出是外生決定的，亦即非由模型內的變數所決定。

一、投資與利率

　　利率是投資的機會成本。一位企業家如王永慶，他在投資雲林的六輕或大陸地區的漳州電廠，先要考慮投資所需的資金從何而來？若是來自向銀行貸款，則貸款利率的高低直接影響企業的投資決策，除非該項投資的預期報酬率超過貸款利率，否則王永慶會不考慮這個投資。即使王永慶資金雄厚，其企業投資之資金全來自企業自有資本，也要以市場利率做為該項資金之機會成本，因為王永慶可以把該筆資金借給別人，以賺取市場利率的報酬，故除非所考慮的投資之預期報酬超過市場報酬率，否則他不會做此項投資。今利率以 i 表示，而投資報酬率一般稱為**投資的邊際效率**(Marginal Efficiency of Investment；MEI)，故上述結果可整理如下：

$$i > MEI \rightarrow 投資計畫不可行 \tag{13}$$

$$i < MEI \rightarrow 投資計畫可行 \tag{14}$$

$$i = MEI \rightarrow 投資計畫數量達到均衡 \tag{15}$$

　　此外，由上述可推得市場利率越高，投資機會越少，投資金額自然越少。相反，市場利率水準越低，則投資金額自然也越多，故市場利率和投資金額關係可以圖16.5表示。此線稱為**投資需求線**。

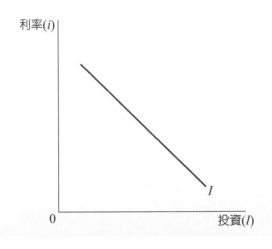

▲ 圖16.5 投資需求線

二、影響投資需求之因素

除了利率會影響投資之外,企業在考慮是否增加新廠房,新機器設備之購置時,還會考慮下列因素:

1. 企業對未來的信心及預期

企業若預期未來景氣良好,也就是說對未來的市場情況深具信心,則會增加投資;反之,就會減少投資。影響企業對未來所抱持的信心及預期因素很多,以台灣地區而言,近年來由於勞工意識的抬頭、環保的抗爭、社會治安的惡化,以及土地取得困難等因素,使企業家對未來投資環境不看好,紛紛外移。

政府無法控制企業家對未來所保持的信心,只能透過政策去影響經濟環境,從而使企業家改變他們對未來的預期。因此,近年來政府積極推動亞太營運中心及獎勵投資優惠政策,希望帶動企業家投資,改善國內經濟。

2. 現有設備利用率及產品需求的成長

若產品有很大的銷路,則廠商會獲得較大的利潤,進而會大量投資;相對的若產品銷路下降,廠商的利潤會減少,進而減少投資。所以可知產品需求的成長是決定投資需求的一項重要因素。

另外,如果產品需求提高的很快,而現有資本設備利用又接近充分就業的情況,廠商投資步伐將會加快;反之,若是產品需求成長緩慢,而現有資本設備仍有大量閒置情形,廠商的投資步伐將會減緩。

3. 技術改變

　　生產技術進步可以減輕廠商的生產成本，使他們能以較少的原料實現同樣的產出水準，或以同樣的原料，生產更多的產品。資本的生產力提高，在同樣利率水準下，投資將會增加。技術進步也可以促進許多新產品的誕生，替企業家製造許多新的投資機會，例如資訊業的興起，對企業的投資發生了巨大刺激。

4. 生產成本以及稅捐

　　若生產成本上升或稅捐增加，投資的預期收益將減少，投資需求降低。以台灣1980~1986為例，台灣的固定資本形成毛額占GDP百分比，由1980年的30.6%降至1986年的18.1%，然後逐漸回升至20%以上，其中導因可能包括工資高漲，地價高漲以及環保意識的抬頭等；這些因素提高生產成本，使企業預期收益減少，投資減少。

三、投資理論

　　投資行為極為複雜，到目前經濟學家對投資的決定因素，決定的過程和所需時間等投資研究的重要項目都沒有一致的看法。換言之，研究投資行為理論有很多種，今舉數例如下：

1. 新古典投資理論

　　新古典投資理論係Jorgenson於1967年提出。此理論是指生產廠商在完全競爭的市場中，為追求最大利潤為目標，所決定其最適資本存量，即以生產者比投資資本財的報酬率與投資金融資產的報酬率來決定。若投資資本財的報酬率高，則廠商會進行投資行為；反之，若投資金融資產的報酬率較高，則廠商會多購買金融資產，而少進行實質投資。

2. Tobin 的 q 理論

　　Tobin認為無論是凱因斯，或者新古典學派的投資理論均認為利率是影響廠商投資行為之重要變數。然而，依據其觀察美國的經濟社會，發現大多數的公司均是一種經營權與所有權分開的上市公司，此類公司大都以發行股票方式來籌措投資的資金，而發行股票者，是依照公司的盈虧來發放股利。換言之，股利是其資金成本而非利息。因此，投資不受利率的影響，而是受到股票價格的影響，所以Tobin提出了「q理論」。

所謂「q」係指廠商的市場股票價值與廠商的重置成本之比值，其式子如下：

$$q = \frac{\text{廠商的市場股票價值}}{\text{廠商的重置成本}} \tag{16}$$

式中廠商的市場股票價值，意指社會大眾願意購買廠商的股票價值；而廠商的重置成本，通常都以廠商所持有資本財之市場價格表示。

瞭解「q」之經濟意義後，今欲利用此比率來討論廠商的投資行為。假設麥當勞欲擴大規模而成立新的連鎖店，公司未來所賺取的盈餘會全部發放股利給股東，以及公司的重置成本為100萬元，每年將有100,000元的利潤，則麥當勞的投資報酬率為：

$$R = \frac{100,000}{1,000,000} = 0.1 \tag{17}$$

其次，假設麥當勞股票的市場價值為4,000,000元，則可計算得

$$q = \frac{4,100,000}{1,000,000} = 4 \tag{18}$$

由於q>1，故表示麥當勞股票的市場價值大於麥當勞資本財價格，此亦隱含社會大眾投資麥當勞獲利率10%大於其他項目投資報酬率，所以投資者願意投資。此時，麥當勞一則在資金籌措上沒問題，二則利用此投資機會，可立即賺取股票價格與資本財價格之間的差價，因而麥當勞投資會增加。反之，若q小於1，表示股票價格小於資本財價格，或者是社會大眾投資其他項目的報酬率較高，所以麥當勞投資會減少。總而言之，若q>1，表示廠商可以擴廠投資；反之，q<1廠商不可以擴廠投資。

第三節 政府收支

政府部門的經濟活動與國民所得需求面相關者，主要的有兩項：(1)政府的消費支出，為構成國民生產淨額支出面的一個重要項目，(2)政府的稅收，將造成民間可支配所得的減少，進而影響民間消費。

參照表16.4，政府收入占GDP的比率，及政府支出占GDP的比率皆維持22-24%之間。表列的數字雖然顯示政府有預算盈餘，事實上若包含全民健保、退休基金等隱含赤字，台灣政府的財政實在沒有樂觀的理由。幸好2018年完成部分年金改革，要不然政府可能幾年內就得面臨倒閉危機。

由各國之實際資料顯示，政府支出都隨國民所得增加而增加，甚至有不少國家其政府支出成長比國民所得更快速，以至政府支出占國民所得之比例遞增。此種現象顯示，政府支出一般而言應是國民所得遞增函數。不過由於政府支出的絕大部分都是政府（包括民意機構）能自主決定的，且其決策過程及考慮因素較為複雜，為了簡化分析，我們一般皆假定政府支出是外生決定的，亦即非由模型內的變數所決定。

政府稅收通常也隨國民所得增加，為國民所得的遞增函數。為了簡化分析，本節也將政府財產和企業所得、補貼，以及移轉性支出等都合併在政府稅收內，求得一稅收淨額，並且假設稅收淨額也是政策決定的，不隨所得而變動。

▼ 表16.4 民國96~106年政府收支

末季節調整；新台幣百萬元

年別	政府收入	政府支出	收支餘額	GDP	政府收入占GDP比	政府支出占GDP比
96年	3,090,394	2,884,717	205,677	13,407,062	0.230504938	0.215163993
97年	3,149,188	3,153,647	-4,459	13,150,950	0.239464677	0.23980374
98年	3,023,325	3,133,547	-110,222	12,961,656	0.233251446	0.241755143
99年	3,141,066	3,139,235	1,831	14,119,213	0.222467499	0.222337817
100年	3,421,855	3,251,970	169,885	14,312,200	0.239086583	0.22721664
101年	3,489,033	3,541,145	-52,112	14,686,917	0.237560613	0.241108805
102年	3,630,061	3,619,157	10,904	15,230,739	0.238337811	0.237621891
103年	3,850,435	3,730,292	120,143	16,111,867	0.238981305	0.231524503
104年	4,057,155	3,846,095	211,060	16,770,671	0.241919658	0.229334593
105年	4,287,022	3,980,652	306,370	17,176,300	0.249589376	0.231752589
106年	4,296,967	4,117,220	179,747	17,501,181	0.245524402	0.235253838

資料來源：行政院主計處

第四節　出口淨額

　　國外部門對總合需求的直接影響，是透過出口淨額。出口淨額指的是出口減去進口所餘之差額。出口是本國以外其他各國對本國產品的需求，進口則可視為外國產品對本國的供給，因此出口淨額代表外國對我國產品的淨需求，故成為總合需求的構成項目之一，即國民生產毛額支出面之一項。

　　參照表16.5，台灣的出口淨額（＝輸出－輸入）除了在金融海嘯期間大減之外，其他其間大致上維持穩定狀態。但是，提升競爭力仍是現階段重要的課題之一。

一、出口之決定因素

　　出口既為外國對本國產品之購買，當外國之所得水準提高時，其總支出上升，既有可能增加對本國產品之進口，故外國所得水準是影響本國出口量主因之一。

　　其次，對於任何消費者而言，總是希望買到物美價廉的產品，因此進口財的品質與本國一樣，則須進口財相對便宜，才會進口。由此可知，如果本國出口財價格相對上較外國自己產品的價格低，則外國對本國之需求會提高。

　　上述本國出口價格相對較外國自己產品價格降低時，外國會增加對本國出口之需求；然而，在什麼情況下，本國出口品價格會相對較低呢？一是在國外產品不變，而本國產品價格下降，另一方面，則為本國產品價格不變，而外國產品價格上漲。

　　綜合上述，我們可獲得如下結論：總出口量與國外經濟之景氣（所得）以及國外物價作同方向之變動，而與本國出口價格呈反向變動的關係。影響本國出口因素有些非本國經濟體系內可以單獨決定，故為了分析方便，將出口量視為外生決定。

▼ 表16.5　民國87~107年台灣的對外貿易　　　　台幣百萬元

年別	商品及勞務輸出出口	商品及勞務輸入	出超或入超
87年	4,352,253	4,264,488	87,765
88年	4,554,722	4,325,339	229,383
89年	5,373,337	5,167,343	205,994
90年	4,942,685	4,413,478	529,207
91年	5,427,124	4,691,827	735,297
92年	5,924,171	5,188,584	735,587
93年	6,982,430	6,580,684	401,746
94年	7,329,793	6,825,273	504,520
95年	8,316,084	7,588,087	727,997
96年	9,349,494	8,283,905	1,065,589
97年	9,230,775	8,548,202	682,573
98年	7,827,336	6,677,161	1,150,175
99年	10,013,538	9,015,369	998,169
100年	10,419,700	9,456,937	962,763
101年	10,345,375	9,252,005	1,093,370
102年	10,580,252	9,194,484	1,385,768
103年	11,462,929	10,148,970	1,313,959
104年	11,420,203	10,259,394	1,160,809
105年	11,639,789	10,575,831	1,063,958
106年	12,504,304	11,134,489	1,369,815
107年	12,961,969	11,679,810	1,282,159

資料來源：經濟部國際貿易局

二、進口之決定因素

出口是外國對本國產品之購買，而進口則為本國自外國採購。由於二者只是產品流向相異。故決定進口需求原理應與出口相同，即進口需求應是取決於本國所得水準，以及進口品與本國產品之相對價格。詳言之，本國之所得越高，進口量就越大；進口品價格上漲或是本國產品之價格下跌，進口量將減少

我們為了分析方便，將進口函數簡化為

$$M=m_0+m_1Y \quad m_0>0, 0<m_1<1 \tag{19}$$

其中 M 表示本國進口量，m_0 表示不受所得，而受到其他外在因素影響的進口數額，即所謂的自發性進口支出。m_1 則表示增加 1 單位所得時，增加的進口額，即所謂的「**邊際進口傾向**」(Marginal Propensity to Import; MPI)。有別於邊際進口傾向，我們定義 M/Y 為「**平均進口傾向**」(Average Propensity to Import; API)，即平均每單位所得中花用於進口的比例。

第五節 凱因斯模型

凱因斯認為只有當整個經濟接近充分就業時，才有生產能量不足與物價上升的問題。因此，在生產資源尚未充分就業的階段，物價水準不會因生產與就業的擴充而有所變動。換言之，在未達充分就業以前，從而所得決定於有效需求，且有效需求越大，所得越大；有效需求越小，所得越小。

由於凱因斯視失業為常態，因而在其所決定模型中，物價水準為外生固定不變之數值。除了物價固定不變的假設，為了簡化分析，如第 1 節至第 4 節所述，我們假設投資淨額、政府支出、出口均為外生決定，民間消費支出和進口量受當期可支配所得影響。

凱因斯模型(Simple Keynesian model)在決定均衡所得方法有兩種，分別是「總需求等於總供給」和「總注入等於總漏巵」，故首先說明如何利用這兩種方法決定均衡所得，而後再說明這兩種方法的關係。

一、總需求等於總產出

今以 Y 代表生產淨額或所得水準，C、I、G、X、M、S 與 T 各代表民間消費需求、投資淨額、政府支出、出口量、進口量、民間儲蓄與政府稅收淨額。對應上述六假設，凱因斯模型包含了下列八條方式：

$$Y = C+I+G+X-M \tag{20}$$

$$Y = C+S+T \tag{21}$$

$$C = a+bY_d \; ; \; Y_d = Y-T \tag{22}$$

$$I = \bar{I} \tag{23}$$

$$G = \bar{G} \tag{24}$$

$$T = \bar{T} \tag{25}$$

$$X = \bar{X} \tag{26}$$

$$M = m_0+m_1 Y \tag{27}$$

其中，(20)式等號左方的 Y 表示總產出，等號右方代表商品的總合需求；(21)式為恆等式，說明總所得（Y：亦是商品的總產出）若非消費，就是儲蓄和繳稅；(22)式為依基本心理法則而設定的消費函數，式中 a>0，0<b<1，Y_d=(Y−T) 為可支配所得；而 I、G、T 及 X 各代表外生既定的投資、政府支出、稅數淨額與出口；(27)式為進口函數，受到所得影響，m_0 為自發性進量，m_1 代表邊際進口傾向。

凱因斯所強調的，就是當有失業存在時，國民所得(Y)係由需求面(C+I+G+X−M)所決定。這一概念正是(20)式所表示：有多少 C+I+G+X−M，就有多少產出 Y。進一步，將(22)至(27)式均代入式(22)，可得(20)式右端商品有效需求為：

$$[a+b(Y-\bar{T})]+\bar{I}+\bar{G}+\bar{X}-(m_0+m_1 Y) \tag{28}$$

此式仍為所得函數。若此有效需求超過總生產 Y（亦即所得水準），凱因斯認為生產者必會增加勞動的雇用量，利用尚未使用生產能量，以便提高生產；反之，若有效需求小於總生產，則生產者將減少生產，造成生產能量過剩和失業量增加。

這種所得或生產之調整，將持續進行下去，一直到有效需求[a+b(Y-T)+I+G+X-(m_0+m_1Y)與所得水準 Y 相等為止，此時謂之均衡。

依此，均衡所得乃決定於

$$Y = [a+b(Y-\overline{T})]+\overline{I}+\overline{G}+\overline{X}-(m_0+m_1Y) \tag{29}$$

由此式可求得均衡所所得為

$$Y^* = \frac{1}{1-b+m_1}(a-m_0-b\overline{T}+\overline{I}+\overline{G}+\overline{X}) \tag{30}$$

假如，若 C=100+0.8Y_d，I=30，G=10，T=10，X=90，M=50+0.2Y，則

$$Y^* = \frac{1}{1-0.8+0.2}(100-50-0.8\times10+30+10+90)$$

$$= 430 \tag{31}$$

以上是由「總需求等於總產出」來說明均衡所得決定。

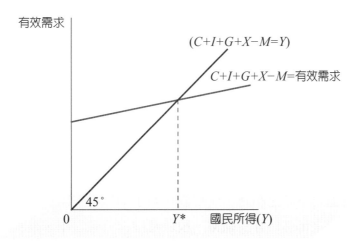

▲ 圖16.6　有效需求=總供給

上述均衡所得決定方法也可用圖示說明。圖16.6以橫軸代表國民所得（或總產出）Y，縱軸代表有效需求C+I+G+X-M。又圖中之45°線因與兩軸的距離相等，故代表有效需求等於國民所得（或總產出），即線上各點均滿足C+I+G+X-M=Y。C+I+G+X-M=[a+b(Y-\overline{T})+\overline{I}+\overline{G}+\overline{X}-(m_0+m_1Y)]之實線代表在各不同所得水準下之有效

需求線。在有效需求與45°線交點e，表示有效需求C+I+G+X−M等於國民所得Y，故為一均衡點，其對應國民所得與有效需求的水準皆為

$$\frac{1}{1-b+m_1}(a-m_0-b\bar{T}+\bar{I}+\bar{G}+\bar{X}) \tag{32}$$

二、總注入等於總漏巵

假設浴缸有一個水龍頭和一個排水口。當流出的水量等於流進的水量時，浴缸的水位將維持不變。如果流出的水量不等於流進的水量，則浴缸的水位將會起伏不定。今我們以上述注入和漏巵的觀念來討論均衡所得決定。

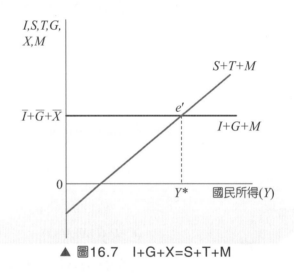

▲ 圖16.7　I+G+X=S+T+M

國民所得是一個流量的概念，所以可比喻成浴缸的水位；投資、政府支出、和出口增加時，有效需求會受到刺激，所得水準會提高，故這些支出增加就如同注入浴缸的水；儲蓄、稅收、以及進口增加時，有效需求會減弱，所得水準會下降，因此這些支出增加宛如流出浴缸的水量。當投資、政府支出、和出口三者之和不等於儲蓄、稅收、以及進口三者之和時，所得變動；而當均衡所得決定時，則可知投資、政府支出與出口三者之和必然等於儲蓄、稅收及進口三者之和，以數學式表示則為

$$I+G+X=S+T+M \tag{33}$$

上式可用圖16.7來表示。從圖中可以看出，在e'點時，總注入等於總漏巵，即I+G+X=S+T+M，國民所得為0Y*，此既為均衡的國民所得。

三、兩種分析均衡所得方法之關係

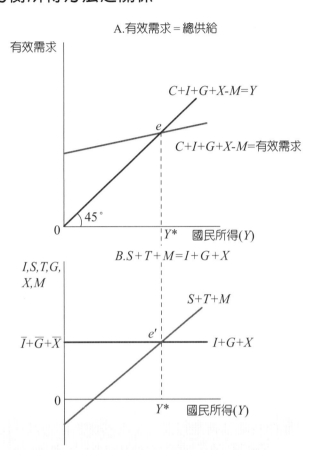

A.有效需求＝總供給

B.$S+T+M=I+G+X$

▲ 圖16.8　凱因斯之模型

　　圖16.8之上半部係以總產出等於有效需求為均衡條件之圖形，均衡點為有效需求線 $C+I+G+X-M$ 與45°線之交點 e 均衡所得為 Y^*。其次，有效需求為 $C+I+G+X-M$ 等於總產出 (Y)，可將此等式改為 $I+G+X=S+T+M$。故可知圖16.7決定均衡之狀況，$I+G+X$ 和 $S+T+M$ 二線之交點為 e'，其所得水準應與上半圖相等，同 Y^*。

參考文獻　Reference

1. 張清溪、許嘉棟、劉鶯釧、吳聰敏合著：《經濟學理論與實際》，Ch19。
2. 吳永猛、吳森田以及吳榮貴等8人合著：《經濟學（總體部分）》，Ch6。
3. 李明聖編著：《經濟學（總體部分）》，Ch4。

歷屆試題 Exercise

一、選擇題

( ) 1. 假設消費函數為 C=1,500+0.75Yd，其中 C 為消費，Yd 為可支配所得，若 Yd 增加 100 時，則儲蓄會增加多少？ (A)100　(B)1,575　(C)25　(D)75

（104 四技二專）

( ) 2. 在無政府及國外部門的簡單凱恩斯模型中，Y=C+I，其中 C 為消費支出，Y 為所得，I 為投資支出。假設 C=100+0.8Y，I=100，若充分就業所得為 800，則下列有關此經濟體系之敘述何者正確？　(A) 有膨脹缺口　(B) 均衡所得為 2,000　(C) 有緊縮缺口　(D) 均衡所得為 600。　　（97 四技二專）

( ) 3. 在無政府及國外部門的簡單凱因斯模型中，Y 為所得，I 為投資支出，C 為消費支出，S 為儲蓄。假設儲蓄函數 S=–300+0.4Y，均衡所得為 1,200，請問下列何者為真？　(A) 投資支出為 180　(B) 消費函數為 C=300+0.2Y　(C) 投資乘數為 1.67　(D) 邊際消費傾向為 0.4。　　（97 四技二專）

( ) 4. 一般而言，下列何者正確？　(A) 平均消費傾向扣除 1，即是平均儲蓄傾向　(B) 平均消費傾向會隨著當期可支配所得的增加而遞減　(C) 自發性消費支出與預期可支配所得無關　(D) 誘發性消費支出是因利率降低誘發消費而得。

（96 二技）

( ) 5. 若政府部門課徵定額稅，在消費函數中，若當期可支配所得從 10 萬元增加至 15 萬元時，消費從 2 萬元增加到 6 萬元時，則　(A) 政府消費支出乘數為 1.25　(B) 政府消費支出乘數為 2.5　(C) 定額稅乘數為 –2.5　(D) 定額稅乘數為 –4。

（96 二技）

( ) 6. 假設某一經濟體之消費函數 C=30+0.5(Y–T)，投資 I=40，政府支出 G=90，租稅函數 T=20+0.2Y，而充分就業的所得 yf=350，則：　(A) 投資支出乘數為 2.5　(B) 均衡所得為 375　(C) 稅收淨額為 70　(D) 有膨脹缺口。　（96 二技）

( ) 7. 誘發性消費支出是指受到以下何者影響的消費支出？　(A) 利率　(B) 當期可支配所得　(C) 貨幣供給　(D) 物價水準。　　（100 二技）

(　) 8. 在封閉經濟體系下之簡單凱因斯模型中，假設消費函數為 C = 250 + 0.5 (Y − T)，其中 C 為消費，Y 為所得，T 為稅收。若投資為 500，且政府採平衡預算，稅收與政府支出皆為 200，則均衡所得為：　(A) 200　(B) 500　(C) 1500　(D) 1700。　（100 二技）

(　) 9. 在簡單凱因斯模型中，若所得為 2,000 元時，消費為 1,200 元；但當所得提高至 2,500 元時，消費提高至 1,600 元，則 MPC（邊際消費傾向）與 MPS（邊際儲蓄傾向）應為：　(A) MPC = 4 / 5，MPS = 1 / 5　(B) MPC = 1 / 5，MPS = 4 / 5　(C) MPC = 3 / 5，MPS = 2 / 5　(D) MPC = 3 / 4，MPS = 1 / 4。　（98 四技二專）

(　) 10. 若消費函數 C = 50 + 0.65Yd，則可知　(A) MPC=0.65　(B) MPS=0.65　(C) APC=0.65　(D) APS=0.65。　（98 身心障礙甄試）

(　) 11. 下列何者為擴張性之財政政策？ (A) 擴大公共建設之支出　(B) 增加貨幣供給　(C) 提高所得稅稅率　(D) 提高遺產稅稅率　（102 四技二專）

(　) 12. 在封閉經濟體系下之簡單凱因斯模型中，若政府支出與稅收皆為零，自發性消費為 400，邊際消費傾向為 0.7，投資為 200，所得以 Y 表示，則儲蓄函數為：
(A) −400+0.3Y　(B) −200+0.7Y　(C) 200 − 0.5Y　(D) 600 − 0.6Y。

（100 二技）

(　) 13. 若一簡單的凱因斯模型中，Y=C+I，C=a+bY，其中 b 為邊際消費傾向，C 為消費，I 為投資，Y 為所得。假設此經濟體系充分就業所得為 100，則下列敘述何者正確？
(A) 若 b=0.75 且膨脹缺口為 50 時，則均衡所得為 200
(B) 若 b=0.8 且膨脹缺口為 50 時，均衡所得為 250
(C) 若 b=0.75 且緊縮缺口為 10 時，則均衡所得為 60
(D) 若 b=0.8 且緊縮缺口為 10 時，則均衡所得為 150　（104 四技二專）

(　) 14. 有關利潤發生的原因，認為利潤是企業家在生產過程中承擔風險之報酬的是下列哪位學者？ (A) 秦伯霖 (E.Chamberlin)　(B) 奈特 (F.Knight)　(C) 馬克思 (K.Marx)　(D) 熊彼得 (J.Schumpeter)　（104 四技二專）

(　) 15. 在開放市場下的凱因斯模型，若消費 C = 480 + 0.8 Y_d，投資 I = 100 + 0.2 Y，政府支出 G = 200，稅收 T = 100 + 0.5 Y，出口 X = 400，進口 M = 100 + 0.1 Y，則均衡所得為多少？（Y 為所得，Y_d 為可支配所得）　(A) 1300　(B) 2000　(C) 4000　(D) 10800。　（100 二技）

( ) 16. 若一封閉之總體經濟模型如下：Y = C + I + G，C = 500 + 0.5(Y − T)，I = 500，G = 100，T=200，其中 Y 為所得、C 為消費、I 為投資、G 為政府支出、T 為政府稅收。以下對於此 經濟體系之敘述，何者正確？ (A) 均衡所得為 1,000　(B) 自發性支出乘數為 5　(C) 若充分就業所得為 1,000，則有緊縮缺口 500　(D) 若政府支出由 100 增加至 200 時，則均衡所得會增加 200
(102 四技二專)

( ) 17. 假設某永續債券的售價是 $2000，每年付固定利息 $80，請問其報酬率是
(A)15%　(B)8%　(C)6%　(D)4%。　　　　　　　　　　**(90 二技)**

( ) 18. 在總需求模型中，設消費為構成總需求的唯一要素，若消費為 C=400+0.9Y，其中 Y 為所得水準，則均衡消費水準為何？　(A)400　(B)1600　(C)2000　(D)4000。　　　　　　　　　　　　　　　　　　　　　**(90 二技)**

( ) 19. 根據消費的永久所得理論 (permanent-income theory)，若甲的所得逐年之波很大，則　(A) 高所得的年份 APC（平均消費傾向）高，低所得的年份 APC 低　(B)APC 每年都很高　(C) 高所得的年份 APC（平均消費傾向）低，低所得的年份 APC 高　(D)APC 等於 1。　　　　　**(90 二技)**

( ) 20. 根據莫地格里安尼 (Modigliani) 的生命週期假說 (life-cycle hypothesis)，消費主要決定因素為：　(A) 恆常所得 (permanent income)　(B) 所得與財富　(C) 臨時所得 (transitory income)　(D) 短期所得。　　　　　　**(91 二技)**

( ) 21. 如果托賓的 q 值 (Tobin's q) 大於 1，則一家廠商經理應該：　(A) 增加該廠商的資本存量　(B) 維持該廠商的現有資本存量變　(C) 允許該廠商的存貨減少　(D) 減少該廠商的資本存量。　　　　　　　　　　**(91 二技)**

( ) 22. 假設民間消費函數為 C=a + bY，a>0，0<b<1，儲蓄函數為 S=Y-C。下列有關平均消費傾向 (APC)、邊際消費傾向 (MPC)、平均儲蓄傾向 (APS)、及邊際儲蓄傾向 (MPS) 的關係敘述，何者錯誤？　(A)APC>MPC　(B)APS<MPS
(C)APS 隨所得增加而下降　(D)APC+APS=MPC+MPS=1。　　**(93 四技二專)**

( ) 23. 假設簡單凱因斯所得決定模型為：
Y = C + I + G
C = 40 + 0.8(Y−T)

I = 20，G = 10，T = 10

其中，Y =所得，C =消費，I =投資，G =政府支出，T =政府租稅

下列敘述何者錯誤？

(A) 均衡所得為 310　(B) 投資乘數為 5　(C) 政府租稅乘數為 −5

(D) 政府支出與租稅等量增加下的平衡預算乘數為 1。　　　（93 四技二專）

( )24. 凱因斯理論中，所謂節儉的矛盾 (paradox of thrift) 係指整體社會想（預擬）儲蓄越多，所做到（實現）的是：　(A) 儲蓄減少，所得亦減少　(B) 儲蓄減少，所得不變　(C) 儲蓄不變，所得減少　(D) 儲蓄不變，所得不變。

（93 四技二專）

( )25. 假設某家庭收支情況如下：

可支配所得	消費支出
0	3000
10000	8000
20000	13000
30000	18000

請問其邊際消費傾向 (marginal propensity to consume) 是？

(A)0.5　(B)0.6　(C)0.7　(D)0.8。　　　（93 二技）

( )26. 某封閉經濟體系的國家，其邊際消費傾向 (marginal propensity to consume) 為 0.8，投資為 600 億元，政府消費支出為 500 億元，定額稅為 300 億元。若該國之政府消費支出增加為 700 億元，則均衡所得將增加多少？　(A)1,000 億元 (B)900 億元　(C)800 億元　(D)700 億元。　　　（93 二技）

( )27. 若自動平衡機能 (automatic stabilizer) 有助於降低景氣波動的幅度，則下列何者敘述為真？　(A) 當景氣好時，稅收自動減少，政府支出自動減少　(B) 當景氣好時；稅收自動增加；政府支出自動減少　(C) 當景氣不好時；稅收自動增加；政府支出自動增加　(D) 當景氣不好時；稅收自動減少，政府支出自動減少。　　　（93 二技）

( )28. 假設政府課徵定額所得稅 T，均衡所得由下式決定：Y=A+c(Y−T)，其中 Y 為所得；A 為固定之自發性支出；c 為邊際消費傾向，且 A 與 c 都大於零，則政府定額所得稅乘數為：　(A)$1/(1-c)$　(B)$c/(1-c)$　(C)$-A/(1-c)$　(D)$-c/(1-c)$。　　　（93 二技）

二、問答題

　　某國的政府支出為一定額，且目前的均衡產出 Y* 是 1250。該國其他的總體結構如下：自發性消費 = 100，邊際消費傾向 = 0.5，投資含數 I = 400，政府稅收 T = 0.2Y，出口 X = 200，進口 M = 0.2Y。請問：

(1) 該國政府支出(G)是多少？

(2) 在該均衡產出下，政府預算呈現赤字還是盈餘？數額是多少？

(3) 在該均衡產出下，民間儲蓄 S 數額為何？進口金額 M 為何？

(4) 請以上列實際數字證明「挹注(Injection)」等於「流漏(Leakage)」。

（100 淡江企管碩士）

CH 17

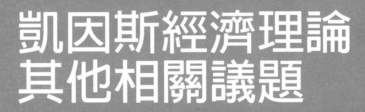

凱因斯經濟理論
其他相關議題

第一節　有效需求改變所產生效果的衡量：
　　　　乘數效果

第二節　膨脹缺口與緊縮缺口

第三節　節儉的矛盾

第四節　貨幣市場

第五節　勞動市場

歷屆試題

ECONOMIC$

上一章建立凱因斯模型，模型主旨在說明有效需求與所得之間的變化關係。本章因此首先介紹有效需求變化對所得影響「程度」，即乘數理論。當有效需求的所得水準超過充分就業所得水準時，社會將會產生通貨膨脹，而有效需求太少，則社會處於衰退期，所以緊接著介紹膨脹缺口和緊縮缺口。

其次，我們將利用凱因斯模型導出節儉矛盾；並瞭解凱因斯在貨幣市場對利率決定的觀念。由於凱因斯認為失業是常態，故最後介紹凱因斯對勞動市場中就業的看法。

第一節　有效需求改變所產生效果的衡量：乘數效果

乘數理論是凱因斯理論中很重要的賣點，因為凱因斯學派經濟學家強調，投資的改變，政府支出和稅收的差額，貿易的順差或逆差對國民所得的影響都有倍數效果。花一點力氣，可以得到倍數效果這是很誘人的，所以在本章我們先來探討乘數理論。

一、乘數的意義

支出可分為**自發性支出**(Autonomous Expenditure)與**誘發性支出**(Induced Expenditure)。有效需求中由所得決定之支出稱為誘發性支出；由所得以外因素決定的支出稱為自發性支出。以上一章凱因斯模型為例，有效需求為：

$$C+I+G+X-M$$

$$=a+b(Y-\overline{T})+\overline{I}+\overline{G}+\overline{X}-(m_0+m_1Y)$$

$$=(a-b\overline{T}+\overline{I}+\overline{G}+\overline{X}-m_0)+(b-m_1)Y \qquad (1)$$

其中由所得決定之支出為$(b-m_1)Y$，此即誘發性支出；自發性支出為$a-bT+I+G+X-m_0$。對應圖17.1，此一自發性支出即為有效需求線$C+I+G+X-M$在縱軸上之截距。

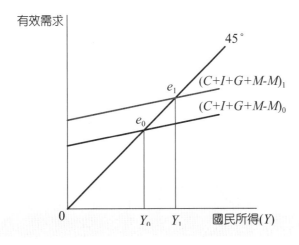

▲ 圖17.1　凱因斯模型

　　令投資、政府支出及出口量等任一項自發性支出增加，會使有效需求線之截距離變動，造成有效需求之平行上移，如圖 17.1 中，有效需求線曲線 $(C+I+G+X-M)_0$。移至 $(C+I+G+X-M)_1$，並且此變化使均衡所得增加了，由 Y_0 增至 Y_1。此自發性支出變動，造成均衡國民所得變化，正是本節所欲探討乘數理論。

　　令 $E=a-b\overline{T}+\overline{I}+\overline{G}+\overline{X}-m_0$ 代表自發性支出，而以 AE 代表有效需求，也就是：

$$AE = C+I+G+X-M$$
$$= a+b(Y-\overline{T})+\overline{I}+\overline{G}+\overline{X}-(m_0+m_1Y)$$
$$= (a-b\overline{T}+\overline{I}+\overline{G}+\overline{X}-m_0)+(b-m_1)Y$$
$$= E+(b-m_1)Y \tag{2}$$

　　依上式可知，均衡所得決定圖形可繪成圖 17.2。圖中 AE_0 線為當自發性支出 $E=E_0$ 時之有效需求線，所決定之均衡點為 e_0，均衡所得為 Y_0。

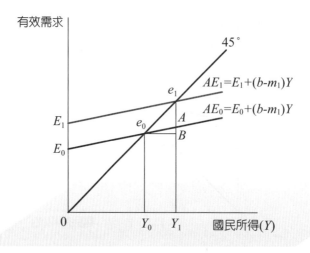

▲ 圖17.2 均衡所得之變動

現在投資或其他構成有效需求的任何一自發性支出增加，都會使E_0提高至E_1，有效需求將從AE_0平行上移至AE_1，則新的有效需求AE_1與45°相交於e_1點決定新的均衡所得為Y_1。由此可知自發性支出增加$\triangle E = E_1 - E_0$，國民所得增加$\Delta Y = Y_1 - Y_0$。此一自發性支出變動導致均衡所得變動之倍數，稱為**乘數**(Multiplier)即：

$$乘數 = \frac{均衡所得的變動}{自發性支出的變動} = \frac{\Delta Y}{\Delta E}$$

利用圖17.2比較自發性支出之增加量與均衡所得之增加量，圖中清楚顯示均衡所得之增加量大於自發性之增加量。因圖中所得增量為e_0B，但由於$0e_0e_1$係45°線，故e_0B等於e_1B。而自發性支出增量僅為e_1A，比均衡所得增量少AB。此結果也正說明乘數絕對值必大於1（乘數$= \frac{e_1B}{e_1A} > 1$）。

二、乘數的種類

有效需求中的一項產生自發性支出變動，會引起所得改變。比較兩種變動幅度，可得一乘數，故可知乘數種類很多。本節利用前一章凱因斯模型所決定的均衡所得分別說明如下：

$$Y^* = \frac{1}{1-b+m_1}(a - b\overline{T} + \overline{I} + \overline{G} + \overline{X} - m_0) \tag{3}$$

（一）消費乘數 (Consumption multiplier)

當自發性消費支出(a)增加1單位時，所得會增加$1/(1-b+m_1)$單位，即

$$\Delta Y^* = \frac{1}{1-b+m_1}\Delta a \tag{4}$$

此因自發性消費增加，會使消費支出增加，進而刺激有效需求，提高均衡所得水準。由此亦可得消費乘數為

$$\frac{\Delta Y^*}{\Delta a} = \frac{1}{1-b+m_1} \tag{5}$$

（二）投資乘數 (Investment multiplier)

同上述消費乘數概念可知，當自發性投資增加1單位時，所得則會增加$1/(1-b+m_1)$單位，此因自發性投資增加，可創造有效需求，進一步提高所得。由此亦知投資乘數為

$$\frac{\Delta Y^*}{\Delta I} = \frac{1}{1-b+m_1} \tag{6}$$

（三）政府支出乘數 (Spending multiplier)、稅收淨額乘數與平衡預算乘數 (Balanced budget multipler)

當政府支出增加，可創造有效需求，使國民所得呈倍數增加，此稱為政府支出乘數效果。仿照消費乘數說明，則可計算得政府支出乘數為：

$$\frac{\Delta Y^*}{\Delta G} = \frac{1}{1-b+m_1} \tag{7}$$

其次，政府稅收增加時，國民所得也會產生變動，此效果則稱為稅收淨額之乘數效果。同理可得稅收淨額乘數為：

$$\frac{\Delta Y^*}{\Delta T} = \frac{-b}{1-b+m_1} \tag{8}$$

由政府支出乘數或稅收淨額乘數，我們可得知政府支出(G)或稅收淨額(T)變動引起所得變動幅度為

和

$$\Delta Y^* = \frac{1}{1-b+m_1} \Delta G \tag{9}$$

$$\Delta Y^* = \frac{-b}{1-b+m_1} \Delta T \tag{10}$$

此幅度正是代表政府可控制國民所得的水準。

其次，比較政府支出乘數與稅收淨額乘數，可得政府支出乘數絕對值較大，即

$$\left| \frac{1}{1-b+m} \right| > \left| \frac{b}{1-b+m} \right| \tag{11}$$

原因在於政府支出本身即為對最終產品之購買，故政府支出增加時，即直接對所得造成影響。而政府稅收對最終需求之影響，必須透過可支配所得方能產生作用，故政府支出所帶動所得增加效果大於稅收減少所得的效果。

政府支出和稅收的變動，均會影響國民所得均衡水準，此種政策稱為**財政政策**(Fiscal Policy)。在現實環境中，政府支出增加時，收入也必須跟著提高。因此，欲了解財政政策的全面效果，我們必須同時考慮支出與收入兩方面之影響。假設政府支出的增加全部由稅收來融通，政府預算結餘不受影響，不須再另外舉債。當政府支出與稅收淨額作用方向同幅度的變動時，此種調整對均衡所得所產生的乘數效果，稱為**平衡預算乘數**(Balanced Budget Multiplier)。

平衡預算乘數的大小為何呢？當政府支出增加ΔG時，所得增加$\Delta G/1-b+m_1$；當政府稅收淨額增加ΔT時，所得下降$b\Delta T/1-b+m_1$。在考慮平衡預算乘數時，$\Delta G=\Delta T$，則政府支出與稅共同引起所得變動為

$$\Delta Y^* = \frac{\Delta G}{1-b+m_1} - \frac{b \cdot \Delta T}{1-b+m_1}$$

$$= \frac{1-b}{1-b+m_1} \Delta G \tag{12}$$

因此可以說，平衡預算乘數為

$$\frac{\Delta Y^*}{\Delta G} + \frac{\Delta Y^*}{\Delta T} = \frac{1-b}{1-b+m_1} \tag{13}$$

其次，此平衡預算乘數值小於 1。如果不考慮國外部門，則 $m_1=0$，可得到平衡預算乘數為 1。

平衡預算的觀念對於政府支出以租稅融通提出一合理的理論支持。換言之，對於由政府以稅的方式課徵一元，再加以支出，即可引起所得的增加，這種政府以支出帶動所得增加的看法又提供一理論基礎。

（四）出口乘數與進口乘數

由凱因斯模型的均衡所得式可知，當自發性出口增加 1 單位時，所得會增加 $1/(1-b+m_1)$ 單位。此因出口為有效需求一項，故出口增加會使所得產生倍數效果增加。由此可知出口乘數為

$$\frac{\Delta Y^*}{\Delta X} = \frac{-1}{1-b+m_1} \tag{14}$$

其次，可計算得自發性進口 (m_0) 增加 1 單位時，所得會減少 $1/(1-b+m_1)$ 單位。因為進口為有效需求中的減項，故進口增加，會降低有效需求，進而使所得減少。由此亦可知進口乘數為

$$\frac{\Delta Y^*}{\Delta m_0} = \frac{-1}{1-b+m_1} \tag{15}$$

綜合以上 7 種乘數分析可知：(1) 在凱因斯模型中，可知消費、投資、政府支出和出口的增加，都會使所得增加；但是，租稅和進口增加，則會造成所得減少，為所得的漏損項。(2) 有效需求變動引起所得呈倍數變動的乘數原理，此乃是凱因斯支持其增加有效需求來促進經濟成長的重要概念。

此外，以上所有乘數效果，乃基於前章凱因斯模型所計算得之，若利用不同模型，則乘數將有所不同。

第二節　膨脹缺口與緊縮缺口

　　經濟學理論中，其所謂「充分就業所得」是指一個經濟社會所有的資源都被充分有效利用時所能產生的所得或產出水準。而前一章利用「有效需求等於總產出」之條件所決定出來的均衡所得，未必剛好等於社會所有的資源都被充分利用時的充分就業所得水準。若有效需求太少，均衡所得低於充分就業所得，就會有失業產生；反之，若有效需求太多，均衡所得高於充分就業所得，則會引起物價上漲。

　　凱因斯對通貨膨脹的看法則為，在經濟社會尚未充分就業前，有效需求的增加，只會引起產出的增加，不會使物價上漲。但是在充分就業時，有效需求增加，實質產出無法增加，只會帶動通貨膨脹。凱因斯認為「失業為常態，充分就業為非常態」，因此在一般經濟體系有失業的情況下，有效需求的增加對產出的增加是有效的，並且不會帶動物價上漲。

一、膨脹缺口

　　在圖 17.3 中，假設充分就業所得水準為 OY_0。若有效需求為 AE_1，此時有效需求過多，以致均衡所得 OY_1 已超出充分就業之所得水準。此時，所有的資源都已充分利用，實質所得再也無法增加，因而，過剩之需求必將造成物價之上漲。

　　為了避免因有需求過多引起物價膨脹，故必須減少有效需求，此時所減少有效需求的數量，謂之**膨脹缺口** (Inflationary Gap)。就圖 17.3 而言，欲達充分就業，有效需求線必須由 AE_1 降至 AE，故膨脹缺口為 $\overline{E_1E_0}$。

二、緊縮缺口

　　以圖 17.3 而言，若有效需求為 AE_2，此時則為有效需求不足，均衡所得 OY_2 低於充分就業所水準 OY_0，於是有生產能量未充分發揮與失業率提高的現象。此時若欲達成充分就業，就有必要提高有效需求，此時增加有效需求的數量，即稱為**緊縮缺口** (Deflationary Gap)。以圖 17.3 而言，欲達充分就業，有效需求線必須由 AE_2 提高至 AE，故緊縮缺口為 $\overline{E_0E_2}$。

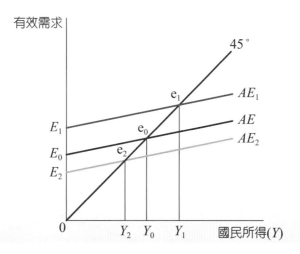

▲ 圖17.3　膨脹缺口與緊縮缺口

第三節　節儉的矛盾

凱因斯理論主要在提高有效需求來增加所得，因此對儲蓄抱持著反對的看法，認為人們想要以節儉來多儲蓄一些，實際上反而造成儲蓄不增加或減少，此正所謂**節儉的矛盾**(Paradox of Thrift)。

以圖17.4說明之。將圖16.7重新繪於圖17.4。若其他條件不變，整個社會增加儲蓄，使自發性儲蓄提高，由S_0移至S_1。此結果使國民所得減少，即由Y_0降至Y_1，此時失業率提高，且儲蓄總量則未增加。這就是節儉的矛盾。

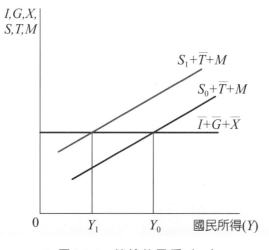

▲ 圖17.4　節儉的矛盾（一）

如果將前章凱因斯模型中投資改成國民所得增函數，即隨著國民所得的增加，投資也會增加，則「節儉」的結果，不但使均衡所得下降，均衡投資與儲蓄也下降，即節儉的矛盾仍成立。以圖17.5說明之。若儲蓄由S_0增至S_1此結果使國民所得由Y_0降至Y_1，造成投資和儲蓄均減少。

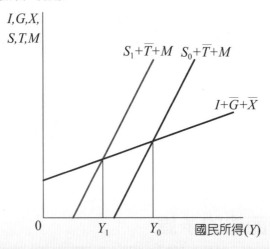

▲ 圖17.5 節儉的矛盾（二）

為什麼會有「節儉的矛盾」呢？嚴格來說「節儉的矛盾」只是理論上的一個特例。這個狀況會產生，是因為假設家戶單位的儲蓄增加時，相對應的投資支出並沒有增加。但是，在現實生活中，當儲蓄增加時，金融仲介機構，如銀行、合作金庫和合作社等，會想盡辦法尋找投資機會，將多吸收的儲蓄借給廠商投資，所以節儉的矛盾不易產生。

第四節 貨幣市場

在報章常見：「央行採寬鬆的貨幣市場，引導利率下降」，可見利率的高低和貨幣數量的多寡有密切的關係。這也正是凱因斯的想法：「利率是由貨幣供需來決定的」。因此本節首先介紹貨幣需求和貨幣供給，其次討論貨幣供需如何決定均衡利率，最後再提出貨幣供給改變對均衡利率影響。

一、貨幣需求

凱因斯承襲了前人對貨幣理論分析方式，由貨幣需求動機著手，提出「交易」、「預防」、「投機」動機的貨幣需求。此外他提出此貨幣理論最大的貢獻，就是提出投機性貨幣需求，並由此引進利率對貨幣需求量的影響。

其次，凱因斯認為在一切資產中，最富流動性就是貨幣。也就是說，貨幣實現其價值的時間最短。例如：肚子好餓，真想吃一碗100元的牛肉麵，若是無貨幣而要出售房地產、股票、和珠寶等資產，必定緩不濟急，無法立即滿足口腹之慾。但是若手上有貨幣，則問題立刻解決，一手交錢，一手交貨，熱騰騰的牛肉麵立刻下肚。由此可知，人們對貨幣的需求在於貨幣具有高度的流動性，可滿足人們交易、預防、和投機動機的需求，故將貨幣需求稱為「**流動性偏好說** (Liguidity Preference Theory)」。

凱因斯貨幣需求的三大動機：

（一）**交易動機** (Transactions motive)

為了交易上需要所保有的貨幣，主要受所得多少的影響。所得越多，保有交易需求的貨幣越多，反之則越少。例如學生一天當中必須為坐車上學、吃午餐、喝飲料、打電話等交易活動，而保有一些交易性貨幣，並且保有數量依學生父母給的「所得」的多少來決定。交易性貨幣需求函數可表示成：

$$L_1 = L_1(Y) \tag{16}$$

（二）**預防動機** (Precautionary motive)

為了預防意外事故發生所保有的貨幣，主要亦是受所得多少的影響，所得越多，保有預防需求貨幣越多，反之則越少。例如學生必須預防自己在學校由於上課太專心，腦力用力過度，所造成肚子極端饑餓的情況發生，必須準備一些貨幣事先預防，一旦狀況發生，可以立刻祭祭自己的五臟廟。預防性貨幣需求函數可表示成：

$$L_2 = L_2(Y) \tag{17}$$

式中 L_2 表示預防性貨幣需求量。

由於交易動機與預防動機的貨幣需求都是受所得影響,故可合併寫成:

$$L_t = L_1(Y) + L_2(Y) = L_t(Y) \qquad (18)$$

由於其為所得的正函數故可作圖成:

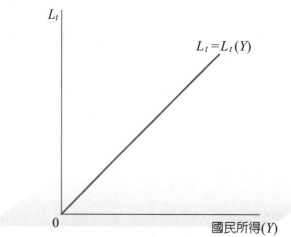

▲ 圖17.6 受所得影響的交易與預防動機的貨幣需求

(三)投機動機 (Speculative motive)

為了等待投機機會出現,而能乘機獲利所保有的貨幣,其主要的影響因素不是所得,而是利率。一個人保有貨幣,將不會產生利息收入,但是借給別人或存在銀行就會有利息收入,因此,保有貨幣就會有機會成本,當利率越高,保有貨幣的機會成本就越大;反之,當利率越低,保有貨幣的機會成本就越小。是故,投機性貨幣需求就會與利率呈現反向關係。當利率高時,擁有投機性貨幣的機會成本變大,保有的投機性貨幣數量就越少;反之,當利率低時,保有投機性貨幣需求機會成本就越少,保有的數量就越多。例如股票投資者在利率低時會保有較多的投機性貨幣等待買股票的機會;反之,利率高時則會保有較少的投機性貨幣。而其投機性貨幣需求(Ls)函數與圖形可表示如下:

$$L_s = L_s(i)$$

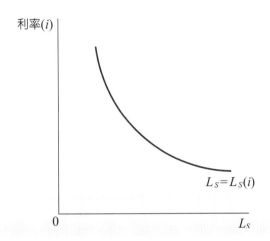

▲ 圖17.7　受利率影響的投機動機的貨幣需求

將交易、預防、投機動機所需貨幣加總，則可得貨幣需求函數：

$$M_d = L = L_t(Y) + L_s(i) = L(Y,i) \tag{20}$$

式中 M_d 與 L 表示貨幣需求量，由上式中可將利率與貨幣需求量關係繪圖，導出貨幣需求曲線：

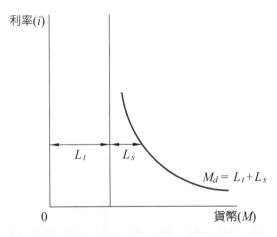

▲ 圖17.8　貨幣需求曲線

其次，凱因斯認為利率低到 i_0 水準之後，保有貨幣的機會成本變的極小，人們對貨幣需求的無窮大，不論多少貨幣人們都願意保有，而使貨幣需求曲線變成水平線亦即貨幣需求的利率彈性無窮大，此即凱因斯的**流動性陷阱**(Liquidity Trap)。

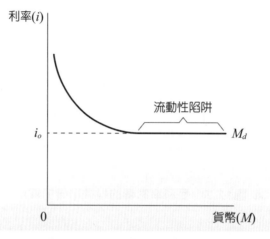

▲ 圖17.9　凱因斯的流動性陷阱

流動性陷阱在凱因斯理論架構中，是支持其採取財政政策的重要慨念。由於凱因斯理論起源背景是1930年代的經濟大蕭條，在經濟大衰退時的特殊狀況時，其極低的利率也許會造成貨幣需求曲線呈為水平線，或接近水平線，但是，一般正常經濟狀態貨幣需求曲線當為負斜率。

二、貨幣供給

中央銀行可以透過調整存款準備率，公開市場操作，調整重貼現率等措施來影響貨幣供給量。但是，這並不表示中央銀行能夠完全地控制貨幣數量。為了簡化討論，我們假設貨幣供給量由中央銀行決定，故如圖17.10所示，貨幣供給線Ms為一直線。

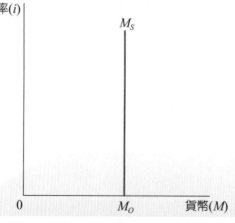

▲ 圖17.10　貨幣供給線

三、均衡利率決定

在貨幣市場中，有貨幣供給和需求。貨幣需求量與利率成反比，而我們將貨幣供給視為一種政策變數，不受利率變動影響。綜合圖17.10及17.8，可將貨幣市場的供需情形繪出如圖17.11。

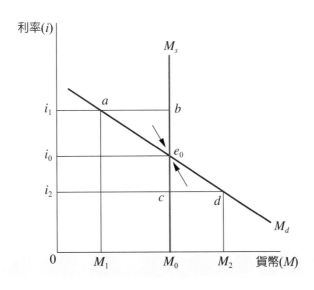

▲ 圖17.11　均衡利率決定

在貨幣供需均衡下，貨幣需求等於貨幣供給，此時貨幣需求線 M_d 和貨幣供給線 M_s 的交點 e_0，決定了利率水準 i_0 和均衡貨幣數量 M_0。若原利率為 i_1 則會造成 $\overline{ab}$ 數量的超額供給，此時利率會逐漸下跌，直到超額現象消失為止。反之如果利率原為 i_2，會產生超額貨幣需求 $\overline{cd}$，此時利率會上升，直到超額現象消失為止。

四、貨幣供給變動對利率影響

利率的高低也受到貨幣供需變動影響。在圖17.12中，貨幣供給增加為 M_{s1}。在原來的利率之下，貨幣供給大於貨幣需求量，故銀行有多餘的資金貸放不出去。貸款是商業銀行的利潤來源，故銀行會因資金貸放不出去而利潤減少。在此情況下，銀行體系必會降低利率，以吸引更多的人向銀行借款。因此，銀行降低利率的結果，供需之間的差距逐漸縮小，最後達到新的均衡利率 i_1。

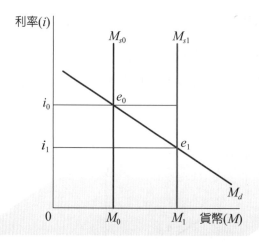

▲ 圖17.12　貨幣供給增加對利率的影響

　　由於貨幣供給增加，使均衡利率下跌，進而使投資增加由I_0增至I_1，投資等於儲蓄，故因投資增加，使儲蓄由S_0增至S_1，此時所得也由Y_0增至Y_1。如圖17.13所示。

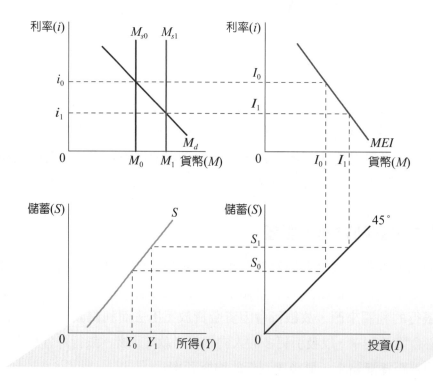

▲ 圖17.13　貨幣供給增加對利率、投資和所得影響

如果利率對貨幣市場超額供給的反應非常微小，以致於不管貨幣供給怎麼增加，幾乎都不會再使利率下跌，此時經濟體系稱為處於**流動性陷阱**。由圖17.14可知，當貨幣需求線趨於水平時，貨幣供給由 M_{s0} 增至 M_{s1} 對於利率毫無影響，此時即為流動性陷阱。

由於貨幣供給增加，利率不變，因此對投資需求並無刺激作用，進而對總產出沒有影響，所以可以說貨幣政策完全失效。

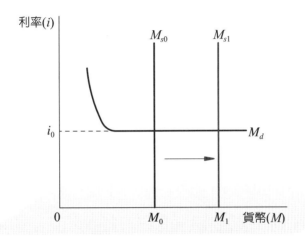

▲ 圖17.14　流動性陷阱

第五節 勞動市場

前一章所介紹的有效需求，乃說明某物水準下，經濟社會的總產出（總所得）為多少，才會使商品的總產出等於總支出，並且說明有效需求增加可以提高所得。但是有效需求本身並不能告訴我們經濟社會的總產出為何有這麼多產出，以及社會有失業存在。所以在本節我們緊接著來探討勞動市場。

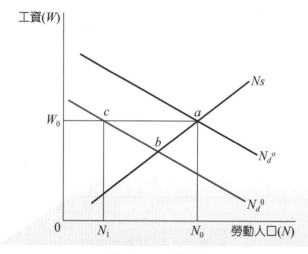

▲ 圖17.15　勞動市場

凱因斯認為有效需求減少，會使勞動需求減少由N_d^0移至N_d^1，如圖17.15所示。另一方面，由於可能有一強大的工業團體，在勞資雙方在工資談判上，不願降低工資，或者是有些找不到工作的人，寧可失業在家，也不願去尋找工資較低工作，所以工資固定在W_0。這種工資往下調整，出現僵固不動的現象稱為**工資率僵固性** (Wage rigidity)。

由於工資固定在W_0，故有$\overline{ac}$的失業人口。此時要解決失業，只有增加有效需求，刺激總需求，使其由N_d^1右移至N_d^0。

歷屆試題 Exercise

一、選擇題

( ) 1. 下列何者屬於唯真 (Positive) 的描述？　(A) 貨幣供給大量增加會使物價上揚　(B) 政府應想辦法抑制通貨膨脹，而不是刺激經濟成長　(C) 民眾應追求所得平均，而非追求所得成長　(D) 民眾應多消費本國的財貨，而不是僅憑自己的喜好選擇財貨。　　　　　　　　　　　　　　　　　　　（96 二技）

( ) 2. 依據流動性偏好理論 (Liquidity Preference Theory)，民眾的貨幣需求與下列何者為反向變動關係？　(A) 利率　(B) 國民所得　(C) 物價　(D) 匯率。

（96 二技）

( ) 3. 假設簡單凱因斯模型如下：$Y=C+I$，$C=100+0.8Y$，$I=150$，請問均衡國民所得 Y 為多少？　(A) 1,000　(B) 1,250　(C) 1,500　(D) 2,000。（97 身心障礙甄試）

( ) 4. 承第 3 題，請問乘數 k 為多少？　(A) 2　(B) 2.5　(C) 4　(D) 5。

（97 身心障礙甄試）

( ) 5. 承第 3 題，若自發性消費由 100 增至 200，則均衡國民所得增加多少？　(A) 500　(B) 400　(C) 250　(D) 200。　　　（97 身心障礙甄試）

( ) 6. 下列何者不是凱因斯所提出的貨幣需求動機？　(A) 投資動機　(B) 預防動機　(C) 交易動機　(D) 投機動機。　　　　　　　　　　（100 四技二專）

( ) 7. 在流動性陷阱下，以下何者有誤？　(A) 若政府支出增加，均衡所得不變　(B) 若政府支出增加，均衡利率不變　(C) 若貨幣供給增加，均衡所得不變　(D) 若貨幣供給增加，均衡利率不變。　　　　　　　　　（100 二技）

( ) 8. 目前陷入流動性陷阱的國家是　(A) 英國　(B) 南韓　(C) 日本　(D) 美國。

（90 二技）

( ) 9. 考慮一個簡單的經濟社會模型：

$C=160+0.6YD$

$G=150$

$I=150$

$T=100$

其中，C= 消費支出，YD= 可支配所得，I= 投資，G= 政府支出，T= 政府稅收，如果為了政治與總經濟的雙重理由，政府改變 G 與 T 時，維持平衡預算政策，則此平衡預算乘數為　(A) 0.6　(B) 1.0　(C) 1.5　(D) 2.5。（91 二技）

( ) 10. 凱因斯一般理論中所主張的「流動性陷阱 (liquidity trap)」，隱含當利率接近零時，下列敘述何者為真？　(A) 貨幣需求對利率的敏感性小，且 LM 曲線變得相對陡峭　(B) 貨幣需求對利率的敏感性小，且 LM 曲線變得相對平坦　(C) 貨幣需求對利率的敏感性大，且 LM 曲線變得相對陡峭　(D) 貨幣需求對利率的敏感性大，且 LM 曲線變得相對平坦。　（91 二技）

( ) 11. 新凱因斯學派 (New Keynesian School) 基本主張：　(A) 市場的訊息是完全的　(B) 理性預期分析架構　(C) 市場是均衡的 (clear)　(D) 工資與物價具有僵固性。　（91 二技）

( ) 12. 已知簡單凱因斯模型為：

Y = C + I + G

Y = C + S + T

C = C0 + C1YD，

而 C0（自發性消費）=300，YD 為可支配所得，C 為消費，S 為儲蓄，邊際儲蓄傾向 = 0.3，I（投資）= 100，G（政府支出）= 60，T（政府稅收）= 60，則下列敘述何者為真？　(A) 國民生產淨額 (Y) 為 600　(B) 可支配所得為 (Y-T) 為 540　(C) 若充分就業所得 Yf = 800 此時存在膨脹缺口　(D) 若充分就業所得 Yf = 600 此時存在緊縮缺口。　（94 二技）

( ) 13. 政府支出增加，稅收維持不變，若於國內增加債券發行以融通之，則下列敘述何者為真？　(A) 私人部門投資減少　(B) 利率降低　(C) 經常帳改善　(D) 政府儲蓄增加。　（94 二技）

( ) 14. 下列有關流動性偏好理論 (liquidity preference theory) 的內容，何者錯誤？　(A) 民眾為交易、預防與投機動機而持有貨幣　(B) 流動性偏好減弱，會使實質貨幣需求上升　(C) 流動性陷阱 (trap) 存在，會使貨幣政策無效　(D) 實質貨幣需求會受所得與利率的影響。　（94 四技二專）

18

凱因斯學派經濟理論：IS-LM模型

第一節　商品市場均衡的IS曲線

第二節　貨幣市場均衡的LM曲線

第三節　商品市場與貨幣市場均衡：
　　　　利率和所得水準的決定

第四節　比較靜態分析：均衡利率與所得的變動

第五節　貨幣政策與財政政策

第六節　排擠效果

歷屆試題

ECONOMIC$

在前幾章我們對國民所得的決定，以及其乘數效果的原因，已有相當深入討論。但只限於實質面國民所得決定。對於實質面的國民所得決定和貨幣面有何關係，則完全沒有提到。然而在現代經濟社會中，貨幣面因素與實質面因素，環環相扣，彼此相關，所以我們必須將兩者同時考慮，才能窺得總體經濟活動運作的軌跡。

本章將介紹經濟學家希克斯(Sir John R. Hicks)在1937年所提出IS-LM模型，來解決只討論實質面國民所得決定，而未考慮貨幣面缺失的問題。本章介紹架構上，則先考慮商品市場，並以IS曲線來表示。然後分析貨幣市場，以LM來表示；接著將兩個市場結合起來就是IS-LM模型。進而利用IS-LM模型來說明均衡利率與所得，以及分析利率與所得受到貨幣政策和財政政策的影響。

第一節　商品市場均衡的IS曲線

假設有效需求 $AE=C+I(i)+G+X-M$，式中投資是利率的函數，即利率高低會影響投資。當有效需求等於總產出(y)時，商品市場達到均衡，以方程式表示則為

$$y=C+I(i)+G+X-M$$

若利率下降，則投資會增加，有效需求會增加，進而使實質所得提高。可知當商品市場均衡時，利率和實質所得成反比。將利率和實質所得關係以一條負斜率表示，如圖18.1所示，此線即為IS曲線，其代表在商品市場均衡的條件下，利率和實質所得之間反向變動的關係。

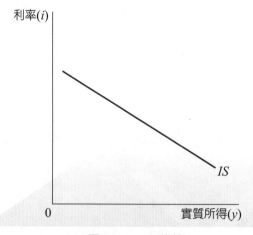

▲ 圖18.1　IS曲線

　　IS曲線顯示商品市場均衡，故在每一個利率水準下，必有一個實質所得對應之，俾達成商品市場的均衡。若利率和實質所得組合點不在IS線上，則最後會向IS線的方向移動，終致商品市場達成均衡為止。下圖18.2為例，假設點在IS線右方A點，在相同利率水準i_0時，A點所代表實質所得y_0大於均衡實質所得y_1，即表示商品市場有超額供給。因此廠商會減產，並且裁員，使失業人口上升，實質所得下降。當實質所得降至y_1才停止，因這時利率和實質所得組合在IS線上，即達到商品市場均衡。

　　如果經濟處在IS線左方，如C點，此時在相同利率水準i_0下，由於實質所得y_2小於均衡實質所得y_1，在商品市場均產生超額需求。廠商此刻會增產和增加雇員，進而失業人口下降，所得增加，實質所得由y_2增至y_1才會停止，因此時經濟情況處於IS線上，即達到商品市場均衡。

　　利率變動會帶來點沿著一條IS曲線的變動，即產生點的移動。而利率以外的因素變動，則會造成整條IS曲線的移動。

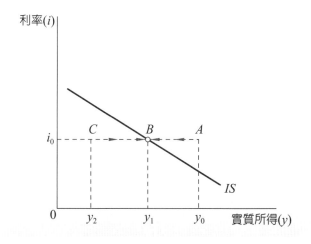

▲ 圖18.2　商品市場失衡

　　IS線的方程式可以表示為：$y=AE=C+I+G+X-M$，式子右邊可知商品的總需求受到C、I、G和X-M的影響，所以C、I、G和X-M改變會影響商品的總需求，亦會使IS線產生移動，除了利率以外的因素，能夠使C、I、G和X-M增加的因素都能使IS曲線右移；反之，使C、I、G和X-M減少的因素，將造成IS曲線左移。例如：社會環境改變，使民間自發性消費增加，使實質所得增加，如圖18.3所示，在利率固定為i_0下，由於民間自發性消費增加實質所得由y_0增至y_1時，整條IS曲線由IS_0移至IS_1。

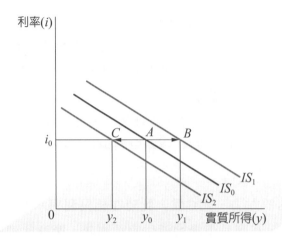

▲ 圖18.3　IS曲線移動

又如近年來國內投資環境惡化,使投資邊際傾向下降,此時在利率固定下,實質所得會減少,IS曲線IS_0左移至IS_2。其次,當政府支出增加、減稅和淨出口增加,會使IS曲線產生右移。

第二節　貨幣市場均衡的LM曲線

在前一章已經討論過,貨幣的需求為利率和所得的函數,即可以表示成

$$M_d = L(y,i) \tag{1}$$

假設貨幣供給可以由中央銀行完全控制,即

$$M_S = \frac{\overline{M}}{P} \tag{2}$$

貨幣市場的均衡條件就是貨幣的供需相等,所以可以表示為

$$\frac{\overline{M}}{P} = L(i,y)$$

若依上式所得減少,貨幣需求下降,但因貨幣供給不變,為了維持貨幣市場均衡,故須降低利率以增加貨幣需求。由此可見實質所得和利率成正比,將此關係用一曲線表示,如圖18.4所示,此線稱為**LM曲線**。

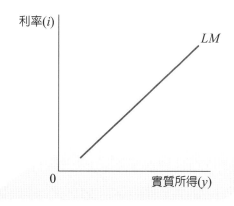

▲ 圖18.4　LM曲線

　　LM線表示在貨幣市場均衡時利率和實質所得組合軌跡，故在一個既定實質所得水準裡，經由LM線可指出其在貨幣市場均衡情況下之利率水準。一旦實質所得水準上升，導致貨幣需求增加而促使利率上升。

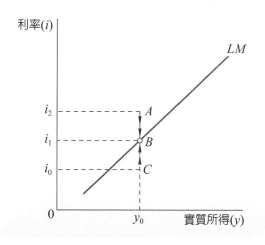

▲ 圖18.5　貨幣市場失衡

　　如IS線的情形一樣，若利率和實質所得組合點不在LM線上，則最後會向LM線的方向移動，終於貨幣市場達成均衡為止。假設經濟情況處在圖18.5的A點，正表示在相同所得水準y_0之下，利率水準i_2高於均衡利率水準i_1，代表人們保有少量的貨幣，造成超額貨幣供給，利率因此會下降，直到i_1才停止，因為此刻利率和實質所得組合點在LM線上，達到貨幣供需相等。

同理可推，在C點情況下，貨幣需求量大於貨幣供給量，貨幣市場有超額需求，迫使利率由i_0上升至i_1為止。

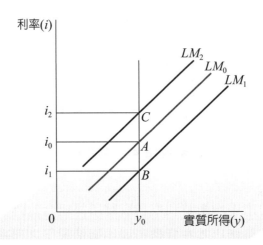

▲ 圖18.6　LM曲線移動

由於LM曲線方程式為：$\dfrac{M}{P} = L(y, i)$ 所以M_s、P或L發生變化時，均會使LM曲線產生移動。例如央行採行擴張性的貨幣政策，即貨幣供給增加時，如圖18.6所示，在實質所得固定在y_0時，利率會由i_0降至i_1，即LM曲線由LM_0右移至LM_1。

又如貨幣需求增加，在實質所得固定下，利率會上升，如圖18.6所示，使LM曲線由LM_0左移至LM_2。其次，物價水準下降，也會使LM曲線由LM_0右移至LM_1。

第三節　商品市場與貨幣市場均衡：利率和所得水準的決定

　　將前述之IS曲線和LM曲線合併，可以得圖18.7經由該圖可以決定實質所得和利率水準。其中只有一點是商品市場與貨幣市場，都同時達到均衡狀態的情形，即是IS線和LM線之交點E。

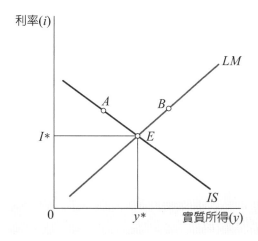

▲ 圖18.7　利率和實質所得決定的IS–LM分析圖

　　在圖18.7假定經濟情況在A點時，由於A點在IS線上，所以在商品市場上業已達成均衡，但是A點卻不在LM線上，所以貨幣市場未達成均衡，具有超額貨幣供給，迫使利率下跌，投資增加，實質所得上升，沿著IS線向E點趨近。

　　如果經濟處在B點時，貨幣市場達成均衡，但是商品市場卻有超額供給，因此造成減產的壓力，進而使實質所得y和利率i均降低，沿著LM線向E點趨近。只要不在E點的利率和實質所得組合點，均會向E點趨近，只有在E點情況下，貨幣市場和商品市場才能同時達成均衡。

第四節 比較靜態分析：均衡利率與所得的變動

由前面分析得知，當財貨與貨幣市場同時達到均衡時，同時決定均衡利率與實質所得。一旦市場中一些因素發生變化，則均衡利率與實質所得水準將隨之變動。茲說明如下：

（一）商品市場因素發生變化

商品市場達到均衡時，總產出等於有效需求，以數學式表示，即 $y=C+I+G+X-M$。若有效需求中的一項發生變化，則均衡利率與實質所得水準將隨之變動。

1. 投資邊際效率變動

由於最近幾年，國內勞動薪資提高、購買土地成本上升及環保意識覺醒等因素，使得投資邊際效率降低，投資減少，IS線由 IS_0 移至 IS_1，均衡利率與實質所得水準，分別由 i_0 減為 i_1，及由 y_0 降為 y_1，如圖18.8所示。

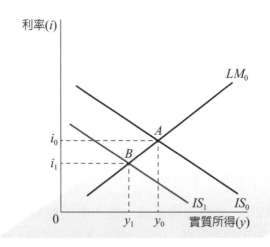

▲ 圖18.8 投資邊際效率變動

同理可推知，若投資邊際效率增加，會使IS線由 IS_1 右移至 IS_0，造成均衡利率由 i_1 升至 i_0，實質所得由 y_1 升至 y_0。

2. **政府支出變動**

　　近年來政府大量興建公共建設，如核四、高速鐵路，擴建中正機場等，使政府支出大幅上升。這會使IS線由IS$_0$右移至IS$_1$，均衡利率實質所得水準，則分別由i$_0$上升至i$_1$，及由y$_0$增加為y$_1$，如圖18.9所示。

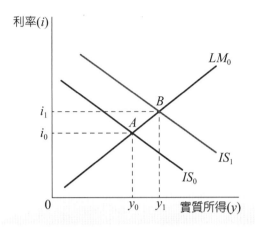

▲ 圖18.9　政府支出變動

　　同理可推得，政府支出減少，會使IS由IS$_1$左移至IS$_0$，造成利率由i$_1$下降至i$_0$，實質所得由y$_1$降至y$_0$。

3. **租稅收入變動**

　　政府為了促使景氣復甦、企業根留台灣、和吸引外資等因素，大幅降低政府賦稅收入。這會造成IS線由IS$_0$右移至IS$_1$，均衡利率與實質所得水準，分別由i$_0$上升至i$_1$，所得由y$_0$增加至y$_1$。如圖18.10所示。

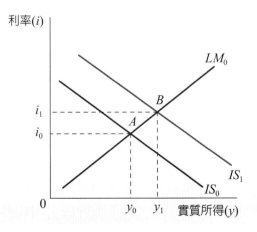

▲ 圖18.10　租稅收入變動

反之，當政府增稅，則會造成IS線由IS_1左移至IS_0，使得利率由i_1下降至i_0，實質所得由y_1減少至y_0。

政府支出增加和降低稅賦稱為**擴張性財政政策**，而政府減少支出和增加稅賦稱為**緊縮性財政政策**。

至於其他因素改變所造成的影響，可以利用同樣分析方法得到結果。今將上述結果整理如下：

▼ 表18.1　商品市場因素發生變動對i和y的影響

內容	IS曲線變動	政策	利率	實質所得	實例
自發性消費增加（儲蓄減少）	右 移		$i\uparrow$	$y\uparrow$	享樂主義盛行
自發性消費減少（儲蓄增加）	左 移		$i\downarrow$	$y\downarrow$	節儉成風
投資邊際效率增加	右 移		$i\uparrow$	$y\uparrow$	投資環境改善
投資邊際效率減少	左 移		$i\downarrow$	$y\downarrow$	政治鬥爭四起、治安敗壞
政府支出增加	右 移	擴張性財政政策	$i\uparrow$	$y\uparrow$	六年國建支出
政府支出減少	左 移	緊縮性財政政策	$i\downarrow$	$y\downarrow$	政府縮減公共建設支出
租稅收入增加	左 移	緊縮性財政政策	$i\downarrow$	$y\downarrow$	提高稅率
租稅收入減少	右 移	擴張性財政政策	$i\uparrow$	$y\uparrow$	提高扶養親屬寬減額
淨出口增加	右 移		$i\uparrow$	$y\uparrow$	兩岸三通
淨出口減少	左 移		$i\downarrow$	$y\downarrow$	兩岸發生軍事衝突

（二）貨幣市場因素發生變動

貨幣市場達到均衡時，貨幣供給等於貨幣需求。因此貨幣供給或需求發生變化，則均衡利率與實質所得水準變動。

1. 貨幣供給發生變化

由於經濟不景氣，中央銀行決定增加貨幣供給，使LM線由LM_0移至LM_1，如圖18.11。利率因此由i_0下降至i_1，實質所得由y_0增加至y_1。

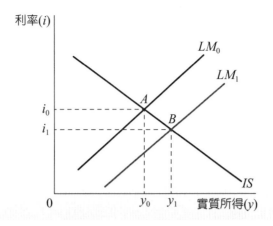

▲ 圖18.11　貨幣供給發生變化

　　同理可推得，中央銀行減少貨幣供給，將使LM線由LM_1移至LM_0，造成利率由i_1上升至i_0，而實質所得由y_1降至y_0。此種控制貨幣數量，以影響經濟活動稱為**貨幣政策**。其次，貨幣供給量增加稱為**擴張性貨幣政策**，而貨幣供給量減少稱為**緊縮性貨幣政策**。

2. **貨幣需求變動**

　　假設股票市場熱絡，股價狂飆，社會大眾為了買股票對貨幣需求增加，將使LM線由LM_0左移至LM_1，如圖18.12所示。利率將由i_0上升至i_1，而實質所得由y_0減少至y_1。

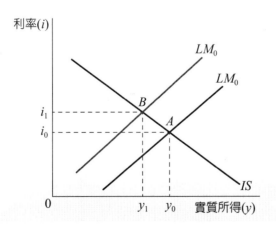

▲ 圖18.12　貨幣需求變動

同理可推得，貨幣需求減少時，將使LM曲線由LM_1移至LM_0。利率將由i_1下降至i_0，而實質所得由y_1增至y_0。

3. **物價變動影響**

如果進口原料價格下跌，導致本國物價下跌，這相當於實質貨幣供給增加，將使LM線由LM_0右移至LM_1，如圖18.13所示，造成利率由i_0下降至i_1，實質所得則由y_0增加至y_1。

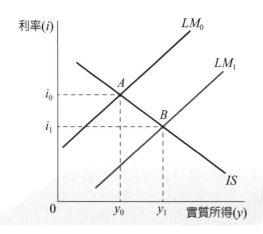

▲ 圖18.13　物價變動影響

反之，物價上升，將引起LM線由LM_1移至LM_0，造成實質所得由y_1減少至y_0，而利率由i_1上升至i_0。

今可將上述因素改變，所造成影響整理如下：

▼ 表18.2　貨幣市場因素發生變動對i和y的影響

內容	LM曲線變動	政策	利率	實質所得	實例
貨幣供給增加	右移	擴張性貨幣政策	i↓	y↑	中央銀行買進票據
貨幣供給減少	左移	緊縮性貨幣政策	i↑	y↓	中央銀行賣出票據
貨幣需求增加	左移		i↑	y↓	股市熱絡
貨幣需求減少	右移		i↓	y↑	經濟衰退，所得下降
物價上升	左移		i↑	y↓	工資上漲
物價下降	右移		i↓	y↑	進口原料價格下跌

第五節　貨幣政策與財政政策

　　貨幣與財政政策是政府影響經濟活動的兩個重要政策，政府可利用此兩個政策，來穩定或刺激經濟景氣。例如兩岸發生軍事衝突，政府即可用此二政策來穩定經濟，或在景氣衰退或過熱時，政府即可以其來刺激經濟或對景氣踩煞車。財政與貨幣政策就好像政府手中的「倚天劍」與「屠龍刀」耍起來虎虎生風，威力十足。

一、貨幣政策

（一）貨幣政策 (Monetary policy) 的意義

　　貨幣政策係指政府透過貨幣工具，對貨幣數量加以控制，以影響社會經濟活動，達成一定經濟目標的手段。當中央銀行促使貨幣數量增加時即採行寬鬆性的貨幣政策，反之，若使貨幣數量減少則為緊縮性的貨幣政策。

（二）貨幣政策的目標

1. **促進充分就業**：貨幣政策可促使在現行工資水準下，願意工作者，都有工作可做的充分就業。

2. **維持經濟安定**：以貨幣政策保持物價穩定。通常若物價指數之漲幅在3%以下，即可稱經濟安定。

3. **促進經濟成長**：以貨幣政策提高平均每人實質所得或一國國民所得。

4. **平衡國際收支**：以貨幣政策來達成國際收支平衡，維持貨幣對外幣幣值的安定。

5. **維持金融穩定**：以貨幣政策避免銀行倒閉及維持利率安定。

（三）貨幣政策的時間效果

　　貨幣政策的時間效果表現在時間落後上 (Time Lag)，所謂時間落後，指央行根據當前情勢判斷而採取政策指施，到所採政策發生效果的一段時間差距。由問題發生，到認知問題的嚴重性，進而採取行動，到效果出現的時間落後效果可分成三個階段：

1. **內在落後 (Inside Lag)**：自經濟現象發生變化，認知需要採取對策加以矯正，到中央銀行實際上採取對策的時間過程。又可分為二：

　　a. **認知落後 (Recognition Lag)**：自經濟現象發生變化，應採取矯正措施，然而

由於經濟資料欠缺，當局並不明瞭，直到經過若干時間後，中央銀行獲得明確資料，決意研究對策為止。

b. **行政落後**(Administrative Lag)或稱**行動落後**(action Lag)：中央銀行認識經濟情勢，決意研究對策，但研究行為需耗費時間，決定實施何種政策之前的時間落後。

2. **中期落後**(Intermediate Lag)：自中央銀行採取行動到金融機構產生的影響，使金融機構改變利率或信用情況，並進而對整個經濟社會產生影響的時間過程。此時亦稱外在落後的部分。

3. **外在落後**(Outside Lag)：自金融機構改善其利率結構，或其他信用情況後，以致對真實經濟產生影響的時間過程，又分為二：

a. **決策落後**(Decision Lag)：自利率或其他信用條件改變後，個人與廠商面對新情勢，當然會改變其支用習慣或支用行為，在支用單位採取其支出決定之前稱之。

b. **生產落後**(Production Lag)或稱**效應落後**(Impact Lag)：自支用單位決定其支出意向後，對整個社會的生產與就業所發生的影響。

由於貨幣政策效果有時間的落後效果，使得政府在景氣過熱時所採行的緊縮政策到了景氣蕭條時才出現效果，除了原先所要達到緩和景氣過熱現象之目的沒有達成之外，更使景氣下降之後遭遇到當初緊縮政策的「雪上加霜」的作用，而使景氣更蕭條。相反地，政府在景氣蕭條時發揮刺激景氣的作用而在景氣回升有物價膨脹之時「火上加油」。

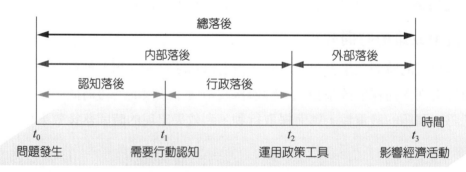

▲ 圖18.14　貨幣政策的時間延遲效果

（四）貨幣政策的優點

1. **較富於機動性**：貨幣政策的採行，由中央銀行針對當時經濟情況需要自由決定，不必受立法機關牽制，較具機動性。

2. **政治上較易接受**：貨幣政策不像財政政策可能引起公共部門不斷擴張，導致政府權力過分集中，政策上較易被保守人士所接受。

3. **執行比較簡單**：只要把每年貨幣供給增加率使其相當於經濟成長的速度，物價水準便可獲得相當穩定。

（五）貨幣政策的操作方法

貨幣政策的操作，可分為權衡性(Discretionary)和法則性(Fixed Rule)兩種。

1. **權衡性貨幣政策**：貨幣當局可依據經濟情勢判斷，為達成既定貨幣政策目標而採行權衡性措施，例如在景氣衰退時，採取擴張性貨幣政策，刺激經濟，反之，在景氣繁榮時，以緊縮性貨幣政策，來預防景氣過熱。

2. **法則性貨幣政策**：貨幣當局採行一固定的貨幣決策，並作為行動準則，不為經濟情勢轉變左右。例如：不論在任何經濟情況下皆維持固定的貨幣供給增加率。

二、財政政策

（一）財政政策 (Fiscal policy) 的意義

政府的各項財政活動，直接間接均影響所得水準的變動，而政府財政活動則包含政府財政支出、租稅及預算的執行等等的措施，稱為財政政策。

（二）財政政策的工具

1. **稅收**：在經濟繁榮時提高稅率，在經濟萎縮時則降低稅率。提高稅率使納稅者在納稅後，可支用所得因而降低，而不得不減少其消費。降低稅率的目的則恰好相反。

2. **財政支出**：當社會經濟萎縮時，因有效需求不足，社會生產能量不能全部使用，若政府財政支出增加，則政府所增加的需求，可彌補有效需求之不足。當經濟繁榮時，有效需求甚高，為避免引起通貨膨脹，政府須減少財政支出以降低社會需求。

3. **預算政策**：在經濟過度繁榮時，政府一方面增稅，一方面減少財政支出採取預算
盈餘；經濟萎縮時，一方面減少稅收，一方面增加財政支出採取預算赤字，以達
到調節經濟活動的目的。或是採取平衡預算在經濟過度繁榮時，政府同時同額減
少財政支出和稅收，降低社會需求。當經濟萎縮時，政府又同時同額增加財政支
出和稅收，增加有效需求，以達到調節經濟活動。

（三）政府預算

預算的形式：

1. **平衡預算**：政府支出等於稅收。

2. **功能財政**：凱因斯(Keynes)主張政府採取權衡性政策，故政府預算視經濟情況而
調整，可採取赤字或盈餘，而不拘泥於平衡預算。

3. **補償性財政政策**：韓森(Hessen)認為政府預算在一個經濟循環週期內，蕭條時期
的財政赤字可由繁榮時期的財政盈餘來補償，故從短期看財政是不平衡的，但是
在長期看財政還是平衡的。

4. **充分就業預算**：此預算既非量入為出，亦非量出為入，而是以保證經濟能到達充
分就業的需要，來規定政府收支。

（四）財政政策的自動穩定機能

自動穩定機能(automatic stabilizers)或**內在伸縮機能**(Built-in Flexibilty)，係指
一些內在穩定因素，可自動自發的遏止經濟衰退，或抑制景氣過熱，而不需人為的
介入或抑制，便能自行維持經濟體系的平衡，一般所稱的自動穩定因素如下：

1. **租稅收入**：當國民所得不斷增加時，累進稅使政府稅收增加，因而可抑制經濟過
度擴張；當國民所得不斷降低時，政府便課徵較低稅率的稅，因而具有促進經濟
繁榮或緩和經濟衰退的作用。

2. **移轉支付和津貼**：在經濟繁榮時，國民所得增加，失業率降低，政府對失業救濟
支出減少，故而抑制景氣的過熱。反之，經濟蕭條時失業率上升，政府對失業救
濟支出增加，可緩和經濟衰退。

第六節　排擠效果

排擠效果(Crowding-Out Effect)是指政府支出增加使得民間投資（或消費）減少，而對產出造成不利影響。排擠效果可分為四種，茲分述如下：

一、部分（不完全）的排擠效果(Incomplete Crowding-Out Effect)

政府支出增加，所引起實質所得增加，有一部分會因政府支出增加造成利率上升，致使投資減少，而抵消一部分，此即為部分的排擠效果。如圖18.15所示。

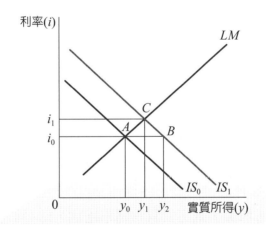

▲ 圖18.15　部分的排擠效果

政府支出增加，使IS線由IS_0右移至IS_1，在利率i_0固定下，實質所得由y_0增至y_2，此時貨幣需求大於貨幣供給，利率會上升。由於利率上升，進而使投資減少，實質所得由y_2降至y_1，故可說$\overline{y_1y_2}$的實質所得減少，即為政府支出增加，造成利率上漲所排擠掉的民間投資。

二、完全的排擠效果(Complete Crowding-Out Effect)

政府支出所造成實質所得增加，會因為利率上升，投資減少而完全抵消掉，致使實質所得不變，此即為完全的排擠效果。通常發生在LM垂直的時候，如圖18.16所示。

政府支出增加，使IS線由IS_0右移至IS_1，造成利率由i_0上升至i_1，實質所得不變，即完全排擠掉民間投資。

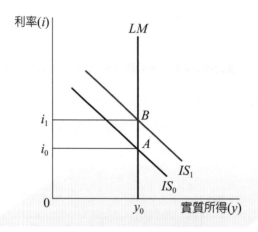

▲ 圖18.16　完全排擠效果

三、超額排擠效果(Over Crowding-Out Effect)

政府支出增加，造成利率大幅上升，投資大幅減少，結果實質所得不但不增加，反而減少，此即為超額排擠效果。

此結果形成乃因政府支出增加，IS線由IS_0左移至IS_1，而政府發行公債挹注政府支出，使民間財富增加，進而對貨幣需求增加，LM線左移，若是LM_0左移至LM_1，則產生完全的排擠效果。若是LM_0左移至LM_2，則產生超額排擠效果。

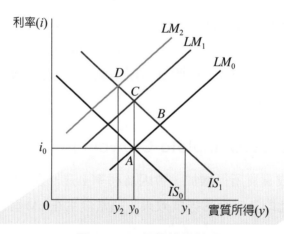

▲ 圖18.17　超額排擠效果

四、完全無排擠效果

　　政府支出增加不會造成利率上升，而排擠掉民間投資，此時LM線為一水平線，如圖18.18所示。

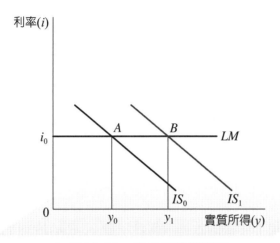

▲ 圖18.18　完全無排擠效果

　　政府支出增加，使IS由IS_0移至IS_1，實質所得由y_0上升至y_1，但利率i_0仍然固定，所以沒有排擠效果。

歷屆試題 Exercise

一、選擇題

( ) 1. 在 IS-LM 模型中，下列何種因素會使 LM 曲線往右平行移動？ (A) 實質貨幣需求增加 (B) 實質貨幣供給減少 (C) 實質貨幣需求減少 (D) 以上皆非。

（97 身心障礙甄試）

( ) 2. 若政府原以課稅融通財政赤字，現改為部分公債融通，則： (A) 本期課稅減少，未來課稅相對也減少 (B) 本期課稅減少，未來課稅相對需增高 (C) 本期課稅提高，未來課稅相對須減少 (D) 本期課稅提高，未來課稅相對也提高。

（96 二技）

( ) 3. 下列對於 IS 與 LM 線的敘述，何者正確？ (A)IS 線的導出與消費函數無關 (B)IS 線為利率的增函數 (C)LM 線的導出與保有貨幣的機會成本有關 (D) LM 線為利率的減函數。 （96 二技）

( ) 4. 在 IS 曲線為負斜率，LM 曲線為正斜率之下，政府減稅將促使： (A) IS 曲線右移 (B) IS 曲線左移 (C) LM 曲線上移。 （100 二技）

( ) 5. 如果中央銀行調升存款準備率，則： (A)IS 線不變，LM 線左移，利率上升，所得減少 (B)IS 線不變，LM 線右移，利率下跌，所得增加 (C)IS 線左移，LM 線不變，利率下跌，所得減少 (D)IS 線右移，LM 線不變，利率上升，所得增加。 （96 二技）

( ) 6. 在 IS-LM 模型中，下列何種因素會使 IS 曲線往右平行移動？ (A) 消費增加 (B) 投資增加 (C) 政府支出增加 (D) 以上皆是。 （97 身心障礙甄試）

( ) 7. 有關 IS 和 LM 曲線的敘述，下列何者不正確？ (A) IS 曲線的 I 代表投資 (B) LM 曲線代表貨幣市場的均衡 (C) 當價格水準下降時，會造成 LM 曲線向外移動 (D) 當價格水準下降時，會造成 IS 曲線向內移動。

（97 身心障礙甄試）

( )8. 右圖 N 點，造成市場失衡的原因：　(A) 貨幣需求小於貨幣供給　(B) 貨幣需求大於貨幣供給　(C) 商品市場需求大於供給　(D) 投資小於儲蓄。

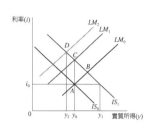

( )9. 右圖 M 點，造成市場均衡的原因：　(A) 投資小於儲蓄　(B) 商品市場需求大於供給　(C) 貨幣需求大於貨幣供給　(D) 貨幣供給大於貨幣需求。

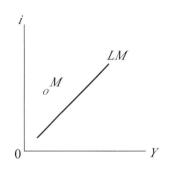

( )10. 投資邊際效率增加，將使：　(A)LM 曲線右移　(B)LM 曲線左移　(C)IS 曲線右移　(D)IS 曲線左移。

( )11. 政府支出減少，將使：　(A)IS 曲線右移　(B)IS 曲線左移　(C)LM 曲線右移　(D)LM 曲線左移。

( )12. 政府為了支應六年國建財源所需，而增加課稅，會造成：　(A)LM 曲線右移　(B)LM 曲線左移　(C)IS 曲線右移　(D)IS 曲線左移。

( )13. 社會大眾儲蓄偏好增加，將造成：　(A)IS 曲線右移　(B)IS 曲線左移　(C)LM 曲線右移　(D)LM 曲線左移。

( )14. 物價上升，將造成：　(A)IS 曲線右移　(B)IS 曲線左移　(C)LM 曲線右移　(D)LM 曲線左移。

( )15. 貨幣價格增加，LM 曲線：　(A) 右移　(B) 左移　(C) 不變。

( )16. 貨幣需求增加，將造成：　(A)IS 曲線右移　(B)IS 曲線左移　(C)LM 曲線右移　(D)LM 曲線左移。

( )17. 政府支出增加，會造成：　(A) 所得與利率下降　(B) 所得與利率上升　(C) 所得與利率不變　(D) 不一定。

( ) 18. 貨幣供給增加，會造成： (A) 所得、利率下降 (B) 所得、利率上升 (C) 所得增加，利率下降 (D) 所得下降，利率上升。

( ) 19. 若 LM 曲線垂直時： (A) 貨幣政策有效 (B) 財政政策有效 (C) 代表流動性陷阱 (D) 利率僵固不變。

( ) 20. 若貨幣需求之利率彈性越小，則： (A) 貨幣政策越有效 (B) 財政政策越有效 (C) 外匯政策越有效 (D) 所得政策越有效。

( ) 21. 以下何者會導致 IS 曲線變陡？ (A) 貨幣需求對利率的變動變得較不敏感 (B) 邊際儲蓄傾向增加 (C) 投資對利率的變動變得較為敏感 (D) 所得稅率降低。 （90 二技）

( ) 22. 以下哪一項條件下財政政策的排擠效果為零？ (A)LM 曲線為水平 (B)LM 曲線為垂直 (C) 中央銀行減少貨幣供給 (D) 透過減稅刺激所得。（90 二技）

( ) 23. 比較加入外貿部門後的 IS-LM 模型與沒有外貿部門的 IS-LM 模型，前者 (A) IS 曲線較陡 (B)IS 曲線較平坦 (C)LM 曲線較陡 (D)LM 曲線較平坦。
（90 二技）

( ) 24. 在固定匯率制度之下，若一國有失業及國際收支剩餘，應採行 (A) 擴張性貨幣政策 (B) 擴張性財政政策 (C) 所得稅降低以及貨幣貶值 (devaluation) (D) 貨幣貶值。 （90 二技）

( ) 25. 由 IS-LM 模型得知，當消費者信心降低與中央銀行購買政府債券兩者同時發生時，會導致下何種效果？ (A) 利率上升，所得增加 (B) 利率上升，所得減少 (C) 利率上升，所得可能增加、減少、或不變 (D) 利率下降，所得可能增加、減少、或不變。 （91 二技）

( ) 26. 有關 IS-LM 模型，下列敘述何者正確？ (A) 當政府租稅增加，會降低均衡利率與產出水準 (B) 當人們貨幣需求增加會使均衡利率與產出都下跌 (C) 此模型下的投資，純粹是自發性投資而無誘發性投資 (D) 此模型下的政府支出乘數，大於簡單凱因斯模型下的乘數。 （91 二技）

( ) 27. 當流動性陷阱 (liquidity trap) 存在，為促使經濟景氣復甦，比較使用貨幣政策與財政政策兩者的有效性，下列敘述何者正確？ (A) 使用貨幣政策比財政政

策來得有效　(B) 使用財政政策比貨幣政策來得有效　(C) 使用貨幣政策與財政政策同樣有效　(D) 使用貨幣政策與財政政策同樣無效。　　（93 四技二專）

( )28. 以下何者會增加貨幣供給？　(A) 中央銀行發行定期存單　(B) 中央銀行提高法定準備率　(C) 中央銀行接受自郵匯局之轉存款增加　(D) 中央銀行自外匯市場購進外匯。　　（93 二技）

( )29. 財政政策的工具包括：　(A) 貨幣供給增加　(B) 公開市場操作　(C) 政府支出增加　(D) 貼現率政策。　　（93 二技）

( )30. 在其他條件皆相同的情形下，由需求面或供給面引起相同程度的通貨膨脹，其影響效果為：　(A) 物價效果不同，產出效果相同　(B) 物價效果相向，產出效果不同　(C) 物價與產出效果均不同　(D) 物價與產出效果均相同。

（93 二技）

( )31. 假設財貨市場與貨幣市場的模型如下：$I=150-40i$；$S=-50+0.2Y$；$L_S=120-10i$；$L_t=0.5Y$；$M_S=276$，其中 I 為投資，i 為利率，S 為儲蓄，Y 為所得，LS 指為投機所持有之貨幣量，Lt 指為交易所持有之貨幣量，M_S 為實質貨幣供給量，則下列何者為真？　(A)IS 方程式為 $Y=1280-230i$　(B)LM 方程式為 $Y=100+125i$　(C) 均衡所得約為 550　(D) 均衡利率為 3.13。　　（93 二技）

( )32. 下列對於 IS-LM 模型的敘述，何者不正確？　(A)LM 曲線左移，會降低國民所得，且提高利率　(B)IS 曲線右移，會提高國民所得及利率　(C)LM 曲線右移，會提高國民所得，且降低利率　(D)IS 曲線右移，會降低國民所得，且提高利率。　　（94 二技）

( )33. 下列有關政策有效性的敘述，何者正確？　(A) 貨幣需求的利率彈性越大，貨幣政策的效果越大　(B) 貨幣需求的利率彈性越大，則財政政策效果越大　(C) 投資對利率越缺乏彈性，貨幣政策效果越大　(D) 投資對利率彈性越大，貨幣政策效果越小。　　（94 二技）

( )34. 中央銀行在公開市場拋售公債，將導致：　(A)LM 曲線左移　(B)LM 曲線右移　(C)IS 曲線左移　(D)IS 曲線右移。　　（94 二技）

(　) 35. 下列敘述，何者不正確？　(A) 物價提高造成 LM 左移　(B) 貨幣數量增加造成 LM 右移　(C) 緊縮性貨幣政策會使總需求向右移　(D) 利率對投資的影響越小，則 IS 越陡。　　　　　　　　　　　　　　　　　　　（94 二技）

(　) 36. 若政府同時採取緊縮的貨幣政策和擴張性財政政策，則：　(A) 所得必然增加　(B) 利率必然降低　(C) 總需求必然增加　(D) 投資水準降低。　　　（94 二技）

凱因斯學派經濟理論：
總合供需AD–AS模型

第一節　總合需求線

第二節　總合供給線

第三節　總合供需的均衡分析

參考文獻

歷屆試題

ECONOMIC$

FOREWORD

　　總合供需模型分析與IS-LM模型的差異，在於IS-LM模型僅在針對產品的「需求面」進行分析，而總合供需模型，則加入了「供給面」的分析。並因此而能解釋物價水準的決定與變動。因此本章先介紹總合供需模型，而後重新詮釋政策對物價水準和實質所得影響。

第一節　總合需求線

一、總合需求線的意義

　　總合需求(Aggregate Demand；AD)乃指整個經濟社會所有需求者（包括國內的家戶、廠商、政府及國外部門），在各個不同的物價水準下，對此經濟社會所生產的產品願意且能夠購買的商品數量。其次，國民購買能力會受到手中貨幣數量的影響，所以貨幣層面對有效需求大小亦會產生影響。

　　因此 AD 可表示成

$$AD=C+I+G+X-M$$

　　此時商品數量和物價水準的組合軌跡，稱為總合需求線。如圖 19.1 所示。而商品數量指的是實質所得（產出）。由圖可以顯示總合需求總是一條具有向右下方傾斜的斜率。也就是說，其他條件不變的情況下，當物價水準上升的時候，總合需求量會減少；反之，當物價水準下降時，總合需求量將會提高。

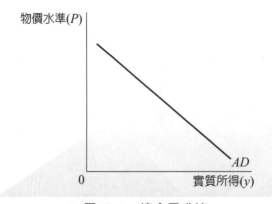

▲ 圖19.1　總合需求線

二、總合需求線為負斜率的原因

在個體經濟學中，某財貨需求線為負斜率理由，乃為消費者針對此一特定財貨，在價格較貴時，會多買其他財貨來取代，故造成財貨的需求線具負斜率。例如可口可樂價格上升，則可口可樂的需求量將會減少，因為消費者會用其他飲料來取代，故可口可樂的需求具有負斜率。

在總體經濟學中，總合需求線具負斜率的理由有下列3點：

1. **實質餘額效果**(Real Money Balances Effect)；
2. **跨期替代效果**(Intertemporal Substitution Effect)；
3. **國際替代效果**(International Substitution Effect)。

（一）實質餘額效果

當消費者手中持有一定貨幣餘額時，物價的下跌促其購買能力增加，因此消費者會增加消費。一個企業也是如此，當物價水準下降，企業所持有一定金融資產的購買能力增加，則企業會有能力購買更多的物品和勞務。

消費者和企業對物品和勞務的購買能力增加，即增加有效需求量，從而提高實質所得。由此可知物價水準和實質所得成反比。

（二）跨期替代效果

當物價水準下降時，無論是生產者或消費者要購買任何貨品或勞務的成本都會減少，也就是說，為購買同等數量的貨品或勞務，要支付比物價變動前更少的貨幣。因而假定同一時間，經濟體系的貨幣數量固定不變時，為因應貨幣需求的減少，於是利率自然就降低了。

當利率水準下降時，廠商為了投資設廠或擴充機器設備所需要的借貸成本下降了，投資利潤於是提高了，在有利可圖之下，大家紛紛投資，投資增加必然導致有效需求增加，和實質所得提高。另一方面，由於利率水準的降低，使消費者的房屋、汽車等消費財之貸款成本亦隨之降低，由於消費者負擔減輕，具有購買計畫的消費者人數會大幅增加，因此造成有效需求增加。

由以上敘述可知，物價水準下降會使利率下降，進而刺激有效需求，使實質所得因而增加。

（三）國際替代效果

若一個國家的物價水準上升，而其他國家物價及外匯匯率維持不變，則此一國家出口財貨的價格會比生產同一產品的其他國家較貴，所以在產品競爭上會被其他國家取代。舉個例子來說，台灣生產成衣銷往日本，假設台灣生產一件成衣，其銷售價為100元，如果1元台幣等於4元日幣，則折算日幣：一件成衣在日本值400元日幣，現在因為物價水準上升，國內的成衣漲為200元，則在匯率不變之下，每件成衣在日本便要值800元。可是日本不但從台灣進口成衣，也從大陸進口。所以當台灣的成本價格由100元漲至200元，大陸的成衣價格沒有漲時，日本一定會少進口台灣的成衣，多買大陸的成衣。

故我們對日淨出口會減少，進而導致總合需求量減少，即實質所得減少。由此可知，物價水準和實質所得成反比。

由以上敘述可知，總合需求線之所以從左上角向右下角延伸，其斜率為負值，主要是物價水準變動會使財富的實質價值，利率水準和對外貿易發生變化。這些變化會對總合需求量產生影響，即造成對實質所得產生衝擊。導致物價水準和實質所得成反比。

第二節　總合供給線

一、總合供給線的意義

總合供給(Aggregate Supply；AS)表示對應於各個不同的物價水準，整個經濟社會所願意且能夠生產的商品數量。此商品數量指經濟社會總產出，可用社會的實質所得來代表，總合供給線因此可說是實質所得和物價水準的組合軌跡。如圖19.2所示。總合供給線在低實質所得水準的階段，供給線為一條水平線；而在高實質所得水準階段，則為一條垂直線；而至於在中間的一段，則屬正斜率的曲線。

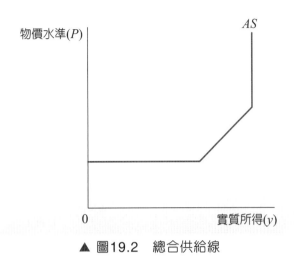

▲ 圖19.2　總合供給線

二、總合供給曲線類型[註1]

　　總合供給線形狀和失業程度有密切關係。假定我們把失業程度分成高度失業階段（低度就業階段），正常失業階段和充分就業階段三個不同的範圍，則總合供給線的斜率亦將隨著這三種不同的失業程度而有顯著的差異，茲詳述如下：

（一）低度就業階段

　　所謂低度就業就是指大量失業人口之意。我們也把這個低度就業階段稱為「**凱因斯領域(Keynesian Range)**」，此乃因凱因斯正處於1930年代的大蕭條時期而稱之。如圖19.3，可知在A和B兩點間的實質所得水準由y_A增至y_B，所對應的物價水準卻固定在P_A。

　　在低度就業階段，經濟體系中存在著大量的閒置資源（包括人力、設備等），因此即使為增加產出而增加對勞力或原材料的需求，亦不太可能造成物價上漲的壓力。同樣地，在低度就業階段中，如果因為產出的減少而降低人力及設備需求，也不太可能使物價水準有顯著的下降，因為在此時期生產要素的成本既無法下降，生產的產生價格當然也就不太可能有所變動。

　　總而言之，在低度就業階段，總產出變動，即實質所得改變，無法影響物價，故總合供給線為一水平線。

註1　本節參考吳永猛、吳森田、和吳榮貴等8人合著：經濟學，總體部分，第5章。

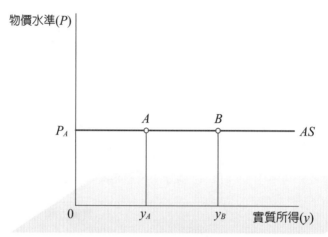

▲ 圖19.3　水平的總合供給線

（二）充分就業階段

　　如第17章所言，充分就業就是指所有可用資源均沒有閒置的狀態。這個階段又被稱為「**古典領域**(Classical Range)」，這是因為在凱因斯學派以前古典學派的經濟學家們認為經濟體系中的一切工資和物價都可透過價格機能自動調整而達到充分就業。在此階段無論需求如何強烈。供給方面均已「無能為力」，亦即，實質生產或實質所得固定不動，物價水準則隨需求之增加而上揚。因此，總合供給線為一垂直線，如圖19.4所示。

　　古典經濟理論關於工資和物價的完全彈性調整的假設，與凱因斯的觀點有著很大的差異。凱因斯不贊同工資能充分伸縮調整，而是認為工資上漲容易下跌難，也是工資具有僵固性。

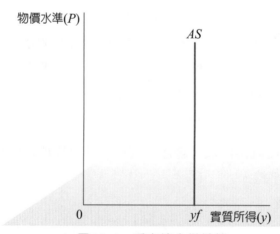

▲ 圖19.4　垂直總合供給線

(三)正常就業水準階段

　　所謂正常就業水準係指可利用的生產資源處於既不是低度就業，也不是充分就業階段的其他階段。由於這個階段處於兩個極端之間，故亦稱為「**中間領域 (Intermediate Range)**」。在這個階段中的總合供給曲線斜率是一個正數，如圖19.5所示：

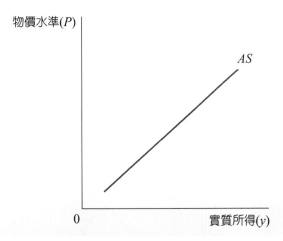

物價水準(P)

AS

0　　　　　　　　　　實質所得(y)

▲ 圖19.5　正斜率的供給線

　　商品市場由於價格上升的時候，廠商的生產成本並不會立即的增加，那麼廠商的利潤當然是提高了，在這有利可圖的條件下，廠商當是繼續增加生產。這也就是說，當物價水準上漲的時候，總產出會增加，即實質所得會上升。由物價水準和實質所得成正比，所以總合供給線具有正斜率。

　　綜合上述三個就業水準階段的總合供給線，即可得到如圖19.2中的總合供給線。

第三節 總合供需的均衡分析

如同單一財貨供需均衡的分析,我們可決定整體經濟體系均衡的物價水準和實質所得,及進一步瞭解總合供需發生變化對均衡物價水準和實質所得有何影響。

一、均衡物價水準和實質所得決定

由圖19.6可知,AD與AS二線的交點E決定了均衡實質所得水準y_0與均衡物價水準P_0。

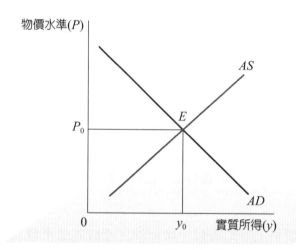

▲ 圖19.6 AD與AS均衡

若物價水準高於P_0,會造成社會產生超額供給,進而使物價水準下降;若物價水準低於P_0,會造成社會產生超額需求,進而使物價水準上升。其次,在沒有其他因素變動之下,整體經濟體系會維持在這個實質所得和物價水準上。但若其他因素改變了,會使AD和AS產生移動,就會對實質所得和物價水準產生影響。

二、均衡實質所得和物價水準改變

AD或AS的改變均會影響均衡實質所得和物價水準,故今從這兩方面來探討。

(一) 總合需求改變

　　造成AD變動的原因很多，一般影響IS和LM曲線的因素皆會影響AD曲線的移動。如投資邊際效率、政府政策、儲蓄和貨幣供給變動等因素，而且IS和LM曲線移動的方向與AD曲線移動方向相同。

1. 投資邊際效率

　　由於近年來國內經濟環境的劇烈變遷，如工資上漲，土地成本提高，和環保意識抬頭等，使國內企業的投資邊際效率降低，進而使AD線左移，如圖19.7所示。由圖形可知，投資邊際效率降低使均衡實質所得和物價水準下降。

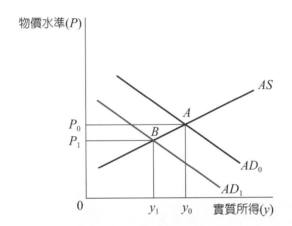

▲ 圖19.7　投資邊際效率變動

2. 政府的財政政策

　　政府的財政政策包含了政府支出與稅收。其中政府支出是政府控制總合需求有效的手段，政府可經由改變其支出大小來左右經濟景氣，如果政府增加支出，則可擴大需求刺激景氣；反之，在經濟景氣過熱時，可採取緊縮支出，來減少需求。

　　在邁向21世紀的同時，政府積極推動亞太營運中心及運籌中心，提升國家競爭力，因而興建大量公共建設。政府支出增加，刺激有效需求，使AD往右移，由AD_0移至AD_1，如圖19.8所示。此時實質所得和物價水準均上升。

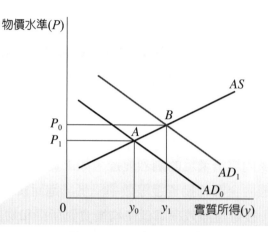

▲ 圖19.8 政府支出變動

3. 儲蓄減少或消費傾向增加

近年來國民消費型態改變,使國民儲蓄率大幅下降,消費支出大幅上升。這刺激總合需求,使 AD 由 AD_0 移至 AD_1,如圖 19.9 所示。這造成均衡實質所得和物價水準均上升。

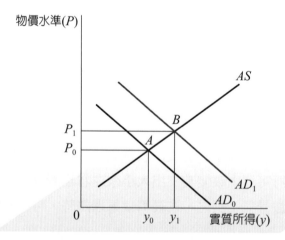

▲ 圖19.9 儲蓄減少或消費傾向增加

4. 貨幣政策

近年來經濟非常不景氣,很多人失業。中央銀行為了要刺激景氣,決定採取寬鬆貨幣政策,即增加貨幣供給。這會刺激總合需求,使 AD 由 AD_0 移至 AD_1,

如圖19.10所示。這造成均衡實質所得和物價水準均上升。其次，貨幣政策與財政政策又稱為「需求管理政策」。

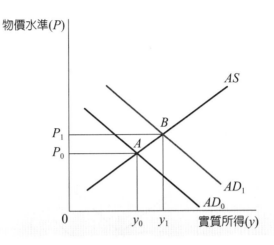

▲ 圖19.10　貨幣供給增加

5. 貨幣需求

　　股市飆漲，造成許多投機者會大量湧入，此時投機性貨幣需要會大量上升。此時 AD 會右移，由 AD_0 移至 AD_1，如圖 19.11 所示。這造成實質所得增加，物價水準上升。

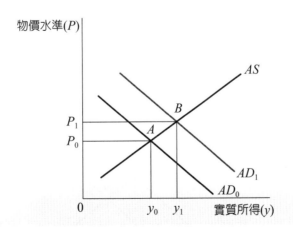

▲ 圖19.11　投機性貨幣需求上升

（二）總合供給改變

造成 AS 變動的原因很多，如勞動供給、生產技術、和其他供給面衝擊等因素。

1. 勞動供給增加

現階段台灣經濟已由過去勞動充分的時代進入了勞動缺乏的時代，在勞工缺乏的情況下，政府開放外籍勞工進口，大量投入公共建設。由於勞動供給增加，使 AS 由 AS_0 移至 AS_1，如圖 19.12 所示。由於 AS 右移，使均衡實質所得增加和物價水準下降。

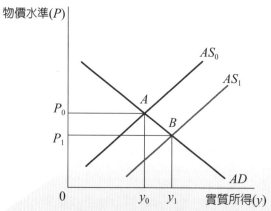

▲ 圖19.12　勞動供給增加

2. 生產技術進步

廠商生產每一單位產品所需各種原料用量，往往隨生產技術的改進而減少，因此技術水準的提高，可以降低單位產品的成本，使廠商的生產利潤增加。此時廠商非常樂意增加生產，AS 將相應向右移，如圖 19.13 示，AS 由 AS_0 移至 AS_1。此時均衡實質所得增加和物價水準下跌。

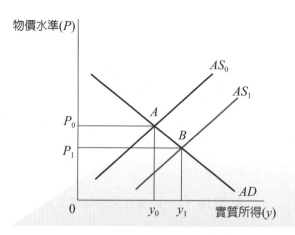

▲ 圖19.13　生產技術進步

3. 其他供給面衝擊因素

　　政府為了讓國內企業不要外移，和吸引更多外國大公司如杜邦和拜爾來台投資，提出了減免稅，簡化取得工業用地過程和幫助降低生產成本等政策。這些供給面衝擊因素，使得AS右移，如圖19.14示，AS由AS_0移至AS_1。這些造成實質所得增加和物價水準下降。

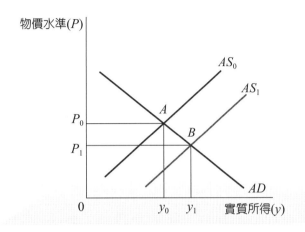

▲ 圖19.14　有利供給面衝擊因素

4. 兩稅合一

　　財政部在民國85年提倡企業的營利事業所得稅和個人所得稅的兩稅合一之稅制。此政策減輕企業的生產成本，增加總供給，使AS往右移，由AS_0移至AS_1，如圖19.15所示。此時實質所得增加和物價水準下降。

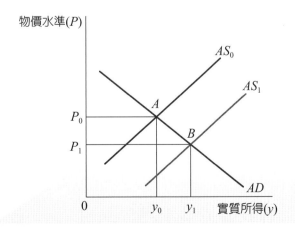

▲ 圖19.15　兩稅合一

ECONOMICS
經濟學

參考文獻　Reference

1. 吳永猛、吳森田、和吳榮貴等8人合著，《經濟學》，空中大學印行，民國80年2月。

歷屆試題 Exercise

一、選擇題

( ) 1. 如果國內企業的投資邊際效率 (Marginal Efficiency of Investment) 提高，而且國際原油價格節節升高，則： (A) 總合供給線右移，總合需求線也右移動 (B) 總合供給線右移，總合需求線左移動 (C) 總合供給線左移，總合需求線也右移動 (D) 總合供給線左移，總合需求線也左移動。 (96 二技)

( ) 2. 在一般凱因斯總合供需模型中，若經濟體已達充分就業，則政府應實施下列哪項政策以增加所得水準？ (A) 擴張性的財政政策 (B) 緊縮性的貨幣政策 (C) 擴張性的財政與貨幣政策 (D) 提高勞動力素質教育政策。 (96 二技)

( ) 3. 以下何者不是造成總需求曲線負斜率的因素？ (A) 物價水準的利率效果 (B) 財富效果 (C) 匯率效果 (D) 就業效果。 (100 二技)

( ) 4. 古典學派對總合供需的看法為： (A) 貨幣供給增加將會使均衡所得增加 (B) 總合供給曲線的斜率為正 (C) 總合供給曲線為一條與橫軸垂直的線 (D) 勞動市場工資具僵固性，不易調整。 (100 二技)

( ) 5. 在其他情況不變下，當 AS 右移時，將造成 (A) 物價、產出同時上升 (B) 物價、產出同時下降 (C) 物價上升，產出下降 (D) 物價下降，產出上升。

(98 高普考)

( ) 6. 政府若採取擴張性的財政政策，會造成： (A)AS 曲線右移 (B)AS 曲線左移 (C)AD 曲線右移 (D)AD 曲線左移。

( ) 7. 政府若採取緊縮性的貨幣政策，會造成： (A)AS 曲線右移 (B)AS 曲線左移 (C)AD 曲線右移 (D)AD 曲線左移。

( ) 8. 投資的邊際效率增加，將使： (A)AD 曲線右移 (B)AD 曲線左移 (C)AS 曲線右移 (D)AS 曲線左移。

( ) 9. 政府增稅，將使： (A)AD 曲線右移 (B)AD 曲線左移 (C)AS 曲線右移 (D)AS 曲線左移。

( ) 10. 若我國引進大陸勞工，造成勞動市場供給增加，則： (A)AS 曲線右移 (B)AS 曲線左移 (C)AD 曲線右移 (D)AD 曲線左移。

( ) 11. AD 等於 AS，決定： (A) 利率與所得均衡 (B) 利率與物價均衡 (C) 利率與匯率的均衡 (D) 物價與所得的均衡。

( ) 12. AD 不變，AS 減少，則： (A) 物價物價下跌，所得上升 (B) 物價上升，所得減少 (C) 物價、所得皆上升 (D) 物價、所得皆減少。

( ) 13. AS 不變，AD 增加，則： (A) 物價下跌，所得上升 (B) 物價上升，所得減少 (C) 物價、所得皆上升 (D) 物價、所得皆減少。

( ) 14. 若 AS 曲線垂直，AD 減少，則： (A) 物價、所得皆上升 (B) 物價、所得皆減少 (C) 所得不變，物價下跌 (D) 物價不變，所得減少。

( ) 15. 凱因斯的 AS 曲線呈： (A) 水平線 (B) 垂直線 (C) 正斜率曲線 (D) 負斜率曲線。

( ) 16. 其他情況不變下，生產技術上的突破創新，會造成？ (A)AD 右移 (B)AD 左移 (C)AS 右移 (D)AS 左移。 （96 高普考）

( ) 17. 若政府支出增加，同時名目貨幣供給減少，則吾人可預期： (A) 總需求與物價水準增加，但利率水準不變 (B) 總需求、物價水準、以及利率水準均下降 (C) 利率水準上升，總需求及物價水準變動方向則不一定 (D) 總需求及利率水準下降，物價水準增加。 （90 二技）

( ) 18. 利用總合需求與總合供給模型判斷，石油價格下跌可能導致下列何種現象發生？ (A) 實質工資不變 (B) 產出增加且物價水準上升 (C) 名目利率水準不變 (D) 投資增加。 （91 二技）

( ) 19. 下列對總合需求曲線 (AD, Aggregate Demand) 的敘述，何者正確？ (A) 貨幣供給增加，AD 曲線會左移 (B) 貨幣需求彈性增加，AD 曲線會右移 (C) 政府支出減少，AD 曲線會左移 (D) 物價上漲，AD 曲線會右移。 （94 二技）

二、問答題

1. 在 AD/AS 架構下，政府支出增加定使該國 GDP 增加。請評論此陳述。（評論時請先對該陳述之正確與否做一回答，之後再提出有效的分析佐證之）

（97 東吳碩士在職）

2. 總體經濟學中，有所謂的古典學派與凱因斯學派爭論，主要的差異即在於此二學派對總體經濟現象有不同的假設，進而提出不同的總體經濟模型。(1) 民國 100 年初，中央銀行所宣稱的「雙率政策」中，利率的調升或調降，對總體經濟的影響，此二學派有何不同的看法；(2) 在古典學派的世界裡，所謂的「節儉的矛盾」與「流動性陷阱」幾乎是不可能存在的，為什麼？反之，(3) 在凱因斯學派的世界裡，不可能會同時存在「高失業率與高物價膨脹率」（亦即，所謂的「停滯性膨脹」，Stagflation），為什麼？　　　　　　　　　（100 成大企管碩士）

ECONOMICS
經濟學

CH
20

貨幣需求、貨幣供給與金融市場

第一節　貨幣需求理論

第二節　貨幣供給

第三節　金融市場與利率

第四節　中央銀行貨幣政策工具

歷屆試題

ECONOMIC$

貨幣像一般產品一樣，也存在一個貨幣需求與供給的金融市場。一般經濟個體如家庭、企業、銀行、政府等都需要擁有貨幣，來增加生活的方便或滿足營運的需要，例如學生上學搭公車或機車加油；企業、銀行營運的週轉資金；政府建造橋樑、公路等，都會構成對**貨幣的需求**(money demand)。另外，在**貨幣供給**(money supply)方面，社會貨幣數量的多寡主要受金融體系的影響，中央銀行獨占貨幣發行以及商業銀行透過存、放款的信用創造能力都會影響社會貨幣數量的多寡。

台灣是採用市場經濟，而市場經濟又可稱為貨幣經濟，因為交易都需要貨幣作媒介來完成，因此，貨幣在經濟體系運作上扮演一個極重要的角色。貨幣在經濟體系裡的流動，數量正好適合社會需要最好，太多則「過多貨幣追逐較少的物資」，造成通貨膨脹；過少就無充分之貨幣來完成交易，將使經濟停滯不前，這就好像人體內流動的血液，數量合適，身體就健康，否則，過少會造成貧血，過多弄的頭昏昏的，都對身體健康不利。

本章第一節介紹各種貨幣需求理論；第二節介紹貨幣供給的意義與商業銀行創造貨幣的功能，第三節介紹金融市場與利率。第四節說明中央銀行執行貨幣政策的各種操作工具。

第一節　貨幣需求理論

人們口袋裡為什麼要保有或多或少的鈔票？現鈔放在自己口袋裡又沒有人會給你利息，還不如放在銀行或借給別人尚有利息可賺，不過奇怪的是大部分人身上都保有現鈔，人們為什麼在沒有錢賺的情況下還要保有貨幣？凱因斯(Keynes)認為人們保有貨幣的主要原因是為了：(1)交易方便，因為有了貨幣買飲料、搭車、買麵包、吃飯交易方便了，總不能拿顆鑽石去買一碗陽春麵吧！(2)預防意外事件發生時的急用，例如騎摩托車去學校時不小心撞了別人或給別人撞了，就有錢上醫院治療。(3)為了等待投機機會出現所保有的貨幣，例如家中老爸老媽投資買股票，他們常常會保有一些現金，想等到股市崩盤時，進場撿一些便宜貨，這種心態下保有的貨幣目的就是在投機。

「交易」和「預防」動機貨幣需求量主要受所得影響，且與所得量呈正相關，而「投機」動機貨幣需求量主要受利率影響，且與利率呈負相關。將交易、預防和投機動機所需貨幣加總則可得貨幣需求函數：

$$M_d = L(y,i) \qquad\qquad (1)$$

式中

M_d: 實質貨幣需求量

y: 實質所得

i: 利率

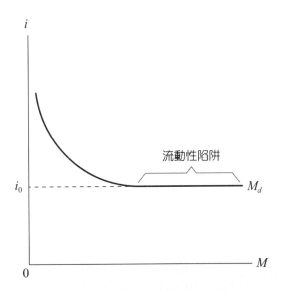

▲ 圖20.1　凱因斯的貨幣需求曲線

而貨幣需求量與利率呈反比，且利率低到某一水準後，保有貨幣的機會成本極小，貨幣需求的利率彈性無窮大，貨幣需求變成水平線，即凱因斯的**流動性陷阱**。

當社會中人們所得由y_0增加至y_1，人們就會增加為了交易方便或預防意外事故發生所保有的貨幣數量，而使貨幣需求曲線由$M_d(y_0)$右移$M_d(y_1)$，反之，所得減少，將使貨幣需求減少，貨幣需求曲線左移。

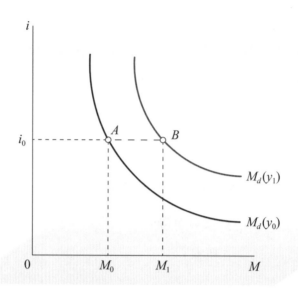

▲ 圖20.2　貨幣需求變動

在理論上並不是只有所得才會影響貨幣需求變動，一些其他的影響因素如下：

1. 貨幣流通速度

貨幣流通速度意指在固定時間內（例如一年、一個月），單位貨幣用於交易的次數，如果交易次數越多，表示流通速度越快，反之，則越慢。貨幣流通次數越快，表示單位貨幣支援交易的次數越多，則貨幣需求較少，換言之，即少量的貨幣在快速換手的情況下，也可支援大量產品與勞務的交易。反之，貨幣流通速度越慢，則需要較多的貨幣來支援產品與勞務的交易。

2. 交易成本

交易成本乃指存款轉成貨幣的成本，例如手續費、交通費，消耗的時間等。當交易成本增加，人們會認為存款不方便，嫌麻煩，改而保有貨幣，使貨幣需求增加；反之，交易成本減少，則貨幣需求減少。

3. 債券利得與風險

當債券利得增加，人們會調整其資產的配置，增加債券的持有，而減少對貨幣的需求；反之，當債券利得減少，人們會增加對貨幣的需求。另一方面，如果債券的風險變大，人們就會少持有債券，而多增加無風險貨幣的需求；反之債券風險變小，人們就會減少貨幣的需求。

第二節 貨幣供給

一、貨幣供給量的衡量

所謂「錢不是萬能，但是沒有錢是萬萬不能」，什麼樣的東西我們可以稱之為「錢」，即**「貨幣」**(Money)，一般日常上我們稱紙幣、硬幣為貨幣。這是因為紙幣、硬幣具有貨幣的功能，即：

1. 商品及勞務買賣之**「交易的媒介」**(medium of exchange)。
2. 商品及勞務價值之**「計價標準」**(Unit of account)，**或價值的衡量**(measure of Value)。
3. 代表購買力之**「價值的儲藏」**(Store of Value)。
4. 借貸行為之**「延期支付的標準」**(Standard of deferred payment)。

但是，並不只有紙幣、硬幣才具有貨幣的功能，其他的資產亦具有全部或部分的貨幣功能。因此，考慮其他資產在內的貨幣定義，貨幣供給量可分為狹義的貨幣供給量(M1)與廣義的貨幣供給量(M2)。而M1又分為M1A與M1B兩種。

▼ 表20.1　貨幣供給的內容

$$
貨幣供給量
\begin{cases}
一、狹義的貨幣供給量(M1) \\
\quad 1.\ M1A \\
\quad 2.\ M1B \\
二、廣義的貨幣供給量(M2)
\end{cases}
$$

（一）狹義的貨幣供給量 (M1)

貨幣供給量係指一個經濟體系，在某一時點貨幣數量的總和，為一存量的觀念。我國中央銀行所公布的狹義貨幣供給量(M1)包括M1A與M1B。

$$M1A = 通貨淨額 + 支票存款餘額 + 活期存款餘額 \tag{2}$$

$$M1B = M1A + 活期儲蓄存款 \tag{3}$$

上式中的支票存款、活期存款與活期儲蓄存款，雖然是銀行的存款，但其貨幣功能完全，故又稱為「**存款貨幣**」。通貨淨額即流通在社會的紙、硬幣數量，為通貨發行額扣除銀行庫存的現金，支票存款餘額為支票存款扣除待交換票據金額。

（二）廣義的貨幣供給量(M2)

如果將一些具有高流動性，但貨幣功能又不全的資產，稱為**準貨幣**(guasi-money)，諸如定期存款，定期儲蓄存款、外幣存款，乙種國庫券、央行儲蓄券、金融債券等，納入貨幣供給量的計算，則可得廣義的貨幣供給量(M2)

$$M2=M1B+準貨幣 \qquad (4)$$

參照表20.2，M1B的年增率在2009年的時候急遽增加。此時正是金融海嘯肆虐最嚴重的時候，中央銀行大幅增加貨幣供給，來刺激經濟發展。當時許多企業放無薪假，出口大幅衰退，政府的負債也不低；相較之下，寬鬆的貨幣政策正可以發揮功效。當時美國的聯邦準備銀行，也在推行量化寬鬆政策(quantitative easing, QE)，積極增加貨幣供給。

二、商業銀行信用創造的功能

商業銀行是一個供給短期信用，扮演一年以內資金供需媒介角色為主的金融機構，其可經營支票存款、活期存款與活期儲蓄存款的**存款貨幣**業務。

一個經濟體系中的貨幣供給量也包括了存款貨幣（如圖20.3），而此存款貨幣大小，與商業銀行有密切的關係。

▼ 表20.2　民國88~107年台灣的貨幣供給額　　單位.新台幣億元：%

民國 （年）	M1A(期底)		M1B(期底)		M2(期底)	
	金額	年增率	金額	年增率	金額	年增率
88	19,694	13.22	45,072	16.92	177,450	8.29
89	19,026	-3.39	44,921	-0.34	188,978	6.50
90	19,187	0.84	50,259	11.88	197,125	4.31
91	20,905	8.96	54,916	9.27	202,105	2.53
92	25,247	20.77	65,528	19.32	213,583	5.68
93	27,779	10.03	73,680	12.44	228,931	7.19
94	29,831	7.39	78,711	6.83	244,101	6.63
95	30,700	2.91	82,226	4.47	256,682	5.15
96	31,566	2.82	82,200	-0.03	258,831	0.84
97	32,223	2.08	81,537	-0.81	277,555	7.23
98	39,244	21.79	105,116	28.92	293,556	5.76
99	42,837	9.16	114,571	9.00	309,544	5.45
100	45,292	5.73	118,302	3.26	324,519	4.84
101	47,417	4.69	124,184	4.97	335,744	3.46
102	52,590	10.91	134,708	8.47	355,189	5.79
103	55,692	5.90	143,099	6.23	376,963	6.13
104	60,603	8.82	152,926	6.87	398,840	5.80
105	63,420	4.65	161,777	5.79	413,018	3.55
106	65,244	2.88	167,414	3.48	427,702	3.56
107	69,292	6.20	177,160	5.82	439,052	2.65

資料來源：中央銀行

MIB ＝ 通貨淨額＋支票存款餘額＋活期存款餘額＋活期儲蓄存款餘額

▲ 圖20.3　貨幣供給與商業銀行的關係

　　貨幣不像麵包一樣，交易一次吃掉就沒有了，貨幣可以不斷重複用來進行交易，商業銀行可以利用一筆資金創造出倍數存款貨幣的金額，稱為商業銀行的**信用創造功能**。

　　假設商業銀行只辦理活期存款業務，並收到學生陳長風存戶以現金或支票存入第一筆現金△x=1000元，稱為「**原始存款**(primary deposits)」，銀行收到此存款後，依法令規定需要按照中央銀行規定，保障存戶存款安全必須依法定準備率，先提存法定準備金（又稱**應提準備**(Required Reserves)），剩下的**超額準備**(excess reserve)，才可用於放款，若法定準備率(required reserve ratio)為r=5%，則提存法定準備金50元(△x・r)，超額準備金則為950元(△x・(1-r))，假設銀行將此950元全部放款給王永慶的台塑，台塑將錢用來購買進口機器設備後，錢落在進口機器設備進口商老板存戶乙手上，並且又把錢存回銀行，就會產生第二筆由於原始存款所創造出來的存款，稱為**引申存款**(Derivative Deposits)，銀行再不斷重複以上的流程（圖20.4），直到超額準備率降為零為止，則存戶甲（原始存款）、存戶乙（引申存款）、存戶丙（引申存款）…，就可創造倍數的存款貨幣出來。所以我們去銀行存錢，也不可忽視對社會所造成的貢獻。

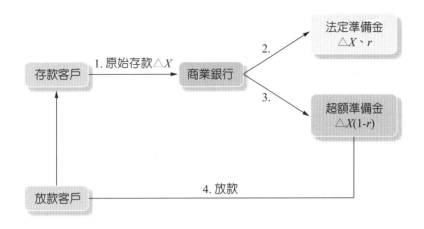

▲ 圖20.4　存款貨幣創造流程的簡單模型

接下來的問題是一筆資金Δx=1,000元，它到底可以創造出多少的存款貨幣出來？Δx所能創造的存款貨幣(ΔD)的極限值，主要受法定準備率大小的影響為：

$$\Delta D = \frac{1}{r} \cdot \Delta x \tag{5}$$

式中1/r又稱為**貨幣創造乘數**(Money Creation Multiplier)或稱**信用乘數**(Credit Multiplier)，當法定準備率變大，則銀行用來創造存款貨幣的金額變小，乘數亦會變小；反之法定準備率越小，則乘數越大。法令上賦予中央銀行有調整法定準備率的能力，因此，中央銀行可藉由調整法定準備率來控制銀行存款貨幣的創造能力。由以上的例子存款貨幣創造的極限值為20,000元，為原來Δx的20倍。反之，如果一開始存戶就提走存款1,000元，則存款貨幣會減少20,000元。

三、準備貨幣與貨幣供給量

在第二小節我們分析的是當銀行收到存戶存款後，所能創造出來的倍數存款貨幣的單一事件，但是，若由整體社會觀之，貨幣供給量大小和銀行擁有準備金（包括現金、法定準備金和超額準備金）與流通中的通貨所構成的**準備貨幣**(Reserve Money)有密切的關係。

準備貨幣可視為創造貨幣供給量的基礎與來源，可稱之為**貨幣基數**(Monetary Base)或**強力貨幣**(High-Powered Money)。透過中央銀行、商業銀行及一般大眾資

產選擇行為，則準備貨幣可支持倍數的貨幣供給量，假設我們的社會只有活期存款
則：

$$M_S = \frac{1}{r} \cdot H \tag{6}$$

式中

Ms：貨幣供給量

r ：存款法定準備率

H ：準備貨幣

故貨幣供給量為貨幣乘數與準備貨幣的乘積，中央銀行可以控制準備貨幣來控
制貨幣供給量，另一方面亦可控制法定準備率來控制貨幣乘數大小。

第三節 金融市場與利率

一、金融體系架構

有時候我們和同學一起去學校販賣部買飲料，可是到了要付錢的時候，才發現
自己沒有帶錢，只好先向同學借。經濟體系也存在類似一些急需用錢的資金不足單
位（圖20.5）與有閒錢的資金剩餘單位，二者同時皆包括：家庭、企業、政府、金
融機構的國外部門。

資金不足單位向剩餘單位借錢（融資）有二個途徑：(1)透過金融市場，發行**原
始證券**（諸如本票、匯票、可轉讓定期存單、國庫券、股票、公司債等），直接賣給
資金剩餘單位來融資，稱為**直接金融**(direct finance)。(2)經由金融機構從中媒介資
金，由金融機構向資金剩餘單位發行**間接證券**（存款；信託、保險契約等）取得資金
後，再購買資金不足單位的原始證券，來對資金不足單位融資，稱為**間接金融**(indirect
finance)。

金融機構可分為貨幣機構與非貨幣機構，**貨幣機構**(Monetary Institution)依法得
發行貨幣性間接證券的金融機構，其又涵蓋二種業務完全不同的金融機構：

1. **中央銀行**，其可獨占發行貨幣。

2. **存款貨幣機構**(Deposit Monetary Institution)，可經營支票、存款、活期存款等存款貨幣業務，包括商業銀行、儲蓄銀行、專業銀行和基層金融機構。而非貨幣機構則能發行非貨幣性間接證券的金融機構，例如：郵局、信託投資公司、保險公司等。

　　中央銀行則是金融體系的「大哥大」，負責監督金融體系的正常運作，扮演最後融資的角色，以及具有以貨幣政策控制貨幣供給量的功能。

　　金融市場是提供資金供給與需求雙方交易的場所，而供需雙方藉由買賣各種信用工具（金融工具），進而決定資金的價格（或稱為利率）。依信用工具的長、短期不同可分為：

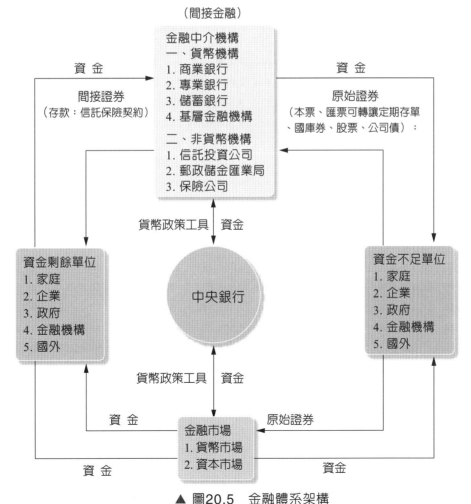

▲ 圖20.5　金融體系架構

1. **貨幣市場**(Money Market)

　　包括金融業拆款市場及一年期以下短期有價證券進行交易之公開市場（包括初級市場與次級市場）。交易工具包括商業本票、可轉讓定期存單、銀行承兌匯票、商業承兌匯票、國庫券以及一年內到期政府公債、金融債券及公司債等。

2. **資本市場**(Capital Market)

　　係指一年期以上或未定期限（如股票）的有價證券進行交易的公開市場。交易工具包括政府公債、公司債、金融債券、中央銀行儲蓄券、中央銀行可轉讓定期存單及股票等。

▼ 表20.3　民國88~107年貨幣市場與資本市場交易金額　　　單位：新台幣百萬元

民國(年)	金融業拆款市場		短期票券市場		債券市場			股票市場
	期底拆款餘額	當期拆款金額	期底發行餘額	當期交易金額	期底發行餘額	當期交易金額	買賣斷交易	當期成交金額
88	159,609	9,366,683	2,033,305	59,656,107	1,933,177	52,432,572	7,255,824	29,291,525
89	226,141	9,535,749	1,805,018	63,915,307	2,279,307	68,843,106	16,691,527	30,526,568
90	185,904	11,492,663	1,487,757	58,059,438	2,869,437	118,992,507	53,023,930	18,354,935
91	138,880	9,687,663	1,309,484	50,604,814	3,599,076	134,399,037	60,659,017	21,873,952
92	183,064	8,776,553	1,194,363	47,880,454	4,306,635	203,623,979	126,570,836	20,333,237
93	162,041	10,199,427	1,316,473	48,828,724	4,777,312	206,132,362	123,445,508	23,875,367
94	308,784	19,768,272	1,168,102	52,591,091	5,145,343	319,736,952	222,174,628	18,818,901
95	256,391	23,838,878	1,092,383	48,551,312	5,462,086	275,833,248	169,991,987	23,900,362
96	200,663	20,238,265	925,258	43,196,206	5,542,098	194,005,451	93,787,575	33,043,851
97	160,613	16,609,708	969,815	46,204,131	5,771,229	135,509,518	59,749,010	26,115,409
98	197,965	25,707,197	1,043,055	42,096,393	5,920,329	97,547,485	39,404,717	29,680,470
99	229,932	35,479,410	1,167,462	37,156,391	6,352,279	106,318,029	42,651,594	28,218,677
100	162,776	32,693,596	1,192,626	39,613,908	6,895,815	97,809,076	26,856,737	26,197,409
101	248,256	34,876,258	1,453,996	38,688,425	7,576,106	86,551,746	18,435,779	20,238,166
102	380,684	39,843,083	1,650,235	36,554,529	8,104,636	69,226,106	13,695,301	18,940,933
103	285,814	47,934,582	1,641,244	35,676,044	8,726,783	68,032,412	14,706,016	21,898,537
104	281,842	48,696,648	1,677,731	33,263,275	8,859,483	67,725,712	15,414,278	20,191,486
105	411,806	44,290,245	1,873,457	35,556,070	8,713,205	66,817,923	14,573,657	16,771,139
106	392,965	51,106,192	2,154,516	37,785,569	8,801,622	61,583,469	12,538,565	23,972,238
107	384,017	48,192,707	2,223,107	41,255,934	8,942,429	64,822,138	11,534,813	29,608,866

資料來源：中央銀行

　　此處之台灣貨幣市場與資本市場交易，係指一年期以上或未定期限(如股票)的有價證券進行交易的公開市場。交易工具包括政府公債、公司債、金融債券、中央銀行儲蓄券、中央銀行可轉讓定期存單及股票等。參照表20.3所示，台灣貨幣市場與資本市場交易的概況。

　　貨幣市場與資本市場是民間家庭、企業的投資理財、融資的管道，也是中央銀行控制貨幣供給的所在。由表20.3可看出，在台灣貨幣市場最主要的交易工具依序為商業本票、可轉讓定期存單與銀行承兌匯票，債券市場則為政府債券。在台灣貨幣市場最主要的交易工具依序為商業本票、可轉讓定期存單與銀行承兌匯票，債券市場則為政府債券。

二、金融市場與利率

　　我們都知道借入資金需要支付利息，而利息除以借入的本金即為**利率** (interest)。利率基本上是資金借貸的「價格」，但是，資金借貸的型式有許多種，因此，利率亦有許多種，例如：中央銀行對銀行業貼放利率，銀行存、放款利率，貨幣市場各金融工具的報酬率，資本市場各金融工具的報酬率，民間借貸利率等。

　　參照表20.4，中央銀行重貼現率具有利率走勢的指標作用。民國98年中央銀行調低重貼線率，引導市場利率下跌，以刺激投資及經濟發展。貨幣借貸的價格為利率水準，是由市場貨幣供給與貨幣需求決定。根據凱因斯(John Maynard Keynes)流動性偏好說，將交易、預防與投機動機所需的貨幣加總，可以得到貨幣需求M_d。假設貨幣供給量由中央銀行所控制$M_s=M_0$，當實質貨幣供給等於貨幣需求，$M_s/P = M_d$，則決定了均衡利率水準i_0。

　　一如商品價格的決定，貨幣借貸的價格為利率水準，是由市場貨幣供給與貨幣需求決定。根據凱因斯(Keynes)流動性偏好說，將交易、預防與投機動機所需的貨幣加總可得貨幣需求M_d。假設貨幣供給量由中央銀行所控制$M_s=M_0$，當實質貨幣供給等於貨幣需求，$\frac{M_s}{P}=M_d$，則決定了均衡利率水準i_0。

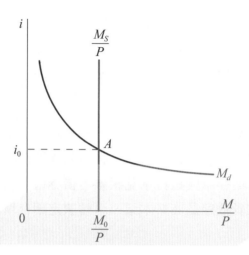

▲ 圖20.6　均衡利率水準

▼ 表20.4　民國88~107年台灣的利率走勢
單位：%

民國	中央銀行利率（期底）		銀行業牌告利率（期底）			金融業拆款市場利率	票券次級市場利率	十年期中央政府公債
（年）	重貼現率	擔保放款融通	一個月期存款	一年期存款	基準放款	隔夜拆款加權平均	商業本票31~90天期	次級市場利率
88	4.500	4.875	4.420	5.030	7.667	4.771	4.88	5.80
89	4.625	5.000	4.340	5.000	7.711	4.732	4.91	5.63
90	2.125	2.500	2.130	2.410	7.377	3.692	3.69	4.03
91	1.625	2.000	1.480	1.860	7.100	2.046	2.03	3.46
92	1.375	1.750	1.050	1.400	3.429	1.097	1.05	2.16
93	1.750	2.125	1.150	1.520	3.516	1.061	0.99	2.66
94	2.250	2.625	1.500	1.990	3.845	1.312	1.27	2.05
95	2.750	3.125	1.710	2.200	4.115	1.552	1.54	1.98
96	3.375	3.750	2.090	2.620	4.313	1.998	1.90	2.32
97	2.000	2.375	0.910	1.420	4.205	2.014	1.92	2.29
98	1.250	1.625	0.470	0.890	2.563	0.109	0.24	1.51
99	1.625	2.000	0.670	1.130	2.676	0.185	0.38	1.37
100	1.875	2.250	0.880	1.360	2.882	0.341	0.70	1.38
101	1.875	2.250	0.880	1.360	2.883	0.428	0.79	1.21
102	1.875	2.250	0.880	1.360	2.882	0.386	0.69	1.46
103	1.875	2.250	0.880	1.360	2.883	0.387	0.62	1.60
104	1.625	2.000	0.74	1.21	2.829	0.353	0.58	1.39
105	1.375	1.750	0.60	1.04	2.631	0.193	0.39	0.82
106	1.375	1.750	0.60	1.04	2.632	0.178	0.44	1.06
107	1.375	1.750	0.60	1.04	2.631	0.183	0.49	0.94

資料來源：中央銀行

利率的波動是因為市場貨幣供需發生變動，因此影響利率變動的因素有以下三點：

(一) 貨幣供給的變動

當貨幣供給增加，M_{S0} 增加至 M_{S1}，會使市場產生 $\overline{AD}$ 的超額供給，在大家急於出借資金的情況下，依市場供需法則，利率將下跌至 i_1。反之，當貨幣供給減少，M_{S0} 減少至 M_{S2}，會產生 $\overline{AE}$ 的超額需求，在大家搶資金的情況下，利率將上升至 i_2。貨幣供給變動對利率的影響，此稱為**凱因斯流動性效果** (Liguidity Effect)。

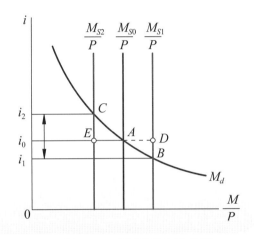

▲ 圖20.7　凱因斯流動效果

但是，若是存在凱因斯流動性陷阱，則貨幣供給增減變動時，利率仍維持在 i_0 不變。換言之，流動性陷阱的存在會使貨幣政策引導利率下降促進投資的效果喪失，亦即貨幣政策會失效。

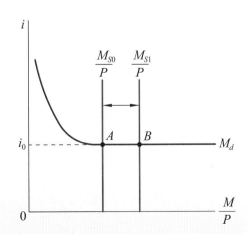

▲ 圖20.8　凱因斯流動性陷阱與貨幣供給

（二）貨幣需求變動

當貨幣需求增加，M_{d0} 增加至 M_{d1}，產生 $\overline{AD}$ 的超額需求，將會導致利率上升至 i_1，這也表示人們保有貨幣的意願增加，而要其出借資金，必須支付較高的報酬資金，所有者才願出借資金。反之，當貨幣需求減少 M_{d0} 減少至 M_{d2}，會產生 $\overline{AE}$ 段的超額供給，利率則會下跌至 i_2。

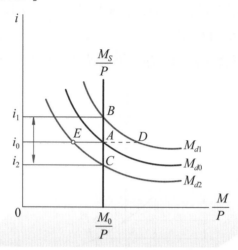

▲ 圖20.9　貨幣需求變動對利率水準的影響

（三）物價水準變動

當物價水準由 P_0 上漲至 P_1，將使實質貨幣供給由 $\dfrac{M_s}{P_0}$ 減少至 $\dfrac{M_s}{P_1}$，造成 $\overline{AD}$ 段的超額需求，將導致利率上升至 i_1，換言之，物價上升將使資金出借人利率上升至 i_1，換言之，物價上升將使資金出借人將來回收本金與利息的購買力下降，因此在出借時就要求更高的報酬來抵銷貨幣購買力下降的損失。反之，當物價水準由 P_0 下降至 P_2，將造成 $\overline{AE}$ 的超額供給，而使利率下降至 i_2。

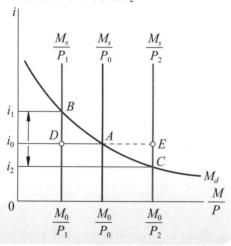

▲ 圖20.10　物價水準變動對利率水準的影響

🔘 第四節　中央銀行貨幣政策工具

　　控制適當的貨幣供給量，以符合經濟運作所需，是中央銀行重要的職能。一般而言，中央銀行可採用控制貨幣供給量的一般性管理工具有三；即重貼現率，存款準備率與公開市場操作。

一、重貼現率政策

　　一般企業缺少資金時，可以拿票據向銀行貼現融通資金，而其所支付的利息則視「貼現率」大小而定。若此一銀行缺乏資金，以企業貼現的票據，向央行實行再貼現，此時所支付的利息，則視**「重貼現率」**(Rediscount rate)大小而定。

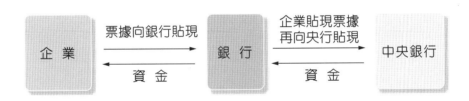

▲ 圖20.11　中央銀行重貼現率

　　重貼現率政策乃中央銀行調整其重貼現率，以影響銀行資金成本，進而控制銀行信用的政策。重貼現率內包括：

1. 重貼現率的調整。
2. 決定何種票據有重貼現資格。
3. 訂定最高融通金額。

　　中央銀行提高重貼現率之後，一般銀行信用成本增加，導致一般銀行向央行借入資金減少，使銀行準備金減少，而緊縮信用，貨幣供給因而減少，利率上升。反之，央行降低重貼現率，則會導引利率下降。而中央銀行改變重貼現率通常不會只改變各別的一些利率，而是影響整個利率水準。

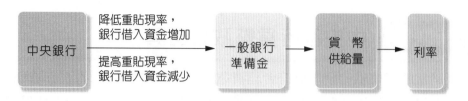

▲ 圖20.12　重貼現率政策

二、存款準備率政策

　　中央銀行為了保障存戶存款的安全，規定銀行收到存戶存款之後必須提存法定準備金至中央銀行，而法定準備金額占存款比率即為**法定準備率**(required reserve ratio)。

▲ 圖20.13　中央銀行訂定存款準備率

　　存款準備率政策是指中央銀行提高或降低法定準備率，以增加或削弱銀行信用創造的能力，以達到控制貨幣供給量或利率的目標。當央行提高法定準備率，即增加法定準備金，導致銀行超額準備金減少，造成銀行信用緊縮，貨幣供給減少，利率水準全面上揚。反之，中央銀行降低法定準備率，銀行超額準備金增加，造成銀行信用擴張，貨幣供給增加，利率水準全面下降。

　　存款準備率政策會全面影響金融體系，影響力甚大且反應迅速，可以用來應付全國緊急事件。但是其缺點為：不易更正錯誤，缺乏伸縮性，且會嚴重干擾銀行的經營。

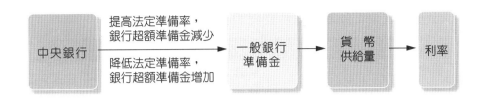

▲ 圖20.14　中央銀行存款準率政策

三、公開市場操作政策

公開市場操作(Open-market operations)係指中央銀行視金融情勢，在有組織且公開的金融市場，買賣合格的有價證券，來影響銀行準備金、貨幣供給量及利率，據以實現中央銀行的寬鬆或緊縮的貨幣政策。

當央行在公開市場買進有價證券，則會釋出資金，造成銀行準備金增加，貨幣供給增加，利率下跌；反之，央行在公開市場賣出有價證券，則會收回市場資金，造成銀行準備金下降，貨幣供給減少，利率上升。

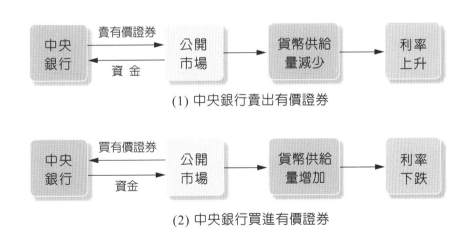

(1) 中央銀行賣出有價證券

(2) 中央銀行買進有價證券

▲ 圖20.15　中央銀行公開市場操作政策

茲將以上貨幣政策工具效果綜合整理如下：

政策	銀行準備金	銀行信用	貨幣供給	利率
提高重貼現率	減 少	緊 縮	減 少	上 升
降低重貼現率	增 加	擴 張	增 加	下 降
提高法定準備率	減 少	緊 縮	減 少	上 升
降低法定準備率	增 加	擴 張	增 加	下 降
買進有價證券	增 加	擴 張	增 加	下 降
賣出有價證券	減 少	緊 縮	減 少	上 升

歷屆試題 Exercise

一、選擇題

( ) 1. 投資股票應注意貨幣供給額之變化，其中又以下列何者與股市之榮枯最為攸關　(A)M1a　(B)M1b　(C)M2　(D)M3。　　　　　　　　　　（90 二技）

( ) 2. 跨期決策的關鍵為　(A) 個別風險偏好　(B) 中央銀行的行動　(C) 商業銀行的規範　(D) 利率。　　　　　　　　　　　　　　　　　　　　（90 二技）

( ) 3. 僱主對員工的薪資支付頻率越高，則貨幣需求量之變動：　(A) 越大　(B) 越小　(C) 不變　(D) 不一定。　　　　　　　　　　　　　　　　　（99 二技）

( ) 4. 政府透過稅賦減免、補貼或獎勵等方式，主導或影響未來產業的發展型態，稱為：　(A) 產業政策　(B) 所得政策　(C) 貨幣政策　(D) 勞工政策。

　　　　　　　　　　　　　　　　　　　　　　　　　　　　　　　（99 二技）

( ) 5. 如果社會大眾因為看好股票市場投資，而紛紛將定期存款解約轉成活期儲蓄存款，伺機等待進場投資股票，這時的各類貨幣供給額將如何改變？　(A) M2增加　(B) M1B 增加　(C) M1A 增加　(D) 準貨幣數量不變。　（100 四技二專）

( ) 6. 有關我國 M2 貨幣的組成，以下何者不在其中？　(A) 支票存款　(B) 通貨淨額　(C) 外匯存款　(D) 信用卡。　　　　　　　　　　　　　　（100 二技）

( ) 7. 依據我國中央銀行對貨幣的定義，下列哪一項可歸類於準貨幣？　(A) 支票存款　(B) 活期存款　(C) 定期存款　(D) 信用卡。　　　　（100 四技二專）

( ) 8. 下列何者不屬於貨幣基數 (Monetary Base)？　(A) 通貨　(B) 郵匯局的存款準備金　(C) 支票存款　(D) 商業銀行的超額準備。　　　　　　　（96 二技）

( ) 9. 在某經濟體系中，央行規定之法定準備率為 20%，商業銀行之存款 200 億元、存款準備金 50 億元，而民眾不持有通貨，則下列何者為真？　(A) 貨幣乘數為 5.5　(B) 創造之貨幣為 250 億元　(C) 法定準備為 25 億元　(D) 超額準備為 10 億元。　　　　　　　　　　　　　　　　　　　　　　　（100 二技）

( ) 10. 下列何者是提高法定存款準備率最可能發生的結果？　(A) 貨幣乘數縮小　(B) 貨幣供給量增加　(C) 利率下跌　(D) 貨幣需求減少　　　（103 四技二專）

( ) 11. 在貨幣市場已達均衡的條件下,若實質貨幣供給增加則: (A) 均衡利率上升 (B) 均衡利率不變 (C) 均衡利率下降 (D) 產出減少。 （100 二技）

( ) 12. 下列關於利率的敘述,何者正確?
(A) 為商品的價格
(B) 投機動機的貨幣需求為利率的增函數
(C) 名目利率為 3%,預期通貨膨脹率為 2%,則實質利率為 5%
(D) 可貸資金說主張「可貸資金的供給是利率的增函數」 （104 四技二專）

( ) 13. 以下何者不是中央銀行可執行的政策工具? (A) 調整存款準備率 (B) 調整所得稅率 (C) 調整重貼現率 (D) 實施公開市場操作。 （100 二技）

( ) 14. 下列有關貨幣供給的敘述,何者正確? (A)M1A 不含活期存款,而 M1B 包含活期存款 (B)M1A 與 M1B 都包含活期儲蓄存款 (C)M1A 與 M1B 都不包含準貨幣 (D)M2 不包含外匯存 （104 四技二專）

( ) 15. 若實質所得下跌時,會導致: (A) 貨幣供給減少 (B) 貨幣供給增加 (C) 貨幣需求減少 (D) 貨幣需求增加。 （100 二技）

( ) 16. 下列何者為央行貨幣政策的政策目標? (A) M1 (B) M1A (C) M1B (D) M2。 （101 四技二專）

( ) 17. 下列何者包含在我國之貨幣供給量 M1B 的定義中? (A) 趙二存在台灣銀行的定期存款 (B) 張三口袋裡的五十元硬幣 (C) 李四存在彰化銀行的定期儲蓄存款 (D) 王五存在兆豐銀行的外匯存款 （102 四技二專）

( ) 18. 在台灣的貨幣分類中,郵政儲金包含於 (A) 通貨淨額 (B) 準貨幣 (C) 準備貨幣 (D) 定期存款。 （97 身心障礙甄試）

( ) 19. 中央銀行的功能有 (A) 控制貨幣供給 (B) 作為商業銀行資金最終的貸放者 (C) 促進金融穩定 (D) 以上皆是。 （97 身心障礙甄試）

( ) 20. 中央銀行要使貨幣供給量增加,可採行何種措施? (A) 降低法定準備率 (B) 降低重貼現率 (C) 在公開市場買進債券 (D) 以上皆是。（97 身心障礙甄試）

( ) 21. 新台幣升值,對 (A) 進口有利 (B) 進口不利 (C) 出口有利 (D) 對進口及出口皆不利。 （97 身心障礙甄試）

( ) 22. 若銀行吸收的原始存款為 100 萬，法定存款準備率為 5%，假設無現金流失也無超額準備，則下列敘述何者正確？ (A) 貨幣乘數為 10 (B) 可創造存款貨幣總額為 2,000 萬 (C) 可創造引申存款總額為 1,000 萬 (D) 若中央銀行將法定準備率由 5% 提高至 10%，此為寬鬆的貨幣政策 （104 四技二專）

( ) 23. 有關貨幣數量學說，下列哪位學者提出現金餘額說，認為貨幣數量會和期間內購買之所有最終財貨之名目貨幣總值成比例關係？ (A) 費雪 (I. Fisher) (B) 馬歇爾 (A.Marshall) (C) 凱因斯 (J.Keynes) (D) 顧志耐 (S.Kuznets)
（103 四技二專）

( ) 24. 若一經濟體系正處在流動性陷阱時，則下列敘述何者正確？ (A) 貨幣供給的利率彈性無窮大 (B) 貨幣需求的利率彈性無窮大 (C) 貨幣供給增加利率會上升 (D) 此時政府採用擴張的貨幣政策必能降低物價 （102 四技二專）

( ) 25. 我國中央銀行為了執行寬鬆的貨幣政策，最常調降的是 (A) 存款準備率 (B) 基本放款利率 (C) 銀行間拆放利率 (D) 重貼現率。 （90 二技）

( ) 26. 若想維持總需求固定不變，則中央銀行在面對租稅增加時應 (A) 提高存款準備率 (B) 提高重貼現率 (C) 在公開市場購買債券 (D) 要求銀行限制信用。
（90 二技）

( ) 27. 以下何者使強力貨幣存量減少？ (A) 中央銀行在外匯市場買進外國貨幣 (B) 中央銀行貸款給銀行 (C) 中央銀行由公開市場賣出國庫券 (D) 中央銀行由公開市場買進國庫券。 （90 二技）

( ) 28. 若政府支出增加，而中央銀行欲維持利率水準不變，則中央銀行應 (A) 在公開市場中買進債券 (B) 在公開市場中賣出債券 (C) 提高存款準備率 (D) 提高重貼現率。 （90 二技）

( ) 29. 假設人們的貨幣需求以通貨 (currency) 和支票存款兩種方式持有之，且兩者比例分別為 0.6 與 0.4，又知中央銀行的貨幣供給為通貨與銀行存款準備金之加總。今知銀行存款準備率為 0.2，則貨幣乘數為： (A) 1.47 (B) 2.00 (C) 2.36 (D) 5.00。 （91 二技）

( ) 30. 在其他條件不變下，總市場貨幣需求曲線的斜率為負，這是因為： (A) 當利率上升時，因持有現金的機會成本高，社會大眾的貨幣需求量增加 (B) 當利率下降時，因持有現金的機會成本低，社會大眾的貨幣需求量減少 (C) 貨幣

供給曲線的斜率為正　(D) 當利率下降時，因持有現金的機會成本低，社會大眾的貨幣需求量增加。　　　　　　　　　　　　　　　　　　　　（91 二技）

( ) 31. 根據我國貨幣供給的定義，如果人們將定期存款轉為活期儲蓄存款，則在其他條件不變下，就 M1A、M1B、與 M2 而言，下列敘者何者正確？　(A) 只有 M1A 不變　(B) 只有 M1B 不變　(C) 只有 M2 不變　(D) 只有 M2 變動。

（93 四技二專）

( ) 32. 下列敘述何者錯誤？　(A) 貨幣數量學說主張，短期內貨幣供給增加，物價水準將依同比例增加　(B) 銀行法定準備率增加，則銀行存款貨幣創造乘數將變小　(C) 為使經濟景氣復甦，中央銀行可使用在公開市場操作賣出公債的貨幣政策　(D) 為降低通貨膨脹，中央銀行可使用提高重貼現率的貨幣政策。

( ) 33. 下列有關金融機構與金融市場的敘述，何者正確？　(A) 銀行的存放款業務屬於直接金融 (direct finance)　(B) 需要資金的公司發行股票給投資人的管道稱為間接金融 (indirect finance)　(C) 交易股票和債券的市場統稱為金融市場　(D) 貨幣市場 (money market) 主要交易股票和長期債券。　　　　　　（93 二技）

( ) 34. 銀行在貸款前進行篩選 (screening)，貸款後監督 (monitoring) 借款人，是從事：(A) 期限的仲介　(B) 風險的仲介　(C) 面額的仲介　(D) 存款準備的仲介。

（93 二技）

( ) 35. 下列有關中央銀行與商業銀行的敘述，何者正確？　(A) 我國中央銀行曾透過對某些特定產業的信用管制來降低金融風險　(B) 商業銀行可以調整重貼現率 (rediscount rate) 去改變貨幣數量　(C) 我國中央銀行曾賣出庫存債券，造成貨幣數量的大幅增加　(D) 商業銀行可以依照自己的資金需求調整法定的存款準備率。　　　　　　　　　　　　　　　　　　　　　　　（93 二技）

( ) 36. 下列哪一項經濟因素，可造成貨幣供給增加？　(A) 社會大眾願意持有更多現金　(B) 銀行持有之超額準備減少　(C) 法定存款準備率提高　(D) 央行之重貼現率提高。　　　　　　　　　　　　　　　　　　　　　（94 二技）

( ) 37. 下列何者不是銀行的負債 (liability)？　(A) 對企業的貸款　(B) 支票存款　(C) 向中央銀行的借款　(D) 定期儲蓄存款。　　　　　　　　　　（94 二技）

( ) 38. 下列關於台灣貨幣定義的敘述，哪一項錯誤？　(A)M1A＝通貨淨額＋活期存款＋支票存款　(B)M1B＝M1A＋活期儲蓄存款　(C)M1B＝通貨淨額＋存款貨幣 (deposit money)　(D)M2＝M1B＋外匯準備。　　　　　　　　　（94 二技）

(　) 39. 下列何者不是央行可採用的政策工具？　(A) 公開市場操作　(B) 重貼現率的調整　(C) 調整法定存款準備率　(D) 所得稅率調整。　　　　**(94 二技)**

(　) 40. 在貨幣定義中，M1A 包括：　(A) 活期儲蓄存款　(B) 郵匯局存簿儲金　(C) 外匯存款　(D) 支票存款。　　　　**(94 四技二專)**

(　) 41 若中央銀行認為景氣不好，擬增加貨幣供給量來刺激經濟，下列何者為可行之操作方式？　(A) 公開市場賣出債券　(B) 提高重貼現率　(C) 收回準備貨幣　(D) 降低法定準備率。　　　　**(94 四技二專)**

二、問答題

1. 在貨幣市場中，
   (1) 當利率高於均衡利率時，貨幣市場如何回到平衡？申論之。（8分）
   (2) 當所得提高後，均衡利率將如何變動？申論之。（8分）　　**(97 東吳碩士在職)**

2. 在其他情況不變下，請分別分析下列事項會使新台幣升值或貶值，並請說明理由。
   (1) 國際熱錢流入國內股市（8分）
   (2) 央行降低存款準備率（8分）
   (3) 兩岸關係緊張（8分）　　　　**(96 高應大商務經營所)**

CH 21

通貨膨脹、失業與菲力普曲線

第一節　通貨膨脹：人民生活不安的來源之一

第二節　失業：人民生活不安的來源之二

第三節　菲力普曲線：通貨膨脹與失業的關係

參考文獻

歷屆試題

ECONOMIC$

商品物價上漲的問題，是與我們升斗小民生活息息相關的問題。昨天一個波蘿麵包賣10元，今天一個變成100元，價格的大幅上升，大家都會跳腳，同時覺得自己手上的錢不值錢了，也就是貨幣的購買力下降了，換言之，即貨幣的價值降低了。

一個經濟體系如果物價一直持續大幅上漲，則會造成貨幣的價值大幅下降，消費者則急於趁貨幣尚存有一些購買力時，將錢花掉，但是另一方面生產者卻擔心貨幣價值會下降，而不願出售產品，這將會使得經濟秩序大亂，甚至崩潰。因此，要破壞一個國家、社會，最簡單的辦法即是造成其物價持續大幅上漲讓其貨幣貶值，使其社會不安，秩序大亂。本章將對**通貨膨脹**(Inflation)的意義，成因、影響、對策，以及其與失業的關係加以闡述說明。

第一節 通貨膨脹：人民生活不安的來源之一

一、通貨膨脹的意義與衡量

通貨膨脹是指一般物價水準相當幅度的持續上漲現象。所有商品都有其價格，商品的價格每天又不停的變高或變低，所以各種商品價格可以和上個月比是高多少，或跟上次買時比是便宜了多少。不過判斷整個全體商品價格是變高或變低並不是那麼簡單，例如雖然蛋和蔬菜的價格上升了，但是，另一方面電腦、手錶等技術革新快速的產品價格卻時常下跌。因此，有必要將我們生活所需的商品與服務價格加以收集、整理，求出平均價格，這就是**一般的物價水準**。

一般物價要呈現相當幅度，且持續上漲才可稱為**通貨膨脹**，而「相當幅度」的程度須視各國國情而定。同時，物價水準一次上漲亦不可稱為通貨膨脹，例如颱風來臨時物價的一次上漲並不可視為通貨膨脹。

一般物價水準的變動以某一年為基準來看，可清楚瞭解物價上漲與下跌的動向，因此，以某一年為基準創造出來代表物價水準動向的指數，就稱為**物價指數**(Price index)。在我國行政院主計處所公布的物價指數有：

1. 以所有國內生產最終財貨與勞務商品價格所計算的**國內生產毛額物價平減指數**(GDP deflator)。

2. 以抽樣大宗物資批發價格所計算的**躉售物價指數**(Wholesale price index WPI)。

3. 以抽樣消費者消費的一般產品物價所計算的**消費者物價指數**(Consumer price index CPI)。

4. 以所有輸入商品價格計算的**輸入物價平減指數**（表21.1）。

　　參照表21.1所示，可以觀察到金融海嘯對物價的影響。全球不景氣，造成需求不振而有通貨緊縮的壓力，當年的物價水準都呈現下跌趨勢。除此之外，物價水準的變動，也和匯率、貨幣供給等的變動有關。接下來要探討造成通貨膨脹的原因。

▼ 表21.1　民國88~107年台灣物價指數表　　　　單位：%

年(季)別 Period	國內生產毛額物價平減指數 GDP deflator		躉售物價指數 Wholesale price index		消費者物價指數 Consumer price index		輸入物價平減指數 Import price deflator	
	變動率 %	105年=100	變動率 %	105年=100	變動率 %	105年=100	變動率 %	105年=100
88年	-1.95	105.39	-4.54	89.55	0.18	84.41	-4.09	78.73
89年	-0.90	104.44	1.81	91.17	1.26	85.47	4.61	82.36
90年	-0.61	103.80	-1.34	89.95	-0.01	85.46	-1.25	81.33
91年	-0.41	103.38	0.04	89.99	-0.20	85.29	0.41	81.66
92年	-1.40	101.93	2.48	92.22	-0.28	85.05	5.14	85.86
93年	-0.25	101.67	7.04	98.71	1.61	86.42	8.56	93.21
94年	-1.53	100.12	0.61	99.31	2.31	88.42	2.44	95.48
95年	-1.03	99.09	5.64	104.91	0.60	88.95	8.81	103.89
96年	-0.43	98.67	6.46	111.69	1.80	90.55	8.95	113.19
97年	-2.60	96.10	5.15	117.44	3.52	93.74	8.83	123.19
98年	0.13	96.23	-8.73	107.19	-0.87	92.92	-9.59	111.37
99年	-1.54	94.74	5.46	113.04	0.97	93.82	7.04	119.21
100年	-2.34	92.52	4.32	117.92	1.42	95.15	7.65	128.33
101年	0.54	93.02	-1.16	116.55	1.93	96.99	-1.28	126.69
102年	1.47	94.39	-2.43	113.72	0.79	97.76	-4.45	121.05
103年	1.70	95.99	-0.56	113.08	1.20	98.93	-2.09	118.52
104年	3.26	99.12	-8.85	103.07	-0.30	98.63	-12.94	103.18
105年	0.89	100.00	-2.98	100.00	1.39	100.00	-3.08	100.00
106年	-1.15	98.85	0.90	100.90	0.62	100.62	1.36	101.36
107年	-1.03	97.83	3.64	104.57	1.35	101.98	6.11	107.55

資料來源：行政院主計處

二、通貨膨脹的罪魁禍首

促使物價上漲的原因，絕大多數的場合並非只有一種，而是許多共同因素造成的，並且主要因素因時代、經濟發展階段或國情的不同而有所差異。

1. 需求拉動的通貨膨脹 (Demand-pull Inflation)

一般物價水準基本上是由總需求 (AD) 與總供給 (AS) 相等時決定的，當總需求擴張超過總供給，此時存貨下降，廠商生產不及，物價自然開始上漲。總需求超過總供給，為需求拉動的通貨膨脹，是造成通貨膨脹的主嫌犯，許多通貨膨脹原因都可由需求過度來說明。

在圖21.1原總供給 (AS) 與總需求 (AD_0) 曲線決定的物價水準為 P_0，實質所得 y_0，當總需求由 AD_0 增加至 AD_1，在 P_0 物價水準下，會產生 AB 段的超額需求，物價水準隨即由 P_0 上升至 P_1，實質所得則由 y_0 增加至 y_2。

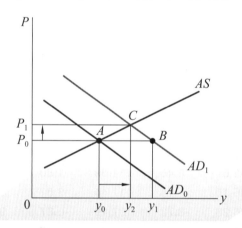

▲ 圖21.1　需求拉動的通貨膨脹

2. 成本推動的通貨膨脹 (Cost-push Inflation)

需求拉動的通貨膨脹是因需求變化而產生，相對地成本提高物價上漲則是供給面，即由於生產成本上漲而引發的通貨膨脹。企業在製造產品時需要花費各種費用（成本），例如支付給員工的薪水，原料費用，若土地和工廠是租的話還要支付地租與房租等。產品中成本增加，利潤就減少，所以企業就不得不提高產品價格。這種由於成本迫使價格提高所產生物價上漲，稱為成本推動的通貨膨脹。當生產成本增加，使總供給價格由 P_0 上升至 P_1，而實質所得由 y_0 下降至 y_1（圖 21.2）。

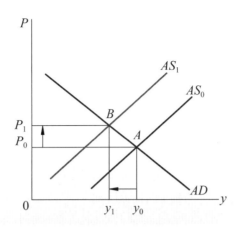

▲ 圖21.2　成本推動的通貨膨脹

工資上漲所帶動的物價上漲，是最典型的成本推動的通貨膨脹。根據邊際生產力學說，工資(W)等於物價(P)乘以勞動邊際生產力(MP$_L$)則：

$$W = P.MP_L \tag{1}$$

上式又可表示成：

$$P = \frac{W}{MP_L} \tag{2}$$

(1)式以增加率表示，可得物價膨脹率($\dot{P}$)為工資變動率($\dot{W}$)減去勞動邊際生產力的增加率(MP$_L$)

$$\dot{P} = \dot{W} - M\dot{P}_L \tag{3}$$

以民國78~88年為例，台灣勞動缺乏，致工資大幅上漲，工資的上漲率若是超過勞動生產力，其結果促使產品中薪資成本增加，企業只有提高產品價格來維持其收益。持續的工資上漲，且幅度超過勞動生產力的增加，通貨膨脹自然發生，這可解釋台灣物價上揚的部分原因。

另外，生產原料價格上漲亦會導致成本推動的通貨膨脹。例如民國62年秋天發生的第一次石油危機，導致台灣63年消費者物價增加率為47.4%，民國68年第二次石油危機亦導致當年消費者物價增加率為9.76%，而69、70年則為19.00%與16.33%，石油危機招致物價暴漲，壓迫了我們的生活。石油除了作為燃料以外，也用做許多工業產品的原料，石油價格上漲導致企業產品價格一個接一個上漲這就是石油危機造成的通貨膨脹。

3. **貨幣供給量的通貨膨脹**

　　貨幣供給量增加，將使交易用的貨幣數量增加，造成太多的貨幣追求太少物資的現象，而造成物價上漲。以**佛里德曼(Friedman)**為主要貨幣學派，則認為通貨膨脹隨時隨地皆是一種貨幣現象，貨幣供給增加，過了一陣子必然會引起物價上漲，是通貨膨脹的罪魁禍首。因此，為了維持物價穩定，需要保持固定貨幣成長率的法則性貨幣政策，避免貨幣供給量過度增加。貨幣供給量增加率要多少才適合，因國別而異，佛里德曼早年曾從美國經濟的實證分析中，建議美國的貨幣供給最好固定成長4%左右（稱為x%規則）。

4. **管理價格的通貨膨脹**

　　企業在自由競爭的經濟體系下，產品價格是由供需均衡下所決定，但是若有大企業獨占或寡占，企業間的競爭就變無或變小，那麼企業則可調整產量，來調高價格。因此，即使成本沒有上漲，為了賺取較以往更多的收益也可能任意提高價格。

　　這企業具有支配市場能力，隨意可決定的價格稱為管理價格。若一國經濟為獨占或寡占企業所支配，企業為了確保利潤，就會將成本上漲的部分直接轉嫁到價格，其結果就會導致通貨膨脹。

5. **輸入性通貨膨脹**

　　以上4個通貨膨脹的原因是國內因素，相對的第5個因素是國外因素，由國外因素所引起的物價上漲稱為輸入性通貨膨脹。輸入性通貨膨脹有兩個途徑，第一個途徑是：國外原材料價格上漲，本國進口原料材料價格上漲，使產品成本上升，產品價格因而上漲，例如國際大豆價格暴漲，而使國內食用油、豆腐的價格大幅上漲。第二種途徑是：外資流入，貨幣供給量增加，而造成通貨膨脹。

三、通貨膨脹的影響

　　通貨膨脹會造成國民生活不易，例如牛排、電影票價大幅上升，會使消費者倍感吃不消，除此以外通貨膨脹的影響層面的廣度與深度皆大，茲說明如下：

（一）所得重分配

　　通貨膨脹會以下列三個途徑進行所得重分配：

1. 對領固定薪水、固定收入的人不利，例如退休金、利息等固定收入的人其收入將因物價上漲而購買力下降；但是賺取非固定收入的人有利，例如企業家因物價上漲，而賺取的收益增加。

2. 物價上漲，人民名目所得增加，而適用較高稅率，人民繳稅支出增加，政府稅收提高。

3. 若進口物價上漲，本國國民所得將移轉給他國，是國際所得重分配現象。

（二）財富重分配

通貨膨脹對財富分配的影響有：

1. 對資金借貸雙方而言，債務人因物價上漲其所歸還之貨幣價值較小，對其而言有利；但是債權人其所收回之貸款會因物價上漲而喪失購買力貨幣價值變小，對其不利。

2. 政府若因發行債券融通其支出，而刺激物價上漲，降低人民貨幣購買力，則與課稅無異，故又稱「**通貨膨脹稅**」(inflationary tax)。

（三）資源分配的扭曲

通貨膨脹易造成資源使用的錯誤配置。例如房地產價格狂飆，吸引資源投入，唯生產出來的房屋，泰半被閒置，造成空屋率過高，形成資源的浪費。

（四）經濟成長受阻

通貨膨脹會造成資源分派效率降低，國際收支惡化，更因政府採取反通貨膨脹措施，例如減少政府支出或減少貨幣供給量而對經濟成長不利。

（五）減少儲蓄與資本形成

物價不斷上漲，人民對幣值失去信心，民間消費支出有增無減，儲蓄減少，資本形成降低，對未來經濟成長不利。

（六）國際收支惡化

國內物價不斷上升，削弱本國產品在國際市場的競爭能力，出口減少，進口增加，造成國際收支逆差的不利影響。

（七）造成社會不安

物價不斷大幅上升，人心恐慌，搶購財貨，結果造成社會秩序混亂，若政府採取直接管制物價政策，又會引起黑市交易猖獗。同時，勞動者因物價上升而要求提高工資，造成勞資對立衝突，引起社會不安。

經濟活動要順利運作，物價就必須安定，穩定物價是政府政策的重要的課題。政府須設法控制物價的暴漲，使得經濟不致失序。對付通貨膨脹不是一件容易的事，物價上漲就像「九頭怪龍」一般，砍了這邊的頭，那邊的頭又冒了出來，物價上漲的隱憂時時潛伏著，須小心提防。而控制通貨膨脹的方法有：

（一）總需求抑制政策

物價水準是由總供需來決定的，總需求增加物價水準上升，總需求減少物價水準下降，因此，不管什麼原因造成通貨膨脹，首先採取總需求抑制政策可說是良好的基本政策。

一般抑制總需求的代表性政策有財政政策與貨幣政策兩種。政府可透過減少政府支出，實施加稅等抑制總需求的財政政策，或採取抑制貨幣供給量成長率的貨幣政策，來減少總需求，達到控制通貨膨脹的目的。

（二）供給面大力推進

抑制通貨膨脹採取增加總供給也是有效的方法，增加供給的方法有提高生產力，促進進口政策及採行價格安定政策等。

在提高生產力方面，採用現代化機關設備、增加勞工訓練提升技術水準等提高生產力政策。同時，在商品流通上要建立現代化的物流體系，由商品的集貨站、流通倉庫、批發市場的整合亦很重要。

促進進口政策就是對本國不足商品，以進口來增加供給的政策。具體性的措施有降低關稅、取消進口限制、擴大進口配額。此外亦可為了降低國內暴漲的商品價格，而採取緊急進口，例如颱風來臨蔬菜價格暴漲，而臨時由國外進口蔬菜來抑制菜價上漲，為了抑制商品價格上漲，政府亦可採取價格安定政策，調查、監督消費者生活息息相關的生活必需品價格的動向，並確保其供給不虞匱乏來安定物價。

（三）維持競爭的經濟環境

企業形成獨占，以不公平交易提高價格，獲取利益，物價就會上漲。同時，由於競爭的降低，企業在無競爭，或少競爭的情況，亦無心於提升經營效率，降低生產成本，反而疏於努力經營，使成本上升，成為物價上漲的原因。因此，政府應該嚴格執行公平交易法，防止不公平、獨占行為，促進競爭，亦有助於舒緩物價上漲的壓力。

（四）貨幣升值的匯率政策

安定物價對策中匯率政策亦相當重要。貨幣升值則進口商品價格下跌，國內物價也就安定。反之，貨幣貶值，進口商品價格上漲，國內物價就隨之上漲。一個工業原料大部分仰賴進口的國家，貨幣的升值，將對穩定國內物價大有幫助。

（五）消除通貨膨脹預期心理

消費者預期通貨膨脹，將使貨幣價值下降，想要及時購買商品，造成「搶購」、「囤積」。同樣的供給者預期物價將上漲，而產生商品的「惜售」。如此一來需求增加，供給減少果真如生產者，消費者的預期一般，節節攀升，而使其「心想事成」。

因此，一旦通貨膨脹發生，政府即當採取行動消除人民的預期心理，在財政，貨幣政策上採取立即的反應，並對物資充分供應提出宣示，以緩和或消除預期心理所造成的不當行為。

第二節　失業：人民生活不安的來源之二

失業與通貨膨脹就像兩個愛惡作劇的淘氣鬼，不時偷偷地冒出來搗蛋一下，造成大家生活上不適，而失業率加通貨膨脹率亦稱**「痛苦指數」**(Misery index)。失業與通貨膨脹常常會搞的經濟秩序大亂，造成社會問題，是棘手難纏的問題。

失業會產生經濟成本和社會成本，當失業增加，勞動力投入減少，而使總產出減少，因此，充分就業產出與實際產出的差額即為經濟面損失。另外，失業造成的社會損失，在於失業者自尊心受損，意志消沉以至於引起犯罪、自殺或離婚等不幸事件，帶來社會不安，所以說失業所造成的社會損失遠比經濟損失來的深遠。

一、失業的意義與種類

(一)失業的意義

失業(Unemployment)意指在現行工資水準下,凡有能力而且願意工作之勞動人口,卻得不到適當的工作。我們失業者是指年滿十五歲以上的民間勞動力,同時具有下列條件者失業者:(1)無工作。(2)隨時可以工作。(3)正在尋找工作。此外,正在等待恢復工作者及找到職業而未開始工作無報酬者也都屬失業者的範圍。而失業人數占勞動力人數的百分比即**失業率** (Unemployment Rate)。

理論上沒有任何失業即充分就業,但是一個經濟體系任何時點上都會有一些無法消除的失業存在,如結構性失業、摩擦性失業、季節性失業,而此失業率即「**自然失業率**」。而存在自然失業率時亦可視為**充分就業**(full-employment)。

(二)失業的類型

1. 結構性失業(structural unemployment)

此類失業主要係起因於經濟結構改變而導致原來有工作的人,因無法適應新的結構而導致的失業。所謂結構改變包括區域性變化、產業結構的變化,以及生產技術之變化等。

2. 摩擦性失業(frictional unemployment)

是指一種過渡性短期間的失業,包括:(1)放棄目前的工作至另外尋找到新工作期間的失業。(2)由於勞動市場資訊的不健全使勞動者不知何處有工作,同時,雇用者也不知何處去雇用勞動者,而造成的失業。

3. 季節性失業(seasonal unemployment):由於生產活動受氣候或產銷習慣等因素影響,使從事此類工作者無法在一年內長期都有工作,例如農曆七月,俗稱「鬼月」,對新娘禮服業即構成渡小月的狀況,而造成部分工作人員失業。

4. 景氣循環性失業(cyclical unemployment):由於景氣變動過程中的衰退期所引起的。因為景氣在衰退期間,總體需求不足,產業所需職缺達到低於勞動市場供給的數量,因此便造成了失業。

5. 隱藏性失業(disguised unemployment):勞動者表面有工作,但生產甚低或等於零。例如農閒時期的農夫。

二、失業理論

大致而言失業理論可分為古典理論、共產主義理論和凱因斯理論三種說法：

(一)古典失業理論

1930年代以前像彌勒(Mill)、馬夏爾(Marshall)和皮古(Pigou)等經濟學家認為市場價格機能順利運作能使就業市場達到充分就業，失業僅是短期的現象，經由工資、物價的自由調整即可消除失業。因此、在古典理論中經濟體系就業市場充分就業為常態，失業為非常態。

(二)共產主義的失業理論

馬克斯(Marx)認為資本主義制度下，古典學派所謂的充分就業根本無法實現。他相信在資本主義下，工廠的老闆由於新科技的引進，勢必解雇更多的工人，於是大量失業便會產生。馬克斯進一步認為實行共產主義才可達成充分就業。

(三)凱因斯的失業理論

凱因斯認為社會經常存在「有效需求不足」，而且工資與物價「有向下僵固性」，易漲難跌，當有效需求不足，對勞動需求減小，但工資卻無法向下調整，因此產生失業，故失業為常態，充分就業為非常態。凱因斯理論的有效需求理論認為社會之所以有失業問題，主要係來自有效需求不足，因此增加就業，應從增加支出著手，最有效的方法是採取增加政府支出的擴張性財政政策。

🪙 第三節 菲力普曲線：通貨膨脹與失業的關係

通貨膨脹與失業都是人民不喜歡的，而政府可以透過政策同時控制兩者？一般對通貨膨脹與失業間的關係，大致有以下三種看法：(1)通貨膨脹與失業間有互為**抵換(trade-off)**的負向關係，(2)通貨膨脹與失業無抵換關係，(3)通貨膨脹與失業之間呈現正向的關係。

一、具有抵換關係的短期菲力普曲線

經濟學家菲力普(Phillips)1958年分析英國過去100年英國的統計數字，發現存在名目工資上漲率(W)隨失業率(U)的降低而升高的歷史性事實，因為失業率低時，景氣繁榮，勞動需求增加，促使工資上漲，同時，失業率高時，景氣衰退，勞動需求減少，使工資下跌，故工資與失業率呈現反向關係。

由於工資上漲率與物價上漲率（通貨膨脹率P）存在一正向關係，故**薩穆爾遜(Samuelson)和梭羅(Solow)將菲力普曲線(Phillips curve)**表示成：

$$\dot{P} = f(U - U_N) = -k \times (U - U_N)$$

式中

$\dot{P}$ ＝通貨膨脹率
k ＝正的常數
U ＝失業率
U_N＝自然失業率

而作圖示成：

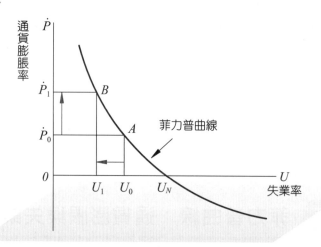

▲ 圖21.3　具抵換關係的短期菲力普曲線

凱因斯學派認為失業率(U)與通貨膨脹率(P)之間存在抵換關係（圖21.3），換言之，政府可採取政策使物價上漲率由$\dot{P}_0$上升至$\dot{P}_1$，則失業率則可由U_0下降至U_1。職是之故，政府若降低了失業率，就必須忍受高的物價上漲率，亦即「魚與熊掌，不可兼得」或「福無雙至」，只能享受其中之一的好處，而承受另一個壞處。同理，政府若降低了物價膨脹率，就必須承擔高的失業率。

二、不具抵換關係的長期菲力普曲線

貨幣學派的傅利德曼認為一般菲力普曲線遺漏了一個重要因素,而有重大缺陷存在,那就是就業者對**物價上漲預期**(expectation of inflation)。因此將菲力普曲線修正為「預期型菲力普曲線」,在菲力普曲線中加入預期物價上漲率:

$$\dot{P} = -k \times (U - U_N) + \dot{P}^e \qquad\qquad (4)$$

式中

$\dot{P}^e$:預期物價上漲率

在長期實際的物價上漲率與預期的物價上漲率相等,所以長期而言:

$$\dot{P} = \dot{P}^e$$

則

$$\dot{P} = -k \times (U - U_N) + \dot{P}$$
$$-k \times (U - U_N) = 0$$

所以失業率即等於自然失業率:$U = U_N$

亦即不論物價上漲率在任何水準,長期失業率都為自然失業率水準,故長期菲力普曲線呈現垂直(圖21.4),也就是說通貨膨脹率與失業率之間的互換效果在長期間是不存的。換言之,政府任何降低失業率的政策都是徒勞無功,只會帶來物價上漲。

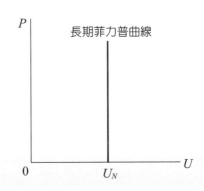

▲ 圖21.4　不具抵換關係的長期菲力普曲線

三、正斜率的菲力普曲線

1970年代以後，以美國為首的歐美各國其菲力普曲線，則呈現正斜率的情況（圖21.5），亦即通貨膨脹率與失業率呈現正向關係，存在高通貨膨脹率與高失業率並存的「**停滯性通貨膨脹**(Stagflation)」現象，而成為新的經濟課題。

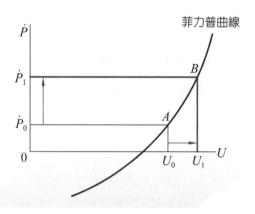

▲ 圖21.5　正斜率的菲力普曲線

參考文獻　Reference

1. 吳永猛等合著，《經濟學（總體部分）》，國立空中大學印行，民國81年12月。
2. 三橋規宏等著，《日本經濟入門》，日本文摘社編譯中心編譯，民國75年3月15日。

歷屆試題 Exercise

一、選擇題

( ) 1. 因為生產技術的改變，使舊有工作消失，所產生的失業稱為： (A) 摩擦性失業 (B) 結構性失業 (C) 循環性失業 (D) 季節性失業。 （100 二技）

( ) 2. 下列哪些不會造成需求拉動的通貨膨脹 (Demand-pull Inflation)？ (A) 人們講究流行與品牌 (B) 中央銀行調降存款準備率 (C) 政府增加基礎建設 (D) 國外景氣衰退。 （96 二技）

( ) 3. 如果名目利率是 10%，通貨膨張率是 7%，則實質利率是： (A)2.8% (B)7% (C)3.3% (D)3%。 （90 二技）

( ) 4. 假設民國 86 年通貨膨脹率為 5.5%，民國 87 年通貨膨脹率是 4.0%，民國 88 年通貨膨脹率是 6.0%。在其他情況不變之下，試問平均而言，一物品在民國 86 年初定價為 5 元，其在民國 89 年初定價應為 (A)5.8 元 (B)6.0 元 (C)6.2 元 (D)6.4 元。 （90 二技）

( ) 5. 根據菲力普曲線 (Phillips Curve)，若失業率維持於自然失業率水準，則 (A) 通貨膨脹率為 0 (B) 名目工資等於實質工資 (C) 勞動供給有完全價格彈性 (D) 通貨膨脹率不一定為 0。 （90 二技）

( ) 6. 若實際均衡所得水準低於充分就業的所得水準，稱之為 (A) 膨脹缺口 (B) 緊縮缺口 (C) 通貨膨脹 (D) 通貨緊縮。 （97 身心障礙甄試）

( ) 7. 若面對油電雙漲，造成物價上漲，這是屬於下列哪一型的物價上漲？ (A) 消費推升型 (B) 成本推升型 (C) 需求推升型 (D) 需求改變型。 （101 四技二專）

( ) 8. 菲力浦曲線 (Phillips Curve) 是描述以下何種關係？ (A) 物價水準和工資 (B) 經濟成長率和利率 (C) 通貨膨脹率和失業率 (D) 稅率和稅收。 （100 二技）

( ) 9. 下列敘述何者正確？ (A) 循環性失業＝實際失業率－自然失業率 (B) 循環性失業＝充分就業下的失業率 (C) 循環性失業＝摩擦性失業率＋結構性失業率 (D) 自然失業率＝充分就業下的失業率＝0。 （96 二技）

( ) 10. 下列哪項因素會使得短期菲力普曲線 (Phillips Curve) 右移？ (A) 中間原料成本上升 (B) 預期通貨膨脹率下跌 (C) 結構性失業率下跌 (D) 自然失業率下跌。 （96 二技）

( ) 11. 因產業結構變化而產生的失業，稱之為： (A) 結構性失業 (B) 循環性失業 (C) 摩擦性失業 (D) 正常性失業。 （97 身心障礙甄試）

( ) 12. 根據菲力普斯曲線的意義，失業率越大，物價上漲率： (A) 越大 (B) 越小 (C) 不變 (D) 以上皆非。 （97 身心障礙甄試）

( ) 13. 若實質利率為 5 %，而通貨膨脹率為 2 %，則名目利率為多少？ (A)2.5% (B) 3 % (C) 5 % (D) 7 %。 （98 四技二專）

( ) 14. 已知某國勞動力為 100 萬人，自願性失業為 30 萬人，隱藏性失業為 10 萬人，放無薪假為 3 萬人，摩擦性失業為 2 萬人，結構性及循環性失業為 5 萬人。請問該國失業率為何？ (A)7 % (B)20 % (C)37 % (D)50 %。 （98 四技二專）

( ) 15. 若一國就業人口 180 萬，失業人口 20 萬，非勞動力 100 萬，則下列敘述何者正確？ (A) 勞動力 200 萬 (B) 勞動參與率 6% (C) 就業率 6% (D) 失業率 11.11 %。 （98 四技二專）

( ) 16. 若某國痛苦指數為 5.13，通貨膨脹率為 3.62，勞動力 10000 人，則失業人數為： (A) 121 人 (B) 151 人 (C) 181 人 (D) 201 人。 （100 二技）

( ) 17. 下列有關痛苦指數的敘述，何者不正確？ (A) 溫和的通貨膨脹率不會傷害經濟繁榮 (B) 停滯性通貨膨脹會使痛苦指數下降 (C) 痛苦指數越高，人民感受到的生活困難更嚴重 (D) 惡性通貨膨脹會引起社會動盪不安。 （100 四技二專）

( ) 18. 某國出現通貨膨脹的現象，該國擬實施抑制通貨膨脹的對策，請問下列哪一個手段是抑制通貨膨脹的對策？ (A) 政府宣布減少稅收 (B) 中央銀行提高重貼現率 (C) 中央銀行降低法定準備率 (D) 增加政府支出 （103 四技二專）

( ) 19. 連接通貨膨脹率與失業率的是： (A)Okun 法則 (B)Lucas 曲線 (C)Phillips 曲線 (D)Tobin's Q。 （90 二技）

( ) 20. 假設某年美國總人口數為 270 百萬，其中，可供就業的平民人口數（亦即非屬任何公共團體的平民人口數）為 250 百萬，就業者有 100 百萬，失業者有 10 百萬，基於這份資料，對於失業率與勞動參與率之計算，下列何者為真？ (A) 失業率為 11.1%，參與率為 36% (B) 失業率為 10%，參與率為 44% (C) 失業率為 9.1%，參與率為 44% (D) 失業率為 4.0%，參與率為 66%。 （91 二技）

( ) 21. 如果短期總合供給曲線是陡峭的，則菲力普曲線 (Phillips Curve) 將會是： (A) 平坦的 (B) 陡峭的 (C) 向後彎曲的 (D) 與短期總合供給曲線的斜率無關。 （91 二技）

( ) 22. 假設某個經濟社會的菲力普曲線為：$\pi t - \pi t - 1 = 0.03 - 0.5ut$ 其中，π 表通貨膨脹率，u 表失業率，試問此經濟社會的自然失業率 (Natural Rate of Unemployment) 為： (A)0.03 (B)0.06 (C)0.12 (D)0.5。 （91 二技）

( ) 23. 農曆春節過後很多人想轉換工作，因為轉換工作的空檔產生了失業狀態，下列有關此類型失業的敘述，何者不正確？ (A) 這種失業為摩擦性失業 (B) 這類型失業與經濟不景氣有關 (C) 這種失業為短期現象 (D) 就業市場資訊越不完全，越會增加這類型失業。 （100 四技二專）

( ) 24. 下列敘述何者錯誤？ (A) 失業率與物價膨脹率之和，稱之為痛苦指數 (B) 循環性失業因有效需求不足，政府可使用降低租稅政策加以改善 (C) 短期菲力普曲線 (Phillips Curve) 隱含所得成長率與物價膨脹率呈正比關係 (D) 停滯性物價膨脹 (Stagflation) 隱含短期菲力普曲線是存在的。 （93 四技二專）

( ) 25. 下列何者不是控制通貨膨脹的政策？ (A) 加稅政策 (B) 貨幣升值政策 (C) 提高生產力政策 (D) 失業救濟政策。 （96 二技）

( ) 26. 若短期菲力普曲線 (Phillips Curve) 為 $\pi = \pi^e - 3(u - 0.06)$，其中 π 為實際物價上漲率，π^e 為預期物價上漲率，u 為實際失業率。請問自然失業率為： (A)4% (B)5% (C)6% (D)8%。 （93 二技）

( ) 27. 在既定期間，一國總人口數是 1320 萬人，適齡工作人口為 950 萬人，勞動人口為 730 萬人，失業人口為 50 萬人，該國之勞動參與率 (Labor-force Participation Ratio) 為： (A)55.3% (B)71.5% (C)72.0% (D)76.8%。

(93 二技)

( ) 28. 下列有關失業的敘述，何者正確？ (A) 在 1970 年代，石油價格上漲，使得需要消耗大量能源的傳統工業，生產結構改變，造成失業增加，這種失業稱為循環性失業 (B) 自然失業率等於循環性失業加結構性失業 (C) 人們經由「搜尋過程」(Searching Process) 找到合於自己的工作前，便處於摩擦性失業的狀態 (D) 自然失業率又稱為短期失業率。 (93 二技)

( ) 29. 若經濟體系中的失業率等於自然失業率，則下列敘述何者錯誤？ (A) 經濟體系中的失業為摩擦性失業 (B) 此失業率為長期穩定性的失業率 (C) 長期菲力普曲線 (Phillips Curve) 呈現垂直 (D) 經濟體系中的預期通貨膨脹率高於實際的通貨膨脹率。 (94 二技)

( ) 30. 貨幣學派認為貨幣政策不能改變長期均衡所得，主要基於： (A) 長期總合需求曲線無法移動 (B) 短期菲力普曲線無法移動 (C) 短期菲力普曲線為負斜率 (D) 長期菲力普曲線為垂直線。 (94 二技)

( ) 31. 若通貨膨脹都能正確被預測，則下列哪一群人能夠規避通貨膨脹所導致的損失？ (A) 訂有伸縮性條款契約的工人 (B) 現金持有者 (C) 領固定生活津貼者 (D) 債權人。 (94 二技)

( ) 32. 若某一國家某年之匯率貶值 19.04%，股價下跌 16.40%，利率變動率為 3.5%，物價上漲 5.5%，試問此國該年之金融痛苦指數為： (A)9% (B)26.44% (C)35.44% (D)38.94%。 (94 二技)

( ) 33. 下列何者不會影響自然失業率 (Natural Rate of Unemployment) 的高低？ (A) 社會產業結構改變 (B) 人口年齡結構改變 (C) 景氣循環 (D) 人們消費偏好改變。 (94 四技二專)

二、問答題

1. 假設我國的貨幣膨脹率有顯著升高的現象，有人說是因中央銀行貨幣供給量增加所致，有人則認為是因美伊戰爭，石油價格上漲所致，請以總供給(AS)及總需求(AD)曲線作圖分析：

   (1) 貨幣供給增加所引起的通貨膨脹。

   (2) 石油價格上升所引起的通貨膨脹。

   (3) 若去年我國的實質經濟成長率亦下降，則你（妳）認為哪一種說法較正確？
   (20%)

2. 何謂通貨膨脹(Inflation)？試分析近台各國通貨膨脹產生之主要因素？並請說明政府應採用何種方式因應？　　　　　　　　　　（100 靜宜管理碩士）

ECONOMICS
經濟學

CH
22

國際貿易理論與政策

第一節　我國經濟發展的引擎：對外貿易

第二節　國際貿易發生的原因與方向：古典貿易理論

第三節　現代比較利益理論：要素稟賦理論

第四節　貿易條件與貿易利益

第五節　貿易之均衡

第六節　貿易政策

歷屆試題

ECONOMIC$

　　過去台灣商人拎個手提包，行走全世界，推銷台灣製(Made in Taiwan)的產品，在他們胼手胝足的努力下，台灣產品行銷全世界，打出響亮的名聲，使台灣製的商品獲得國際的認同，這些企業家的努力，對國家經濟發展功不可沒。

　　早期台灣出口的產品主要是一些勞動密集的產品，例如鞋子、雨傘、衣服等，但是近來大陸與東南亞國家快速發展，我國出口產品則轉向以資本、技術密集產品為主，顯示我國在國際產業分工所扮演的角色亦隨著國際經濟環境的轉變，而有所調整。

　　台灣自然資源貧乏、市場狹小，是屬於淺碟型經濟，必須仰賴國外市場才可達到生產的規模經濟，國際貿易對台灣經濟不論在過去或未來，都將扮演舉足輕重的關鍵角色。本章主要在說明國際貿易發生的原因、方向、利得與政策。

第一節　我國經濟發展的引擎：對外貿易

　　美國一直是我國主要的出口市場，日本則為我國最主要的進口市場。因此，在國際產業分工上我國是進口日本機器設備、零件與原料，加工生產之後再輸往美國銷售。但是，因為東南亞與中國經濟的快速發展已有所改變。參照表22.1，美國雖然仍是我國最主要的出口市場，其出超比重已經下降。台灣對中國與東南亞出口比重則逐年上升。同樣的在進口方面，日本雖然仍是我國最主要的進口市場，其比重亦呈逐年下降的趨勢。反之，中國、東南亞的比重則逐年上升。近年來兩岸貿易重要性大幅提高。兩岸間貿易在中國對外開放之後，呈現大幅成長。尤其是台灣接單在中國生產之出口金額不小。2016年美國總統川普上任之後，美中貿易摩擦日益擴大，不少台商返台投資，或者轉往東南亞國家設廠，相關措施對台灣的國際貿易有何影響，尚待觀察。

　　參照表22.2，1990年代中國的開放政策，讓海峽二岸的經貿關係大幅拓展。在此期間，除了金融海嘯的衝擊之外，大致呈現穩定成長趨勢，而且台灣維持大幅出超。不過，美中貿易戰的衝擊，似乎也正在醞釀當中。

▼ 表22.1　台灣對世界主要國家進出口貿易值

單位：百萬美元；%

年(月)別	合計		中國與香港			美國			日本			歐洲			東協六國		
		年增率		構成比	年增率		構成比	年增率		構成比	年增率		構成比	年增率		構成比	年增率
98	205,663	-20.3	84,640	41.2	-15.8	23,707	11.5	-23.5	14,632	7.1	-18.1	22,726	11.0	-24.3	30,814	15.0	-21.5
99	278,008	35.2	116,220	41.8	37.3	31,675	11.4	33.6	18,645	6.7	27.4	29,546	10.6	30.0	42,317	15.2	37.3
100	312,923	12.6	125,971	40.3	8.4	36,558	11.7	15.4	19,242	6.1	3.2	31,427	10.0	6.4	52,133	16.7	23.2
101	306,409	-2.1	121,161	39.5	-3.8	33,224	10.8	-9.1	19,624	6.4	2.0	28,897	9.4	-8.1	57,088	18.6	9.5
102	311,428	1.6	125,305	40.2	3.4	32,630	10.5	-1.8	19,391	6.2	-1.2	27,906	9.0	-3.4	59,220	19.0	3.7
103	320,092	2.8	128,534	40.2	2.6	35,114	11.0	7.6	20,142	6.3	3.9	29,122	9.1	4.4	60,172	18.8	1.6
104	285,344	-10.9	112,540	39.4	-12.4	34,543	12.1	-1.6	19,592	6.9	-2.7	25,964	9.1	-10.8	51,639	18.1	-14.2
105	280,321	-1.8	112,277	40.1	-0.2	33,523	12.0	-3.0	19,551	7.0	-0.2	26,221	9.4	1.0	51,291	18.3	-0.7
106	317,249	13.2	130,213	41.0	16.0	36,942	11.6	10.2	20,782	6.6	6.3	29,155	9.2	11.2	58,573	18.5	14.2
107	335,909	5.9	138,347	41.2	6.2	39,693	11.8	7.4	23,082	6.9	11.1	31,570	9.4	8.3	58,202	17.3	-0.6

資料來源：財政部進出口貿易統計

▼ 表22.2　1989~2018年兩岸經貿統計表　　　單位(Unit)：百萬美元(US $million)，%

年 （月）別	貿易總值		出口		進口		出（入）超值	
	金額	增減比 %	金額	增減比 %	金額	增減比 %	金額	增減比 %
1989	144.38	--	--	--	144.38	--	-144.38	--
1990	341.69	136.65	0.03	--	341.66	136.63	-341.63	136.61
1991	597.63	74.91	0.10	262.13	597.53	74.89	-597.42	74.87
1992	748.11	25.18	1.05	905.98	747.06	25.03	-746.01	24.87
1993	1031.71	37.91	16.22	1443.73	1015.48	35.93	-999.26	33.95
1994	1990.31	92.91	131.62	711.25	1858.69	83.04	-1727.06	72.84
1995	3467.86	74.24	376.60	186.12	3091.26	66.31	-2714.66	57.18
1996	3683.15	6.21	623.35	65.52	3059.80	-1.02	-2436.44	-10.25
1997	4541.70	23.31	626.45	0.50	3915.24	27.96	-3288.79	34.98
1998	4945.07	8.88	834.65	33.23	4110.43	4.99	-3275.78	-0.40
1999	7062.99	42.83	2536.80	203.94	4526.19	10.12	-1989.39	-39.27
2000	10440.54	47.82	4217.43	66.25	6223.11	37.49	-2005.68	0.82
2001	10798.08	3.42	4895.29	16.07	5902.78	-5.15	-1007.49	-49.77
2002	18495.03	71.28	10526.74	115.04	7968.29	34.99	2558.44	-353.94
2003	33907.78	83.34	22890.30	117.45	11017.48	38.27	11872.82	364.06
2004	53140.56	56.72	36349.02	58.80	16791.54	52.41	19557.49	64.73
2005	63736.41	19.94	43643.32	20.07	20093.09	19.66	23550.24	20.42
2006	76590.50	20.17	51808.18	18.71	24782.33	23.34	27025.85	14.76
2007	90430.53	18.07	62416.41	20.48	28014.12	13.04	34402.30	27.29
2008	98273.50	8.67	66883.03	7.16	31390.47	12.05	35492.57	3.17
2009	78670.76	-19.95	54248.10	-18.89	24422.66	-22.20	29825.44	-15.97
2010	112879.65	43.48	76934.58	41.82	35945.08	47.18	40989.50	37.43
2011	127555.18	13.00	83959.40	9.13	43595.78	21.28	40363.62	-1.53
2012	121621.19	-4.65	80713.76	-3.87	40907.43	-6.17	39806.33	-1.38
2013	124376.06	2.27	81787.64	1.33	42588.41	4.11	39199.23	-1.53
2014	130158.22	4.65	82119.32	0.41	48038.90	12.80	34080.43	-13.06
2015	115392.43	-11.34	71209.42	-13.29	44183.01	-8.03	27026.41	-20.70
2016	117868.04	2.15	73878.36	3.75	43989.68	-0.44	29888.68	10.59
2017	139021.93	17.95	88980.54	20.44	50041.39	13.76	38939.15	30.28
2018	150544.34	8.29	96757.84	8.74	53786.50	7.48	42971.34	10.36

註：成長率係指較上年同期增減比例。
資料來源:經濟部國際貿易局。

第二節 國際貿易發生的原因與方向：古典貿易理論

國與國、地區與地區之間為什麼會發生貿易？以貿易方式來互通有無，會比自給自足的情況好嗎？由於世界各國經濟資源稟賦條件差異頗大，有的國家擁有大量的土地和人口，例如中國大陸，有利於生產需要**大量土地、勞動密集**(Land、Labor-intensive)的產品，如木材、鞋、雨傘和成衣等；另外有的國家有大量的資本，例如台灣和日本，則有利於生產要大量資本的**資本密集**(Capital-intensive)的產品，如電腦、機器和各種中間財貨等。

同時，由於各生產技術水準有所差異，有生產技術先進的美國、日本、德國等國家，亦有技術落後的東南亞、非洲等國家，各國依其本身技術條件各有其適合生產的產品，科技先進的國家適合生產高附加價值的產品，科技落後的國家則適合生產低附加價值的產品。

世界各國或不同地區在資源稟賦、技術水準存在的差異，使各個國家或不同地區生產的產品不同，國際間若依上述進行專業分工生產，再經過商品的貿易互通有無，將能夠開發各個國家的優勢，提升資源的使用效率，並有助於國家福利水準的提升。台北市土地相對的稀少，都用來蓋辦公大樓、住宅、已無法生產土地密集的蔬菜，因此，就由台北市外圍、或中南部土地相對豐富的地區生產蔬菜，供應台北市，而台北市則提供工商業各種服務。茲將解釋國際貿易發生原因的理論，茲分別敘述如下。

（一）絕對利益理論

絕對利益(absolute advantage)理論由**亞當‧斯密**(Adam Smith)提出，認為以相同的要素投入，若該國可以生產較多的產出，或以較少的資源，生產與他國相同的產量，則該國對該產品之生產具有絕對利益，該國應該專業化生產並出口該產品。

為了能夠凸顯國際貿易發生的原因，我們必須將複雜的實際現象加以簡化，故假設：

1. 只有兩個國家或地區，生產兩種產品。
2. 只有一種生產要素：勞動，且每個國家之勞動品質相同。

3. 國際間生產要素不能移動，但在國內可以。

4. 生產技術為固定規模報酬。

5. 兩國或地區已達充分就業。

假設台灣地區大陸地區對藥材與電腦的單位勞動產出臚列於表22.3。台灣地區1單位勞動的投入生產電腦，可生產4單位，大於大陸地區的2單位，所以台灣地區在生產電腦具有絕對利益。

同理，台灣地區1單位勞動的投入生產藥材，可生產5單位小於大陸地區的10單位，所以大陸地區在藥材的生產具有絕對利益。

因此，台灣地區應完全專業化生產電腦，並出口至大陸地區，而大陸地區則應專業化生產藥材，並出口至台灣地區。

▼ 表22.3　絕對利益與國際貿易

產　品	台灣地區	大陸地區
電　腦	4	2
藥　材	5	10

兩地區未從事貿易以前，必須將勞動分為兩個部分，從事電腦和藥材的生產，以求自給自足。假設兩國各自擁有勞動30單位，台灣地區以20單位勞動生產電腦，10單位生產藥材，則台灣地區可生產80單位電腦，50單位藥材（表22.4）；大陸地區則以20單位勞動生產藥材，10單位生產電腦，則可生產電腦20單位，藥材20單位；兩地區合計電腦生產了100單位，藥材生產了70單位。

▼ 表22.4　貿易前兩岸的生產量

產　品	台灣地區	大陸地區	世界總產量
電　腦	80	20	100
藥　材	50	20	70

但從事貿易以後，兩地區則可從事專業化生產，台灣地區在電腦的生產具絕對利益，應該專業生產電腦，並出口至大陸；大陸地區在藥材生產具絕對利益，故專

業生產藥材，並出口至台灣。則台灣地區可生產120單位的電腦，大陸地區則可生產300單位的藥材。經過分工專業化生產，世界在電腦的總產量增加20單位，藥材的總產量增加230單位(表22.5)。

▼ 表22.5　貿易後兩岸的生產量

產 品	台灣地區	大陸地區	世界總產量
電 腦	120	0	120
藥 材	0	300	300

(二) 比較利益理論

絕對利益理論認為各國將以具有絕對利益之產品為生產及出口的對象。那是不是如果有一個國家不幸的在任何產品上皆不具絕對利益，則沒有任何產品可以出口，貿易也就無從進行了？事實並非如此，針對此一問題，**李嘉圖**(David Ricardo)提出了**比較利益**(Comparative advantage)來解決。

李嘉圖認為一個優勢國家，應該生產相對優勢較大的產品並出口，而劣勢國家亦應該生產相對優勢較大或劣勢較小的產品並出口。因此，一國在國際貿易上，多種產品之生產都具有絕對利益，應該將生產要素集中於利益相對較高的產品的生產與出口，而不具絕對利益之國家，仍可選擇劣勢相對較小者來進行生產與出口。

例如表22.6台灣地區1單位勞動能生產8單位的電腦或10單位的藥材，而大陸地區1單位勞動能生產2單位的電腦或5單位的藥材。台灣地區電腦的生產力是大陸地區的4倍，藥材則是2倍，台灣地區兩種產品上皆具有絕對利益，但對台灣地區而言，生產電腦的優勢相對較大。

雖然大陸地區在兩種產品生產都不具絕對利益，但是大陸地區電腦的生產力是台灣地區的0.25倍，藥材則為0.5倍，可見大陸地區在藥材的生產劣勢較小。

由以上分析，得知依比較利益而言，台灣地區選擇利益較大的電腦專業化生產並出口，而大陸選擇劣勢較小的藥材專業化生產並出口。

▼ 表22.6　比較利益與國際貿易

產 品	台灣地區	大陸地區
電 腦	8	2
藥 材	10	5

　　兩岸各依比較利益進行專業分工，再經由貿易兩岸將同時獲利。貿易前假設兩岸各自擁有30單位勞動，並拿20單位勞動生產電腦，10單位生產藥材。台灣地區可生產160單位的電腦與100單位的藥材（表22.7），而大陸地區則生產40單位的電腦與50單位的藥材，兩岸總產量合計為電腦200單位，藥材150單位。

▼ 表22.7　貿易前兩岸產量

產　品	台灣地區	大陸地區	世界總產量
電腦	160	40	200
藥材	100	50	150

　　貿易之後，台灣專業化生產電腦，大陸地區專業化生產藥材，則世界的總產量可擴大為電腦240單位，藥材150單位（表22.8）。台灣地區向大陸地區出口電腦，進口藥材，大陸地區向台灣地區出口藥材，進口電腦。經過專業化分工生產之後，世界產量在電腦方面增加了40單位。

▼ 表22.8　貿易後兩岸產量

產　品	台灣地區	大陸地區	世界總產量
電腦	240	0	240
藥材	0	150	150

第三節　現代比較利益理論：要素稟賦理論

　　黑克夏－歐林(Heckscher-Qhlin)認為決定貿易型態的是要素稟賦條件的不同。由於一國以其所擁有的相對豐富自然資源與生產要素用於產品之生產，其生產成本將相對較便宜；以相對缺乏自然資源與生產要素生產之產品，其生產成本相對較昂貴。因此，在生產上若以本國較為充裕之資源與要素所生產之產品，每增加生產一單位，所須減少的另一產品的數量將比外國少，即本國的機會成本較外國低，故適合本國生產，並予以出口。此種依要素稟賦(Factor endowment)來決定貿易型態的理論稱為「要素稟賦理論」。

　　台灣地區資本較豐富，大陸地區則土地、勞動較豐富，根據要素稟賦理論，台灣地區應該出口資本密集的產品，例如電腦。大陸地區則出口土地、勞力密集產品，例如藥材。圖22.1台灣地區和大陸地區對電腦與藥材的生產可能曲線分別為$\overline{AA'}$與$\overline{BB'}$。如果台灣地區與大陸地區皆不生產藥材，只生產電腦，台灣地區可生產A'點，大陸地區生產B'，台灣地區可生產較多的電腦，故台灣地區資本相對大陸地區豐富，反之，同理可推得大陸地區勞動、土地相對台灣地區豐富。

　　假設貿易前，兩岸的生產組合點在E點，若是台灣減少$\overline{EI}$單位的藥材，台灣地區可增加$\overline{IH}$單位的電腦，而大陸地區則僅增加$\overline{IL}$單位，較台灣為少。台灣減少生產$\overline{DE}$的電腦產量，大陸地區可增加$\overline{FD}$單位的藥材，較台灣地區的$\overline{DG}$為多。可見，在E點，台灣地區增加電腦生產，減少藥材產量，大陸地區增加藥材生產，減少電腦產量，再透過貿易交換，則兩岸各自生產資源較豐富、機會成本較小的產品，再透過貿易交換，則兩產品總產量將因此而增加。

　　而兩岸分工各在F與H點會達到均衡，對兩岸而言，電腦與藥材的兌換比率（邊際轉換率MRT）已相等，此時，產量已達到最大。如果兩岸分工超過F與H點，則由於邊際轉換率一地區變的相對大，亦即減少的產品數量，無法由另一地區生產來彌補，反而使兩岸總產量下降。

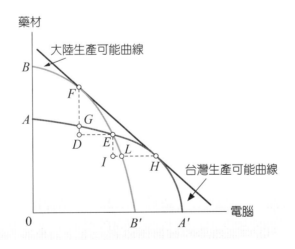

▲ 圖22.1　台灣地區與大陸地區生產可能曲線

第四節 貿易條件與貿易利益

當各國依比較利益生產各具優勢的產品，再透過貿易，使雙方互蒙其利。而兩國出、進口價格，牽涉到一國出口產品數量，可換取進口數量的多寡，亦即牽涉到產品在貿易國之間的分配數量。因此出、進口價格相對的高低，亦即**貿易條件**(Terms of trade; T.O.T)的高低，會影響到一國福利與貿易利益在兩國之間的分配。

一、貿易條件

所謂貿易條件即一國出口產品的國際價格與進口產品國際價格之比值。

$$T.O.T = \frac{P_X}{P_Y} \tag{1}$$

式中

T.O.T：貿易條件

P_x：出口產品國際價格

P_y：進口產品國際價格

貿易條件值越大，表示一定量的出口產品所能得的進口數量增加，稱為**「貿易條件好轉」**或稱**「貿易條件改善」**，對一國經濟有利。反之，當貿易條件值越小，表示一定量的出口產品換的進口數量減少，稱為**「貿易條件惡化」**，對一國經濟不利。

二、國內相對價格與國際貿易條件

進出口產品價格大小，需視產品買賣雙方購買、銷售意願來決定，因此貿易條件的決定範圍，會與交易雙方國內相對價格有關。假設台灣地區電腦(X)與藥材(Y)國內相對價格 $(\frac{P_X}{P_Y})$ 為 0.8，生產點在 E 點（圖 22.2），表示台灣地區一單位的電腦可以換取 0.8 單位藥材，或是一單位藥材可以換取 1.25 單位電腦。

另外，假設大陸地區在兩商品的相對價格 $(\frac{P_X}{P_Y})$ 為 2，生產均衡點為 F 點，表示在大陸地區一單位的電腦可以換取 2 單位藥材，或者一單位藥材可以換取 0.5 單位電腦。

由以上分析可知電腦在台灣地區相對較便宜,而藥材在大陸地區相對較便宜。因此,台灣地區將會出口電腦到大陸地區,而進口大陸地區的藥材;而大陸地區會出口藥材到台灣地區,而進口台灣地區的電腦。

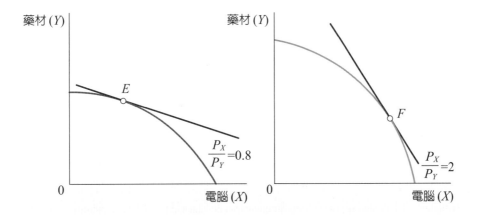

▲ 圖22.2　國內相對價格與國際貿易條件

但是,台灣地區出口一單位電腦可以換取0.8單位藥材,所以台灣地區若出口一單位的電腦所能換得藥材小於0.8單位,則台灣不願出口。而在大陸地區一單位電腦可以換取2單位藥材,所以大陸地區最多願意用2單位藥材換取一單位電腦,因此,台灣地區出口一單位電腦,最多只能換取2單位藥材,故台灣地區出口電腦貿易發生的條件,介於0.8與2之間:

$$0.8 \leq \text{T.O.T} \leq 2$$

同理,大陸地區貿易發生的條件,介於0.5與1.25之間:

$$0.5 \leq \text{T.O.T} \leq 1.25$$

由上述貿易條件之範圍可知,貿易條件必定介於兩岸貿易前,兩地區國內相對價格之間。

三、貿易條件與福利分配

由於貿易必介於兩國貿易的國內相對價格之間。因此,可推知貿易雖對兩國同屬有利,但兩國所得到利益之大小,將視貿易條件與貿易前國內均衡相對價格的差

距而定。當貿易條件越接近貿易對手國的貿易前相對價格時，本國所得到利益越大，對手國之利益越少；反之，若貿易條件越接近本國的貿易前相對價格時，則本國獲利越少，對手國由貿易所得到的利益越多。

假設台灣地區在兩產品的國內相對價格（$\frac{P_X}{P_Y}$）為 0.8，其生產消費均衡點為 E，福利水準為 U_0（圖 22.3）。若台灣地區出口電腦到大陸地區貿易條件為 1.5，則在此貿易條件下，台灣地區生產者為了追求收益最大，將增加電腦的生產，減少藥材的生產，而在 A 點達到新的生產均衡。然而，在此相對高的相對價格下，消費者會減少電腦的消費，增加藥材的消費，直到新的消費均衡點 B。

因此，在貿易條件為 1.5 的情況下，台灣地區電腦的產量為 X_1，藥材的產量為 Y_1，而電腦的消費量為 X_2，藥材的消費量為 Y_2。亦即台灣地區出口 $\overline{X_1 X_2}$ 單位的電腦，進口 $\overline{Y_1 Y_2}$ 單位的藥材。經過貿易之後，台灣地區的福利水準由 U_0 提升為 U_1。

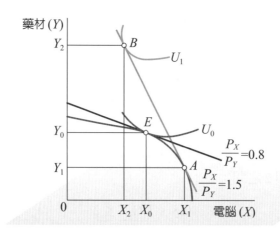

▲ 圖22.3　貿易與台灣地區福利

若貿易條件由 $\frac{P_X}{P_Y}=1.5$ 再上升至 $\frac{P_X}{P_Y}=2$，則社會福利將由 U_1 再上升至 U_2（圖 22.4），可見貿易條件改善，的確有提高台灣地區福利的作用。且貿易條件與貿易前的國際相對價格差距越大，也就是越接近貿易對手國的貿易前國內相對價格，對本國福利增加也越大。同時，也將導致台灣地區更專業生產電腦。

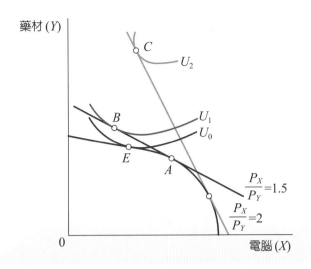

▲ 圖22.4　貿易條件改善與台灣地區的福利

第五節　貿易之均衡

　　進、出口產品均衡價格是由產品在國際市場供給與需求來決定，當進、出口產品價格決定之後，即可求得出口價格與進口價格比的貿易條件。圖22.5中(a)為台灣地區電腦供給(S_a)與需求(D_a)曲線圖形，當國際電腦價格為P_0時，供需相等無力出口，當國際價格高於P_0，則台灣地區有超額供給可供應國際市場，依此可構成圖22.5中(b)國際市場價格在P_0以上的電腦供給曲線(S)。

　　同理，圖20.5中(c)為大陸地區電腦供給(S_b)與需求(D_b)曲線圖形，當電腦國際價格為P_1時供需相等無須進口，當國際價格低於P_1，則大陸地區有超額需求須至國際市場進口電腦，依此可繪出圖22.5中國際市場價格在P_1以下的電腦需求曲線(D)。

　　國際市場電腦的供給(S)與需求(D)，決定電腦均衡國際價格P*，也是貿易後兩岸的國內價格，此時台灣地區出口$\overline{Q_1Q_2}$的電腦，大陸地區進口$\overline{Q_3Q_4}$的電腦，並且進出口量相等($\overline{Q_1Q_2}=\overline{Q_3Q_4}=Q*$)。

　　利用圖22.5可求出台灣地區電腦出口的均衡國際價格，我們亦可利用相同的分析法，求得台灣地區藥材進口的均衡國際價格，最後，則可依此進、出口價格求得均衡的貿易條件。

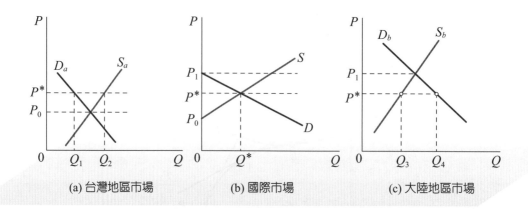

▲ 圖22.5　電腦產品出口供給與進口需求之均衡

第六節　貿易政策

　　台灣一向重視出口導向的發展策略，並視貿易為經濟成長的引擎，貿易的榮枯影響台灣經濟甚鉅，然而，貿易活動的進行，又受到政府貿易政策與體制的左右，尤其台灣現階段正朝向自由化與國際化的大方向前進，政府也已於民國九十一年一月加入**世界貿易組織(WTO)**，這些都將改變台灣經貿體制與政策，對貿易活動的影響深遠。貿易政策大致可區分為：(1)自由貿易政策，與(2)保護貿易政策。

一、自由貿易政策

　　自由貿易是指國與國之間商品的交換，不受政府干涉，亦無關稅的阻礙，各國依照市場經濟原則自由貿易。而**世界貿易組織(WTO)**的宗旨亦在促使貿易自由化，其中又以降低或撤除**關稅(Tariff)**障礙為達成貿易自由的重要手段之一。

　　若是台灣因應世界貿易自由化的趨勢，降低橫跨國境進口藥材的關稅t元，在降低關稅前，藥材的國內價格為P_0，台灣生產Q_1數量的藥材，進口$\overline{Q_1Q_2}$數量的藥材，消費者盈餘為ΔhbP_0，生產者盈餘為$\triangle P_0ag$（圖22.6）。

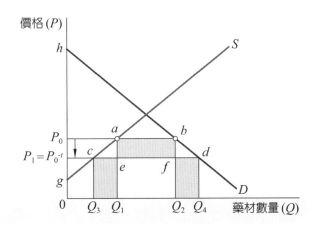

▲ 圖22.6　關稅與貿易自由化

在降低 t 元關稅之後，藥材國內價格下降為 P_1（而 $P_1=P_0-t$），台灣地區藥材生產量由 Q_1 降為 Q_3，藥材生產者的收入由 $P_0 \cdot Q_1$ 下降為 $P_1 \cdot Q_3$。消費者由於藥材價格下降，消費量由 Q_2 增加為 Q_4。進口數量由 $\overline{Q_1Q_2}$ 增加為 $\overline{Q_3Q_4}$，對國外生產者有利。政府稅收減少□abef（原進口量 $\overline{Q_1Q_2}$ 乘以關稅 t）。社會福利增加 △aec 與 △bdf。

因此，藥材關稅下降，對台灣地區藥材生產者不利，但是同時考慮消費者在內的社會福利卻有增進的作用。

二、保護貿易政策

保護貿易是指一國採取經濟的、政治的措施，特別是採取高關稅措施（其效果可由圖22.6中反向推理分析其效果），以保護國內工商業及其他利益。

最有名的保護貿易學說為**李士特(List)** 所提倡的**保護幼稚工業說**，認為一國選擇一些尚在發展起步階段，但具有前途的工業予以高關稅保護，以避免其遭受外國工業打擊，待其逐漸壯大之後，再逐年降低關稅，逐漸撤消保護。

另外其他的保護學說尚有：
1. 強調經濟自主與生產自給的**經濟自立或自給說**。
2. 保護本國人就業的**就業說**。
3. 維護本國人高工資的**高工資說**。
4. 防止外貨以低於其國內價格向本國**傾銷(Dumping)** 的不公平貿易。
5. 考慮一國國際收支處於赤字階段，所必須給予的保護措施。

採取保護貿易政策目前實施的方法可分成三類：

1. 採行保護關稅。

2. 對商品輸出入進行輸入許可或出口補貼等貿易管制。

3. 對外匯進行管制。

歷屆試題 Exercise

一、選擇題

( ) 1. 魯濱遜在荒島上,他每小時可摘 10 個椰子或抓一條魚。他的朋友每小時可摘 30 個椰子或抓二條魚。請問以下何者正確? (A) 以抓魚而言,魯濱遜具有絕對利益 (Absolute Advantage) (B) 以抓魚而言,魯濱遜具有比較利益 (Comparative Advantage) (C) 以摘椰子而言,魯濱遜具有絕對利益 (D) 以摘椰子而言,魯濱遜具有比較利益。 (90 二技)

( ) 2. 關於比較利益理論,下列敘述何者不正確? (A) 為經濟學家李嘉圖 (David Ricardo) 所提出 (B) 若 A 國生產稻米之於 B 國有絕對優勢,則 A 國生產稻米必定也比 B 國具有比較利益 (C) 若兩國各自生產具有比較利益的產品,則透過貿易可提升兩國的福利水準 (D) 比較利益是建立在機會成本的比較之上。 (98 二技)

( ) 3. 下列何者為貿易保護措施? (A) 課徵進口關稅 (B) 課徵加值型營業稅 (C) 失業補貼 (D) 開放外資流入。 (98 四技二專)

( ) 4. 根據比較利益法則,兩國之間分工的原則為何: (A) 相對優勢較小,相對劣勢較大 (B) 相對優勢較大,相對劣勢較小 (C) 相對優勢較小,相對劣勢較小 (D) 相對優勢較大,相對劣勢較大。 (98 四技二專)

( ) 5. 下列何者不是加入世界貿易組織 (WTO) 之規範? (A) 必須廢除關稅與非關稅之貿易障礙 (B) 各國產業之技術必須升級 (C) 無歧視性之國際貿易環境 (D) 經由談判逐步開放市場。 (101 四技二專)

( ) 6. 專業分工 (Specialization) 的利益,主要是因為何種利益所致? (A) 絕對利益 (Absolute Advantage) (B) 相對利益 (Comparative Advantage) (C) 不公平的利益 (Unfair Advantage) (D) 不存在的利益 (Non-exist Advantage)。

( ) 7. 如果甲國生產電腦的機會成本是乙國的 1/5,甲國生產成衣的機會成本是乙國的 1/3,則下列敘述何者正確? (A) 根據絕對利益法則,甲國應專業化生產電腦,乙國應專業化生產成衣 (B) 根據比較利益法則,甲國應專業化生產電

腦與成衣　(C) 兩國根據比較利益法則進行專業分工及國際貿易，兩國福利水準都會增加　(D) 若甲國貨幣升值，則甲國出口到乙國的電腦會增加。

（100 四技二專）

(　) 8. 下列何者不是一國從事國際貿易之可能效益？　(A) 自然資源稟賦之質與量皆可提升　(B) 廠商可藉由市場擴大，來進行大規模生產以享規模經濟之生產效益　(C) 增進就業機會以及國民所得　(D) 提高國家資源之使用率。

（101 四技二專）

(　) 9. 下列對於區域貿易組織的敘述，何者正確？　(A) 關稅同盟指區域內國家零關稅，區域外獨立關稅　(B) 自由貿易區指區域內國家自由貿易，區域外共同關稅　(C) 共同市場指區域內國家之生產要素可以自由流通　(D) 關稅同盟就是自由貿易區也是共同市場。　　　　　　　　　　　　　　　　　（96 二技）

(　) 10. 李斯特 (List) 保護貿易主要理論是：　(A) 發展本國市場　(B) 維持較高工資水準　(C) 保護幼稚工業　(D) 經濟自立自主說。

(　) 11. 假設投入一單位之勞力，於甲國可生產 1 瓶酒或 2 件衣服；而在乙國則可生產 2 瓶酒或 3 件衣服。根據比較利益法則，下列何項正確？　(A) 甲國應向乙國進口酒與衣服　(B) 甲國應向乙國出口酒與衣服　(C) 甲國應向乙國進口酒，但出口衣服至乙國　(D) 甲國應向乙國進口衣服，但出口酒至乙國。

（101 四技二專）

(　) 12. 假設甲國與乙國在生產過程只使用勞動生產要素，且兩國支付勞動工資相同。如果甲國生產一雙皮鞋需 10 單位的勞動，生產一套衣服需 15 單位的勞動；乙國生產一雙皮鞋需 8 單位的勞動，生產一套衣服需 11 單位的勞動。下列敘述何者正確？ (A) 乙國生產皮鞋與衣服都享有比較利益　(B) 依比較利益法則，兩國不會產生貿易行為　(C) 乙國生產皮鞋享有比較利益　(D) 甲國生產皮鞋享有比較利益。　　　　　　　　　　　　　　　　　　　　（93 四技二專）

(　) 13. 假設勞動是唯一的生產要素。若 A 國生產一單位小麥需要使用 1 個單位勞動，生產一單位稻米也需要 1 單位勞動；B 國生產一單位小麥需要使用 3 個單位勞動，生產一單位稻米則需要 6 單位勞動，可知：　(A)B 國生產小麥有絕對利益　(B)B 國生產小麥有比較利益　(C)B 國生產稻米有絕對利益　(D)B 國生產稻米有比較利益。　　　　　　　　　　　　　　　　　　　　　　　（93 二技）

（　）14. 小王一天能生產 20 個麵包或 5 個比薩，小花一天能生產 15 個麵包或 3 個比薩，則誰在生產哪一種商品上有比較利益？　(A) 小王在生產麵包上有比較利益，小花在生產比薩上有比較利益　(B) 小王在生產麵包和比薩上都有比較利益　(C) 小花在生產麵包上有比較利益，小王在生產比薩上有比較利益　(D) 小花在生產麵包和比薩上都有比較利益。　　　　　　　　（94 二技）

（　）15. 下列何者不是發生國際貿易的主要原因？　(A) 專業分工的利益　(B) 彰顯國家主權　(C) 資源分配不平均　(D) 地理環境差異。　　　　　（94 四技二專）

CH 23

國際金融：理論、制度與政策

第一節　國家對外關係的記錄：國際收支

第二節　外匯市場

第三節　國際收支失衡的調整

參考文獻

歷屆試題

ECONOMIC$

　　人不能遺世而獨立，每個人都有朋友，常常需要與他人交往，國家也是一樣，經由旅遊、探親、貿易或投資等活動，國與國之間的人民也互相接觸，而記錄此一往來情形的即是「國際收支平衡表」，由表中記載的各項資料，就可瞭解本國與他國往來的概況。在這表中我們還可以知道外資熱錢流入台灣炒作股票的情況、台灣地區人民到大陸探親熱絡的景象或出口產品競爭力的提升為國家賺取外匯的數額等。

　　兩國人民接觸所發生的收支，牽涉到兩國貨幣兌換的問題，由於台幣只能在台灣使用，要付給美國人錢，就必須將台幣兌換成美金，美國人才可在其國家中使用，反之美國人付錢給台灣人，就必須兌換成台幣才可以在國內買東西，因此，兩國貨幣可兌換金額的大小，視兩國貨幣兌換比率（匯率）高低而定。因此匯率的高低牽涉人民出國旅遊的意願，本國產品出口的競爭力、或出國留學的成本等，作為國際化社會的一員，我們須對台灣與國際社會接觸情形有所瞭解。本章首先介紹國際收支表，其次說明匯率的決定，最後闡述國際收支失衡的政策調整。

第一節　國家對外關係的記錄：國際收支

　　在開放經濟體系，國與國之間經由各種交易活動互相接觸和往來，也因此產生了國際間的收入與支出。而**國際收支平衡表**（Balance of International Payments accounts）則是記載本國與其他國家交易的會計記錄，亦即登錄在某一特定期間，本國居民與他國居民，雙方所有交易的完整記錄。本國居民是指永久居住於本地從事生產、消費等經濟活動的人民，因此居民不只是個人，也包括機關團體，諸如：公司行號、政府機構、宗教團體等也都是居民，而其與他國居民所從事的價值交換，諸如：商品與勞務的交易，金融或其他資產的移轉等，皆登錄於國際收支平衡表之中。

　　職是之故，台灣人雖然到美國旅行、留學，但仍是台灣居民，其在美國所支用的旅費、學費、生活費乃視為美國的出口，台灣的進口。美國駐台外交人員，雖然人在台灣，但是仍為美國居民，其在台灣的消費，視為美國的進口，台灣的出口。菲律賓女傭、勞工在台工作，其工作所提供的勞務，為菲國的出口，台灣的進口。法國**拜耳**(Bayer)總公司運貨至台灣的分公司，由於分公司在台生產屬於台灣居民，故視為台灣的進口，法國的出口。

台灣與他國經濟活動的國際收支平衡表，主要分為

1. **經常帳**(Current Account)：包括貨物、勞務（運輸、保險、觀光、投資所得）無償性移轉。
2. **資本帳**(Capital Account)：非生產性、非金融性資產之資本移轉，如專利權、商譽等。
3. **金融帳**：是由舊版國際收支平衡表之資本帳分離出來，主要分為直接投資、證券投資、其他投資三項，一般學界還是稱它為資本帳。
4. **誤差與遺漏淨額**。
5. **中央銀行準備資產變動**：中央銀行外匯存底的變動。

其構成原理，係基於複式簿記，每筆交易均區分為借貸，借方金額衡等於貸方金額，參照表23.1。

一、經常帳：國際收支的靈魂

經常帳是記錄所有商品與勞務的進出口、投資產生的所得與無償性移轉項目。凡是國際交易活動產生收入科目者登錄為貸方分錄，產生支出者則登錄借方分錄。另一方面，國際交易皆以外匯來進行收付，故產生收入交易活動將使一國外匯資產增加，外匯增加亦即資產增加記在借方，反之，支出將使一國外匯資產減少，則記在貸方。

以我國進出口為例，民國94年我國商品出口金額為188,408百萬美元，導致我國從他國獲得收入，使我國外匯資產增加，則會計分錄為：

借：外匯（中央銀行準備資產）188,408

貸：出口188,408

民國94年我國商品進口金額則為170,423百萬美元，我國須以外匯支付給他國，使我國外匯資產減少，則會計分錄為：

借：進口 170,423

貸：外匯（中央銀行準備資產）170,423

在民國94年商品出口減進口的商品貿易淨額為17,985百萬美元，即商品淨出口使我國外匯資產淨增加17,985百萬美元。而商品出口減進口的差額又可稱為**貿易餘**

▼ 表23.1 2005~2018年台灣的國際收支平衡表

單位：百萬美元

國際收支簡表（年資料）

BALANCE OF PAYMENTS — 1. ANALYTIC PRESENTATION(by Year)

	2005	2006	2007	2008	2009	2010	2011	2012	2013	2014	2015	2016	2017	2018
A 經常帳 1	14926	23137	32013	24801	40650	36832	37878	43168	49872	60438	74883	72779	82839	68262
商品：收入（出口）	206356	234756	258394	269621	215469	289382	325762	388344	382096	378961	336880	309965	349835	353446
商品：支出（進口）	181847	203326	219943	240470	176098	252368	286120	338773	327539	318771	263785	239318	268966	285713
商品貿易淨額	24509	31430	38451	29151	39371	37014	39642	49571	54557	60190	73095	70647	80869	67733
服務：收入（輸出）	18137	18780	22031	23340	20504	26663	30643	34546	36461	41491	40986	41355	45168	50359
服務：支出（輸入）	32457	32719	34818	34870	29604	37711	41895	52927	51663	52907	51669	51704	53847	57175
商品與服務收支淨額	10189	17491	25664	17621	30271	25966	28390	31190	39355	48774	62412	60298	72190	60917
初次所得：收入	17356	19338	23500	23277	20351	23265	24833	25022	24609	29211	28886	29469	34230	39248
初次所得：支出	8355	9757	13368	13299	7827	9689	11654	10429	11089	14754	13032	13824	19472	28577
商品、服務與初次所得收支淨額	19190	27072	35796	27599	42795	39542	41569	45783	52875	63231	78266	75943	86948	71588
二次所得：收入	3463	3837	4690	5519	4945	5278	5566	5509	6179	6661	6603	6915	7217	7624
二次所得：支出	7727	7772	8473	8317	7090	7988	9257	8124	9182	9454	9986	10079	11326	10950
B 資本帳 1	-46	-63	-25	-270	-50	-49	-36	-24	67	-8	-5	-9	-12	63
資本帳：收入	1	4	3	3	2	5	3	4	103	29	15	17	14	86
資本帳：支出	47	67	28	273	52	54	39	28	36	37	20	26	26	23
經常帳與資本帳合計	14880	23074	31988	24531	40600	36783	37842	43144	49939	60430	74878	72770	82827	68325
C 金融帳 1	-2340	19601	38932	1641	-13488	339	32027	31501	41089	50461	66976	59758	70955	51921
直接投資：資產	6028	7399	11107	10287	5877	11574	12766	13137	14285	12711	14709	17946	11552	18024
股權和投資基金	5971	6863	11157	10320	5901	11634	12669	13153	14282	12690	13649	16913	10736	17397
債務工具	57	536	-50	-33	-24	-60	97	-16	3	21	1060	1033	816	627
直接投資：負債	1625	7424	7769	5432	2805	2492	-1957	3207	3598	2828	2391	9261	3291	6998
股權和投資基金	1493	7034	6738	4874	3685	2779	-2012	3341	3643	2933	2478	7342	4781	7195
債務工具	132	390	1031	558	-880	-287	55	-134	-45	-105	-87	1919	-1490	-197
證券投資：資產	33902	40779	44966	-3527	31699	33487	19503	45710	37082	57096	56340	81463	81817	68798
股權和投資基金	12464	18467	35697	4573	21197	12274	2078	16933	6095	20328	6922	6445	14998	10525

▼ 表 23.1 台灣的國際收支平衡表（續）

單位：百萬美元

BALANCE OF PAYMENTS — 1. ANALYTIC PRESENTATION(by Year)
國際收支簡表（年資料）

	2005	2006	2007	2008	2009	2010	2011	2012	2013	2014	2015	2016	2017	2018
債務證券	21438	22312	9269	-8100	10502	21213	17425	28777	30987	36768	49418	75018	66819	58273
證券投資：負債	31045	21814	4904	-15777	21372	12823	-16188	3214	7953	13055	-858	2643	3885	-11897
股權和投資基金	34826	22662	5599	-15418	19427	9986	-14924	2908	9591	13792	1658	5325	4211	-11110
債務證券	-3781	-848	-695	-359	1945	2837	-1264	306	-1638	-737	-2516	-2682	-326	-787
衍生金融商品	965	965	289	-1589	-852	-577	-1038	-391	-838	-546	2195	1700	-503	1638
衍生金融商品：資產	-947	-1930	-3691	-7938	-5344	-4497	-5777	-4771	-6055	-5977	-11227	-11166	-11505	-16748
衍生金融商品：負債	-1912	-2895	-3980	-6349	-4492	-3920	-4739	-4380	-5217	-5431	-13422	-12866	-11002	-18386
其他投資：資產	6254	1266	6847	-10621	-25663	-12317	7988	-5312	47505	11869	-16648	-7327	11586	-19073
其他股本	--	--	--	--	--	--	--	3	7	8	8	9	6	5
債務工具	6254	1266	6847	-10621	-25663	-12317	7988	-5315	47498	11861	-16656	-7336	11580	-19078
其他投資：負債	16819	1570	11604	3254	372	16513	25337	15222	45394	14786	-11913	22120	26321	22365
其他股本	--	--	--	--	--	--	--	--	--	--	--	--	--	--
債務工具	16819	1570	11604	3254	372	16513	25337	15222	45394	14786	-11913	22120	26321	22365
經常帳＋資本帳－金融帳	17220	3473	-6944	22890	54088	36444	5815	11643	8850	9969	7902	13012	11872	16404
D 誤差與遺漏淨額	2836	2613	2924	3384	38	3729	424	3841	2468	3046	7109	-2349	595	-3905
E 準備與相關項目	20056	6086	-4020	26274	54126	40173	6239	15484	11318	13015	15011	10663	12467	12499
準備資產 2	20056	6086	-4020	26274	54126	40173	6239	15484	11318	13015	15011	10663	12467	12499
基金信用的使用及自基金的借款	--	--	--	--	--	--	--	--	--	--	--	--	--	--
特殊融資	--	--	--	--	--	--	--	--	--	--	--	--	--	--

資料來源：中央銀行

額(Balance of Trade)，差額若為正值表示**貿易順差**(Surplus)，反之，差額若負值表示**貿易逆差**(Deficit)，差額若為零表示貿易平衡(Equilibrium)。另外有關勞務的進出口、投資所得的收支、無償移轉收支等，其計帳原理亦同。

經常帳是國際收支的最主要構成部分，關係一國經濟榮枯，我國一向在商品貿易上享有大量順差，出口關係我經濟成長甚鉅。我國投資外國有價證券，及其他資產的利息與紅利所得歷年亦呈現順差。另一方面，勞務與無償移轉帳上卻逆差，其中旅遊與民間移轉支出金額差額逐年擴大，這與政府開放大陸旅遊與探親有關。

二、資本帳、金融帳：國際資金的移動

國與國之間的活動，並非只有商品與勞務的貿易活動而已，尚有一些金融交易，包括：

1. **直接投資與證券投資**。

2. **短期資本**。

直接投資指一國居民對另一國企業進行投資，如台灣廠商至大陸地區投資設廠。本國居民對外國進行直接投資，導致資本流出，外匯資產減少，故記借方；反之，外國居民對本國進行直接投資，導致資本流入，外匯資產增加，故記貸方。假設台商至大陸地區投資金額為2,678百萬美元，則會計分錄為：

借：直接投資2,678

貸：外匯（中央銀行準備資產）　2,678

而民國90年外國對我直接投資金額為4,109百萬美元，則會計分錄為：

借：外匯（中央銀行準備資產）　4,109

貸：直接投資4,109

證券投資指兩國居民對期限一年以上之證券交易。本國居民購買外國長期證券，導致資本流出，外匯資產減少，故記借方；反之，外國居民購買本國長期證券，資本流入，外匯資產增加，記貸方。民國90年我國購買外國長期證券金額淨額為11,136百萬美元，亦即對外證券投資，導致我國資金淨流出11,136百萬美元。直接投資與證券投資同屬於**長期資本移動**(Long-term Capital Flows)。

　　短期資本指兩國居民對期限一年以下的證券交易、外匯交易、以及存款、貸款、商業票據、應收帳款等短期資金的移動。本國居民購買外國短期證券、外匯或短期資金外流，導致外匯資產減少，故記借方，反之，外國居民購買本國短期證券、外匯或短期資金內流，導致外匯資產增加，故記貸方。短期資本的流動主要是為便利商業貿易的融資、賺取利率差額或投機而產生，例如民國75年股市飆漲、台幣升值，導致大量投機性的**熱錢**(hot money)流入，而使當年短期資本帳呈現順差8,520百萬美元。民國84年則短期資本淨流出6,889百萬美元。目前較新版國際收支平衡表已不再區分長期資本、短期資本的證券投資，而是全部列為證券投資項。

　　民國80年我國資本帳逆差2,227百萬美元，到了民國84年我國資本帳逆差大幅增加至8,116百萬美元，較民國80年增加了3.6倍，我國已由過去需要外資的資本流入國，轉變成可提供其他國家發展資金的資本流出國，意義不同凡響。

三、誤差與遺漏淨額

　　此項為修正項目，由於國際間經濟活動繁雜，登錄不易，誤差與遺漏難免，故留此項目給予修正，以反應國際收支的正確原貌。

四、中央銀行準備資產之變動

　　中央銀行準備資產主要指可用來清算國際債務的流動資產，包括黃金、外匯、國際貨幣基金準備部分及特別提款權，由於我國非為國際貨幣基金(IMF)會員，故對我而言國際準備資產主要為黃金和外匯。國際收支表經過誤差與遺漏項目調整後，即一至三項結果，如果貸方大於借方，表示本國國際收支產生**盈餘或順差**(Balance of Payments Surplus)，外國中央銀行須將國際準備資產移轉給本國中央銀行，而使國際收支總借貸相等。如果貸方小於借方，表示本國國際收支產生**赤字或逆差**(Balance of Payments Deficit)，本國中央銀行須將國際準備資產移轉給外國中央銀行。如果貸方等於借方，則表示本國國際收支平衡。

　　即：經常帳餘額＋資本額（金融帳）餘額

　　　　＝國際收支餘額＝中央銀行外匯存底的變動額

　　我國國際收支由中央銀行歷年來資料得知，我國自1981年以來台灣的經常帳皆有盈餘。再加過去外人來台投資（含直接、證券與其他投資）多超過國人的對外投

資，故資本與金融帳經常呈現順差；但自1998年起，國人的對外投資金額皆大於外資來台投資金額。在國際收支方面，除了1988~1990三年，以及1995年（該年中共武力威脅，造成鉅額資本流出）與1997年(受到東亞金融風暴波及)，其餘年度皆有順差。

更有關台灣的國際競爭力，我們可由國際收支平衡表（表23.1）中發現：商品貿易淨額由民國1996年的17,543百萬美元，下降至2000年的13,674百萬美元，此段時間我國出口商品競爭力逐漸下降，但2001年又大幅上升至19,878百萬美元，顯示我國努力提升出口商品競爭力的成效。

另外從表23.1中發現：1995~2001年間，我國對外直接投資金額皆大於外國人來台直接投資金額，但自1995年以來（1998年除外），外國人來台直接投資的金額由1995年的1,559百萬美元逐年上升，至2001年已達到4,109百萬美元，顯示我國投資環境已逐漸提升。

💲 第二節　外匯市場

一、外　匯

根據中央銀行出版的「中央銀行之制度與功能」一書中的解釋，外匯存底為「一個貨幣當局以挹注國際收支逆差所可動用的外幣資產」。因此一國的外匯即其所保有外國通貨或是對外國通貨的請求權，保有數額就是該國的外匯存底。

參照表23.2，民國108年我國所持有的外匯存底約4500億美元，中國外匯存底列世界第一，約三兆美元。由於我國非國際貨幣基金會(IMF)員國，在國家遭遇危難時，無法向IMF融資疏困，故保有高額的外匯存底，在國家安全上有其必要，同時央行可積極運用外匯資產：(1)提供外匯參與外幣拆款市場，使我國成為區域性的金融中心。(2)部分外匯存放在本國銀行海外分行，以協助國內銀行拓展國際金融業務。(3)提供國內公民營企業投資所需外匯，協助企業海外投資、購併，以加速我國經濟成長。但是大量累積外匯，也會產生一些後遺症：(1)導致貨幣供給量增加，對通貨膨脹造成壓力。(2)造成新台幣面臨升值壓力。(3)引起國際對我開放市場壓力或導致其他國家保護主義盛行。

很多國家把外匯存底的多寡，當作是經濟表現的一環，其實這是不正確的作法。如果累積大量的外匯存底卻沒有好好利用，再多的外匯也是枉然。

▼ 表23.2　主要國家外匯準備　　　　　　　　　　　　　　　　單位：億美元

年月（底）	中華民國	中國	日本	俄羅斯	韓國	美國	德國
93年	2,417	6,099	8,243	1,037	1,990	429	399
94年	2,533	8,189	8,288	1,370	2,096	376	398
95年	2,661	10,663	8,746	2,147	2,383	408	377
96年	2,703	15,282	9,480	3,862	2,627	458	408
97年	2,917	19,460	10,033	4,062	2,010	421	386
98年	3,482	23,922	9,966	3,989	2,657	458	369
99年	3,820	28,473	10,358	4,260	2,875	475	374
100年	3,855	31,811	12,208	4,346	2,984	522	381
101年	4,032	33,116	11,931	4,719	3,177	505	380
102年	4,168	38,213	12,024	4,530	3,364	427	387
103年	4,190	38,430	11,997	3,277	3,547	422	372
104年	4.260	33,304	11,795	3,094	3,585	392	364
105年	4,342	30,105	11,583	3,080	3,612	390	369
106年	4,515	31,399	12,021	3,3465	3,790	428	374
107年	4,618	30,727	12,090	3,710	3,926	419	364

資料來源：中央銀行

二、匯　率

由於每一個國家都有自己流通的貨幣，例如美國使用美元，我國使用新台幣，在交易時，就會有貨幣兌換的問題，例如台灣出口商賺取的美元必須兌換成為新台幣，才可在國內使用。而本國貨幣與他國貨幣的兌換比率即為**匯率**(Exchange Rate)。匯率的表示方法有兩種：(1)直接報價法，又稱價格報價法，亦稱應收匯率（又稱美式報價法）：指他國一單位貨幣所能換取本國多少單位貨幣，又稱**直接匯率**(Direct Rate)。例如1美元可兌換35元新台幣，則美元兌新台幣的匯率為35。我國中央銀行金融統計月報所公布匯率統計數值皆以此法表示。(2)間接報價法，又稱數量報價法或稱應付匯率（又稱歐式報價法）：指本國一單位貨幣所能換取他國多少單位貨幣，又稱**間接匯率**(Indirect Rate)。例如1元新台幣可兌換1/35美元，則美元兌新台幣的匯率為35。

▼ 表 23.3　世界各國匯率

以美元為報價幣

年平均	新台幣 NTD/USD	日圓 JPY/USD	英鎊 USD/GBP	港幣 HKD/USD	韓元 KRW/USD	加拿大幣 CAD/USD	新加坡元 SGD/USD	人民幣 CNY/USD	澳幣 USD/AUD	印尼盾 IDR/USD	泰銖 THB/USD	馬來西亞幣 MYR/USD	菲律賓披索 PHP/USD	歐元 USD/EUR
1980	36.000	226.74	2.3263	4.9761	607.4	1.1692	2.1412	1.4984	1.1395	627.0	20.476	2.1769	7.511	--
1981	36.840	220.54	2.0279	5.5893	681.0	1.1989	2.1127	1.7045	1.1493	631.8	21.820	2.3041	7.900	--
1982	39.110	249.08	1.7505	6.0699	731.1	1.2337	2.1400	1.8925	1.0174	661.4	23.000	2.3354	8.540	--
1983	40.060	237.51	1.5170	7.2652	775.7	1.2324	2.1131	1.9757	0.9024	909.3	23.000	2.3213	11.113	--
1984	39.600	237.52	1.3363	7.8180	806.0	1.2951	2.1331	2.3200	0.8796	1,025.9	23.639	2.3436	16.699	--
1985	39.850	238.54	1.2963	7.7908	870.0	1.3655	2.2002	2.9367	0.7008	1,110.6	27.159	2.4830	18.607	--
1986	37.820	168.52	1.4670	7.8033	881.5	1.3895	2.1774	3.4528	0.6709	1,282.6	26.299	2.5814	20.386	--
1987	31.770	144.64	1.6389	7.7983	822.6	1.3260	2.1060	3.7221	0.7009	1,643.9	25.723	2.5196	20.568	--
1988	28.590	128.15	1.7814	7.8060	731.5	1.2307	2.0124	3.7651	0.7842	1,685.7	25.294	2.6188	21.095	--
1989	26.400	137.96	1.6397	7.7999	671.5	1.1840	1.9503	3.7651	0.7925	1,770.1	25.702	2.7088	21.737	--
1990	26.890	144.79	1.7847	7.7898	707.8	1.1668	1.8125	4.7832	0.7813	1,842.8	25.586	2.7049	24.311	--
1991	26.809	134.71	1.7694	7.7712	733.4	1.1457	1.7276	5.3234	0.7791	1,950.3	25.517	2.7501	27.479	--
1992	25.163	126.65	1.7655	7.7406	780.7	1.2087	1.6290	6.5270	0.7353	2,029.9	25.400	2.5474	25.513	--
1993	26.382	111.20	1.5020	7.7356	802.7	1.2901	1.6158	8.6805	0.6801	2,087.1	25.320	2.5741	27.120	--
1994	26.455	102.21	1.5316	7.7284	803.4	1.3656	1.5274	8.6187	0.7317	2,160.8	25.150	2.6243	26.417	1.1886
1995	26.476	94.06	1.5785	7.7358	771.3	1.3724	1.4174	8.3514	0.7415	2,248.6	24.915	2.5044	25.715	1.3081
1996	27.458	108.78	1.5617	7.7343	804.5	1.3635	1.4100	8.3142	0.7830	2,342.3	25.343	2.5159	26.216	1.2680
1997	28.662	120.99	1.6377	7.7421	951.3	1.3846	1.4848	8.2898	0.7440	2,909.4	31.364	2.8132	29.471	1.1341
1998	33.445	130.91	1.6564	7.7453	1,401.4	1.4835	1.6736	8.2790	0.6294	10,013.6	41.359	3.9244	40.893	1.1200
1999	32.266	113.91	1.6182	7.7575	1,188.8	1.4857	1.6950	8.2783	0.6453	7,855.2	37.814	3.8000	39.089	1.0654
2000	31.225	107.77	1.5161	7.7912	1,131.0	1.4851	1.7240	8.2785	0.5823	8,421.8	40.112	3.8000	44.192	0.9213
2001	33.800	121.53	1.4400	7.7988	1,291.0	1.5488	1.7917	8.2771	0.5176	10,260.9	44.432	3.8000	50.993	0.8948
2002	34.575	125.39	1.5013	7.7989	1,251.1	1.5693	1.7906	8.2770	0.5433	9,311.2	42.960	3.8000	51.604	0.9411
2003	34.418	115.93	1.6344	7.7868	1,191.6	1.4011	1.7422	8.2770	0.6485	8,577.1	41.485	3.8000	54.203	1.1286
2004	33.422	108.19	1.8318	7.7880	1,145.3	1.3010	1.6902	8.2768	0.7354	8,938.9	40.222	3.8000	56.040	1.2417
2005	32.167	110.22	1.8204	7.7773	1,024.1	1.2118	1.6644	8.1943	0.7637	9,704.7	40.220	3.7871	55.085	1.2436
2006	32.531	116.30	1.8426	7.7678	954.8	1.1344	1.5889	7.9734	0.7530	9,159.3	37.882	3.6682	51.314	1.2545

▼ 表 23.3　世界各國匯率（續）

以美元為報價幣

年平均	新台幣 NTD/USD	日圓 JPY/USD	英鎊 USD/GBP	港幣 HKD/USD	韓元 KRW/USD	加拿大幣 CAD/USD	新加坡元 SGD/USD	人民幣 CNY/USD	澳幣 USD/AUD	印尼盾 IDR/USD	泰銖 THB/USD	馬來西亞幣 MYR/USD	菲律賓披索 PHP/USD	歐元 USD/EUR
2007	32.842	117.75	2.0017	7.8014	929.3	1.0741	1.5071	7.6075	0.8368	9,141.0	34.518	3.4376	46.148	1.3687
2008	31.517	103.36	1.8532	7.7868	1,102.0	1.0670	1.4149	6.9487	0.8388	9,699.0	33.313	3.3358	44.323	1.4648
2009	33.049	93.57	1.5645	7.7518	1,276.9	1.1431	1.4545	6.8314	0.7799	10,389.9	34.286	3.5245	47.680	1.3892
2010	31.642	87.78	1.5461	7.7692	1,156.1	1.0302	1.3635	6.7703	0.9173	9,090.4	31.686	3.2211	45.110	1.3244
2011	29.464	79.81	1.6036	7.7840	1,108.3	0.9895	1.2578	6.4615	1.0315	8,770.4	30.492	3.0600	43.313	1.3901
2012	29.614	79.79	1.5853	7.7564	1,126.5	0.9992	1.2497	6.3123	1.0354	9,386.6	31.083	3.0888	42.229	1.2849
2013	29.770	97.60	1.5645	7.7560	1,094.9	1.0298	1.2513	6.1958	0.9654	10,461.2	30.726	3.1509	42.446	1.3277
2014	30.368	105.94	1.6474	7.7541	1,053.0	1.1061	1.2671	6.1434	0.9014	11,865.2	32.480	3.2729	44.395	1.3267
2015	31.898	121.04	1.5290	7.7518	1,131.2	1.2791	1.3748	6.2275	0.7513	13,389.4	34.248	3.9055	45.503	1.1091
2016	32.318	108.79	1.3555	7.7623	1,160.4	1.3254	1.3815	6.6445	0.7434	13,308.3	35.296	4.1483	47.492	1.1062
2017	30.439	112.17	1.2870	7.7933	1,130.4	1.2977	1.3809	6.7588	0.7664	13,380.8	33.940	4.3004	50.404	1.1269
2018	30.156	110.42	1.3341	7.8385	1,100.6	1.2958	1.3488	6.6160	0.7472	14,236.9	32.310	4.0351	52.661	1.1804

資料來源：中央銀行

除了少數國家因為幣值比美金高，而以美金作為報價基準之外，其餘多數國家之匯率下降表示本國貨幣升值。參照表23.3，2016年匯率為32.318，2018年的則為30.156，表示原先要32.318元新台幣才可兌換1美元，現在只要30.156元新台幣就可兌換1美元。新台幣價值上升（升值），就代表美元價值下降（貶值）。1980年代台幣匯率緊盯美元。因為貿易順差日益擴大，導致外匯存底急遽增加，再加上美國的壓力，使台幣在1986~1987年時強力升值。英國近年則因為脫離歐盟的危機，讓英鎊承受貶值壓力。

一國匯率下降，本國貨幣升值，對進口有利出口不利，例如本國人到美國旅遊，在美國的消費視為我國的進口，在民國82年其出國由要用26.63元新台幣才可買到1美元價值的商品或勞務，現在卻要35元新台幣就才買到，可見貨幣貶值使旅遊者購買力降低，有促進我國出口之效果。反之，美國人到我國旅遊，在我國的消費視為我國的出口，在民國82年美國人在台灣1美元可以買到26.63元新台幣價值的商品或勞務，現在卻能買到35元價值的商品或勞務，可見新台幣貶值使美國旅遊者購買力增強，有增加我國出口之效果。

一國匯率上升表示本國貨幣貶值，例如表23.3民國86年匯率為28.662，93年匯率為33.422，表示原先只要28.66元新台幣就可兌換1美元，現卻要33.42元新台幣才可兌換1美元，可見新台幣價值下降（貶值），美元價值上升（升值）。由於美元升值美國人對我國商品或勞務購買力上升，這對我國出口有利；反之，新台幣貶值，本國人對外國商品或勞務購買力減弱，對我國進口不利。

三、外匯市場

（一）外匯市場的供給、需要與均衡匯率

外匯亦如其他商品一樣存在外匯市場的供給與需求，而匯價即匯率，在國際收支表中貸方所表示收入的項目，即是外匯供給的來源：

1. 對外貿易的出口，包括商品，勞務的出口。
2. 本國居民提供給外國居民運輸的收入。
3. 外國居民來我國旅行、留學、經商等，停留期間的開支。
4. 本國居民對外國投資的所得收入。
5. 外國居民對我國居民的贈與或援助的無償性移轉收入。
6. 外國居民對我國直接投資或證券投資的長期資本流入。

7. 外國居民購買我國的短期金融資產對本國從事短期放款的短期資本流入。

8. 中央銀行為了調節匯率而出售外匯。

　　由於匯率上升，新台幣貶值，對出口有利，使出口增加，外匯收入增加，導致外匯供給量的增加；反之，匯率下降，新台幣升值，對出口不利，使出口減少，外匯收入減少，導致外匯供給量的減少。因此，匯率(e)與外匯供給量呈正向關係。

▼ 表23.4　匯率與進出口短期關係

匯率	新台幣	出口	進口
上升	貶值	有利	不利
下降	升值	不利	有利

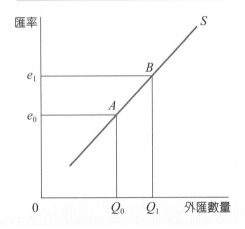

▲ 圖23.1　外匯供給曲線

　　同樣的在國際收支表中借方所表示支出的項目，即是外匯需求的來源：

1. 對外貿易的進口，包括商品，勞務的進口。

2. 外國居民提供給本國居民運輸的收入。

3. 本國居民到外國旅行、留學、經商等，停留期間的開支。

4. 外國居民在我國投資的所得收入。

5. 本國居民對外國居民的贈與或援助的無償性移轉支出。

6. 本國居民對外國直接投資或證券投資的長期資本流出。

7. 本國居民購買外國的短期金融資產對本國從事短期放款的短期資本流出。

8. 中央銀行為了調節匯率而買進外匯。

　　由於匯率上升，新台幣貶值，對進口不利，使進口減少，外匯支出減少，導致外匯需求量的減少；反之，匯率下降，新台幣升值，對進口有利，使進口增加，外匯支出增加，導致外匯需求量的增加。因此、匯率與外匯需求量呈反向關係。

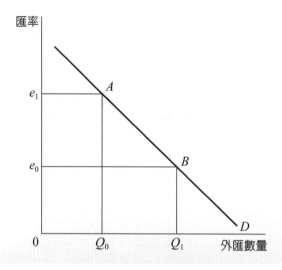

▲ 圖23.2　外匯需求曲線

　　外匯市場的均衡匯率則由外匯市場的供需來決定，當外匯供給等於外匯需求，則可決定均衡匯率e_0，外匯交易量為Q_0：

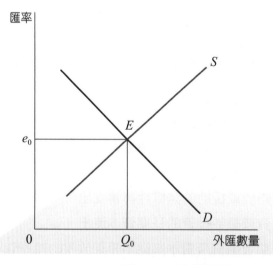

▲ 圖23.3　均衡匯率

匯率會隨外匯供需變動而波動，例如我國向美國購買F-16戰鬥機，外匯需求由
D_0增加至D_1（圖23.4(a)），將造成匯率由e_1上升至e_0，新台幣貶值。同理，我國出
口暢旺，外匯供給由S_0增加至S_1（圖23.4(b)），將造成匯率由e_0下降至e_1，新台幣升
值。另外，在外匯市場上足以操控匯率走向的是中央銀行，央行可在外匯市場透過
賣出、買進外匯的方式影響外匯市場的供需，當央行賣出外匯將使外匯供給增加，
使匯率下跌，反之，當央行買進外匯將使外匯需求增加，使匯率上升。央行買賣外
匯主要的目的在避免匯市受到不當因素的干擾（例如兩岸軍事對峙衝突升高），造成
匯率的波動，影響正常的經濟貿易活動。

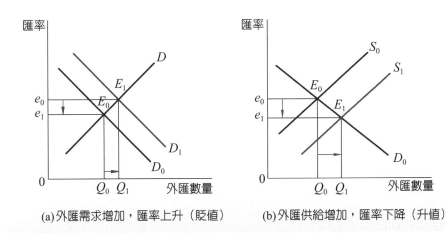

(a)外匯需求增加，匯率上升（貶值）　　(b)外匯供給增加，匯率下降（升值）

▲ 圖23.4　匯率的波動

茲將影響匯率變動的一些主要因素分別敘述如下：

1. 國際收支

根據**國際收支說**（The Balance of Payment Approach），均衡匯率由外匯供
需來決定。當國際收支盈餘時，有超額外匯供給，匯率下跌，本國貨幣升值；反
之，當國際收支赤字時，有超額外匯需求，匯率上升，本國貨幣貶值。

2. 通貨膨脹率

根據**購買力平價說**(Purchasing Power Parity Theory；PPP)，均衡匯率是由
兩個貨幣購買力來決定。匯率(e)為本國物價水準(P_d)與外國物價水準(P_f)之比：

$$e = \frac{P_d}{P_f} \tag{1}$$

根據(1)式假設同一物品在美國賣0.7美元,在台灣賣21元台幣則匯率為30(=21/0.7),(1)式若以變動率表示,則均衡匯率變動率($\dot{e}$)為本國物價水準變動率($\dot{P}_d$)與外國物價水準變動率($\dot{P}_f$)之差:

$$\dot{e} = \dot{P}_d - \dot{P}_f \tag{2}$$

匯率是隨兩國物價水準變動比率而調整,換言之,當本國物價上漲率大於外國物價上漲率,匯率會上升,表示本國貨幣購買力下降,亦即本國貨幣相對貶值;反之,當本國物價上漲率小於外國物價上漲率,匯率會下降,本國貨幣相對升值。假設過去一年我國通貨膨漲率為10%,美國通貨膨漲率為3%,則根據購買力平價說新台幣應對美元貶值7%。

3. 利率差距

根據**利率平價理論**(Interest Rate Parity Approach),兩國利率差距大小會影響兩國匯率,當利率相對上升,國際資金見有利可圖,資金流入,使外匯供給增加,匯率下降,本國貨幣升值;反之,當利率相對下降,資金外流,外匯需求增加,匯率上升,本國貨幣貶值。

4. 貨幣供給量

根據貨幣學派的**利率理論**(The Monetary Approach),若一國貨幣供給大於貨幣需求,會使利率下跌,促使資金外流,另一方面,過多的貨幣追逐過少的物資,會使物價上漲,使本國生產成本提高,不利於出口有利於進口,匯率上升,本國貨幣貶值;反之,貨幣供給小於貨幣需求,導致匯率下降,本國貨幣升值;故當貨幣供需相等時,國際收支方能達成均衡,此時的匯率才是均衡匯率。

5. 政府政策

政府施政目標若以安定為主,則對匯率所持有的態度,較傾向於維持穩定或緩和之升值;若以經濟成長為優先,則較傾向於貶值或減輕升值幅度。

6. 干預行為

若外匯市場不穩定,將會妨礙到國際貿易,增加社會成本,甚至引發國際金融危機。一國中央銀行積極主動干預外匯市場,以消除外匯市場短期的巨幅波動。若一國的貨幣有升值壓力,政府將採取一些延緩升值壓力的方法,例如在外匯市場買進外匯或在貨幣市場降低利率使資本外流,反之,若一國的貨幣有貶值

傾向，政府將採取一些延緩貶值壓力的方法，如在外匯市場賣出外匯、或提高利率。但是，央行並不容易改變匯率的長期走勢，畢竟央行也無法與市場力量抗衡，逆僅能因勢利導，順勢而為。

7. 預期心理

預期心理對匯率預期波動影響甚大，匯率的預期心理主要係受一些經濟或非經濟因素所影響。當預期本國貨幣將升值，短期資金（熱錢）將會流入，出口商會提前出貨收款或出售外幣轉換為新台幣，而進口商將會延後付款，將使本國貨幣提前升值。反之，預期本國貨幣貶值時，短期資金將會流出，出口商會延後出貨以換取更多的新台幣，進口商將會提前進口或償還外幣借款，將使本國貨幣提前貶值。當外匯市場受預期心理影響，匯率波動影響甚鉅，將有賴央行進場干預，以消除大眾預期心理，因為預期心理的過度反應會使匯率產生**升值過頭或貶值過頭**(over shooting)的情形。

（二）外匯市場交易類型

外匯交易係指外匯市場所進行的外匯買賣，外匯交易依據訂立買賣契約的時間與履行契約的時間，是否屬於同一時間，可分為**即期外匯交易**(spot transaction)、**遠期外匯交易**(forward transaction)與**換匯交易**(swap transaction)：(1)**即期外匯交易**：在外匯買賣契約成立時，即刻按照契約所訂定之即期匯率進行買賣交割；(2)**遠期外匯交易**：即外匯買賣契約約定將來某一特定時間以所訂定之遠期匯率進行買賣交割；(3)**換匯交易**：指外匯交易買賣時，同時進行買與賣同一金額與同一幣別的外匯，只是買、賣的交割日是不同的。

遠期外匯交易市場的存在最主要是供避險(hedge)，提供進出口貿易商或投資人，經由外匯市場，以規避匯率變動產生的損失，例如出口商持有美金10萬元半年後到期的匯票，他若等半年後再兌現，並兌換成本國貨幣，若是匯率由27下降為25，則其會因匯率波動造成新台幣20萬元的重大損失，因此為避免此項風險，出口商可在遠期外匯市場，依確定匯率，預售此半年後的外匯。同理進口商亦可在遠期外匯市場，依確定匯率，預先購買此半年後的外匯，以避免屆時新台幣貶值所帶來的損失。除了避險以外，外匯市場還存在希望利用匯率波動而獲利的**投機**(speculation)交易，以及利用不同市場同一時點存在不同匯率，經由一市場賤買再高賣至另一市場，以賺取匯率差額利潤的**套匯**(arbitrage)交易。

▼ 表23.5　2001~2018年台灣外匯市場交易

年	出口外匯收入金額 結售新台幣	未結售新台幣	合計	進口外匯支出金額 結售新台幣	未結售新台幣	合計	小計	即期	遠期	換匯	保證金交易	選擇權	換匯換利	小計	即期	遠期	換匯	選擇權	換匯換利	台北外幣市場拆放交易 美金(百萬美元)	歐元(百萬歐元)	日圓(億日圓)	其他(百萬美元)
2001	25,371	111,861	137,232	38,316	80,595	118,911	2,050	1,481	214	54	87	194	19	2,656	1,597	166	643	236	14	856,965	676	1,950	18
2002	24,668	117,820	142,488	36,373	85,838	122,211	2,071	1,420	227	76	103	238	7	3,537	2,055	226	871	357	28	1,045,092	269	1,169	53
2003	24,418	138,736	163,154	39,236	106,090	145,326	2,445	1,487	279	197	136	333	13	4,852	2,718	340	1,235	514	44	1,557,213	712	278	16
2004	27,268	176,786	204,054	47,620	145,683	193,303	3,331	1,760	444	422	120	558	28	6,912	3,357	643	2,023	849	41	1,488,901	1,433	12	-
2005	26,832	185,450	212,282	48,079	162,494	210,573	3,815	1,892	490	822	98	428	86	8,259	4,339	616	2,479	753	73	936,411	504	176	6
2006	26,200	196,725	222,924	47,735	170,425	218,160	5,249	2,654	928	916	152	499	100	10,383	4,995	721	3,504	1,072	91	1,238,782	529	1,667	156
2007	27,374	225,654	253,028	49,821	183,784	233,605	5,901	3,481	1,093	774	172	343	39	12,722	6,227	847	4,691	878	79	1,601,151	1,013	2,596	296
2008	27,067	250,036	277,103	55,016	215,444	270,460	6,030	3,698	1,029	774	139	328	62	13,337	6,108	813	5,407	911	98	1,969,595	2,887	8,887	873
2009	19,122	195,251	214,374	38,744	152,132	190,876	4,198	2,347	498	911	83	313	46	12,025	4,932	627	5,492	911	61	1,459,183	1,458	9,586	1,575
2010	22,771	256,836	279,607	48,141	209,972	258,113	4,952	2,734	533	1,198	73	357	58	15,279	5,938	616	7,365	1,324	36	1,654,307	917	9,540	2,842
2011	26,299	290,156	316,455	54,102	240,730	294,832	6,219	3,286	602	1,814	77	389	51	17,950	7,058	1,063	8,051	1,731	47	1,834,419	4,350	9,503	3,824
2012	23,557	280,088	303,645	51,801	236,407	288,208	6,295	3,168	557	1,973	78	476	44	17,113	5,766	1,064	8,190	2,014	79	1,792,945	310	8,716	3,017
2013	22,053	291,299	313,352	47,675	235,905	283,580	7,175	3,548	669	2,165	88	664	41	21,754	7,265	835	9,900	3,662	92	1,334,006	619	13,116	15,303
2014	23,461	302,451	325,912	49,136	237,436	286,572	8,021	3,906	758	2,506	82	695	74	23,269	7,571	877	10,904	3,841	76	1,426,135	1,218	11,855	35,464
2015	19,245	262,080	281,325	42,468	170,586	213,054	8,361	4,006	827	2,750	102	614	62	24,991	9,836	1,106	10,635	3,341	73	1,325,442	530	8,721	73,854
2016	16,477	239,661	256,138	40,209	155,073	195,282	8,323	3,975	679	3,246	71	250	102	20,595	7,326	1,260	10,699	1,208	102	1,507,241	519	3,983	82,005
2017	16,141	265,481	281,622	44,180	172,478	216,658	9,171	4,441	690	3,712	50	144	134	19,453	6,955	1,016	10,604	834	44	1,375,298	418	15,215	105,269
2018	17,783	287,110	304,893	47,036	193,502	240,538	10,242	5,049	867	4,004	32	144	146	21,837	7,445	1,414	12,032	857	89	1,638,064	608	11,973	105,579

資料來源：銀行出進口外匯收支統計快報，中央銀行外匯局。

參照表23.5，台灣外匯市場銀行與顧客進行的外匯交易中，以2018年為例，即期外匯交易金額為美金5,049百萬元，為遠期外匯交易金額美金867百萬元的5.8倍。我國外匯市場於1979年2月成立，但是，遲至1991年11月才開放遠期外匯市場。由於每家銀行外匯收支並不相等，於是其外匯資金就會呈現過剩或不足，當銀行有資金剩餘時，其處理方式是：

(1) 於銀行間外匯市場售予同業或央行。

(2) 於外幣拆款市場拆出給國內或國外銀行。最大交易幣別為美金，其次為日圓。

(3) 換匯交易。當銀行資金不足時，則可於銀行間外匯市場購入，外幣拆放市場拆入或進行換匯交易。

四、匯率制度

一國匯率制度的設計，關係到本國貨幣的對外價值（匯率）的穩定，以及經貿活動的是否能夠順利運行，因此，匯率制度設計的好壞關係國民生計甚鉅。

我國在民國50年至民國62年匯率皆在40.5，採取的是一種固定匯率制度(Fixed Exchange Rate System)，固定匯率制度的優點是：

(1) 匯率固定，匯市投機活動無法進行。

(2) 匯率穩定，便於國際貿易的進行，而無須承擔外匯風險的風險。

缺點是：(1)固然能維持匯率穩定，但卻犧牲國內經濟穩定。例如當國際收支順差時，國內貨幣供給增加，使通貨膨脹率上升，造成國內經濟不穩定；反之，當國際收支逆差時，國內貨幣供給減少，通貨膨脹率下降，產出減少。(2)不易訂定合理的匯率。(3)當有國際收支失衡時，無法藉由調整匯率以因應經濟的需要，最後必然採取關稅、配額或外匯管制。(4)當匯率需要調整時，貨幣當局所調整匯率無法充分反應市場實際情況，反易引起投機行為。

民國62年以後世界各主要工業國家紛紛放棄固定匯率制度，而採取浮動匯率制度(Floating Exchange Rate System)，所謂浮動匯率制是指一國匯率完全由外匯市場供需決定，政府不加以干涉。浮動匯率制度的優點是：(1)充分發揮外匯市場的機能，由市場供需決定均衡匯率；(2)藉著匯率波動可以消除國際收支的不平衡，例如當國際收支盈餘時，匯率下降，幣值上升，出口減緩，進口增加，國際收支趨於平衡；(3)由於匯率可自由調整使國際收支趨於平衡，也不會造成對國內經濟的影響，可增加國內政策的自主性。(4)在浮動匯率制度下，降低關稅，會使外匯需求增加，

匯率上升，造成出口增加，不致因進口增加而造成國內失業增加，故可促進自由貿易的實現。浮動匯率制度缺點是：(1)匯率的經常波動帶來外匯風險；(2)投機者可能利用不安定匯率，進行套匯行為，而加深經濟的不安定。

我國至62年以後因應世界潮流，匯率亦逐漸波動起來，所採取的是一種管理的匯率制度(Managed Exchange Rate System)，匯率由外匯市場供需決定，但政府得視實際經濟情勢需要而加以干預，例如75年新台幣開始大幅升值時，央行即加以干預，使新台幣緩慢升值，匯率由75年的35.50逐漸下降至81年的最低水準25.40，由於非一次升足，調整花了6年時間，期間產生了極強烈的預期心理，造成投機熱錢不斷流入，使新台幣升值升過了頭，82年之又開始回貶。可見在浮動匯率制度下加入政府的干預，雖然可增加政府對市場衝擊的控制能力，但也因此會造成干預市場的一些後遺症。

第三節　國際收支失衡的調整

國際收支失衡是指一國國際收支有盈餘或赤字。國際收支有盈餘時稱**順差失衡**，國際收支有赤字時稱**逆差失衡**，一國有國際收支失衡時，若將國外因素視為固定（不受本國影響），則本國可以採用下列調整方法以達國際收支平衡：

一、調整匯率

當一國國際收支有盈餘或赤字時，可調整匯率來改善國際收支。例如，當國際收支有赤字時，可調升匯率，使本國幣貶值，使出口增加，進口減少，來改善國際收支；反之，國際收支有盈餘時，可調降匯率，使本國貨幣升值，使出口減少，進口增加。

雖然貶值可以達到改善國際收支赤字的情況，但是也存在以下缺點：

1. 一國貨幣對外貶值，象徵該國聲望降低，並使人民對其幣值失去信心，亦造成社會不安。

2. 貶值會使**貿易條件**(terms of trade)惡化，同樣出口量所能換取的進口量更少，因而使實質所得減少。

3. 貶值導致進口品價格上漲，逐漸可能引發輸入性通貨膨脹，再度造成赤字失衡。同時進口品價格上漲，會延緩企業設備更新，逐漸使其出口競爭力下降，貶值的利益將被抵銷。

4. 貶值易引起其他國家跟隨，而發生貿易大戰。

5. 貶值需要在**馬歇爾－婁勒**(Marshall-Lerner)條件，「本國進口需求彈性加上出口需求彈性之值大於1」，貶值才可以改善國際收支，若本國出口需求彈性太低，貶值無法達到改善國際收支的目的。

6. 貶值將使該國對外債務負擔加重。

二、改變相對價格

當國際收支有赤字時，可設法透過減少貨幣供給或其他方法，造成本國物價相對下跌，使出口增加，進口減少，來改善國際收支；反之，國際收支有盈餘時，可使本國物價上漲，使出口減少，進口增加。

三、改變相對所得

當國際收支有赤字時，減少本國國民所得，可減少進口，來改善國際收支赤字失衡；反之，國際收支有盈餘時，可使本國國民所得增加，使進口增加，來改善國際收支盈餘失衡。

四、改變相對利率

當國際收支有赤字時，可提高本國利率，使資本內流，來改善國際收支失衡；反之，國際收支有盈餘時，可降低本國利率，資本外流，來改善國際收支盈餘失衡。

五、政府管制

政府直接採取對外匯供給與需求的管制措施。例如外匯收入必須售予中央銀行，外匯支出必須向中央銀行購買；對外匯支出採取分配制度；另外，政府亦可在貿易上採取配額、關稅、補助、許可證等直接管制。

參考文獻 Reference

1. 歐陽勛、黃仁德，《國際金融理論與制度》，三民書局，民國86年10月。

2. 李榮謙，《貨幣銀行學（十版增訂）》，智勝出版，民國100年12月。

3. 陳龍騰，〈匯率波動因素之探討〉，《台北市銀行月刊》，第23卷，第3期，民國81年3月。

4. 邱振崑，〈國際收支平衡表之原理與應用〉，《台北銀行月刊》，第25卷，第9期，民國83年9月。

5. 程玉秀，〈國際收支的認識與應用〉，《中央銀行季刊》，民國82年3月。

6. 《外匯貿易辭典》，三民書局，民國79年2月。

7. 〈中央銀行年報〉，中央銀行經濟研究處，民國103年。

8. 〈國際經濟情勢週報〉，中華經濟研究院。

9. 〈國際經濟動向統計季報〉，行政院主計處。

歷屆試題 Exercise

一、選擇題

(　) 1. 下列何者會列入國際收支表中資本帳之內容？　(A) 對外邦交援助　(B) 專利權的買賣　(C) 海外基金買賣　(D) 直接投資。　　　　　　　　　（96 二技）

(　) 2. 在浮動匯率 (flexible exchange rate) 制度，且資本可自由流動之下　(A) 貨幣政策比財政政策效果小　(B) 貨幣政策與財政政策效果一樣大　(C) 貨幣政策比財政政策效果大　(D) 貨幣政策與財政政策都無效。　　　　（90 二技）

(　) 3. 「若兩國之通貨膨脹率不相等，則匯率會自動調整以維持固定的貿易條件」，此乃描述：　(A) 同步化　(B) 穩定化　(C) 購買力平價　(D) 比較靜態。

（90 二技）

(　) 4. 外匯市場台幣對美元升值，造成我國廠商對美國貿易活動的影響為何？　(A) 進出口都不利　(B) 進出口皆有利　(C) 出口有利，進口不利　(D) 出口不利，進口有利。　　　　　　　　　　　　　　　　　　　　（101 四技二專）

(　) 5. 如果外商公司在集中市場大量賣出股票，將新台幣轉換成美金匯出，對台灣會有什麼影響？　(A) 美金貶值　(B) 台幣貶值　(C) 台幣升值　(D) 股市大漲。　　　　　　　　　　　　　　　　　　　　　　　　（100 四技二專）

(　) 6. 根據購買力平價假說 (Purchasing Power Parity Hypothesis)，下列敘何者正確？　(A) 一國的幣值與其通貨膨脹率呈反比　(B) 一國的幣值與其通貨膨脹率呈正比　(C) 一國的幣值與其國內利率水準呈反比　(D) 一國的預期幣值與其國內利率水準呈正比。　　　　　　　　　　　　　　　　　　　　　　（91 二技）

(　) 7. 下列哪一項是屬於外匯需求的來源？　(A) 廠商進口商品或勞務時所支付的款項　(B) 外國人到本國旅遊、留學、洽公的支出　(C) 外國償付本國債務　(D) 中央銀行在外匯市場賣出外匯。　　　　　　　　　　　（100 四技二專）

(　) 8. 若美元與新台幣的交換比率由 1:32 變為 1:36，則：　(A) 新台幣升值 12.5%　(B) 新台幣貶值 12.5%　(C) 新台幣升值 11.1%　(D) 新台幣貶值 11.1%。

（98 身心障礙甄試）

( ) 9. 下列何者國際投資行為屬於直接投資 (A) 購買國外公司股票 (B) 購買外國政府所發行的公債 (C) 在國外經營企業 (D) 貸款給國外。 **(98 身心障礙甄試)**

( ) 10. 下列何者不屬於經常帳? (A) 商品進出口貿易 (B) 本國人匯款到國外給求學的兒子 (C) 本國人購買外國的房地產 (D) 本國人到國外設廠的盈餘利潤。 **(98 二技)**

( ) 11. 當其他條件不變下,下列有關我國貨幣貶值所產生的效果,何者正確? (A) 國人出國的旅遊費用降低 (B) 進口商品的本國價格下跌。 **(98 四技二專)**

( ) 12. 一般而言,遠期外匯交易 (forward transaction) 市場存在,主要不是因下列哪項因素? (A) 投機 (speculation) (B) 傾銷 (dumping) (C) 套匯 (arbitrage) (D) 避險 (hedge)。 **(96 二技)**

( ) 13. 若 1 美元可兌換 34 元新台幣,而 1 美元可兌換 100 日圓。請問 1 元新台幣可兌換多少日圓? (A) 2.94 (B) 0.34 (C) 3.4 (D) 5。 **(98 四技二專)**

( ) 14. 假設泰銖(泰國貨幣)與新台幣都不是國際間可兌換通貨 (internationally convertible currencies),若你將前往泰國採購 400 萬泰銖的特產,且已知美元兌換新台幣的匯率為 1 比 30 及美元兌換泰銖的匯率為 1 比 40,則該特產採金額換算成新台幣為: (A)400 萬元 (B)300 萬元 (C)100 萬元 (D)10 萬元。 **(93 二技)**

( ) 15. 若不考慮匯率風險,則下列敘述何者正確 (A) 利率相對上升的國家,外匯供給增加,本國貨幣升值 (B) 利率相對上升的國家,外匯供給減少,本國貨幣貶值 (C) 利率相對下跌的國家,外匯供給增加,本國貨幣升值 (D) 利率相對下跌的國家,外匯供給減少,本國貨幣貶值。 **(96 二技)**

( ) 16. 政府推動觀光客倍增計畫讓來台外國觀光客增加,在其他條件不變下,外匯市場將產生何種改變? (A) 匯率仍維持不變 (B) 新台幣貶值 (C) 新台幣升值 (D) 增加外匯需求。 **(94 四技二專)**

( ) 17. 考慮台幣與美元外匯市場的均衡匯率,下列何者會促使台幣升值? (A) 台灣到美國的留學生增加 (B) 外資大量湧入台灣股市投資 (C) 台灣增加進口美國產品 (D) 到台灣的美國觀光客減少。 **(93 四技二專)**

(　) 18. 若在國際之外匯市場上，原來匯率 E1=115 日圓／1 美元，即 1 美元可兌換
115 日圓，若匯率產生變動，變動後 1 美元可兌換之日圓為 E2。則下列有關
美元與日圓兩幣別間的敘述，何者正確？

(A) 若 E2=120，表示日圓升值

(B) 若 E2=110，表示美元升值

(C) 在其他條件不變且市場上之美元需求增加，將有利於美國的出口

(D) 在其他條件不變且市場上之美元供給增加，則日圓會升值（104 四技二專）

(　) 19. 下列哪一項交易會產生外匯需求？　(A) 外國歌星來台舉辦演唱會　(B) 國外
企業來台設廠投資　(C) 觀光客倍增計畫增加國外觀光客　(D) 外國對國內建
材需求增加。　　　　　　　　　　　　　　　　　　　　　　　　（93 二技）

ECONOMICS
經濟學

CH **24**

經濟成長、景氣循環
與經濟發展

第一節　經濟成長

第二節　景氣循環

第三節　經濟發展

歷屆試題

ECONOMIC$

　　人的一生會歷經各種不同的成長階段，同時也會遭遇各種快樂、心酸，歷經許多波折。而每一個人成長的過程、快慢不同，這受到許多先天與後天的因素影響。

　　對一個國家的經濟而言，我們將會有興趣去瞭解，一個國家成長快速所需要的因素是什麼？因為如此我們才可以建立一個良好的運作方式來促使經濟成長，使人民生活獲得改善。

　　國家經濟的表現通常會出現循環的現象，時好時差，交替出現，而不會永遠的好或永遠的差，好似俗語所稱「否極泰來」、「樂極生悲」的隱喻。因此，瞭解景氣循環各階段的現象，將有助於我們生活應對的智慧。

　　經濟發展較只注重產出、所得增進的經濟成長範疇，研究範圍層面又更大、更廣，尚包括探討一些貧窮國家如何脫貧致富，人口發展問題、都市與鄉村發展等問題。換言之，經濟發展研究範圍較廣，除了經濟成長以外，尚研究一些有關制度、觀念、人口、經濟結構等問題。

第一節　經濟成長

　　台灣在民國56~69年平均經濟成長率為9.89%，接近二位數字的高成長。台灣近年的經濟成長率。1990年代之後經濟成長逐漸減緩，平均成長率只有6.64%。到了2000年代平均成長率更跌至零或負，台灣已由高度經濟成長時代，進入了低度成長時代，請參照表24.1。有關台灣經濟成長的國民生產毛額及國民所得之數據，請參照表24.2。2008年受到金融海嘯衝擊，經濟大幅衰退。

　　在經濟成長的同時國民的生活水準亦逐漸提高，平均每人生產毛額(per capita GNP)於民國81年亦達到10,506美元，但是，民國95也僅為16,073美元離已開發國家尚有一段距離；另中國大陸經濟成長率近幾年來呈快速成長，是全球最高成長地區。

　　為什麼台灣曾歷經二位數字的高成長，之後又減緩下來？為什麼不同國家的所得會有差異？在本章將會提出一些經濟成長模型，來說明經濟成長所需要的條件。

▼ 表24.1　2000~2018年台灣的經濟成長 (1)

單位: %

	2000	2001	2002	2003	2004	2005	2006	2007	2008	2009	2010	2011	2012	2013	2014	2015	2016	2017	2018
中華民國	5.8	-2.2	4.3	3.4	6.1	4.1	4.3	6.5	0.7	-1.6	10.6	3.8	2.1	2.2	4.0	0.8	1.5	3.1	2.6
美國	3.7	0.8	1.6	2.7	4.2	3.5	3.3	1.8	-0.3	-2.8	2.5	1.6	2.2	1.5	2.5	2.9	1.6	2.2	2.9
日本	2.9	0.4	0.1	1.8	2.3	2.7	2.2	2.2	-1.0	-5.5	4.7	-0.5	1.7	1.4	0.4	1.2	0.6	1.9	0.8
德國	3.2	1.2	0.1	-0.2	1.6	0.9	2.0	3.4	0.8	-5.6	3.9	3.7	0.6	0.4	2.2	1.7	2.2	2.2	1.5
法國	4.1	2.1	1.2	0.8	2.3	1.5	1.8	2.4	0.2	-2.9	2.0	2.1	0.2	0.7	1.0	1.1	1.2	2.3	1.5
英國	4.0	2.2	2.0	2.5	3.2	1.8	2.2	2.6	-0.5	-4.2	1.5	2.0	1.2	2.2	2.9	2.3	1.8	1.8	1.4
新加坡	9.6	-2.0	3.2	2.9	8.7	6.4	5.2	9.1	1.8	-0.6	15.2	6.2	3.7	4.7	3.9	2.2	2.4	3.6	3.3
韓國	8.5	3.8	7.0	3.1	4.6	4.0	6.0	5.5	2.8	0.7	6.5	3.7	2.3	2.9	3.3	2.8	2.9	3.1	2.7
香港	10.0	0.6	1.8	3.2	8.6	7.3	5.5	6.5	2.1	-2.5	6.8	4.8	1.7	3.1	2.8	2.4	2.2	3.8	3.1
中國	8.4	8.3	9.1	10.0	10.1	9.9	9.4	14.2	9.6	9.2	10.6	9.5	7.7	7.7	7.3	6.9	6.7	6.8	6.6

資料來源：行政院主計處

▼ 表24.2　民國97~107年台灣的經濟成長 (2)

年別	國內生產毛額 GDP					國民所得毛額 GNI		國民所得 NI			
	當期價格（百萬元）		折合美元（百萬美元）	以100年為參考年		當期價格		當期價格		以100年為參考年	
	金額（百萬元）	增加率（%）		連鎖實質值（百萬元）	經濟成長率（%）	金額（百萬元）	折合美元（百萬美元）	金額（百萬元）	折合美元（百萬美元）	連鎖實質值（百萬元）	成長率（%）
97年	13,150,950	-1.91	416,961	12,661,079	0.70	13,465,596	426,937	11,161,869	353,896	11,203,683	-6.90
98年	12,961,656	-1.44	392,065	12,462,729	-1.57	13,375,650	404,587	10,985,329	332,285	11,182,646	-0.19
99年	14,119,213	8.93	446,105	13,787,642	10.63	14,548,852	459,679	12,194,428	385,290	12,343,643	10.38
100年	14,312,200	1.37	485,653	14,312,200	3.80	14,700,572	498,832	12,290,671	417,057	12,290,671	-0.43
101年	14,686,917	2.62	495,845	14,607,569	2.06	15,141,108	511,179	12,493,108	421,779	12,490,438	1.63
102年	15,230,739	3.70	511,614	14,929,292	2.20	15,654,588	525,851	13,115,430	440,559	12,955,284	3.72
103年	16,111,867	5.79	530,519	15,529,606	4.02	16,582,405	546,013	14,018,941	461,605	13,793,650	6.47
104年	16,770,671	4.09	525,562	15,654,835	0.81	17,301,397	542,194	14,652,714	459,189	14,604,568	5.88
105年	17,176,300	2.42	531,281	15,891,514	1.51	17,705,994	547,665	14,996,482	463,857	14,889,532	1.95
106年	17,501,181	1.89	574,940	16,380,812	3.08	17,965,345	590,189	15,279,928	501,969	15,154,316	1.78
107年	17,777,003	1.58	589,474	16,811,634	2.63	18,095,900	600,145	15,332,284	508,432	15,066,500	-0.58

說明：

1. GNI=GDP+國外要素所得收入淨額。

2. NI（當期價格）＝GNI-固定資本消耗-統計差異。

一、經濟成長的意義與衡量方法

(一) 經濟成長的意義

　　經濟成長(Economic Growth)是指一國人民生產與消費水準不斷提高的過程。在過程中，該國的生產能力提高了，平均每人的所得水準也較過去為高，人民的物質生活較過去豐富。

　　依**顧志耐**(Kuznets)的定義，**經濟成長**是「提供國民越多數量與越多種類產品之能力，並且在長期間能夠不斷的增長，而此種能力的增加，係由於技術進步、相關制度與觀念之調整所造成的」。

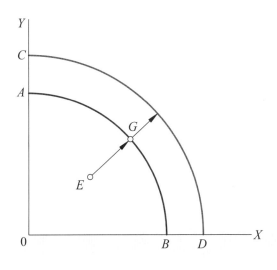

▲ 圖24.1　經濟成長

　　厲普雪(Lipsey)則認為一國國民總生產的成長來區分為兩方面：(1)生產能量的增加。(2)生產能量利用率的增加。真正的**經濟成長**是指生產能量的增加，所謂經濟成長，基本上就是指生產可能曲線隨時間的演進不斷向右上方移動的現象。而生產可能曲線的移動，其意義等於一國生產能量的變動，例如圖24.1中生產可能曲線由AB右移CD，即表示經濟成長，而由E點移動至G點僅表示生產能量利用率的提高。

(二) 衡量指標

　　衡量經濟成長的指標有兩種，分別是：

1. **實質產出的成長率**：在考慮物價變動的因素以後，經濟成長率可表示成：

$$Gt = \frac{y_t - y_t - 1}{y_{t-1}} \times 100\% \tag{1}$$

式中

G_t：年經濟成長率

y_t：t年實質國民所得

y_{t-1}：t-1年實質國民所得

2. 每人實質產出的成長率

除了物價因素須要剔出以外，我們還必須要考慮人口因素，台灣地區雖然較大陸地區實質產出小，但是大陸人口太多，每人實質產出較台灣低甚多，因此，以每人實質產出的成長率較能反應一國經濟真實的面貌與社會福利的水準。

$$g_t = \frac{\dfrac{y_t}{N_t} - \dfrac{y_{t-1}}{N_{t-1}}}{\dfrac{y_{t-1}}{N_{t-1}}} \times 100\% \tag{2}$$

式中

g_t　：t年每人實質產出成長率

N_t　：年人口數

N_{t-1}：t-1年人口數

二、經濟成長理論

(一) 亞當斯密 (Adam Smith) 的經濟成長理論

亞當史密斯認為經濟可以成長，主要靠市場擴大，造成勞動分工，生產技術專業化，使得生產力提高，產量增加，經濟得以成長。亦即市場擴大，專業分工是經濟成長的來源。因此，亞當斯密，主張透過國際貿易來擴大市場，促使國內產業專業分工，並發揮各自的比較利益來進行國際專業分工。

（二）馬爾薩斯 (Malthus) 人口論與工資鐵律

對於經濟成長，馬爾薩斯特別重視人口因素，曾提出其有名的**人口論**(an Essay on the principle of Population)，並推導出人口的增加，不利於人們生活水準提升的結論。在馬爾薩斯人口論中，人口（勞動）以外的生產要素（土地）數量是固定不變的，隨著人口（勞動）增加，勞動邊際生產力(MPP_L)發生遞減現象（邊際報酬遞減法則），對糧食生產不利。同時人口增加較糧食增加為快，人口呈幾何級數增加，而糧食呈算數級數增加，使平均每人糧食生產量較以前少，以致使平均每人生產量來表示的經濟成長率為負數，除非有效阻止人口成長，否則人類的命運，終將注定悲慘與貧窮的。這種令人悲哀的結論，使早期的經濟學被扣以「憂鬱的科學」(The Dismal Science)之稱號。對於扼阻人口快速成長，馬爾薩斯提出方法：(1)自動的限制。如道德的約束、晚婚與獨身生活；(2)被動的限制，如戰爭、疾病與饑荒等外力來減少人口。

假設勞動人口與總人口有一比例關係；維持生存的實質工資水準為 W^*，當勞動人口為 L_0 時，邊際生產力最大，此時的人口數量為最適人口數量，但是，此時工資 W_0 超過維持生存工資 W^*，人們會生育更多子女，人口增加，勞動增加，由於土地固定不變，報酬遞減將發生作用，勞動邊際生產力下降，直到實際生活水準下降到只夠維持生存的工資 E 點為止。反之，勞動在 L_1，工資低於維持生存工資，人口減少，而使勞動人口下降至 L^*。長期工資維持在生存的工資水準，拉塞爾稱為**工資鐵律**。

雖然馬爾薩斯經濟學者對人口增長抱持悲觀的看法，但是，人口多並不代表經濟無法增長。例如大陸地區11億人口，近年來經濟成長亦相當快速。因此，人口成長對經濟成長亦存在其有利的作用：(1)以生產能量而言，人口數量的增加，使該國生產能量增加，並且有助於解除勞動數量對產出的限制；(2)從需求面而言，人口數量成長，會對本國生產的產品與服務需求增加，對產出有利；(3)其他生產要素改變與人口成長的配合。一國生產要素除人口以外的生產要素並非皆固定不變，資本數量可以增加，技術水準可以提升，勞動素質可以提高，這些都有助於增加勞動生產力，此時人口的增加對一國經濟成長是有利的。

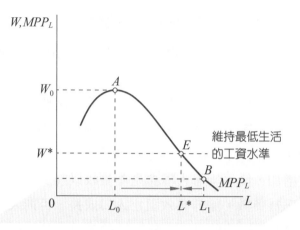

▲ 圖24.2　「人口論」與工資鐵律

（三）哈羅得－道瑪模型 (Harrod-Domar Model)

　　哈羅得－道瑪則強調資本累積的重要。資本數量增加，一國必須持續不斷的投資，且投資的數量要大於折舊的數量。而投資具有對生產面與需求面的「雙面」影響效果：(1)從生產層面而言，資本的累積，也就是投資，可以增加一國生產能量提升一國勞動生產力，使產出增加；(2)從需求面而言，投資的增加導致有效需求的增加，從而促使生產的增加。

　　依據哈羅得-道瑪模型所推導出的經濟成長率主要受儲蓄率與資本產出率的影響：

$$G = \frac{S}{V} \tag{3}$$

式中

　　　　　　G：經濟成長率

　　　　　　S：儲蓄率

　　　　　　V：資本產出率為資本(k)／產出(y)比率

　　當儲蓄率越高，經濟成長率越高，反之，儲蓄率越低，經濟成長越低。資本產出比率越高，表示資本生產力(y/k)越低，故經濟成長率越低，反之，資本產出比率越低，表示資本生產力越高，經濟成長率越高。

（四）熊彼得 (Schumpter) 的創新模型

對於技術的重視，則首推熊彼得的的創新模型。技術進步可使相同的要素投入比以前生產更多的產品，或較少投入，可生產和以前相同的產量。換句話說，技術進步可生產比以前更多、更快、更好的產品。

熊彼得認為技術進步可促使經濟成長，而技術進步的形式有：(1)新產品或新知識的發明；(2)應用新知識於生產上的**創新** (innovation)；(3)新管理方法的發明與應用；(4)新材料的發現；(5)新市場的開始。

（五）人力資本 (Human capital) 與經濟成長

蕭茲 (Schultz) 與**丹尼森** (Dension) 研究美國經濟濟成長，發現決定經濟成長最大的因素是人力資本，亦即教育與職業訓練對勞動品質的改進，才是經濟成長的最大貢獻者。

而人力資本的投資，一般經濟學上所指的是下列各種形式的支出或活：(1)**正規的教育**。包括小學、中學以及大專程度以上的教育訓練；(2)**在職訓練**。包括各公、私企業所舉辦的在職訓練；(3)政府所提供的**職業訓練與公共衛生計畫**。

政府或私人透過以上各種形式的投資，對勞動者具有以下效果：(1)勞動者因知識水準的提高與健康的改善而增加了生產力。(2)各種不同形式的教育與訓練不僅為國家造就各式各樣人才，而且擴展了各種技藝的廣度與深度。(3)勞動者在接受各種訓練之後，對於經濟環境變化的適應性也為之提高。

受過教育與訓練的勞工，其單位時間內的產量較未教育與訓練的勞工為高，所生產的產品品質亦必然較那些未受教育與訓練的勞工為優，其對經濟成長的貢獻，就像實質資本累積效果一樣。

第二節　景氣循環

　　所謂「月有陰晴圓缺」、「否極泰來、樂極生悲」、「悲、歡、離、合」，景氣就像人間世的情事，起起落落，週而復始。所謂**經濟循環**(Economic Cycle) 或**景氣循環** (Business Cycle) 是指在某一段期間內（通常是幾年以上），一般經濟活動發生非定期，但重複出現的波動現象。經濟波動將使就業、產出、所得與物價水準等總體經濟變數，大略上呈同方向，但不同比率的變動。

　　標準的景氣循環型態如圖24.3所示，就每一個循環週期而言，都歷經四個階段：**復甦**(Recovery)**期**、**峰頂**(Peak)、**衰退**(Recession)**期**和**谷底**(Trough)。圖中的 y_n 為實質產出的長期趨勢直線，充分就業的潛在產出水準，如果沒有任何景氣循環發生，則產出將沿著 y_n 趨勢線，但是，實際的國民產出卻有循環現象發生如曲線 y，茲分別從四個方面來說明：

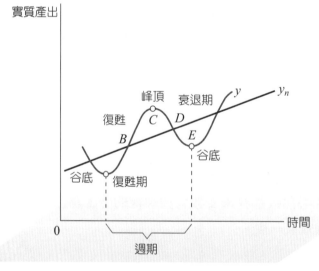

▲ 圖24.3　景氣循環

（一）復甦期

　　景氣由蕭條的谷底(trough)A 點向 B 點攀升，經濟景氣逐漸轉好，慢慢脫離經濟蕭條的陰霾，產出、就業、所得與物價水準逐漸擴增。A 至 B 階段稱為復甦期。

（二）峰頂

經濟活動熱絡，各種商業交易興盛，產出、就業、所得與物價水準大幅增加，景氣到達最佳狀態，此時處於峰頂階段。

（三）衰退期

C點至D衰退期。景氣過了繁榮的頂峰(peak)C點之後，產出、就業、所得與物價水準逐漸減少，經濟活動停止擴張，開始轉趨緊縮。

（四）谷底

此時已進入嚴重不景氣階段，失業增加，所得下降，產出減少，產業不興，面臨最困難的挑戰，此時處於谷底。

景氣循環劃分四個階段是為了方便分析說明循環的現象，實際應用在經濟循環的觀察時，須注意下列幾點事項：(1)景氣循環四個階段時間或振幅不盡相同，有的時間長，振幅深，有的時間短、振幅短；(2)任二個景氣循環週期亦不盡相同；(3)景氣循環並非一定要依四個階段依序發生，例如景氣復甦之後就直接進入衰退期，而沒有經過繁榮期；(4)通常景氣從一階段進入另一階段是漸進的，並無法明顯確定一個階段的結束或開始。

一、景氣循環理論

（一）創新說

熊彼得(Schumpeter；奧地利人，美國哈佛大學教授）認為創新(innovation)是景氣循環的主因，繁榮是由於創新的出現所造成，蕭條是由創新停頓而發生。

（二）貨幣說

海耶克(Hayek；奧地利人，美國芝加哥大學教授)、威克塞爾(Wick-sell)和赫屈萊(Hawtrey)等認為銀行信用擴張或收縮，造成貨幣供給量的增減，利率的升降，是導致經濟循環的原因。

（三）有效需求不足說

凱因斯(keynes)認為資本邊際效率變動是經濟循環的主因，並將消費傾向導入景氣循環分析之中。當有效需求增加，景氣就復甦、繁榮，反之；有效需求不足，景氣就衰退、蕭條，故而，投資會在總合需求面產生所得乘數效果。

（四）乘數與加速模型

薩穆遜(Samuelson)於1939年利用乘數效果與加速原理的交互作用，發展出來乘數與加速理論以解釋經濟循環的現象。當投資增加，透過乘數作用，將導致所得增加，所得的增加透過加速原理又會使投資增加，如此的乘數與加速效果交互作用，使所得持續增加，而使經濟繁榮。但是；所得的增加速度終將趨緩，透過加速原理而使投資減少，進而造成經濟蕭條。

（五）景氣循環的上下限學說

席克斯(Hicks)(英) 認為經濟社會存在充分就業的產出上限，以及毛投資為零的生產下限，實際經濟循環即在上下限之間波動。

（六）太陽黑子說

傑方斯(Jevons)(英，邊際效用學派創始人)認為太陽黑子(Sunspot)的增減，影響地球農業生產，再進而產生經濟波動，太陽黑子是有週期性，隔十年增加一次，所以太陽黑子為景氣變動的原因。

（七）政治循環說

在實際世界中，政治對經濟有其一定的影響程度。尤其是民主政治中，政府受選舉的壓力，而較易採取符合民意的政策，以討選民歡心，獲取選票，容易造成政治對經濟波動的影響。同時，在經濟政策的決定過程中，政治領袖參與制定政策，亦易造成「政治經濟循環」(Political business cycle; PBC)。例如兩岸關係中政治對經濟政策的制定有明顯的制約作用。總統、陸委會參與兩岸政治和經濟決策，若基於政治因素而改變兩岸經貿關係，必會對我國經濟產生影響，進而造成我國景氣循環。

二、景氣對策信號

　　景氣到底是好是壞？好時又好到怎樣的程度，壞時又壞到怎樣的程度？政府為了能夠準確反應景氣的好壞程度，而編制、發布「景氣對策信號」，其主要目的在於藉燈號以提示應採取的景氣對策，並綜合判斷短期未來的景氣是否將進入過熱或衰退，而預先發出信號，以決策當局擬定景氣對策之參考，企業亦可根據信號的變化，調整其投資計畫與經營方針。註1

　　景氣對策信號包括的內容，主要取決於一國當時經濟發展階段之政策目標，如其政策目標重視外部均衡（如國際收支的平衡），則應多選擇與國際收支有關的指標；反之，若政策目標側重於國內平衡（例如物價穩定，充分就業之達成），應多選與物價及國內供需有關之指標。我國之經濟政策目標，雖主要以達成國內之穩定與成長（包括物價之穩定，維持適度的經濟成長，以及充分就業之達成），但另一方面還須要兼顧國際收支平衡的目標。因此景氣對策信號的內容選擇自應以兼顧國內外均衡為宜。目前所編製的景氣對策信號包括：(1)貨幣供給M1B，(2)放款（包括貼現），(3)票據交換，(4)製造業新接訂單指數，（以製造業產出躉售物價指數平減）(5)海關出口值（以出口物價指數平減），(6)工業生產指數，(7)製造業成品存貨率（成品存貨／銷售），(8)股價指數，(9)非農業部門就業人數等九項。另參照資料表24.3，列出景氣對策信號個別項目檢查值，及相應之燈號。

　　編製景氣對策信號首先須蒐集與景氣變動較為密切的統計系列，然後以適當的方法加以綜合。其編製方法係將經過選擇的每一種系列經季節調整後分別訂出四個變動率數值，以此四個數值為分界點，這分界點的數值稱為**「檢查值」**(Check point)。按這些檢查值分為「紅燈」、「黃紅燈」、「綠燈」、「黃藍燈」、「藍燈」等五種信號；當個別統計系列的的變動率超過某一數值時即分別亮出不同的燈號，每一種燈號給予不同的分數，例如紅燈5分、黃紅燈4分、綠燈3分、黃藍燈2分、藍燈1分，而全部列為紅燈時，綜合分數最高為45分，全為藍燈時，綜合分數最低為9分。每月將景氣對策信號包括的統計系列所示的燈號分數合計，以綜合判斷當月的景氣對策信號應該是何種燈號。

註1　本小節主要節錄自行政院經濟建設委員會經濟研究處編印，「台灣景氣指標」中對景氣對策信號編製的說明

ECONOMICS
經濟學

▼ 表24.3　景氣對策信號個別項目檢查值

	紅燈 Red 熱絡 Booming	黃紅燈 Yellow-red 轉向 Transitional	綠燈 Green 穩定 Stable	黃藍燈 Yellow-blue 轉向 Transitional	藍燈 Blue 低迷 Sluggish
綜合判斷（分）Total Score	45-38分	37-32分	31-23分	22-17分	16-9分
個別項目分數 Scores of Component Indicators	5分	4分	3分	2分	1分
貨幣總計數MIB Monetary Aggregates MIB	(% yoy) ◄── 14.5 ── 8.5 ── 6.0 ── 3.5 ──►				
股價指數 Stock Price Index	◄── 17.5 ── 10.0 ── -0.5 ── -16.5 ──►				
工業生產指數 Industrial Production Index	◄── 11.0 ── 7.0 ── 2.5 ── -2.0 ──►				
非農業部門就業人數 Nonagricultural Employment	◄── 2.3 ── 1.7 ── 1.2 ── 0.6 ──►				
海關出口值 Customs-Cleared Exports	◄── 16.0 ── 10.0 ── 3.5 ── -2.0 ──►				
機械及電機設備進口值 Imports of Machineries and Electrical Equipments	◄── 16.5 ── 7.0 ── 0.0 ── -6.5 ──►				
製造業銷售量指數 Manufacturing Sales Index	◄── 10.5 ── 6.0 ── 1.5 ── -2.0 ──►				
批發、零售及餐飲業營業額 Sales of Trade and Food Services	◄── 8.0 ── 5.5 ── 2.5 ── -1.0 ──►				
製造業營業氣候測驗點 The TIER Manufacturing Sector Composite Indicator	點(2006=100) ◄── 104.0 ── 100.5 ── 97.0 ── 93.0 ──►				

註：1.除製造業營業氣候測驗站檢查值為點外，其餘項目則為年變動率。　　　　　資料來源：行政院主計處
　　2.各個別項目除股價指數外均經季節調整。

490

　　若對策信號亮出「綠燈」，則表示當時的景氣很穩定，政府可在穩定中採取促進成長之財經措施。「黃紅燈」表示景氣尚穩，但在短期內有轉熱或趨穩的可能。由紅燈轉變為黃紅燈時，不宜繼續緊縮；由綠燈轉為黃紅燈時，在綠燈時期所採取的措施雖可繼續維持，但不宜採取進一步促進成長之措施。黃紅燈時須密切注意今後景氣的變化。「紅燈」表示景氣過熱，此時財經當局宜採取緊縮措施，使景氣逐漸恢復正常狀況。「黃藍燈」表示景氣短期內有轉穩或趨於衰退的可能，由「黃藍燈」轉為「綠燈」時表示景氣趨穩，可繼續採取促進成長措施；由「綠燈」轉「黃藍燈」時，表示景氣趨衰，此時宜密切注意今後之景氣動向，而適時採取擴張措施，以刺激景氣恢復。若燈號由「黃藍燈」轉「藍燈」，則表示景氣已進入衰退，政府須採取強力刺激景氣復甦的政策。

　　由圖24.4可以看到幾個重要經濟變動。1974~1975年能源危機，台灣經濟面臨重大衰退的局面，並以重大建設在1980年代創立新局。2000及2009年又分別遇全球風暴而大幅萎縮。

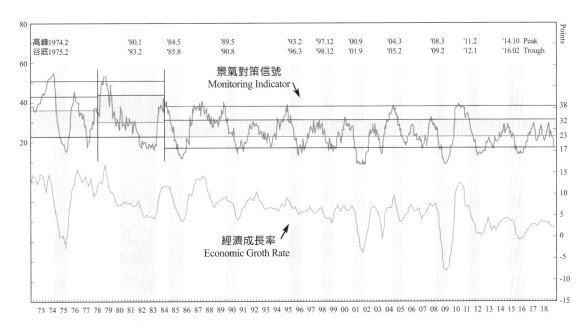

資料來源：國家發展委員會

▲ 圖24.4　1973~2018年我國景氣對策信號與經濟成長率變動圖

政府可依據景氣對策信號，來採取景氣循環對策，在經濟過度繁榮時，採取緊縮性的財政、貨幣政策，在經濟衰退或蕭條時，採取擴張性的財政、貨幣政策（表24.5）。

▼ 表24.5　景氣循環對策

經濟狀態	對策	方法
經濟過度繁榮	緊縮性的財政、貨幣政策	1.減少政府支出。 2.增稅。 3.提高法定準備率與重貼現率。 4.公開市場賣出債券。
經濟衰退或蕭條	擴張性的財政、貨幣政策	1.增加政府支出。 2.減稅。 3.降低法定準備率與重貼現率。 4.公開市場買入債券。

第三節　經濟發展

經濟發展(Economic development)不僅包括了成長的意義，尚隱含著制度、觀念以及經濟結構等的變動。例如產業結構的轉型（如工業化）都市人口比率的增加（都市化）等問題，都是經濟發展所探討的課題。

經濟發展與經濟成長兩者關係密不可分，經濟要有發展，才會有持續的經濟成長。但是由於先進國家制度已經合理化，觀念已經現代化，經濟成長較適用於描述其經濟進步。而經濟發展的概念則較適合應用於落後國家脫離貧困的努力。

參照表24.6，台灣經濟結構已經歷由農業為主轉變為以工業為主，再轉變為以服務業為主的變遷。在1960年帶，工業占產業產出比重為36.4%，其後逐年增加。到了1978年即以占51.12%，取得主導的地位，並持續到1989年。1990年代之後，服務業的比重則超過工業，並於1991年後取得絕對的領先地位。農業比重則持續下降，至2004年已降到只有1.68%，服務業則升高至72.73%，工業則降為25.58%。明顯看到台灣經濟結構轉以服務業為主的變遷。

▼ 表24.6　民國87~107年台灣產業結構的轉變動　　　　　　　　　　單位：新台幣百萬元

年別 (民國)	國內生產 毛額（不含 統計差異）	農業	工業				服務業				
			合計	製造業	電力及燃 氣供應業	營造業	合計	批發及 零售業	運輸及 倉儲業	金融及 保險業	公共行政及 社會安全
87年	100	2.34	32.36	25.41	2.23	3.92	65.31	15.51	4.28	8.2	7.94
88年	100	2.41	31.32	24.93	2.12	3.51	66.27	16.15	4.32	8.43	7.95
89年	100	1.98	31.28	25.61	1.91	3.07	66.74	16.83	3.99	8.13	7.89
90年	100	1.86	29.37	24.08	1.95	2.64	68.78	16.74	4.07	8.13	8.3
91年	100	1.77	31.12	26.01	1.94	2.46	67.11	16.39	3.97	7.86	8.03
92年	100	1.66	32.11	27.26	1.85	2.3	66.22	16.21	3.72	7.37	8.02
93年	100	1.63	32.73	28.01	1.53	2.46	65.64	16.61	3.67	7.39	7.84
94年	100	1.61	32.28	27.77	1.42	2.35	66.11	17.12	3.43	7.48	7.77
95年	100	1.56	32.38	27.72	1.25	2.63	66.06	17.37	3.15	7.13	7.52
96年	100	1.45	32.96	28.44	1.02	2.67	65.59	17.45	3.11	7.13	7.16
97年	100	1.55	31.3	27.41	0.31	2.73	67.15	17.82	2.98	7.01	7.6
98年	100	1.68	31.5	26.73	1.47	2.5	66.82	17.36	2.84	6.23	7.76
99年	100	1.6	33.78	29.06	1.3	2.61	64.63	16.82	3.04	6.19	7.35
100年	100	1.72	33.02	28.66	0.88	2.68	65.27	17.07	2.78	6.39	7.37
101年	100	1.67	32.75	28.37	0.93	2.65	65.58	16.88	2.87	6.42	7.41
102年	100	1.69	33.46	28.75	1.33	2.61	64.85	16.97	2.79	6.41	7.01
103年	100	1.8	34.79	29.99	1.5	2.56	63.41	16.41	2.87	6.53	6.65
104年	100	1.69	35.27	30.2	1.84	2.51	63.04	16.33	3.03	6.54	6.39
105年	100	1.79	35.54	30.68	1.73	2.39	62.68	16.12	2.92	6.53	6.32
106年	100	1.77	35.53	31.02	1.37	2.37	62.7	16.21	3.04	6.68	6.18
107年	100	1.6	35.21	30.77	1.17	2.52	63.19	16.35	2.93	6.81	6.2

資料來源：行政院主計處

一、經濟發展理論

　　研究經濟發展的學者提出許多經濟發展理論，指出有關影響經濟發展的決定因素，茲分述如下：

（一）經濟發展階段論

1. 李士特(List)的階段論

　　李士特為德國的經濟學家，為第一位提出經濟發展階段論的學者，於十九世紀初發表，認為各國的經濟發展分為五個階段：

(1) 漁獵時期。

(2) 遊牧時期。

(3) 農業時期。

(4) 農工業時期。

(5) 農工商業時期。

2. 羅斯托 (Rostow) 的階段論

　　羅斯托為美國的經濟學者，於1958年發表「經濟起發論」(The stages of Economic Growth)，將一般經濟社會的發展過程，分為五個階段：

(1) 傳統社會 (the traditional society)。

(2) 過渡階段 (the precondition for take off)。

(3) 起飛階段 (the take off)。

(4) 邁向成熟階段 (the drive to maturity)。

(5) 大量消費階段 (the age of high mass-consumption)。

　　經濟發展由傳統農業社會；漸次發展工業進入起飛前的過渡階段；若達到進入工業化社會則需三個條件：

(1) 投資占所得比重由5%提高到10%。

(2) 製造業成長快速。

(3) 良好的政治制度與社會組織，經濟則進入起飛階段。其後再邁向產業平衡發展的成熟階段，最後達到大量消費階段（表24.7）。

（二）路易士兩部門模型 (Lewis two-section model)

　　路易士認為許多開發中國家具有截然不同特色的兩個部門。傳統部門又稱農村生存部門，其特徵是存在著大量的生產力極低，甚至接近零的剩餘勞動，在現行工業部門的工資水準下，這些剩餘勞動成為工業部門彈性無限大的勞動供給來源。現代部門又稱工業部門，其特徵為勞動生產力遠較農業部門為高，是吸收由農業部門移出的剩餘勞動與帶動經濟發展的部門。

　　剩餘勞動是否能由農業部門移轉到工業部門，與工業部門的就業能否繼續成長，是開發中國家經濟發展成敗關鍵。台灣早期在缺乏資金、技術、自然資源只有豐富勞動的情況下，亦成功的上演一次「乾坤大挪移」，順利的將勞動力由農業移轉到工業，生產勞動密集產品，而行銷全世界。而現階段大陸地區亦有步台灣後塵之勢，源源不斷湧入都市的鄉村人口，提供工業廉價的勞動力，使工業產品得以以低成本生產，使大陸地區產品極具國際競爭力。

▼ 表24.7　羅斯托(Rostow)的經濟發展階段論

階段	時期	主要特徵
1. 傳統社會	指應用牛頓以前的科學與技術的農業社會	1. 大部分的資源用於農業，生產力受限於技術。 2. 社會結構以家庭、宗族為主。 3. 政治上以地主為權力、財富的重心。
2. 過渡階段：起飛前	從農業社會漸次進入工業社會的過渡時期	1. 農工業開始應用現代科學與技術。 2. 教育普及、企業人才、製造業、銀行出現，擴大國內外貿易範圍，投資增加。 3. 政治上出現新民族國家及中央政府為權力、財富的重心。
3. 起飛階段	發生產業革命，進入工業化的社會	1. 投資率占國民所得的5%~10%以上。 2. 建立社會間接資本，新技術應用於領導部門的製造業，以帶動其他產業的發展。 3. 政治、經濟、社會結構改變，促進經濟開發。
4. 邁向成熟階段	指現代技術全面擴展至各產業並平衡發展之時期	1. 投資率提高到國民所得的10%~20% 2. 發展精密技術的新工業，淘汰起飛時期的舊工業。 3. 農業人口從40%降至20%以下。
5. 大量消費階段	指經濟社會的發展，達到大量生產耐用消費財與勞務的時期	1. 每人平均真實所得提高，購買消費財。 2. 勞動力結構改變：城市人口與中產階級增加。 3. 以增加的資源用於社會福利與安全保險。

(三) 托搭諾 (Todaro) 城鄉模型

托塔諾的城鄉勞動移轉模型，認為城鄉之間勞動加速移轉而產生城市人口與失業增加的現象。這不僅使城市地區產生嚴重的社會經濟問題，更可能使農村發生勞力短缺情形，而使農業生產萎縮，經濟發展因此而更加困難。

職是之故、健全的均衡發展策略應該是尋求城鄉部門之間平衡的發展，或使其不平衡的程度減至最小，以使豐富的勞動力獲得有效利用。若以人為力量加重城鄉之間原本不平衡狀況，徒然導致城鄉之間勞動力過度移轉，造成農業生產的減少、城市失業的增加，經濟發展將會因此而受到阻礙。

(四) 顧志耐 (Simon Kuznets) 現代經濟成長模型

顧志耐教授認為一國的經濟成長應具下列三個要素：

1. 國民產出的持續增加是經濟成長的表徵；同時能提供各種產品以應社會需要，是一個成熟經濟社會的象徵。

2. 技術的進步是經濟繼續成長的基礎，這是先決條件也是必要條件，但不是充分條件。

3. 要發揮技術促進經濟成長的潛力，則各種制度、態度及意識型態的調整是必要的。技術上的創新必須配合整個社會上的制度、態度及意識型態的調整。徒有技術的創新而沒有社會制度的轉變，有如電燈泡沒有了電，是沒有用的。因此，顧志耐認為經濟的成長，不但要重視技術的提升，更要重視整個社會觀念的改變。

顧志耐認為一個已開發國家過去的經濟成長過程，即現代經濟成長其內容為：

1. 高度每人產出成長率與高度人口成長率。

2. 高度生產力成長率，特別是高度勞動生產力增加率。

3. 高度經濟結構轉型：所謂經濟結構的轉型是指由農業部門到非農業部門，最近則由工業部門進入了服務業部門。最後，產業區位、職業分布，也由鄉村與農業部門轉入都市與工業、服務業部門。

4. 快速的社會、政治與意識型態的轉變。

5. 國際經濟關係更加密切，這是因為已開發國家，向其他開發中國家進口原物料與要求開放市場的要求。

6. 有限的經濟成長擴散至其他開發中國家：過去兩個世紀以來，整個世界的經濟快速成長，原只限於全球約三分之一的人口，如歐洲、北美與近百年來的日本，但時至今日如非洲、大部分的亞洲與拉丁美洲國家經濟成長表現亦讓人有相當程度的期待。

在比較羅斯托與顧志耐的經濟發展理論之後，我們發現雖然羅托使用了極為搶眼的「起飛」字眼，但是嚴格而言，羅斯托的經濟成長階段理並未廣為經濟發展學者所接受。在演繹出經濟發展階段論之前，羅斯托似乎並未作過廣泛的研究，他對於各階段經濟發展的分類沒有客觀的依據，而是一任意的行為。事實上經濟起飛並不是一個各個部門都同時成長的過程，現代經濟成長是一個漸進的過程，由一個產業部門緩慢轉移至另外一個產業部門。

（五）羅斯 (Douglass North) 新制度學派模型

羅斯認為經濟成長史並不像吾等所熟知的是科技演進的歷史；他認為：美國經濟成長的主要原因是制度創新，因成功的制度變動會使得財產權獲得合理的安排，財產權一旦獲得確定之後，交易成本因而降低，經濟也隨之成長。

另外，羅斯與湯瑪斯 (R.P. Thomas)：認為天然資源的數量雖然會影響經濟成長，但是有效率的組織才是長期成長的關鍵所在。諾斯認為經濟發展史不是技術變遷史，而是法律的歷史，或說是制度變動史。

（六）哈羅得－道瑪 (Harrod-Domar) 經濟成長模型

哈羅得－道瑪模型 (1948年英國經濟學家哈羅得發表「動態經濟」，道瑪為美國經濟學家) 內容有五點：

1. 儲蓄為國民所得的某一個比率，即儲蓄占所得之比例為固定。
2. 投資為資本存量的增加量。
3. 總資本存量與國民所得維持一固定的比率。
4. 總儲蓄要等於總投資。
5. 經濟成長率主要取決於儲蓄率與資本產出率。換言之，經濟成長率與儲蓄率成正向關係，而與資本產出率（又稱資本係數）成反向關係。

綜合言之，在哈羅得－道瑪經濟成長模型中，一個經濟體係國民所得中的儲蓄越多，投資也越多，則經濟成長率也就越大，相反的，當資本係數（資本／產出比率）越大，經濟成長率越小。低的儲蓄率與高的資本產出率，只能產生低的成長率，反之，高的儲蓄率（假定儲蓄等於投資）與低的資本產出率，則將產出高的的成長率。

Harrod-Domar的模型，通常亦被稱為「剃刀邊緣」(razor edge)的模型，因為一但稍為離開所需的成長率時，該模型即產生一種不穩定與難以控制的波動，整個經濟體系有如蹺蹺板一樣，隨時會跌入嚴重的蕭條狀況或高度的繁榮中。此何以我們稱Harrod-Domar模型為一不穩定的均衡成長模型。雖然此種情況，在實際世界中並不多見，惟此一模式的此種特質引起我們注意一項事實，即過度投資將會導致投資不足，而投資不足又將導致生產力過剩的問題。

二、政府的經濟發展策略

開發中國家由於人口過多，資本不足，教育水準低，以致生產力低落，所得水準低，消費低，投資意願低，資本不足…，產生「**貧窮的惡性循環**(Vicious circle of poverty)，深陷其中的貧窮開發中國家，為解決此種困境，學者分別提出「**平衡成長**」(balanced growth) 與「**不平衡成長**」(unbalance growth) 兩種策略，茲述如下：

（一）平衡成長策略

1. **意義**：係由**努枯斯**(K.Nurkes) 所倡。指不強調某一特定經濟部門的重要，而讓各部門，即農業與工業、商業部門，同時獲得發展的一種成長策略。

2. **主張平衡成長策略的理由**：

   (1) 一國經濟的各個部門之間彼此具有相互依存的關係，因此不能單獨發展其中任何一部門而忽略其他的部門。

   (2) 農業部門的發展是工業部門發展的前提條件。隨著經濟發展，工業部門須要農業部門在人力、資金與糧食方面的支援越殷切。因此，農業部門不能同時獲得發展，工業部門的發展也必然受到限制。

（二）不平衡成長策略

1. **意義**：係由德國經濟學家**赫斯曼**(Albert. Hirschman) 所倡。指特別強調發展某一領導部門，通常是工業部門的發展，希望藉該部門的發展去帶動其他部門的一種成長策略。

2. **主張不平衡成長策略的理由**

   (1) 一國經濟的各部門彼此之間具有一種連鎖關係，因此某一部門的發展與成長，自然會帶動其他部門的發展與成長。開發中國家資本有限，自然應該把寶貴的有限資金作最有效的重點使用，而不應分散到各部門，還不如將資金盡量集中投資於某一部門，通常是指工業部門，再由此一部門去帶動其他部門的發展較容易具成效。

   (2) 工業產品的生產速度較農產品快，生產力的提升也較快，因此，對於經濟成長的貢獻自然較農業部門的貢獻為多。且工業產品的價格趨勢長期看漲，農產品的價格起伏不定，因此，工業的發展對國民所得的提高較有幫助。

　　一國政府在選擇發展策略之時，首先必須瞭解自己本身所具有的資源條件，認清自己在發展上具有比較利益的部門，然後再把有限的資源投到那個部門上去，這是需要作智慧性的選擇，才能帶領國家往正確的方向發展。例如台灣現階段電腦產業蓬勃發展，或可成為領導部門帶動產業全面發展。

歷屆試題 Exercise

一、選擇題

(　) 1. 以下何者不屬於經濟成長的動力？　(A) 資本累積　(B) 勞動力增加　(C) 技術進步　(D) 股市上漲。　　　　　　　　　　　　　　（100 二技）

(　) 2. 下列何者會提高廠商的投資意願？　(A) 利率水準上升　(B) 所得水準降低　(C) 設備利用率降低　(D) 技術創新。　　　　　　　　　（100 四技二專）

(　) 3. 「失業率」屬於何種景氣動向指標？　(A) 領先指標　(B) 同時指標　(C) 落後指標　(D) 循環指標。　　　　　　　　　　　　　　（100 四技二專）

(　) 4. 下列有關熊彼得 (Joseph Alois Schumpter) 企業創新理論之敘述，何者不正確？　(A) 此理論的提出年代早於亞當斯密 (Adam Smith) 發表國富論的年代　(B) 可透過新產品生產來達到創新　(C) 可透過新技術研發來達到創新　(D) 可透過新市場開發來達到創新。　　　　　　　　　　　　（101 四技二專）

(　) 5. 下列何者不是實質景氣循環理論主張的干擾景氣波動的因素？　(A) 增進勞力或資本的品質　(B) 技術創新　(C) 政府嚴格的環保法令　(D) 充分就業。
　　　　　　　　　　　　　　　　　　　　　　　　　　　　　（96 二技）

(　) 6. 下列何者是促進一國經濟成長之決定因素？　(A) 增加社會福利之照顧與普及　(B) 穩定物價膨脹率　(C) 健全國家政治、法治制度以及經貿發展環境　(D) 實施全民健保。　　　　　　　　　　　　　　　　　（101 四技二專）

(　) 7. 飲料業及冷凍業常發生何種波動　(A) 小循環　(B) 經濟循環　(C) 季節變動　(D) 偶然變動。　　　　　　　　　　　　　　　　　（98 身心障礙甄試）

(　) 8. 政府在經濟景氣低迷時，下列何者為正確的經濟政策？　(A) 調降租稅　(B) 公共投資減少　(C) 提高重貼現率　(D) 中央銀行在公開市場賣出債券。
　　　　　　　　　　　　　　　　　　　　　　　　　　　（100 四技二專）

(　) 9. 當經濟體系面臨過渡景氣，而逐步邁向景氣高峰時，貨幣當局通常會採取下列哪一種政策？　(A) 增加貨幣供給，降低利率水準　(B) 增加貨幣供給，提

高利率水準　(C) 減少貨幣供給，降低利率水準　(C) 減少貨幣供給，提高利率水準。
（95 高普考）

(　) 10. 實質景氣循環理論 (Real-business-cycle Theory) 主張：　(A) 貨幣政策的變動是引起景氣循環的主要原因　(B) 市場不完美 之存在是引起景氣循環的主要原因 (C) 生產技術進步會引起所得增加而產生好景氣　(D) 貨幣非中立。
（91 二技）

(　) 11. 下列有關內生成長理論 (Endogenous Growth Theory) 的敘述哪一項為真？
(A) 盧卡斯 (Robert E. Lucas) 和包默 (William Baumol) 提出　(B) 人力資本累積利於技術進步　(C) 技術進步是外生性，不受人們經濟行為的影響　(D) 先進與落後國家間的技術差距會漸縮小。
（93 二技）

(　) 12. 在 Solow 成長理論模型中，下列哪一項變數是內生？　(A) 儲蓄率　(B) 折舊率　(C) 利潤率　(D) 資本與勞動比率。
（94 二技）

(　) 13. 下列有關景氣循環 (Business Cycle) 的敘述，何者正確？　(A) 景氣對策訊號是由行政院經濟部發布　(B) 景氣循環通常是非定期且週而復始的循環波動現象　(C) 景氣循環若由谷峰 (Peak) 下降至谷底 (Trough) 的階段，稱為擴張期 (Expansion)　(D) 若景氣對策訊號呈黃藍燈，政府可採取緊縮性貨幣政策因應。
（94 四技二專）

(　) 14. 下列有關經濟環境之敘述，何者正確？　(A) 就業率、所得水準等經濟指標，皆會與景氣變動的方向一致　(B) 一般而言，失業率與物價上漲率會成正比，且兩者加總即為一國之痛苦指數　(C) 充分就業是指一個社會中，所有人都有工作之情況　(D) 當景氣處於衰退階段時，則企業會減少生產以致存貨會減少。
（101 四技二專）

(　) 15. 經濟活動的規律性又稱景氣循環，不同階段大致分為四期，下列何者正確？
(A) 繁榮期→衰退期→復甦期→蕭條期　(B) 繁榮期→衰退期→蕭條期→復甦期　(C) 復甦期→蕭條期→衰退期→繁榮期　(D) 復甦期→衰退期→繁榮期→蕭條期。
（101 四技二專）

附 錄
APPENDIX

歷屆試題選擇題參考答案

ECONOMICS

ECONOMICS
經濟學

 歷屆試題選擇題參考答案

Chapter 1

1.(C)　2.(D)　3.(C)　4.(C)　5.(D)　6.(B)　7.(B)　8.(D)　9.(B)　10.(A)

11.(C)　12.(D)　13.(B)　14.(B)　15.(C)

Chapter 2

1.(C)　2.(B)　3.(D)　4.(B)　5.(B)　6.(A)　7.(D)　8.(C)　9.(D)　10.(C)

11.(A)　12.(B)　13.(C)　14.(C)　15.(B)　16.(C)　17.(A)　18.(D)　19.(A)　20.(A)

21.(C)　22.(C)　23.(C)　24.(B)　25.(C)　26.(B)　27.(B)

Chapter 3

1.(C)　2.(D)　3.(B)　4.(C)　5.(A)　6.(C)　7.(A)　8.(A)　9.(B)　10.(C)

11.(A)　12.(B)　13.(A)　14.(C)　15.(C)　16.(C)　17.(A)　18.(B)　19.(A)　20.(B)

21.(A)　22.(A)　23.(A)　24.(A)　25.(B)　26.(A)　27.(D)　28.(A)

Chapter 4

1.(D)　2.(B)　3.(B)　4.(D)　5.(A)　6.(B)　7.(C)　8.(B)　9.(D)　10.(C)

11.(C)　12.(C)　13.(D)　14.(D)　15.(A)　16.(B)　17.(A)　18.(C)　19.(D)　20.(D)

21.(C)　22.(B)　23.(B)　24.(C)　25.(A)　26.(C)

Chapter 5

1.(A)　2.(D)　3.(A)　4.(C)　5.(C)　6.(A)　7.(A)　8.(A)　9.(A)　10.(D)

11.(B)　12.(D)　13.(C)　14.(D)　15.(D)　16.(D)　17.(D)　18.(A)　19.(B)　20.(A)

21.(C)　22.(B)　23.(D)　24.(D)　25.(C)　26.(D)　27.(D)　28.(D)　29.(D)　30.(D)

31.(D)

Chapter 6

1.(D)　2.(B)　3.(A)　4.(B)　5.(D)　6.(D)　7.(C)　8.(D)　9.(A)　10.(A)

11.(B)　12.(A)　13.(C)　14.(A)　15.(B)　16.(C)　17.(D)　18.(B)　19.(B)　20.(A)

21.(B)　22.(A)　23.(C)　24.(D)　25.(A)　26.(A)　27.(D)　28.(A)　29.(C)　30.(A)

31.(B)　32.(C)

Chapter 7

1.(C)　2.(C)　3.(A)　4.(B)　5.(C)　6.(C)　7.(A)　8.(C)　9.(B)　10.(C)

11.(C)　12.(D)　13.(B)　14.(D)　15.(A)　16.(C)　17.(B)　18.(C)　19.(C)　20.(B)

21.(B)　22.(B)　23.(B)　24.(D)　25.(B)　26.(C)　27.(C)　28.(A)

Chapter 8

1.(D)　2.(C)　3.(C)　4.(B)　5.(C)　6.(D)　7.(B)　8.(D)　9.(BC)　10.(B)

Chapter 9

1.(B)　2.(A)　3.(B)　4.(B)　5.(A)　6.(A)　7.(B)　8.(C)　9.(D)　10.(B)

11.(A)　12.(D)　13.(C)　14.(C)　15.(A)　16.(D)　17.(B)　18.(B)

Chapter 10

1.(A)　2.(D)　3.(A)　4.(D)　5.(B)　6.(D)　7.(C)　8.(B)　9.(A)　10.(B)

11.(C)　12.(C)　13.(A)　14.(C)　15.(A)　16.(A)　17.(D)　18.(D)　19.(B)　20.(A)

21.(C)　22.(D)　23.(A)　24.(C)　25.(C)　26.(C)　27.(B)

Chapter 11

1.(A)　2.(A)　3.(B)　4.(C)　5.(D)　6.(D)　7.(D)　8.(C)　9.(E)　10.(D)

11.(A)　12.(A)(B)

Chapter 12

1.(C)　　2.(C)　　3.(A)　　4.(B)　　5.(C)　　6.(D)　　7.(C)　　8.(C)　　9.(C)　　10.(A)

Chapter 13

1.(C)　　2.(D)　　3.(A)　　4.(A)　　5.(C)　　6.(D)　　7.(C)　　8.(B)　　9.(C)　　10.(C)

11.(C)　　12.(D)　　13.(B)　　14.(B)　　15.(A)

Chapter 14

1.(C)　　2.(C)　　3.(B)　　4.(B)　　5.(B)　　6.(B)　　7.(B)　　8.(A)　　9.(D)　　10.(D)

11.(D)　　12.(D)　　13.(C)　　14.(C)　　15.(D)　　16.(B)　　17.(B)　　18.(C)　　19.(D)

Chapter 15

1.(A)　　2.(C)　　3.(C)　　4.(D)　　5.(A)　　6.(A)　　7.(D)　　8.(C)　　9.(A)　　10.(D)

11.(C)　　12.(D)　　13.(B)　　14.(C)　　15.(B)　　16.(B)　　17.(B)　　18.(B)　　19.(C)　　20.(C)

21.(B)　　22.(A)　　23.(B)　　24.(C)　　25.(D)　　26.(A)　　27.(D)　　28.(B)　　29.(B)　　30.(A)

31.(D)　　32.(D)　　33.(D)　　34.(B)　　35.(D)　　36.(C)　　37.(A)　　38.(A)　　39.(D)　　40.(D)

41.(D)

Chapter 16

1.(C)　　2.(A)　　3.(A)　　4.(C)　　5.(D)　　6.(C)　　7.(B)　　8.(D)　　9.(送分)　　10.(A)

11.(A)　　12.(A)　　13.(C)　　14.(B)　　15.(B)　　16.(D)　　17.(D)　　18.(D)　　19.(C)　　20.(B)

21.(A)　　22.(C)　　23.(C)　　24.(A)(C)　　25.(A)　　26.(A)　　27.(B)　　28.(D)

Chapter 17

1.(A)　　2.(A)　　3.(B)　　4.(D)　　5.(A)　　6.(A)　　7.(A)　　8.(C)　　9.(B)　　10.(D)

11.(D)　　12.(C)　　13.(A)　　14.(B)

Chapter 18

1.(C)　2.(B)　3.(C)　4.(A)　5.(A)　6.(D)　7.(D)　8.(D)　9.(D)　10.(C)

11.(B)　12.(D)　13.(B)　14.(D)　15.(A)　16.(D)　17.(B)　18.(C)　19.(A)　20.(A)

21.(B)　22.(A)　23.(A)　24.(A)(B)　25.(D)　26.(A)　27.(B)　28.(D)　29.(C)　30.(B)

31.(D)　32.(D)　33.(B)　34.(A)　35.(C)　36.(D)

Chapter 19

1.(C)　2.(D)　3.(D)　4.(C)　5.(D)　6.(C)　7.(D)　8.(A)　9.(B)　10.(A)

11.(D)　12.(B)　13.(C)　14.(C)　15.(A)　16.(C)　17.(C)　18.(D)　19.(C)

Chapter 20

1.(B)　2.(D)　3.(B)　4.(A)　5.(B)　6.(D)　7.(C)　8.(C)　9.(D)　10.(A)

11.(C)　12.(D)　13.(B)　14.(C)　15.(C)　16.(D)　17.(B)　18.(B)　19.(D)　20.(D)

21.(A)　22.(B)　23.(B)　24.(B)　25.(D)　26.(C)　27.(C)　28.(A)　29.(A)　30.(D)

31.(B)　32.(C)　33.(C)　34.(B)　35.(A)　36.(B)　37.(A)　38.(D)　39.(D)　40.(D)

41.(D)

Chapter 21

1.(B)　2.(D)　3.(D)　4.(A)　5.(D)　6.(B)　7.(B)　8.(C)　9.(A)　10.(A)

11.(A)　12.(B)　13.(D)　14.(A)　15.(A)　16.(B)　17.(B)　18.(B)　19.(C)　20.(C)

21.(B)　22.(B)　23.(B)　24.(送分)　25.(D)　26.(C)　27.(D)　28.(C)　29.(D)　30.(D)

31.(A)　32.(C)　33.(C)

Chapter 22

1.(B)　2.(B)　3.(A)　4.(B)　5.(B)　6.(D)　7.(C)　8.(A)　9.(C)　10.(C)

11.(B)　12.(D)　13.(B)　14.(C)　15.(B)

Chapter 23

1.(B) 2.(C) 3.(C) 4.(D) 5.(B) 6.(A) 7.(A) 8.(D) 9.(C) 10.(C)

11.(A) 12.(B) 13.(A) 14.(B) 15.(A) 16.(B) 17.(B) 18.(D) 19.(A)

Chapter 24

1.(D) 2.(D) 3.(C) 4.(A) 5.(D) 6.(C) 7.(C) 8.(A) 9.(D) 10.(C)

11.(B) 12.(D) 13.(B) 14.(A) 15.(B)

memo

國家圖書館出版品預行編目資料

經濟學 / 歐陽繼德, 李思亮編著. -- 第十版. --
新北市 : 新文京開發, 2019.12
面 ; 公分

ISBN 978-986-430-573-5(平裝)

1.經濟學

550   108020324

經濟學（第十版）　　　　　　　　　　（書號：H007e10）

編　著　者	歐陽繼德　李思亮	
修　訂　者	歐陽繼德　連志峰　楊德源	
出　版　者	新文京開發出版股份有限公司	
地　　　址	新北市中和區中山路二段 362 號 9 樓	
電　　　話	(02) 2244-8188（代表號）	
F　A　X	(02) 2244-8189	
郵　　　撥	1958730-2	
第　六　版	西元 2008 年 07 月 08 日	
第　七　版	西元 2010 年 06 月 07 日	
第　八　版	西元 2013 年 01 月 05 日	
第　九　版	西元 2015 年 08 月 10 日	
第　十　版	西元 2020 年 01 月 01 日	

New Wun Ching Developmental Publishing Co., Ltd.

New Age · New Choice · The Best Selected Educational Publications—NEW WCDP

新文京開發出版股份有限公司

NEW
WCDP

新世紀‧新視野‧新文京 — 精選教科書‧考試用書‧專業參考書